LES CAHIERS

DU

CREILAC

(**C**entre de **R**echerche **I**nterdisciplinaire sur les **L**angues,
les **L**ittératures, les **A**rts et les **C**ultures)

Revue

Volume N° 3

ISSN : 2517-8210

Directeur de publication :

Pr. Mamadou Kandji, Université Cheikh Anta Diop de Dakar

Rédacteur en chef :

Dr. Raphaël Lambal, Université Assane Seck-Ziguinchor

Dépôt légal - 1er trimestre 2019

Bibliothèque et Archives Nationales du Québec, 2019
Bibliothèque et Archives Canada, 2019
ISBN : 9782924715192

www.presses-panafricaines.com
infos@presses-panafricaines.com

LES CAHIERS DU CREILAC

La revue *Les Cahiers du CREILAC* diffuse des résultats de recherches interdisciplinaires. Elle reflète des horizons critiques divers et se veut un espace de réflexion sur les langues, les littératures, les arts et les cultures.

Sommaire

Eugène Tavares

Introduction

En littérature, tout comme le temps, l'espace est l'une des catégories littéraires où l'on rencontre des personnages en action et en devenir. C'est à travers celui-ci qu'ils tentent de se définir, de s'exprimer et de faire face à certaines contingences de l'existence. De la même manière, il permet de comprendre davantage la psychologie des acteurs et tout ce qui les entoure. En effet, l'une des particularités de l'espace en littérature est sa diversité. Il est d'ordre géographique, social et psychologique. C'est la raison pour laquelle l'espace devient un élément vital, qui ouvre le chemin infini de la rencontre des identités en perpétuelle métamorphose.

L'espace est comme l'expression d'une empreinte qui offre un regard vis-à-vis d'autrui et de toutes les espèces qui y gravitent. Cela dit, il convient de savoir le lire pour mieux comprendre les déplacements complexes de l'homme et apprécier toutes les formes d'expression qui résonnent de manière infinie. En ce sens, il évoque une multitude d'histoires qui expriment l'énergie du genre humain et de la nature. Il révèle également le décor des conflits et des convoitises de tout bord. C'est dire que l'espace témoigne de la profondeur des actions au sens où l'auteur les met en état d'émergence à travers un langage subtil, captivant et mordant. En somme, l'espace apparaît comme un vecteur de l'imagination, un révélateur de tout.

Dans les sciences sociales, l'espace est perçu, dépeint et représenté avec des sensibilités scientifiques diversifiées. Si la géographie met l'accent sur les aspects spatiaux de la vie des sociétés (Bailly et Béguin 2008 : 58), d'autres domaines comme l'anthropologie ou la sociologie laissent transparaître une autre manière de se représenter le cadre spatial. Cette perception témoigne de la convergence significative dans un seul évènement de la construction de l'espace représenté, l'espace inscrit et l'espace interactionnel (Mondada, 2012 : 12).

Le point de vue sociolinguistique, lui, voit en l'espace, cette construction élaborée par chacun dans la relation aux autres, matérialisée dans et par la variabilité discursive au sein des actes de langage interdépendants, au sein d'un cadre multidimensionnel vécu (Juillard, 2013, 2016, Le Page et Tabouret-Keller, 1985, Deprez 2007).

Ainsi, plusieurs sortes d'espaces se meuvent pour rendre compte de l'importance du milieu sur les choix sociaux, les comportements langagiers, les attitudes en entreprise (Loriol et Sall, 2014) ou à l'école, etc.

Ce troisième numéro de la revue *Les Cahiers du Creilac*, consacré à *l'Espace dans tous ses états*, est comme un panel non exhaustif qui expose les différentes perceptions que peut susciter une analyse spatiale dans des champs de réflexion aussi variés que les humanités et les sciences sociales.

Ce numéro pourra donc être vu comme un document qui propose un tour d'horizon assez composite sur le traitement de l'information spatiale par des esprits avisés.

Dr. Ndiémé Sow et Dr. Alexandre Coly

PARTIE 1

L'ESPACE DANS LES SCIENCES DE L'HOMME ET DE LA SOCIETE

L'école et la classe, des espaces où se déploient des actes de langage qui intéressent le sociolinguiste.

Caroline Juillard,
Professeur émérite, Université Paris Descartes,
Laboratoire EDA, EA 4071.

Résumé : *En quoi la notion d'espace peut-elle contribuer, d'un point de vue sociolinguistique, à l'appréhension et l'analyse de phénomènes langagiers à la fois répétitifs et changeants, tels ceux qui se manifestent dans le cadre scolaire ? Ce texte propose quelques pistes de réflexion.*

1. Problématique et concepts opératoires

Nous centrons notre approche sur les locuteurs et nous concevons donc l'école et la classe comme des espaces de socialisation, des lieux de rencontres entre jeunes et adultes, entre adultes, et entre jeunes. Il s'agit de relations langagières quotidiennes, donc fortes[1], formalisées ou spontanées, qui coconstruisent l'espace sociogéographique vécu et en devenir que sont l'école et la classe, et qui par ailleurs et de façon concomitante contribuent à développer les potentialités de l'espace sociolinguistique intériorisé propre à chacun des acteurs.

Nous appelons en effet «espace sociolinguistique» une construction élaborée par chacun dans la relation aux autres, matérialisée dans et par la variabilité discursive au sein des actes de langage, qui lie les pratiques et leurs significations sociales et/ou personnelles aux situations d'usage, aux lieux, aux personnes, interdépendants au sein d'un espace multidimensionnel vécu (cf. Juillard, 2013, 2016, Le Page et Tabouret-Keller, 1985, Deprez 2007). Cette élaboration est individuelle autant que collective.

L'école, considérée par maints auteurs et sociolinguistes, depuis Fishman (1965), comme un domaine de comportement spécifique, nous intéresse donc surtout au titre des relations sociolinguistiques qui s'y manifestent, mais également au titre du mouvement que le locuteur (l'adulte ou l'enfant) fait quand il passe d'un espace de relations à un autre (par exemple du lieu de vie familiale ou du quartier à l'école)[2]. Nous nous intéressons également

---

1. Cf. Au sens de Milroy (1980).

2. Cf. Dreyfus (2007) : « … l'école et la classe représentent des espaces sociolinguistiques en relation avec l'environnement urbain proche et les relations entre le maître et les élèves au sein des activités dans la classe sont considérées sous l'angle de positionnements interpersonnels opérationnels également dans un espace sociolinguistique plus large ». Ici l'espace sociolinguistique est considéré au seul sens de l'orientation socio-spatiale des positionnements et des activités langagières afférentes.

à l'impact de cette mobilité sur son répertoire langagier, ses pratiques *in situ* et sur la diffusion des manières de parler, ceci contribuant à ce que le locuteur construise son espace sociolinguistique de référence propre, tant sur le plan des habitus communicationnels que sur celui des perceptions et des catégorisations[3].

Il s'agit donc d'une sociolinguistique orientée sur le locuteur, sa mobilité et la diversité de ses moyens d'expression. L'investissement physique des locuteurs dans l'espace sociogéographique concerné (école, classe, en l'occurrence) a comme corollaire la fréquence, la répétition et la reproduction des actes de langage qui s'y déroulent et qui le définissent, d'un point de vue sociolinguistique. Ceci peut avoir comme conséquence de considérer l'école et la classe comme des espaces produits par des contraintes sociales fortes. Or, nous voulons y considérer de préférence ce qui est de l'ordre d'un processus historicisé, tant pour les maîtres que pour les élèves.

Si l'on considère la relation maître/élève, celle-ci structure en effet la majorité des actes de langage qui se déroulent dans la classe, tant à l'oral qu'à l'écrit. La répétition de ces actes dans la durée construit le répertoire *ad hoc* qui s'y déploie et s'acquiert, en lien avec la relation de rôle qui les sous-tend. Des relations de rôle d'un type différent peuvent néanmoins exister et se manifester entre les adultes et les enfants qui se connaissent et se fréquentent dans d'autres lieux (la cour de récréation, le quartier, la ville, etc.).

Il en est même pour les relations entre les jeunes. L'école est, après ou parallèlement au quartier, le lieu d'un déploiement des pratiques générationnelles, qui inscrit le jeune dans un univers relationnel où se développent leurs réseaux de sociabilité propres et donc le lieu d'actualisation de ressources langagières qui peuvent avoir été acquises en d'autres lieux. La cour de récréation est l'espace/temps réservé à ce type d'échanges, souvent considérés par différents chercheurs en sociolinguistique comme témoignant d'usages novateurs ou «en avance»[4].

Il y aurait donc coexistence, voire confrontation, de deux ordres de faits de communication qui définissent l'espace classe (en tant que lieu et que durée de temps) et qui contribuent à construire ou à valider l'espace sociolinguistique, tant individuel que collectif. Le premier, relatif à la relation Maître/Élève – qui est le plus souvent dans le cadre de la classe une relation de type hiérarchique –, le second relatif à une relation le plus souvent horizontale (mais pas toujours) entre élèves. La classe est conçue comme un espace sociogéographique propre, interdépendant cependant de son environnement (autres classes, cour, école, autres écoles, quartier, ville, pays, etc.), où se déploient des personnes conçues comme ayant des espaces sociolinguistiques propres et possiblement convergents, du fait, entre autres du partage d'activités communes et de répertoires *ad hoc*.

Nous nous basons dans ce texte sur des observations récentes effectuées entre décembre 2017 et janvier 2018 dans des classes du primaire public sénégalais (en Casamance, à

3. Cf. Nous appelons « catégorisation » tant le processus que le produit de l'activité métalinguistique des acteurs qui créent dans leurs pratiques langagières « une dynamique de différenciation continue qui se manifeste en contexte, qui naît de - et dans - cette contextualisation » (cf. Nicolaï, 2017, p. 159).

4. La langue des cours de récréation (cf. le créole à Belize, le wolof à Ziguinchor) est signalée par différents sociolinguistes comme celle dont l'usage est, sur le plan de la société au sens large, le plus novateur (Le Page & Tabouret-Keller, 1985, Dreyfus et Juillard, 2005).

Ziguinchor, dans le quartier Djiringho d'une part, dans le village d'Essyl, situé en milieu rural à une quinzaine de kms de la ville, dans le royaume Joola du Bandial, d'autre part). Et nous nous appuyons également sur les résultats des recherches effectuées entre 2001 et 2002 dans la région de Dakar (Cf. Juillard et alii, 2005, Dreyfus, 2007, Dreyfus et Juillard, 2004).

Nous faisons la proposition suivante : l'analyse du langage utilisé au sein de ces échanges (du français et/ou du wolof ou du joola, selon les cas) doit prendre en compte l'espace sociolinguistique coconstruit et en devenir au sein duquel, par les actes de parole, se meuvent et se positionnent les acteurs.

2. Quels sont les observables ?

La proposition retenue ici est de s'intéresser aux phénomènes produits à l'intérieur de l'école et de la classe, en mettant en relief la relation d'interdépendance entre soi et l'environnement, afin de déterminer l'orientation socio-spatiale des locuteurs d'une part (cf. Auzanneau et Trimaille, 2017, 354), la construction et la manifestation des espaces sociolinguistiques «vécus» d'autre part (cf. Juillard, 2016). Les pratiques langagières, au sein de l'école, comme d'autres pratiques sociales, seraient situées et résulteraient d'un procès de nature sociolinguistique. Quels observables retenir, dans cette optique ?

On peut à la fois problématiser le lieu, l'école, voire la classe, comme une catégorie socio-spatiale distincte par ce qui s'y déroule et s'y déploie sur le plan langagier, et remettre en question sa clôture, sa «distinction», en considérant que c'est un espace à plusieurs dimensions, en interrelation avec d'autres espaces. S'il semble bien y avoir quelque chose de systématique et répétitif dans la relation entre langue(s)/élève/classe ou langue(s)/maître/ classe, les locuteurs, jeunes ou adultes, manifestent néanmoins leur multidimensionnalité propre (celle de leurs répertoires, pratiques, catégorisations) à l'école. En contexte multilingue, comme l'est la Casamance, et le quartier ou le village où sont situées ces écoles, c'est d'autant plus frappant.

Comment appréhender dans un tel contexte les phénomènes, variables par définition ? Il s'agit, à partir des recherches antérieures, de sélectionner des faits, et des ordres de faits : types de relations, activités, discours, types d'activités de langage et d'actes langagiers, etc., et d'envisager une relation possible avec des éléments saillants de la situation et de l'espace matérialisé.

Ainsi, en ce qui concerne la classe, on peut donc vouloir tout d'abord prendre en considération les faits situés que sont : la présence du tableau noir et le changement de configuration de ce tableau d'un jour à l'autre ; le recours à l'ardoise par les élèves : le jeu des ardoises, baissées ou levées à deux mains par les élèves, soutient le calcul mental à voix haute (cf. usage du procédé La Martinière[5] par certains maîtres) ; la répartition et l'usage qui est fait des table-bancs, du bureau du Maître, de l'estrade si elle est présente, et les mouvements des personnes dans ce matériel scolaire, comment les élèves sont assis ; ce qui fait partie du décor (armoire, ou cartons entassés, accrochages, mots écrits collés au mur, etc.) et qui peut contribuer à

---

5. Le procédé La Martinière ou PLM, pour le calcul mental, consiste à susciter des réponses par écrit, sur l'ardoise, au signal donné par le Maître. Ceci a pour effet de discipliner l'interrogation et d'obliger toute la classe à participer activement.

la définition de l'espace. Cet inventaire est motivé par ce qui, dans l'espace, est le support ou soutien d'une activité, d'un type de relations, etc. Nous avons constaté l'importance du tableau noir comme support et organisation de textes à l'étude ou de tâches, et donc, plus que livres ou cahiers même, il est le pivot des relations qui s'établissent entre les différents maîtres et les élèves, dans toutes les classes du primaire que nous avons observées. Le jour et la date y sont toujours indiqués. Une carte du Sénégal peut y être dessinée parfois. Un texte en français, voire en joola (pour la classe bilingue joola/français), des versets coraniques, des opérations de calcul, des consignes de travail, selon le moment, y sont inscrits. Un poème, parfois : «Salut à mon drapeau», par exemple. Le titrage (une exigence de l'Inspection d'Académie) est constant : dans une autre couleur ou souligné, <u>Activités numériques</u> par exemple. Ce titrage est d'ailleurs recopié par les élèves dans leurs cahiers. Le tableau sert plus rarement de support où les élèves s'essayent à écrire, l'ardoise est là pour ça et donc ce qui est inscrit sur le tableau, le plus souvent par le Maître, fixe un résultat, une manière de dire, un texte, du vocabulaire et sa graphie correcte, des consignes, les titres des leçons, etc. L'usage du tableau est en général associé à la prise d'une position haute dans l'échange. Parfois les élèves prennent la place du Maître et adoptent alors ce positionnement face à leurs congénères. On peut également mentionner la présence et le rôle de la règle du maître. Celle-ci, avec laquelle on frappe sur la table ou sur le tableau, sert d'appui illocutoire à l'énoncé du Maître, voire de l'élève qui vient au tableau donner sa réponse à une question posée ou orchestrer les réponses des autres.

D'autres faits situés concourent à la construction de l'espace, en soutenant les activités écrites et orales. Les quelques livres et les fiches pédagogiques rédigées par le Maître, en particulier. Les fiches, en particulier, dont le contenu structurant passe par l'oralisation assortie d'écrit qu'en fait le Maître, du tableau noir aux cahiers. Son utilisation est liée à la formation du Maître ainsi qu'au respect de contraintes académiques (cf. ci-après).

Des éléments extérieurs à la classe (le bureau du directeur, la cour, les toilettes, les autres classes) structurent également l'espace socio-géographique et contribuent au déploiement de relations spécifiques et des activités de langage qui les manifestent.

À observer le déroulement de séances en classe, on peut voir que ces éléments, omniprésents, permettent et soutiennent un certain développement des relations de rôle entre maître et élèves, voire entre élèves. Si le Maître occupe presque constamment la position hiérarchique haute, dans laquelle il s'exprime en français, de préférence (sauf dans la classe bilingue, ou lors du cours d'arabe, où ce sont le joola et l'arabe qui sont les vecteurs de cette relation spécifique), et s'il attend des réponses ou des reprises/répétitions en français, tout en se déplaçant dans la classe ou en se tenant à côté du tableau, donnant la parole à tel ou tel, tournant le dos aux élèves pour écrire, il arrive que des relations d'une autre nature s'établissent, en aparté, au seuil de la porte sur la cour, ou près du bureau, pour une demande de courses par exemple, en wolof, le plus souvent.

Parmi les activités de langage, la part dévolue aux diverses leçons est d'autant plus longue que les élèves passent beaucoup de temps à recopier dans leurs cahiers ce que le Maître a lui-même copié au tableau. Ceux que nous avons observé dans l'école de Ziguinchor ont beaucoup de mal à réfléchir sur ces textes ou ces consignes, et à identifier les demandes de l'enseignant. La plupart répètent seulement ce que le Maître oralise, en lien avec ce qui est écrit au tableau. Un grand nombre d'ordres ponctuent la séance : «parle fort!», «répète», «fais une phrase», «taisez-vous», etc. Le chahut ou le conflit entre élèves font partie également des activités/actes de langage ; le Maître règle le problème en wolof, le plus souvent. Le chant, en mode bilingue, éventuellement, est l'une des activités qui permet de créer une relation en langue, entre le Maître(sse) et les élèves, avec des répons chantés, en chœur. Sa répétition quotidienne fait partie des premiers acquis en langue. D'autres activités de langage moins fréquentes (jeux de l'esprit, où concourent les élèves, conseils de classe) se déploient également dans la classe.

Pour la plupart de ces activités, des formats interactionnels fréquents ou «patterns», relevés dans toutes les classes observées, fondent la relation didactique entre le Maître et l'élève[6]. Selon Dreyfus (2007), il s'agit le plus souvent «d'un format interactionnel spécifique caractérisé par une forme séquentielle organisée autour d'une série de paires adjacentes[7] du type questions/réponses ou d'échanges ternaires du type : question-initiation/réponse/ évaluation ou feed-back)». On a relevé également un format marqué par un schéma intonatif spécifique, montant/descendant[8], dont l'apparition très fréquente en discours semble aléatoire et ne pas être systématiquement liée à un moment précis de l'échange, ou à une thématique quelconque. Ce format peut être associé à une consigne, à une règle énoncée, et le plus souvent à une paire question/réponse (partielle ou totale), etc. Du type de celles-ci, relevée en classe de CE2 bilingue (Ziguinchor) :

La maîtresse : «on écrit d'abord la con –/

Les élèves, en chœur : «–signe\

Ou bien de celle-ci (en CE2, Essyl) :

Le maître : «son infinitif, c'est dor/

Le maître et les élèves, tous ensemble[9] : «c'est dormir\

Ce format interactionnel fera l'objet d'une analyse spécifique ci-après (dans le point 3).

D'autres observables sont également nécessaires à l'appréhension de l'espace sociolinguistique déployé par les uns et les autres dans le milieu scolaire. Nous pensons ici à

---

6. Selon Bray, Clarke & Stephens (1986), « discovery methods are not widely used in Africa. One factor is the relatively low skill and self-confidence of the teachers, for it is easier to use chalk and talk methods tant to guide discovery learning » (p.138). Ce constat est toujours d'actualité. De plus, « many teachers and parents favour an organized environment, and distrust what they consider to be the potential chaos of children learning in their own ways and at their own speeds, often with considerable noise ». Ces remarques s'appliquent tout à fait aux classes que nous avons observées en Casamance. Lorsque le Maître est expérimenté et a confiance en lui, la relation M/E tend à être davantage centrée sur l'élève, même si le Maître garde toujours une position hiérarchique dominante.

7. Paire adjacente : deux énoncés contigus produits par deux locuteurs différents, la production du premier énoncé (membre) de la paire exerce une contrainte très forte sur le tour suivant, selon le principe de dépendance conditionnelle.

8. Nous marquerons l'intonation montante par le symbole /, et l'intonation descendante par le symbole \, situés après le mot ou la syllabe qui porte cette intonation.

9. Cette classe comportait seulement treize élèves, tandis que le CE2 bilingue de Ziguinchor en comptait 35.

des observables accessibles par observation *in situ* et entretiens associés, selon les méthodes d'une ethnolinguistique de terrain, tant pour les élèves que pour les enseignants. Il s'agit de connaitre leurs répertoires, la temporalité et les environnements de leur acquisition/apprentissage/formation, la dimension variable de leurs pratiques langagières, ainsi que leurs représentations/perceptions/catégorisations de ce qui se passe en langue et en situation, dans divers espaces socio-géographiques situés, dont l'espace scolaire. Il suffirait sans doute de se pencher sur quelques personnes choisies à l'aide de critères de différenciation explicites et discutés (Sow, 2016).

3. Proposition d'analyse

Il s'agit de tenter ici une analyse de certains échanges recueillis, à la lumière de la problématique posée, et de se demander en quoi le recours à la notion d'espace(s) sociolinguistique(s) éclaire et enrichit cette analyse.

«C'est dans et par l'interaction que l'on **devient** membre d'une société, d'un groupe ou d'une communauté de pratiques» (L. Mondada, 2000, p. 114) (nous soulignons). Les phénomènes retenus devraient donc nous permettre d'appréhender l'espace différemment, comme un procès et non seulement comme un produit. Qu'en est-il donc du format interactif que nous avons retenu, du fait de sa fréquence? Il ne semble pas que cette fréquence soit liée à des facteurs identifiables dans le *hic et nunc*. Il semblerait qu'on ne puisse en analyser l'apparition et l'usage que dans l'historicité de ce qui se passe en milieu scolaire, depuis longtemps. Il y aurait donc une répétition/reprise par tous, ensemble, à l'instigation du Maître. On ne peut l'analyser et le comprendre qu'en centrant l'approche sur le Maître, en position haute dans une telle interaction.

En voici de nouveaux exemples :

a) Le Maître ici écrit le titre de la leçon au tableau et se tourne vers les élèves, tout en écrivant, comme pour les associer à ce qu'il est en train de faire :

M «J'ai mis «IV Conju –/

E «–gaison\

b) Le Maître utilise le format de bout en bout pour montrer aux élèves ce qu'il attend d'eux

M «il y a zéro/bonbon\, donc on va mettre/zéro réponse\

c) La réponse est toujours induite par la forme de la question posée :

M «avant», c'est le/

E «passé\

M reprend : «le passé... (et écrit le mot au tableau).

Ou encore :

M «ce soir, après le manger, à 17 h, vous allez vous/repo – /

E «–ser\

Contraintes formelles sur la réponse, contrainte de la répétition du format et de la relation

M/E associée, contrainte de la forme écrite de la langue malgré l'oralisation du format, contraintes sociales associées. Ce ne sont que des contraintes, et ce format répété ne génère aucune liberté pour la prise de parole individuelle. On sait par ailleurs que l'individualisme n'est pas un but souhaité dans la culture et l'éducation islamique (cf. Bray, Clarke et Stephens, p. 87 et suivantes).

On a constaté, d'une manière générale comme dans les exemples ci-dessus, que le Maître dirige toutes les prises de parole. Il est le chef d'orchestre d'un ensemble de personnes qui interagissent avec lui, comme d'une même voix. Sur un mode rythmique scandé, le plus souvent, les élèves reprennent en l'imitant, ce qu'a dit le Maître, ou donnent la réponse attendue, parce qu'initiée déjà dans le discours du Maître et soutenue par le schéma intonatif. Le jeu des routines interactionnelles (reprises collectives, répétitions de formats stéréotypés) qui ramène toujours à la forme écrite de la langue a comme effets majeurs de réduire la gamme des ressources communicatives et de construire une «surnorme scolaire» (cf. Dreyfus, 2005, 2007), laquelle s'installe dans un habitus lié, tant à la langue qu'à l'espace socio-géographique situé. C'est cela qui construit l'espace vécu, intériorisé par chacun, et par tous, en l'occurrence.

De même que la répétition des opérations de calcul cadrées par le PLM, la répétition de cette routine interactionnelle contribue à souder la relation Maître/élèves, sinon la transmission d'un savoir nouveau. De même que lors de l'apprentissage par cœur des versets du Coran, la répétition de cette routine associée à l'usage du français renforce la position haute du Maître et donc la portée symbolique et la fonction haute de la langue concernée (arabe, ou français).

L'usage de ce format est toujours le fait du Maître, jamais des élèves. Il ne se produit qu'en classe. C'est un usage aléatoire, au hasard, indépendant des contenus. L'intérêt ou le but de ce format interactionnel semble être de re-saisir, de re-mobiliser les élèves, souvent occupés à recopier ce qui est écrit au tableau. Il peut également servir à introduire une nouvelle séquence, à vérifier un acquis, sinon une réelle compréhension. Sa fréquence semble liée assez nettement au degré d'insécurité du Maître dans sa fonction. Cependant, tous les Maîtres, même les plus expérimentés, l'utilisent à un moment ou un autre. Il y a donc là un savoir partagé, hérité et son usage contribue à créer une culture scolaire, incorporée dans cet acte de langage stéréotypé.

On peut se demander pourquoi ces Maîtres utilisent si peu de questions ouvertes et donnent la réponse, dans la question posée. Si l'on replace cet usage spécifique dans l'historicité de ce qui se passe, on doit se poser cette question : d'où vient ce format ?

Y a-t-il là une reprise, par des Maîtres peu ou mal formés, malgré leur implication et leur dévouement, de manières de dire et de faire héritées de l'école coloniale ? C'est ce qui nous a été suggéré par une ancienne institutrice de l'école française au Sénégal, qui s'indignait devant les données que nous lui avons montrées, un «massacre pédagogique» d'après elle.

Peut-on trouver d'autres espaces de transmission, où ce format serait également fréquent ? On peut penser à l'école coranique, puisqu'il a été également observé dans les classes d'arabe dispensées par des oustases, au sein de l'école publique.

Des éléments de comparaison manquent pour donner à ce format interactif sa pleine mesure culturelle, linguistique et sociale. On ne peut que faire l'hypothèse de sa pérennité. Il faudrait réaliser des entretiens approfondis avec les Maîtres, les inspecteurs d'Académie et les formateurs d'enseignants pour, d'une part mesurer leur prise de conscience du phénomène, d'autre part envisager avec eux la question de sa transmission, par qui, où et quand. On en vient donc à la grande question de l'historicité de la culture scolaire, au Sénégal et dans les anciennes colonies françaises.

Ce cas est d'autant plus intéressant, à notre avis, qu'il exemplifie la dimension sociale et historicisée de la construction par répétition d'un espace sociolinguistique identifiant la relation Maître/Élève, en classe.

Conclusion

La reproduction sociale de formats interactifs spécifiques et ritualisés, utilisés dans l'apprentissage scolaire et la vie communicationnelle en classe, n'est pas dissociable des langues en contact qui les véhiculent (français, arabe, joola). Elle doit être considérée pour ce qu'elle est, dans des environnements situés, d'un point de vue sociolinguistique, et être mise en relation avec des formats de même type, utilisés dans d'autres circonstances, d'autres environnements, si cela est possible. Il s'agit de montrer tant l'interdépendance des milieux ou des espaces socio-géographiques liés d'une façon ou d'une autre aux apprentissages, que de mettre en évidence le fait que ce qui se construit, en langue comme en représentations, dans l'espace sociolinguistique de chacun est fortement contingent de ces répétitions, reprises, scansions, dans lesquelles la langue en position «haute» s'incorpore, qu'il s'agisse de l'arabe, du français ou du joola[10]. Ceci demande à être vérifié par des observations en milieu familial comme dans d'autres espaces socio-géographiques. Existe-t-il au sein de la communauté familiale des transmissions/apprentissages langagiers, également façonnés dans des formats interactifs spécifiques (histoires racontées?), qui contribueraient à co-construire dans l'interaction l'espace sociolinguistique de chacun ou du groupe? Si l'on fait l'hypothèse de la «reproduction», au sens bourdieusien du terme, alors on a là, dans ce format exemplaire, un aspect significatif de l'histoire vécue de la langue, les espaces sociolinguistiques s'interpénétrant et se reproduisant d'une catégorie de la population, les Maîtres, de différents âges, à différentes époques, a leurs élèves, qui vont à leur tour devenir des Maîtres, sans la possibilité d'un retour critique sur cet usage, qui semble devenir consubstantiel de la fonction.

Je voudrai terminer ce texte par un hommage à Robert Nicolaï en le citant :

> *«Ce n'est pas dans un espace abstrait que la "langue" prend racine mais dans la matérialité du contact entre les individus, les populations, à travers les effets d'historicité que nous produisons dans l'actualisation de nos existences». (Nicolaï 2007, p. 3)*

L'espace sociolinguistique est vécu, il est multidimensionnel et fondé dans les actes de langage. La population réunie en classe illustre ce fait. L'empirie de l'observation et de la description permet seule d'accéder à cet espace, de voir comment il fonctionne et se construit ou se reproduit pour chacun.

---

10. Nous mettons sur un pied d'égalité symbolique ces trois langues, lorsqu'elles sont utilisées par le Maître à des fins d'apprentissage, comme dans la classe bilingue que nous avons observée. Il ne nous est pas apparu cependant que le format en question ait été aussi utilisé lorsque la classe est conduite en langue joola. Cela est néanmoins à vérifier.

Bibliographie

Auzanneau Michelle & Trimaille Cyril (2017), «L'odyssée de l'espace en sociolinguistique», *Langage et société*, n° 160-161, 349-367.

Bray Mark, Clarke Peter B. & Stephens David (1986) *Education and Society in Africa*, Londres, Edward Arnold Publishers.

Deprez Christine (2007), «Langues et espaces vécus dans la migration : quelques réflexions», *Langage et société*, n° 121-122, 247-257.

Dreyfus Martine (2005) «Pratiques de classes, interactions et appropriation du français en milieu multilingue», in *Appropriation du français et construction de connaissances via la scolarisation en situation diglossique*, Actes du colloque international de l'Université Paris X Nanterre, février 2005, Ouvrage multimédia sur CD rom sous la direction de Colette NOYAU

Dreyfus Martine (2007), «Point de vue à propos de l'analyse d'interactions en milieu multiculturel et plurilingue» La mise en œuvre des langues dans l'interaction, sous la dir. de Michelle Auzanneau, E. L'Harmattan, p. 179-198.

Dreyfus Martine & Juillard Caroline (2004), «Enseignement non formel dans la banlieue de Dakar : un espace scolaire alternatif, entre activités novatrices et pratiques ritualisées.» dans *Penser la francophonie, concepts, actions et outils linguistiques*. Paris AUF, 355-376.

Dreyfus Martine & Juillard Caroline (2005), *Le plurilinguisme au Sénégal. Langues et identités en devenir*, Karthala, 348 pages.

Fishman Joshua (1965), «Who speaks what language to whom and when?», *La linguistique* 2, 67-88.

Juillard Caroline, avec la collaboration de Dreyfus M., Morsly, D., Napon, A., Thiam, Nd. (2005), Dynamiques sociolinguistiques (scolaires et extrascolaires) de l'apprentissage et de l'usage du français dans un cadre bi – ou plurilingue. AUF, Réseau «Sociolinguistique et dynamique des langues», Paris, 103 pages.

Juillard Caroline (2016), «L'espace sociolinguistique et les actes de langage», *La linguistique* 52, 91-124.

Juillard Caroline (2013), « La description de l'empirie du langage et la question de l'espace sociolinguistique », dans *In and Out of Africa Languages in Question*, In Honour of Robert Nicolaï, Vol. 1, Language Contact and Epistemological Issues, edited by Carole DE FÉRAL, BICLLL 130, 173-186.

Le Page Robert & Tabouret-Keller Andrée (1985), Acts of Identity : Creole-Based Approaches to Language and Identity, Cambridge, CUP.

Milroy Lesley (1980), *Language and Social Network*, Oxford, Blackwell.

Mondada Lorenza (2000), «Apports de l'ethnométhodologie et de l'analyse conversationnelle à la description de l'acquisition dans l'interaction», dans *Questions d'épistémologie en didactique du français,* textes réunis et présentés par MARQUILLO LARRUY, M. Université de Poitiers, 112-116.

Nicolai Robert (2007), «Le contact des langues : point aveugle du linguistique», *Journal of Language Contact*, Thema 1, www.jlc-journal.org

Nicolaï Robert (2017) Signifier, Essai sur la mise en signification. Parcours dans l'espace épistémique et dans l'espace communicationnel ordinaire, ENS Éditions, 232 p.

Sow Ndieme (2016) «Le code mixte chez les jeunes scolarisés à Ziguinchor. Un signe d'urbanité ?», *Les Sciences sociales au Sénégal : mise à l'épreuve et nouvelles perspectives*. Publications Codesria, 247-272.

L'espace dans la phraséologie française : étude contrastive avec l'anglais et le coréen

Aïssa MESSAOUDI
Université nationale de Séoul

Résumé : *La lexie espace, terme richement polysémique, revêt de nouvelles acceptions lorsqu'elle s'associe avec d'autres mots pour former une unité complexe. Elle est en effet très présente dans la formation de nombreuses collocations terminologiques, en tant que base gardant ses sens d'origine et influençant sémantiquement ses collocatifs. La majorité des collocations terminologiques étant des emprunts, elles sont traduisibles presque mot à mot même dans des langues très éloignées entre elles (Ex. : espace polonais, Polish space, Pollandeu gonggan). À l'inverse, le terme espace est assez rare dans les locutions idiomatiques et les parémies, notamment les proverbes sauf lorsqu'il est suggéré. Il est alors capable de s'illustrer sous une multitude de figures propres à chaque langue-culture qui cette fois interdit toute tentative de traduction littérale ; les seules exceptions concernent uniquement les unités phraséologiques ayant source d'inspiration venant d'un fond universel (Ex. : Le temps c'est de l'argent, Time is money, Sigan-eun donida).*

Mots-clés : espace, phraséologie française, représentation, étude contrastive.

Introduction

Pour désigner une personne effectuant des vols dans l'espace, le CNES (Centre national d'études spatiales) a mis à la disposition des Français le mot hybride *spationaute* du latin *spatium* (espace) et du grec *nautes* (navigateur) le plaçant en concurrence directe avec deux autres synonymes déjà bien installés dans le paysage linguistique : le terme *cosmaunate* du russe *kosmonavt*, composé des formants grecs *kosmos* (univers) et *nautes* ; et le terme *astronaute*, de l'anglo-américain *astronaut* lui même venant du grec *ástron* (étoile) et *nautes*. En 2003, la Chine réussit seule cet exploit d'envoyer un homme dans l'espace et de fait, il n'était pas rare de rencontrer dans la presse occidentale un néologisme peu commun : *taïkonaute* du mandarin *tàikōng* (espace, littéralement *grand vide*) et de *nautes*. D'autres termes ont tenté de s'imposer avec plus ou moins de succès comme *Vyomanaute* du sanskrit *vyoman* (ciel) et *nautes*. Mais ces derniers néologismes semblent moins légitimes que *cosmonaute*, *astronaute* voire *spationaute* qui ont donné naissance à *cosmonautique, astronautique, spationautique*. Toutefois, au-delà de l'aspect fortement politisé de ces faits de langue, pour ce qui concerne cette étude, on remarque qu'aucune des 5 nations précitées ne conçoit pareillement l'espace.

En effet, cela n'est guère étonnant au vu de toutes les acceptions que possède déjà le mot *espace* en tant que lexie simple (unité sémantique constituée d'un seul mot) présent dans des domaines très variés (cosmologie, musicologie, philosophie, physique, scénographie, typographie, etc.). Il peut en plus facilement trouver sa place dans une phrase en lui adjoignant les affixes adéquats (*espacer, espacement, spatial, subespace, spacieux, spatiologie,* etc.). La richesse sémantique et morphologique du mot est telle qu'il est logiquement présent dans de nombreuses unités phraséologiques, ces «combinaisons récurrentes, plus ou moins stabilisées, de formes lexicales et grammaticales» (Fiala 1987 : 32) qui font l'objet de notre étude.

L'un des aspects les plus captivants en phraséologie est la comparaison d'unités phraséologiques d'une langue de départ, le français en l'occurrence, avec celles d'autres langues culturellement proches et surtout éloignées, pour notre cas respectivement l'anglais et le coréen. Quelles figures utilise-t-on de l'autre côté de la Manche ou au Pays du Matin calme pour parler d'*espace*? La langue anglaise, relativement proche du français, utilise-t-elle les mêmes images? Dès lors, faut-il s'attendre à ce que le coréen ait des représentations différentes de l'espace? Si c'est le cas, quelles formes prennent-elles?

Avant de répondre à ces questions, il sera nécessaire de définir dans un premier temps la phraséologie, qui est parfois méconnue même des linguistes. Elle pose de nombreux problèmes terminologiques en raison des limites poreuses entre ses groupes. De là, il sera possible de répertorier les unités phraséologiques incluant le mot vedette *espace* puis celles l'évoquant uniquement sans l'inclure. Les réponses à ces interrogations permettront de saisir les subtilités pléthoriques du mot *espace* au gré des pérégrinations langagières.

1. Qu'est-ce que la phraséologie?

La phraséologie est une discipline, une branche pour certains, appartenant à la linguistique. Relativement jeune, elle s'impose au fil des ans depuis les années 70 après avoir longtemps été ignorée du fait de sa complexité définitoire. Les phraséologues se donnent pour objectif d'étudier les unités phraséologiques inhérentes à toute langue. On les désigne plus communément sous les appellations *expressions idiomatiques, locutions figées, proverbes, dictions* et autres apparentées. Plus précisément, la phraséologie est définie par Bolly (2011 : 28) en ces termes :

> Une unité phraséologique est une séquence polylexicale constituée de deux ou plusieurs mots graphiques catégoriquement liés, contigus ou non. Les UP se caractérisent linguistiquement par : (i) un certain degré de fixité syntaxique (blocage des propriétés transformationnelles et ordre des constituants inaltérable); et/ou (ii) un certain degré de figement sémantique (non-compositionnalité au moins partielle); et/ou (iii) un certain degré de figement lexical (restriction paradigmatique); et/ou (iv) une contrainte sur l'emploi en situation de communication.

Ces contraintes se traduisent généralement par un certain degré de collocabilité mesurable statistiquement en termes de fréquence de cooccurrence des constituants.

Plusieurs syntagmes et phrases satisfont à ces conditions dont voici quelques exemples :

1) un espace vert ;
2) bouffer l'espace de quelqu'un ;
3) La jeunesse veut l'espace ; la vieillesse, le temps.

L'exemple (1) est ce qu'on appelle une *collocation*, (2) est une *locution idiomatique* (*expression idiomatique* dans le langage courant) et (3) est une parémie, plus précisément une citation. Contrairement aux syntagmes dits libres, le trait le plus notable que partagent ces trois groupes est le figement sémantico-lexical que Mejri définit ainsi (2000 : 610) :

> Le figement est un processus linguistique inhérent aux langues naturelles par lequel des séquences linguistiques, initialement employées comme séquences discursives libres, se trouvent, pour des raisons diverses, partiellement ou entièrement solidifiées ; elles sont ainsi versées dans l'une des catégories linguistiques dans le cadre de laquelle les constituants perdent leur autonomie individuelle pour participer à la configuration de la nouvelle unité polylexicale ainsi constituée.

Le figement ne se résume donc pas à un simple comportement binaire *libre/figé*. Il s'étend sur une fine gradation ; « on distingue deux pôles parmi les séquences figées (SF) : celles qui sont complètement figées et celles qui le sont beaucoup moins ; entre les deux se situent toutes sortes de gradations allant du plus figé au moins figé » (Mejri, 2009 : 158). En guise d'illustration, l'exemple (2) accepte le changement du verbe *manger* par un nombre restreint de synonymes comme *bouffer* alors que l'exemple (3) n'admet aucun changement étant une citation (Jean Nohain). Voyons en détail la place de ces trois groupes dans le continuum du figement.

1.1. Les collocations

Sur le plan du figement, les collocations sont les unités phraséologiques les moins figées par rapport aux deux autres groupes cités plus haut. Elles sont selon Bolly (2011 : 49) des :

> Séquences polylexicales constituées de deux ou plusieurs mots, contigus ou non dans l'usage, qui entretiennent entre eux une relation lexicalement contrainte, tout en conservant leur caractère compositionnel et leur contenu catégoriel propres. La collocation se compose d'une « base » et d'un « collocatif », le « collocatif » étant sémantiquement contraint et sélectionné par la « base ».

L'exemple (1), une collocation, est bien contrainte. On peut bien sûr la prendre au pied de la lettre et désigner un *endroit coloré en vert*, mais si l'on souhaite parler d'une *zone boisée située en milieu urbain*, les suites comme un *espace très vert*, *un espace verdâtre* sont bannies. Concernant la base qui est *espace*, elle a gardé son intégrité sémantique ; elle puise son sens dans l'une de ses nombreuses acceptions et signifie effectivement dans ce cas *un milieu géographique*. À l'inverse, le collocatif *vert* ne fait pas directement référence à la couleur verte, mais bien à la flore qui plus est située en milieu urbain. Le sens du collocatif ne s'accomplit donc que grâce à sa base. Pour autant, le collocatif n'a pas besoin d'être opaque pour être qualifié de la sorte. Il peut facilement livrer son sens comme dans l'exemple (4) où effectivement il s'agit d'une *zone (contrôlée) située dans les airs*. Mais elles gardent toujours leurs spécificités phraséologiques. L'on serait tenté de traduire par *aerial space* au dépend d'*airspace*, la traduction correcte (*aerial space* existe littéralement malgré tout). En outre, la suite un espace d'air est à réservée à la construction (en anglais air_space). La comparaison avec d'autres langues est un des moyens pour jauger de l'idiomaticité d'une suite de mots.

1) Un espace aérien (airspace) vs un espace d'air (air space)

1.2. Les locutions idiomatiques

En allant plus loin dans le figement, l'on rencontre le groupe des locutions idiomatiques défini comme tel par Bolly (2011 : 43)

> Séquences polylexicales […] qui se caractérisent sémantiquement par leur non-compositionnalité, au moins partielle, qui peut être le résultat d'un procédé tropique (essentiellement la métaphore ou la métonymie). Elles se définissent syntaxiquement par un degré minimal de fixité et lexicalement par une fermeture, au moins partielle, des classes paradigmatiques (Bolly, 2011 : 43).

Les locutions idiomatiques se distinguent des collocations par le fait qu'aucun des éléments composant une suite idiomatique ne permet d'anticiper son sens figuré. Dans l'exemple (2) *bouffer l'espace de quelqu'un* ne permet pas à un non-natif du français, pourvu qu'il n'existe pas d'équivalent parfait dans sa langue, de savoir qu'elle s'adresse à une *personne envahissante*.

1.3. Les parémies

Le troisième et dernier groupe, les parémies, sont les unités phraséologiques les plus sujettes au figement total. Bolly (2011 : 44) écrit à leur sujet cette définition :

> Unités polylexicales phrastiques véhiculant un contenu sémantique autonome (signifié global). Le champ parémiologique inclut traditionnellement les proverbes, les dictons et les adages. De manière étendue, les parémies peuvent comprendre les citations, les truismes et tautologie. Une parémie est un énoncé (Anscombre, 2003) : autonome ; générique, c.-à-d. une phrase «ON-sentencieuse» ; minimal, c.-à-d. qui «ne peut être subdivisé en deux sous-énoncés dont un au moins serait au moins une parémie» ; à caractère sentencieux ; avec une structure rythmique.

Ce sont donc des proverbes (dictons, adages, maximes, etc.), mais aussi toute phrase nominale, verbale ou autre comme une citation («Le temps n'est que l'activité de l'espace», Elsa Triolet), le titre d'un film (*2001, l'Odyssée de l'espace*) ou la marque d'un modèle de voiture (*Renault Espace*). Les guillemets d'une citation sont un gage de fidélité ; le film de Kubric ne peut être désigné que par *l'Odyssée de l'espace* et non *l'Odyssée spatiale ;* les monospaces de Renault sont appelés *Renault Espace* et non *Renault Spatial* ou *Spatio-Renault*. Mentionnons au passage que lorsque le terme *espace* fait partie d'un titre de film, il fait toujours référence au milieu situé au-delà de l'atmosphère terrestre ; peu de films, *Espace détente* et *Aurélie Dupont danse l'espace d'un instant*, se démarquent du lot. On notera la tendance des titres français à inclure *espace* même lorsqu'il est absent du titre original. Voici quelques exemples avec en parenthèse les titres en version originale lorsque cela est applicable :

– Les Zévadés de l'espace (Escape from Planet Earth) ;

– Les Mutants de l'espace (Mutant Aliens) ;

– Les naufragés de l'espace (Marooned) ;

- Les monstres de l'espace (Quatermass and the Pit)
- Les mercenaires de l'espace (Battle Beyond the Stars)
- Les convoyeurs de l'espace (Star Runners) ;
- Les Chimpanzés de l'espace (Space Chimps) ;
- Robinson dans l'espace (Robinson in Space) ;
- Jack dans l'espace (Jack in Space) ;
- Perdus dans l'espace (Lost in Space) ;
- Albator, corsaire de l'espace (Space pirate, Captain Harlock), etc.

2. Les représentations de l'espace

Fort de ces bases en phraséologie, définissons brièvement l'espace avant d'étudier ses manifestations idiomatiques. Dans le *Dictionnaire historique du français*, on apprend que l'espace «est un emprunt du XIIᵉ s. (1160-1174) au latin *spatium* «champ de course, arène», puis «espace libre étendue, distance» et aussi laps de temps, durée». Le mot est d'origine obscure.» (Rey, 2010 : 773). *Spatium* entrait déjà dans la formation de plusieurs locutions latines : *in brevi spatio* (en un instant), *communium spatio* (place publique), *aequo spatio* (à égale distance), etc. Le Petit Larousse 2018 donne neuf acceptions au mot espace sans compter ses emplois terminologiques. Il n'est pas en reste sur le plan culturel ; il est mis en vedette dans le *dictionnaire culturel en langue française* et occupe pas moins de quatre pages qui abordent ses applications entre autres en philosophie. Enfin, n'oublions pas le pendant féminin du terme (*une espace*), qui au contraire n'a que deux acceptions destinées à la typographie.

2.1. Le mot espace dans la phraséologie

Comme de nombreuses lexies, le mot *espace* et ses dérivés ont la possibilité d'associer à un autre mot librement qu'on appelle *syntagme libre*. Cela peut être des associations de différentes natures grammaticales comme dans les exemples (5), (6), (7) et (8). Il peut servir aussi à la fabrication de lexies dites *complexes*, car composées de plusieurs mots vie et/ou pleins, mais dont le tout charriant qu'un seul sens.). Ses propres «fréquentations» plus ou moins récurrentes et opaques se retrouvent dans les collocations, locutions idiomatiques et les parémies.

2) un espace jaune clair ;

3) balayer un espace ;

4) un espace de méditation ;

5) un vélo spatial ;

En répertoriant les unités phraséologiques comportant le terme *espace*, (voir les extraits du tableau ci-dessous), on constate qu'elles sont majoritairement des collocations de différents domaines (certaines ayant basculé dans la langue courante) et étant donné les circonstances d'appropriations des ces concepts, elles ont généralement des équivalents étrangers traduisibles littéralement (*espace polonais = Polish space = Pollandeu gonggan* ; *espace publicitaire = advertising space = gwanggo gonggan*) car majoritairement des emprunts ; l'exemple le plus emblématique étant *espace vital* de l'allemand *Lebesraum*, concept créé par Friedrich Ratzel qui sera récupéré politiquement. On peut citer aussi *espace vert* de l'anglais *green space* (*et open space reserve, open space preserve* selon les pays).

Parfois, la collocation est reprise telle quelle, car apportant une nuance en plus : *un workingspace* VS *un espace de travail* ; le premier désignant un espace connecté (notons que c'est *workspace* qui est utilisé en anglais). Lorsque des différences subsistent, la traduction coréenne s'alignera généralement sur l'anglais à l'instar d'*espace Shengen* qui se dit *Shengen area* en anglais qui enfantera l'équivalent coréen *Shyengen jiyeok*. En résumé, «comme la plupart des termes abstraits, *espace* n'est pas fertile en locutions» (Rey, 2015 : 330). *Espace* s'illustre surtout dans les collocations dites terminologiques.

Quelques unités phraséologiques incluant la lexie *espace*			
Français	Anglais	Coréen (littéralement)	Exemples de domaines
Espace aérien	Airspace	Yeonggong (Ciel contrôlé)	Aéronautique
Espace animalier	Animal park	Dongmul gongweon (Parc animalier)	Zoologie
Espace public	Public space	Gonggong gonggan (Espace public)	Général/ Urbanisme
Espace collaboratif	Collaborative space	Gongdong gonggan (Espace collaboratif)	Entrepreneuriat
Espace confiné	Confined space	Jobeun gonggan (espace confiné)	Général/ Hygiène/Sécurité
Espace vert	Green space	Nokji (endroit vert)	Urbanisme/ Horticulture, etc.
Espace périvitellin	Perivitelline space	Nanhwangjuwi gonggan (espace périvitellin)	Biologie
Espace polonais	Polish space	Pollandeu gonggan (Espace polonais)	Mathématiques/ Topologie
Espace public urbain	Urban Public space	Dosi gonggong gonggan (espace public urbain)	Urbanisme
Espace publicitaire	Advertising space	gwanggo gonggan (Espace publicitaire)	Marketing
Espace vital	Living space	Saeghwalgweon (Sphère vitale)	Géopolitique

Espace de travail	Workspace	Jageob gonggan (Espace de travail)	Entrepreneuriat
Espace de liberté	Area of freedom	Jayu yeongyeok (Aire de liberté)	Politique
Espace de vie	Living space	Saeghwalgweon (Sphère vitale)	Démographie/ Géographie
Espace lointain	Outer space	Uju gonggan (Espace spatial)	Astronomie
Espace Schengen	Schengen area	Shyengen jiyeok	Géopolitique
Espace mort	Dead space	Sigak (Coin mort)	Physiologie respiratoire
Espace libre	Free space	Yeoyu gonggan (Espace libre)	Informatique
Manger/bouffer l'espace de quelqu'un	Néant	Néant	Général

2.2. Le concept d'espace dans la phraséologie

Il n'est évidemment pas nécessaire d'utiliser le nom *espace* pour en parler. Il dispose tout d'abord d'innombrables synonymes en tant que lexie simple. Dans l'optique par exemple de préciser le terme ou simplement contourner d'éventuelles redondances, il y a à disposition des synonymes en un mot comme *écart, marge, place, univers, intervalle, superficie, temps, vide, interstice, laps*, etc. Et du côté phraséologique, inévitablement l'espace est évoquée via la multitude de figures à sa disposition toutes plus originales les unes que les autres. Considérons le tableau ci-dessous.

Quelques unités phraséologiques évoquant l'espace		
Français (sens évoqué de l'espace)	Anglais	Coréen (littéralement)
En un clin d'œil (espace de temps réduit)	In the blink of an eye	Nun kkamjjak-hal sai-æ (En un battement d'yeux)
En deux temps trois mouvements (espace de temps réduit)	At one fell swoop (UK) In two shakes of a lamb's tale (US)	Sunsikkan (En une respiration)
En un rien de temps (espace de temps réduit)	In no time	Jeuksi (En un temps instantané)

Sur-le-champ (Espace de temps quasi immédiat)	On the pot	Danjang (Directement dans la cour)
Nul n'est prophète en son pays (Espace donné)	no man is a prophet in his own country	Seonja-neun jagi gohyang-eso-neun injeongbatji mothanda (Un prophète ne peut recevoir un bon accueil dans sa ville natale)
Loin des yeux loin du cœur (Espace entre deux individus)	Out of sight out of mind	Geojiilso (Une personne absente s'éloigne tous les jours)
Quatre coins du monde (Espace défini)	the four corners of the world	Cheonha-æ (Sous le paradis)
Qui vivra verra (Espace de temps indéfini)	Time will tell	Néant
Le temps, c'est de l'argent. (Valeur pécuniaire de l'espace temporel)	Time is money	Don-i siganida (Le temps est de l'argent.)
Paris ne s'est pas fait en un jour. (espace temporel)	Rome was not built in a day	Roma-neun haruan-e sewojiji anhatta. Rome ne s'est pas construite en un jour.
Qui va à la chasse perd sa place	You snooze you lose	Néant
Ne pas avoir un chat (il) (Espace vide)	There is no soul at out ther	Gaemi saekki han mari opta. (Il n'y a pas une seule fourmi.)

On remarque que les figures utilisées pour représenter l'espace dans les unités phraséologiques sont très diversifiées et parfois sans aucune logique apparente. Ces figures sont en plus différentes d'une langue à l'autre. La langue est en effet le reflet d'une culture Zarate (2003 : 57)

> Comme la langue est une manifestation de l'identité culturelle, tous les apprenants, par la langue qu'ils parlent, portent en eux les éléments visibles et invisibles d'une culture donnée. Ainsi, dès le jeune âge, il se développe chez les apprenants des représentations collectives et des représentations individuelles. D'une part, ils s'approprient progressivement les croyances dominantes et les modes de pensée qui s'imposent dans leur groupe familial et social.

Lorsqu'une unité phraséologique partage la même figure entre plusieurs langues, c'est généralement que ces dernières ont puisé dans les représentations universelles : *Nul n'est prophète en son pays* (l'Évangile de Luc (4, 24) que l'on retrouve dans toutes les langues (la version coréenne étant plus proche de la version originale) ou simplement un emprunt comme avec le devenu proverbe *Le temps c'est de l'argent* qui vient en fait d'une citation attribuée à Benjamin Franklin *Time is money*.

Conclusion

Lorsque le terme espace est physiquement présent dans une unité phraséologique, cette dernière est généralement une collocation le plus souvent terminologique. Et le plus souvent, les équivalents vers d'autres langues étrangères sont littéralement traduisibles. En revanche, lorsque c'est uniquement le concept d'espace qui est évoqué, on les trouve largement dans les locutions idiomatiques et dans la majorité des cas, les équivalents vers les langues étrangères sont différents dans les figures utilisées. Cela en raison des cultures propres à chaque pays ou région.

Cette recherche ne fait évidemment qu'esquisser les contours de l'espace dans la phraséologie et on gagnerait à ce qu'une étude plus poussée soit faite de l'espace dans les différents groupes phraséologiques. Dans les faits, les collocations avec espace sont polysémiques en raison de leurs possibles utilisations dans plusieurs domaines et il aurait été impossible de toutes les traiter. Rien que dans le glossaire de l'aménagement territorial par exemple, on trouve plus d'une dizaine (espace agricole, espace collectif, espace économique, espace fermé, espace naturel sensible, espace non bâti, espace ouvert, espace privatif, espace public, espace rural, espace urbain, espace vert, espace vert urbain, etc.).

Par ailleurs, il serait intéressant pour un travail futur de relever la fréquence de chaque collocatif d'espace à l'aide algorithmes afin d'établir une liste de ses occurrences : *vert* (dans *espace vert*, 200 000 000 occurrences), *client* (dans *espace-client*, 199 000), *urbain* (dans *espace urbain*, 41 500 000) ; et son lot de surprises : *Victor Hugo* dans *Espace Victor Hugo*, 15 500 000 (centre européen de maquillage) ; *atypique* dans *Espaces atypiques,* 10 200 000 (agence immobilière) ; Rambouillet dans Espace Rambouillet, 4 870 000 (parc animalier et forestier), etc.

Bibliographie

Bolly Catherine, *Phraséologie et collocation*, Bruxelles, P.I.E. Peter Lang, 2011.

Chantreau Sophie & REY Alain, Dictionnaire d'expressions et locutions, 2015.

Fiala Pierre 1987 «Pour une approche discursive de la phraséologie : remarques en vrac sur la locutionalité et quelques points de vue qui s'y rapportent, sans doute». Langage et société 42.

Mejri Salah, Figement, défigement et traduction. Problématique théorique. Mejri Salah, Mogorron Huerta Pedro. Figement, défigement et traduction = Fijación, desautomatización y traducción, Universidad de Alicante, pp.153-163, 2009, Rencontres Méditerranéennes, 2.

Rey Alain (direction), *Dictionnaire culturel en langue française*, Paris, le Robert, 2005.

Rey Alain (direction), Dictionnaire historique de la langue française, 2010.

Zarate Geneviève (direction), *Médiation culturelle et didactique des langues*, Conseil de l'Europe, 2003.

Pluralité ethnique et culturelle, plurilinguisme et dynamique des langues dans le paysage linguistique de l'Université Cheikh Anta Diop de Dakar : étude du réseau de communication enseignants-étudiants

Ngari Diouf

Université Cheikh Anta Diop de Dakar

Laboratoire SoLDiLaF

Résumé : *L'Université Cheikh Anta Diop de Dakar constitue un carrefour d'ethnies, de cultures et de langues du Sénégal et de pays africains et européens. Cette donnée sociolinguistique engendre une situation de pluralités ethniques et linguistiques qui a influencé les politiques linguistiques in vivo (Calvet, décembre 1990 : 75) observables dans le paysage linguistique de l'Ucad. En effet, la confrontation linguistique qui naît de la coexistence et du contact de langues nécessite une gestion du plurilinguisme à travers l'adoption d'une politique linguistique adéquate. Notre propos relève de la sociolinguistique externe (Durand et al., 2003 : 12). Il s'inscrit dans le cadre général du contact de langues, et dans le domaine plus spécifique de la politique linguistique. Notre ambition est de montrer le comportement linguistique d'acteurs de l'Ucad face à «la vie des langues» (Juillard, 1995) et d'appréhender la dynamique des langues dans ce milieu.*

Mots-clés : *plurilinguisme, étudiant, enseignant, communication.*

Abstract : *Cheikh Anta Diop University of Dakar is a crossroads of ethnic groups, cultures Senegalese languages, as well as African and European ones. That sociolinguistic datum generates a situation of ethnic and linguistic plurality which influences the linguistic policies in vivo (Calvet, December 1990: 75) observable in the linguistic scene of this university. In fact, the linguistic confrontation that results from the languages' coexistence and contact requires good management of multilingualism through the adoption of an adequate languages' policy. Our case study is about "external sociolinguistic" (Durand et al., 2003 : 12). It is within the framework of languages' contact, and in the specific domain language' policy. Our purpose is to show the language behavior of actors in this university within the situation of the "life of languages" (Juillard, 1995) and to apprehend the evolution of languages in this area.*

Key-words: *multilingualism, student, teacher, communication.*

Introduction

La politique linguistique peut être considérée comme «l'ensemble des choix conscients effectués dans le domaine des rapports entre langue et vie sociale, et plus particulièrement entre langue et vie nationale» (Calvet, 1987 : 154-155). Selon ces propos de Calvet, la politique linguistique est une prise de position, suite à une prise de conscience de l'existence d'un problème linguistique, que l'on adopte face aux statuts, rôles et fonctions des langues en présence dans un espace géographique. De ce fait, elle a pour objet de gérer le plurilinguisme, «la vie des langues» (Faye, 1987 : 6 ; Juillard, 1995) dans un paysage linguistique. Ainsi considérée, la politique linguistique doit être distinguée de la planification linguistique qui réside, elle, dans la mise en œuvre, l'application sur le plan des institutions – à travers des lois et règlements – des décisions de politique linguistique. De sorte que politique et planification linguistiques sont différentes étapes du processus politico-linguistique de règlementation des statuts, rôles, fonctions et usages des langues en présence.

À l'Université Cheikh Anta Diop de Dakar, la cohabitation des langues ne s'est pas faite sans conflit, surtout du point de vue des choix linguistiques, des usages et des représentations lors des communications des locuteurs. D'ailleurs, la coexistence de langues est toujours conflictuelle (Diallo, 2008 : 86), surtout du point de vue des choix linguistiques et des fonctions des langues en présence. C'est ainsi qu'à l'Ucad, toutes les langues en présence n'assument pas les mêmes fonctions, n'ont pas le même prestige sociopolitique, ne jouissent pas des mêmes préjugés (favorables ou défavorables), etc.

De ce fait, le français, langue officielle et de l'institution universitaire, est-il la langue la plus parlée par les acteurs de l'Ucad ? Toutes les langues en contact bénéficient-elles d'un emploi fréquent ? Le wolof, langue véhiculaire du Sénégal, et les autres langues autochtones du pays, assument-ils des fonctions dans le paysage linguistique de l'Ucad ? Dans quelles circonstances et avec quel interlocuteur chacune des différentes langues est-elle utilisée ? Existe-t-il une langue sur laquelle porterait le plus le choix des locuteurs en situation de communication ? Y a-t-il une dynamique évolutive de l'usage du français ou des langues premières des locuteurs dans le paysage linguistique de l'Ucad ?

Voilà les questions autour desquelles s'articulera principalement notre réflexion. Et pour ce faire, nous nous appuierons sur des analyses de la situation sociolinguistique de l'Ucad, lesquelles analyses seront essentiellement alimentées par des questionnaires d'enquêtes qui ont été administrés aux principaux acteurs de l'Ucad : les enseignants et les étudiants.

La perspective abordée ici n'a jamais été explorée par les chercheurs : une analyse de la situation de politique linguistique – et surtout de politique linguistique *in vivo* – dans le paysage de l'Ucad. En fait, beaucoup parmi ces chercheurs font le constat d'un déséquilibre notoire dans les usages des langues. Mais, ils se limitent à un constat sans pour autant s'atteler à une étude systématique de faits de politique linguistique de l'Ucad.

1. Le corpus

Il est constitué de données obtenues à partir de la méthode de *l'observation indirecte par questionnaire*. Pour Pierre Dumont et Bruno Maurer, il existe plusieurs méthodes de recueil de données linguistiques et/ou langagières parmi lesquelles *l'observation directe, l'observation indirecte avec entretien semi-directif par entretien* et *l'observation indirecte avec entretien semi-directif par questionnaire*. Au vu de nos objectifs de recherche, la méthode de l'observation indirecte par questionnaire nous semble être la plus efficiente et la mieux adaptée du fait qu'elle permet de se fonder sur le discours épilinguistique des acteurs. Pour Dumont et Maurer, l'*observation indirecte* est celle qui se fait «*par questionnaire ou entretien*» (Dumont et Maurer, 1995 : 6).

Justement, l'observation indirecte par questionnaire a consisté ici, pour nous, à interroger les étudiants et les enseignants de l'Ucad sur différents aspects de la politique linguistique *in vitro* dans ce milieu de travail : les statuts et l'usage des différentes langues en coexistence, à travers 2 questionnaires d'enquête établis par l'enquêteur (un questionnaire est administré à chaque catégorie susmentionnée) et orientés vers des données relatives à la politique linguistique *in vivo* de l'Ucad. Ainsi, les questions ont essentiellement porté sur l'usage des langues dans le paysage linguistique de l'Ucad; les choix linguistiques des locuteurs lors de leurs communications quotidiennes au milieu de travail; la vitalité sociolinguistique de chacune des langues en présence, etc.

Concernant la procédure d'enquête, les questionnaires ont été distribués, présentés et expliqués par nous-même à nos enquêtés. Il s'agit du Questionnaire «Autorité» (Doyens, Assesseurs, Chefs de départements et enseignants) et du Questionnaire «Étudiant». Chaque questionnaire est numéroté selon l'ordre de réception par l'enquêteur, après remplissage par l'enquêté. De ce fait, le questionnaire «Autorité», par exemple, est numéroté de 1 à 10, suivant l'ordre de réception, après remplissage par les 10 enseignants et chefs de départements de l'Ucad auxquels il a été administré. Et il en va de même pour le questionnaire «Étudiant». Les sigles suivants ont les correspondances suivantes : QA suivi d'un chiffre (par exemple QA1) signifie Questionnaire Autorité n° 1 ; et QE suivi d'un chiffre (par exemple QE1) signifie Questionnaire Étudiant n° 1. Et, afin de respecter approximativement et relativement la proportionnalité des catégories ciblées, nous avons enquêté 10 «autorités» et 70 étudiants.

De même, nous avons demandé à chaque enquêté de remplir le questionnaire qui lui a été soumis. Ce qui a été fait par tous. La méthode a consisté à expliquer les objectifs d'enquête et à remettre le questionnaire à l'informateur.

Enfin, nous n'avons pas ciblé, dans chaque catégorie socioprofessionnelle, les personnes à enquêter. Nous avons toujours remis le questionnaire aux personnes de la catégorie socioprofessionnelle à enquêter, que nous avons rencontrées sur le terrain de recherche (l'Ucad) le jour de l'enquête, par le hasard des circonstances : lundi 9 avril 2018 pour le questionnaire «Autorité», et lundi 23 avril 2018 pour le questionnaire Étudiant. Il s'agit ainsi de la méthode du «*hasard dirigé*» (March, 1993 : 133).

2. L'enquête

Elle a été menée à Dakar, et précisément à l'Ucad, en avril 2018 par nous-même auprès de nos informateurs que sont les autorités académiques et les étudiants. Elle a porté sur les statuts, fonctions, choix et usages des langues dans le paysage linguistique de l'Ucad. Et nous avons enquêté 80 informateurs. Certes le choix de ce chiffre peut paraître arbitraire et aléatoire, mais a l'avantage de faciliter le calcul des pourcentages dont nous aurons besoin afin d'effectuer des estimations.

3. Analyses des données

La langue de l'institution qu'est l'Ucad est le français. Pourtant, aucun texte de ladite institution ne mentionne cette donnée linguistique, selon le secrétaire général de la Faculté des Lettres et Sciences Humaines que nous avons enquêté. En effet, l'Ucad s'est contentée de la mention de la Constitution de la République du Sénégal qui fait du français la langue officielle du pays pour déduire par-là, sans texte de référence, qu'il est la langue de l'institution universitaire de Dakar. Et effectivement, à la question «Quelle est la langue de l'institution universitaire?», tous les informateurs ont répondu : «Le français».

De ce fait, nous nous sommes intéressé aux choix linguistiques des enseignants et des étudiants de l'Ucad, liés à l'interlocuteur et à la situation dans laquelle s'est effectuée la communication.

3.1. Les choix linguistiques des acteurs du réseau de communication enseignants-étudiants selon les interlocuteurs

3.1.1. Les choix linguistiques des personnels enseignants

Afin de connaître les choix linguistiques opérés par les enseignants lors de leurs interactions verbales au milieu de travail, nous leur avons demandé la ou les langue(s) qu'ils utilisent lorsqu'ils s'adressent à leurs collègues enseignants et aux étudiants.

Avec leurs collègues enseignants, nos enquêtés estiment parler seulement français (3), français et anglais (1), français et portugais (1), et français et wolof (5). Ce qui équivaut, en valeur relative, à 30 % des enquêtés qui ne parlent que français à leurs collègues; 20 %, le français et la langue qu'ils enseignent; et 50 % parlent le français et le wolof.

Et les réponses des informateurs à la question portant sur la raison du choix porté sur la ou les langue(s) en question ont révélé que le français est choisi parce qu'il est la langue officielle du Sénégal, la langue de travail à l'Ucad et la langue de l'institution universitaire. Pour cela, il est utilisé en situation formelle. En revanche, le wolof, bien qu'il ne soit pas langue officielle, est choisi parce qu'il est, avec le français, une des langues véhiculaires dans le paysage linguistique de l'Ucad, et permet d'assurer la communication entre locuteurs de groupes ethniques et linguistiques différents. Il est très souvent employé en situation informelle. Quant aux langues étrangères (portugais, anglais, etc.), leur usage s'explique par le fait «d'une vieille habitude de parler anglais avec les collègues depuis les années d'étude de l'anglais» (QA n° 6).

De fait, les enseignants de l'Ucad sont plus enclins à parler français et wolof (50 %) que français (30 %) ou français et langue étrangère (20 %). Ce qui fait état de la position hégémonique du français (65 %) et du wolof (25 %) dans le discours des enseignants au lieu de travail, lorsqu'ils s'adressent à leurs collègues enseignants.

Avec les étudiants, les enseignants de l'Ucad disent parler français seulement (6), français et wolof (2), français et portugais (1), et français, wolof et anglais (1). En valeur relative, cela correspond à 60 % de nos enquêtés qui n'utilisent que le français lors de leurs communications avec les étudiants, 20 %, le français et le wolof avec les mêmes interlocuteurs, 10 %, le français et le portugais, et 10 %, le français, le wolof et l'anglais. De ce fait, l'usage du français occupe 78,33 % de ces communications, pendant que le wolof en occupe 13,33 %, et les langues étrangères (portugais, anglais, etc.), 08,34 %).

Une analyse de ces résultats manifeste la position hégémonique du français, suivi du wolof, les langues étrangères venant en dernière position, et révèle l'absence des langues locales du Sénégal, excepté le wolof, lors de ces communications.

Cependant, il importait pour nous de chercher à savoir les motivations qui présidaient à ces choix linguistiques des enseignants. Et leurs réponses au «Pourquoi?» des choix des langues indiquées ont servi à identifier les raisons fondamentales : le français est employé parce que «… il faut les former dans leur *langue éventuelle de travail* (c'est l'informateur qui souligne)» (QA n° 5), «français parce que c'est la langue de travail» (QA n° 6), «Pour les renforcer et les amener à comprendre mieux le français et à le parler» (QA n° 8), «Parce que c'est la langue de travail et de promotion sociale (sic)» (QA n° 9) et «Langue officielle (sic)» (QA n° 10). De même, le wolof est utilisé, à côté du français, parce que «Le français exclusivement dans les salles de classe et bureaux et le wolof pour parfois se faire mieux comprendre dans les couloirs» (QA n° 1), et «Généralement au début c'est le français et on termine par du wolof. Souvent il y a un élément déclencheur qui fait qu'on bascule au wolof» (QA n° 7). Enfin, l'usage des langues étrangères, en plus du français, trouve sa justification dans les propos suivants : «C'est parce que les étudiants doivent maîtriser ces langues aussi bien à l'oral qu'à l'écrit» (QA n° 2).

Il ressort de ces énoncés que le français est employé parce que c'est la langue officielle du Sénégal et celle de l'institution universitaire, et donc la langue dont l'usage en situation de communication formelle est fort recommandé. De son côté, le wolof est utilisé pour mieux se faire comprendre par l'interlocuteur-étudiant qui aurait des difficultés pour comprendre le message en français. Quant aux langues étrangères, leur usage est purement pédagogique : un besoin d'aider l'étudiant à en avoir une pratique habituelle.

3.1.2. Les choix linguistiques des étudiants

Les étudiants de l'Ucad ont aussi fait l'objet d'une enquête sur les langues qu'ils emploient quand ils s'adressent à 2 catégories d'interlocuteurs : les enseignants de l'Ucad et leurs camarades étudiants.

Les résultats de l'enquête sont les suivants :

Avec les enseignants, nos étudiants prétendent employer le français seulement (41), français et wolof (20), français, wolof et anglais (4), français, wolof et seereer ou pulaar (2), français et anglais (2), et wolof seulement (1). Cela équivaut, en valeur relative, à 58,57 % des étudiants enquêtés qui ne parlent que français aux enseignants ; 28,57 % parmi eux qui utilisent le français et le wolof avec les enseignants ; 5,71 % des étudiants qui emploient le français, le wolof et l'anglais avec leurs professeurs ; 2,85 % parmi nos enquêtés qui s'expriment en français, en wolof, en seereer et en pulaar avec leurs «autorités académiques» ; 2,85 % de nos informateurs qui utilisent le français et l'anglais avec les enseignants ; et 1,42 % parmi eux qui leur parlent uniquement en wolof.

La question subséquente à cette donnée de savoir pourquoi le choix des langues susmentionnées a servi à appréhender les fonctions des langues en contact. En effet, le français est choisi parce qu'il est la langue officielle du Sénégal, une langue de travail à l'Ucad, et une des langues véhiculaires dans ce paysage linguistique. Cela se manifeste dans les propos suivants d'étudiants, répondant à la question «pourquoi?» : «Parce que c'est la langue officielle» (QE n°1), «Parce que nous évoluons dans un milieu académique» (QE n°4), «Parce que le français est notre outil de travail et qu'au milieu scolaire on se doit de communiquer avec le français (sic)» (QE n°13), etc. Pour ces différentes raisons, le français est majoritairement utilisé en situation de communication formelle : avec les enseignants (58,57 %). Mais, cet usage semble être causé par ce que Louis-Jean Calvet a dénommé un «*choix forcé*» (Calvet, 2002 : 209). En revanche, le français et le wolof sont choisis en communication avec les enseignants par un nombre assez important d'étudiants (28,57 %). La raison du choix du wolof à côté du français par un nombre relativement important d'étudiants est liée à la fonction de cette langue : c'est une des langues véhiculaires majoritaires à l'Ucad. Il est très souvent employé en situation informelle, mais également de plus en plus en situation formelle de communication.

Ainsi, lors des interactions verbales des étudiants avec les enseignants, le français est la langue la plus employée, suivi du wolof. En effet, soit le français est la seule langue utilisée (58,57 %), soit ce sont le français et le wolof qui sont employés (28,57 %), soit ce sont le français, le wolof et une langue locale ou étrangère qui sont les moyens de communication (8,57 %), soit encore ce sont le français et une langue étrangère (2,85 %), soit enfin le wolof est la seule langue de communication des étudiants avec les enseignants dans la relation pédagogique (1,42 %). De ce fait, le choix du français dans cette situation de communication est «*déterminé ou orienté par les compétences linguistiques du locuteur ou de l'allocutaire*» (Martine Dreyfus, 1990 : 45).

Avec leurs camarades étudiants, nos informateurs estiment parler uniquement le français (6), seulement le wolof (18), exclusivement le pulaar (1), le français et le wolof (23), le français, le seereer et le pulaar (2), le français, le wolof et une langue étrangère (7), le français, le wolof et une langue locale du Sénégal autre que le wolof (10), le wolof, le pulaar et le seereer (2), et un code-switching (non précisé) (1). En valeur relative, ces données équivalent à 08,57 % des étudiants qui parlent uniquement le français à leurs camarades, 25,71 % parmi eux qui leur parlent seulement wolof, 1,42 %, exclusivement une langue locale : le pulaar, 32,85 % de nos enquêtés qui s'expriment en français et en wolof avec leurs camarades, 2,85 %, en une langue autochtone du Sénégal autre que le wolof, 10 %, en français, en wolof et en une langue étrangère, 14,28 % parmi eux qui leur parlent le français, le wolof et une langue locale autre que le wolof, 2,85 % qui s'expriment en wolof et en une autre langue autochtone à leurs camarades, et 1,42 % parmi eux leur parlent en code-switching.

Une appréhension de ces résultats met en relief un certain nombre de faits linguistiques. D'abord, le wolof est la langue la plus utilisée par les étudiants lorsqu'ils s'adressent à leurs camarades avec une proportion de 51,64 % des communications. Il est suivi du français qui accapare une parcelle assez importante de ces interactions verbales avec 33,08 %. Toujours lors de leurs adresses à leurs camarades, les langues locales du Sénégal autres que le wolof (10,45 %) sont plus employées que les langues étrangères (03,33 %).

Ici également, nous avons cherché à savoir la motivation qui a présidé à une telle hégémonie du wolof lors des communications des étudiants entre eux. Et dans cette perspective, à la question «Pourquoi?» de tels usages différenciés des langues, certains énoncés d'étudiants sont très explicites : «Car la langue française est officielle et le wolof la langue africaine la plus parlée» (QE n°1), «Français pour le simple plaisir et l'amélioration de notre expression. Le wolof est un moyen de communication entre nous» (QE n°5), «Parce que les étudiants ont l'habitude de parler le wolof entre eux» (QE n°9), «Parce que la plupart des étudiants parlent wolof. Certains d'entre eux quand vous vous s'adresser (sic) avec eux en français ils vous répondent en wolof» (QE n°10), «C'est la langue la plus parlée à Dakar» (QE n°67).

Ces réponses des étudiants que nous avons relevées à titre indicatif et illustratif expriment quelques raisons de leurs options pour ces deux langues : d'une part, parce que le français est la langue officielle du Sénégal, et d'autre part, parce que le wolof est la langue véhiculaire du Sénégal, une des langues véhiculaires de l'Ucad, avec le français, et une langue comprise par un nombre très important d'étudiants qui n'ont pas, par ailleurs, une bonne maîtrise du français, et qui évitent de parler le français au profit du wolof.

Synthèse des résultats de 3.1.1. et 3.1.2.

Une analyse globale des résultats obtenus permet de faire les remarques suivantes :

1) Dans le réseau de relation et de communication enseignants-enseignants à l'Ucad, le français occupe 65 %, le wolof s'empare de 25 %, et les langues étrangères ne s'accapare que 10 % des communications. Ce qui fait état de la position hégémonique du français – suivi du wolof – dans ce réseau de communication.

2) De même, les enseignants s'expriment, lorsqu'ils s'adressent aux étudiants au milieu de travail, en français dans des proportions très importantes (78,33 %), en wolof parfois (13,33 %), et en langues étrangères avec une fréquence relativement faible (08,34 %). Dans cette relation de communication, le français est également la langue dominante, suivie du wolof. On remarque une absence des langues locales autres que le wolof dans les choix linguistiques des enseignants. Autrement dit, les enseignants de l'Ucad ne s'adressent pas à leurs étudiants en langues ethniques du Sénégal, excepté le wolof.

3) Par ailleurs, dans le cadre de leurs communications avec les enseignants de l'Ucad, les étudiants emploient les langues dans les proportions suivantes : français (77,12 %), suivi une fois de plus du wolof (18,55 %), des langues étrangères (3,32 %) et des autres langues locales du Sénégal (0,95 %). Cela démontre l'hyper domination du français dans le réseau de communication étudiants-enseignants. Ainsi, même si, comme le souligne Momar Diop «*Le français n'est jamais devenu une langue de communication nationale*» au Sénégal, quand bien même «*… il n'est pas la langue de la vie quotidienne qui demeure le domaine réservé des langues nationales*» (Diop, 2017 : 43-44)**,** il est la langue de communication dominante du réseau de relation enseignants-étudiants de l'Ucad.

4) Enfin, lorsqu'ils font une adresse à leurs camarades, les étudiants emploient plus le wolof (51,64 %) que le français (33,08 %), les langues autochtones autres que le wolof (10,45 %) et les langues étrangères (03,33 %). De ce fait, le wolof domine dans les communications entre étudiants de l'Ucad. Cette donnée sociolinguistique semble

être causée par un manque de pratique habituelle du français par les étudiants, et une plus grande habitude à s'exprimer en wolof. En effet, rien dans leur vie quotidienne ne les oblige à parler français, mis à part la relation de communication avec les enseignants et quelques autres rares occasions. Dans les années 1980-1990, le symbole était un moyen adéquat d'imposer l'usage strict du français dans l'enceinte de l'école élémentaire et dans ses abords immédiats (Alioune Mbaye, 1990 : 51). De même, les enseignants furent pendant longtemps des missionnaires, des officiers français et petit à petit, des moniteurs formés dans la prestigieuse école de Ponty, lesquels obligeaient les élèves à s'exprimer en français. Mais, les étudiants d'aujourd'hui n'ont pas eu la chance d'avoir bénéficié de cette contrainte de communication en français qui fut très salutaire pour les élèves de l'époque, parce qu'elle leur avait permis de s'habituer à s'exprimer en cette langue.

3.2. Les choix linguistiques des acteurs en fonction de la situation de communication

3.2.1. Les choix linguistiques des personnels enseignants

Toujours dans le souci d'appréhender les choix linguistiques opérés par nos informateurs lors de leurs communications, nous nous sommes intéressé aux langues usitées selon la variable environnement de communication. Celle-là a été scindée en quatre situations : «Au bureau», «Dans les couloirs de la Faculté», «En réunion» et «En classe».

Et une analyse des résultats obtenus permet de découvrir ce qui suit :

Au bureau, les «Autorités» académiques parlent français seulement (5), français et wolof (3), et français, wolof et diola (2). Autrement dit, à leurs bureaux, les enseignants de l'Ucad s'expriment en français seulement (50 %), en français et en wolof (30 %), et en français, en wolof et en langue locale du Sénégal autre que le wolof (joola) (20 %).

Ces données montrent que cette catégorie socioprofessionnelle est plus encline à s'exprimer en français qu'en wolof ou en toute autre langue locale. Elles manifestent alors la position dominante du français dans l'environnement social de communication étudié : au bureau. On note ici une absence totale d'emploi des langues étrangères dont l'usage est réservé presque exclusivement à la situation de classe.

Dans les couloirs des facultés, nos enquêtés estiment s'exprimer en français seulement (1), en français et en wolof (6), en français, en wolof et en seereer (1), en français, en wolof, en anglais et en joola (1), et en français, en wolof et en joola (1). En valeur relative, cela équivaut à 10 % de nos informateurs qui s'expriment uniquement en français, 60 % parmi eux parlent en français et en wolof, 10 %, en français, en wolof et en seereer, 10 %, en français, en wolof et en joola, et 10 %, en français, en wolof, en anglais et en joola.

Il ressort de ces considérations que nos enquêtés emploient le français et le wolof plus fréquemment que toute autre langue de leurs répertoires, lorsqu'ils sont dans les couloirs des facultés. Ces résultats montrent également qu'en plus du français et du wolof, les langues locales et les langues étrangères sont usitées en situation de communication informelle.

De ce fait, les deux langues véhiculaires du milieu y subissent une faible concurrence des langues locales et étrangères.

En réunion, tous nos informateurs disent parler le français (10). Ce qui équivaut à 100 % des enquêtés qui utilisent cette langue en cette occasion. Ainsi, la tendance à l'emploi du français en situation formelle de communication est fort dynamique chez ces enseignants.

Enfin, la situation de classe révèle une dynamique évolutive de l'emploi de la langue médium d'enseignement. En effet, seuls le français et les langues étrangères y sont employés : français seulement (7), français et portugais (1), et français et anglais (2). Autrement dit, en cours de français, de philosophie, de droit, etc., seul le français (médium d'enseignement) est employé. En cours de langue étrangère, la langue étrangère et le français (médiums d'enseignement) sont utilisés.

Synthèse des résultats de 3.2.1.

Une appréhension globale des résultats obtenus dans ce sous-point manifeste ce qui suit :

1) Au bureau, les personnels enseignants de l'Ucad s'expriment en français (72,5 %), mais aussi, dans une moindre mesure, en langue locale : wolof (22,5 %) ou autre (5 %). Cette donnée permet de mettre en relief la position hégémonique du français, suivi du wolof, dans cette situation formelle de communication.

2) Dans les couloirs des facultés, nos «Autorités» sont plus enclins à parler le français (49,10 %) ou le wolof (39,10 %) que les langues étrangères (2,50 %) et les langues locales autres que le wolof (9,10 %). Ces considérations font état aussi de la position dominante du français, suivi de près du wolof, dans cette situation informelle de communication.

3) En réunion, l'hégémonie du français se révèle encore plus nette. En effet, tous les enseignants disent parler uniquement le français en réunion. Cela se justifie par le caractère formel de la situation de communication, encore une fois.

4) Enfin, en situation de classe, les enseignants de l'Ucad emploient la langue médium d'enseignement : français (70 %), et français et langue étrangère (30 %). Ce qui correspond à un emploi dominant du français (85 %) et un usage des langues étrangères (15 %). Cette analyse montre enfin l'hyper domination du français aussi bien sur les langues étrangères que sur le wolof et les autres langues autochtones du Sénégal en situation de classe. D'ailleurs, on note ici une absence d'usage des langues autochtones du Sénégal.

3.2.2. Les choix linguistiques des étudiants

Nous avons cherché aussi à connaître les langues que les étudiants emploient en fonction de la situation de communication selon quelques variables que nous avons ciblées à savoir «Dans les couloirs de la Faculté», «En réunion», «En classe», «Dans une chambre du campus», «Dans un restaurant du campus» et «En promenade au campus».

Et il ressort de cette appréhension ce qui suit :

Dans les couloirs des facultés, les étudiants emploient uniquement le français (4), le wolof seul (16), exclusivement des langues autochtones autres que le wolof (4), le français et le wolof (22), le français et une langue ethnique du Sénégal autre que le wolof (3), le français, le wolof et une autre langue locale (13), le français, le wolof et une langue étrangère (2), le français, le wolof, l'anglais et une langue autochtone (4), et le wolof et une autre langue locale (2). En valeur relative, nos enquêtés s'y expriment en français seulement (05,71 %), en langues autochtones seulement (wolof, soninke, Diahanke, joÓla et pulaar) (31,42 %), en français et en langues locales du Sénégal (54,28 %), en français, en wolof et en langue étrangère (02,85 %), et en français, en langues étrangères (anglais et espagnol) et une ou plusieurs langues ethniques du Sénégal (05,71 %).

Une analyse de ces résultats a servi à se rendre compte que dans les couloirs des facultés, les étudiants s'expriment le plus souvent en français et en langues locales du Sénégal (54,28 %) ou uniquement en leurs langues premières (31,42 %). Mieux encore, l'usage des langues autochtones, et surtout du wolof (61,41 %) est de loin plus dynamique que celui des autres langues en présence : le français (35,7 %) et les langues étrangères (02,89 %). Ainsi, dans cette situation informelle de communication, les étudiants choisissent majoritairement les langues autochtones du Sénégal – et non la langue de l'institution universitaire – pour communiquer dans l'environnement linguistique de l'Ucad.

En réunion, nos informateurs utilisent uniquement le français (36), le français et le wolof (25), le français et une langue locale du Sénégal (joola, pulaar, sérère, etc.) (6), le wolof seulement (2), et le wolof et une autre langue autochtone (1). Ce qui équivaut en valeur relative à un emploi du français largement dominant (73 %), suivi du wolof (23 %) et des autres langues locales combinées (4 %).

Ces résultats manifestent une hégémonie du français dans les communications des étudiants lors des réunions à l'Ucad, suivi du wolof et des autres langues autochtones, et une absence totale des langues étrangères. En effet, le caractère formel de la situation de communication exige l'usage du français, langue officielle et langue de prestige, ou celui du wolof, langue véhiculaire du Sénégal et une des langues véhiculaires de l'Ucad. Ce qui met en exergue le bilinguisme français-wolof dans le paysage linguistique de l'Ucad.

En situation de classe, les étudiants de l'Ucad s'expriment seulement en français (20), seulement en wolof (4), en français et en wolof (31), en français, en wolof, en seereer, en pulaar et en joola (10), en français et en anglais (1), en français, en wolof, en anglais et espagnol (3), et enfin en wolof et en pulaar (1). En d'autres termes, cette catégorie de locuteurs ciblés s'y expriment uniquement en français (28,57 %), seulement en wolof (05,71 %), en français et en wolof (44,28 %), en français, en wolof et en une autre langue locale (14,28 %), en français et en anglais (1,42 %), en français, en wolof et en langues étrangères (anglais et espagnol) (04,28 %), et enfin en wolof et en pulaar (01,42 %).

Il ressort de ces résultats que, lors des communications des étudiants en classe, le français exerce une suprématie incontestée (57,6 %) sur le wolof (34,74 %), les autres langues locales (05,47 %) et les langues étrangères (02,13 %). En effet, la part occupée par le français dans cette situation de communication dépasse largement celles des langues autochtones et étrangères réunies.

Dans une chambre au campus, nos enquêtés, lors de leurs interactions verbales quotidiennes, choisissent seulement le français (3), uniquement le wolof (24), le français et le wolof (14), le français, le seereer, le pulaar, le soninke et le joola (6), le français, le wolof, le pulaar, le seereer, le joola et le diahanke (11), le français, le wolof, l'anglais et l'allemand (3), le wolof, le pulaar, le seereer et le manding (5), et des langues autochtones autres que le wolof (pulaar et joola) (4). En valeur relative, ces données correspondent à un emploi de la seule langue française (04,28 %) ; du wolof uniquement (34,28 %) ; du français et du wolof (20 %) ; du français et d'une langue autochtone autre que le wolof (08,57 %) ; du français, du wolof et d'une langue locale autre que le wolof (15,71 %) ; du français, du wolof et d'une langue étrangère (04,28 %) ; du wolof et d'une langue autochtone autre (07,14 %) ; et de langues locales autres que le wolof (05,71 %). En termes plus synthétiques, seuls 04,28 % des étudiants utilisent seulement le français lorsqu'ils communiquent dans leurs chambres ; 34,28 %, le wolof ; 57,13 %, le français et une langue locale du Sénégal (wolof et autres) ; et 04,28 % parmi eux s'expriment en français, en wolof et en langue étrangère.

Ces résultats mettent en exergue la position hégémonique du wolof lors des communications des étudiants dans leurs chambres avec une proportion de 54,5 % de ces échanges verbaux, suivi du français avec une part de 25,21 %, des langues sénégalaises autres que le wolof qui occupent 18,79 % des communications, les langues étrangères étant les moins utilisées avec 01,42 % des discours des étudiants dans leurs chambres.

Dans un restaurant du campus, notre groupe ciblé opte pour un usage du wolof (35), du français (1), du français et du wolof (12), du français, du pulaar, du joola et du soninke (5), du français, du wolof, du seereer, du pulaar et du joola (10), du français, du wolof, de l'anglais et de l'espagnol (1), du wolof, du seereer et du pulaar (4), et enfin du pulaar (2). Autrement dit, 50 % des étudiants emploient uniquement le wolof lorsqu'ils sont dans un restaurant du campus de l'Ucad ; 01,42 % parmi eux y utilisent le français ; 17,14 %, le français et le wolof ; 07,14 %, le français et une langue autochtone autre que le wolof ; 14,28 %, le français, le wolof et une autre langue sénégalaise ; 01,42 %, le français, le wolof et une langue étrangère ; 05,71 %, le wolof et une autre langue locale ; et enfin 02,85 % des étudiants y emploient uniquement une langue autochtone du Sénégal autre que le wolof. En termes plus synthétiques, seuls 18,77 % des étudiants utilisent seulement le français lorsqu'ils communiquent dans les restaurants du campus, alors que 66,63 % parmi eux emploient le wolof, 11,16 %, une langue locale du Sénégal autre que le wolof, et 03,32 % des étudiants s'y expriment en langue étrangère.

Ces données manifestent à suffisance la position dominante du wolof lors des échanges verbaux des étudiants dans les restaurants universitaires avec une proportion très importante de ces communications, suivi du français avec une part relativement importante, des langues sénégalaises autres que le wolof avec une parcelle relativement faible, les langues étrangères étant les moins utilisées avec une faible part.

En promenade au campus, un seul étudiant dit parler uniquement le français (1), pendant que d'autres étudiants estiment s'exprimer en wolof (23), en français et en wolof (14), en français, en pulaar, en joola et en soninke (5), en français, en wolof et en joola, seereer, pulaar, soninke ou diahanke (15), en français, en wolof et en anglais ou espagnol (6), en wolof et en pulaar ou joola (3), et en pulaar (3). En valeur relative, ces chiffres équivalent à 01,42 %

des étudiants qui parlent seulement le français lorsqu'ils sont en promenade dans le campus universitaire ; 32,85 % de nos enquêtés qui s'expriment en wolof à cette occasion ; 20 %, en wolof et en français ; 07,14 %, en français et en langue locale autre que le wolof ; 08,57 %, en français, en wolof et en une langue étrangère ; 21,42 %, en français, en wolof et en une autre langue sénégalaise ; 07,14 %, en wolof et en une autre langue autochtone ; et 04,28 % parmi eux y parlent exclusivement une langue locale du Sénégal. En termes plus spécifiques pour chaque langue, seuls 02,85 % des communications des étudiants en promenade sont faites en langues étrangères ; 18,56 %, en langues locales autres que le wolof ; 24,98 %, en français ; pendant que 56,41 % de ces échanges verbaux sont faits en wolof.

Une analyse des résultats met à nue l'hégémonie incontestée du wolof lors des interactions verbales des étudiants en promenade dans le campus universitaire de Dakar, suivi de loin du français avec une proportion relativement importante, des langues autochtones autres que le wolof avec une part relativement faible, les langues étrangères ne se taillant qu'une infime parcelle des communications des étudiants en cette situation informelle.

Synthèse des résultats de 3.2.2.

Une appréhension globale des résultats obtenus dans ce sous-point permet de se rendre à l'évidence :

1) Dans les couloirs des facultés, les étudiants sont plus enclins à parler le wolof que les autres langues en présence : le français, les langues étrangères et les langues locales autres que le wolof. Ces considérations font état de la position dominante des langues autochtones, et surtout du wolof dans cette situation informelle de communication.

2) En réunion, l'hégémonie du français se révèle très manifeste, suivi du wolof et des autres langues sénégalaises, les langues étrangères étant totalement absentes des communications des étudiants en cette circonstance. La motivation qui préside à cette situation sociolinguistique est le caractère formel de la situation de communication qui exige l'emploi d'une des deux langues véhiculaires : le français et le wolof.

3) En classe, le français exerce une domination incontestable sur les langues sénégalaises et les langues étrangères. En effet, la proportion occupée par cette langue dans les communications des étudiants dans cette situation est supérieure à celles occupées par toutes les autres langues réunies. Cela est justifié par le caractère formel de la situation d'apprentissage qui nécessite l'usage de la langue médium d'enseignement ou celui de la langue matière d'enseignement.

4) Dans les chambres du campus, le wolof exerce sa prééminence sur le français et les autres langues en contact. Il occupe une proportion supérieure à celles de toutes les autres langues réunies. Encore une fois, la situation de communication informelle motive l'usage de la langue véhiculaire que les étudiants maîtrisent le plus et en laquelle ils sont plus habitués à s'exprimer.

5) Au restaurant universitaire, les étudiants sont plus enclins à parler le wolof que le français et les autres langues sénégalaises. Mieux, les langues étrangères y sont peu utilisées. Certainement, la situation informelle de communication entraîne une fois de plus le choix de la langue véhiculaire wolof.

6) En promenade au campus enfin, la langue wolof est dominante lors des interactions verbales de nos enquêtés, suivie de loin du français, des autres langues locales et des langues étrangères, grâce au caractère informel de la situation de communication.

Conclusion

En définitive, cette étude a permis de faire les découvertes suivantes :

1) Aussi bien dans la relation de communication interne au groupe des enseignants que lorsqu'ils s'adressent aux étudiants, le français exerce une prépondérance incontestée sur les autres langues, suivi du wolof. Et on note que les enseignants ne s'adressent pas aux étudiants en langues ethniques du Sénégal, excepté le wolof.

2) De même, une appréhension de leurs échanges verbaux, dans plusieurs circonstances de communication, a permis de se rendre compte qu'au bureau et dans les couloirs des facultés, les enseignants s'expriment surtout en français, et dans une moindre mesure, en wolof, et très peu en langues étrangères ou en langues locales autres que le wolof. Mieux, en situation de classe, ils emploient le français et, dans une moindre mesure, des langues étrangères, c'est-à-dire les langues médiums d'enseignement ; et en réunion, l'hégémonie du français se manifeste de façon absolue.

3) De leur côté, les étudiants de l'Ucad, en s'adressant aux enseignants, optent également pour un emploi du français et, dans une moindre mesure, du wolof. Dans cette situation de communication, se manifeste un faible usage des langues étrangères et des autres langues autochtones du Sénégal. Par contre, lors des communications entre étudiants, le wolof se révèle plus utilisé que le français et les autres langues en contact.

4) Par ailleurs, une analyse de leurs choix linguistiques, dans certaines circonstances de communication, révèle qu'en réunion et en classe, le français domine leurs interactions verbales, suivi du wolof. En revanche, lorsqu'ils sont dans les couloirs des facultés, dans une chambre au campus, dans un restaurant universitaire et en promenade au campus, l'usage des langues autochtones en général, et du wolof en particulier, est largement dominant. C'est ce que Birahim Thioune avait aussi remarqué, dans la conclusion d'une étude sur le paysage linguistique urbain du français au Sénégal, lorsqu'il affirmait que :

> «La langue française n'est pas le véhiculaire le plus utilisé, au niveau national, elle semble même réellement concurrencée par le wolof, sur le plan des discours oraux, dans le milieu administratif et dans les échanges des élèves et étudiants, hors de l'institution scolaire» (Thioune, 2011 : 118).

En somme, l'usage du français par les enseignants de l'Ucad est fort dynamique dans le réseau de relation et de communication étudié. En outre, l'emploi de cette langue est fréquent chez les étudiants, mais uniquement dans les situations de communication formelles. En revanche, dès que le caractère informel de la situation est avéré, les étudiants sont enclins à utiliser les langues ethniques du Sénégal, et surtout le wolof.

Ainsi, c'est même un truisme d'affirmer que dans le réseau de communication étudié, le français jouit d'une hégémonie incontestée : c'est la langue la plus employée. En effet, un cumul des résultats auxquels nous sommes parvenu démontre à suffisance cette hégémonie. Cependant, dans le réseau de communication interne au groupe des étudiants, la prééminence du wolof est très manifeste. En effet, ceux-ci n'emploient le français avec les enseignants que parce qu'ils y sont obligés par le caractère formel de la situation de communication. Tandis que, dès que cette situation se révèle informelle, ils choisissent le wolof ou une autre langue locale, surtout lors d'une communication intragroupe. La prégnance de la situation est telle que l'on peut s'inquiéter sur les éventuelles répercussions d'un tel état de fait sur les compétences communicationnelles des étudiants de l'Ucad en langue française (cet aspect fera l'objet d'une recherche future).

Cette situation des choix et usages linguistiques révèle un bilinguisme français-wolof dans le paysage linguistique de l'Ucad, particulièrement dans le réseau de relation et de communication étudié. Autrement dit, dans les pratiques langagières et les choix linguistiques des groupes ciblés, nous assistons à un bilinguisme français-wolof et à une phagocytose linguistique, une glottophagie des langues étrangères et de celles locales autres que le wolof. Ainsi, dans la mondialisation linguistique à laquelle nous assistons dans le réseau de relation enseignants-étudiants de l'Ucad, le français et le wolof sont et demeurent des langues véhiculaires.

Bibliographie

Calvet Louis-Jean, La guerre des langues et les politiques linguistiques, Paris, Payot, 1987.

Calvet Louis-Jean, «Des mots sur les murs : une comparaison entre Paris et Dakar», Actes du Colloque International Des Langues et des Villes, p.73-84.

Calvet Louis-Jean, Le Marché aux langues. Les effets linguistiques de la mondialisation, Plon, 2002.

Dialo Amadou, «Incidences orales et écrites du contact wolof-français au Sénégal», Sciences et Techniques du Langage n° 5, p. 85-110.

Diop Momar, «Relation français-wolof dans le paysage linguistique du Sénégal : le cas de Dakar», Sociolinguistique et Didactique n° 2, p.35-57.

Dreyfus Martine, «Choix et alternances de langues dans la communication familiale bilingue à Dakar», Réalités africaines et langue française n° 23, p.40-49.

Dumont Pierre et Maurer Bruno, Sociolinguistique du français en Afrique francophone, Paris, EDICEF, 1995.

Durand Jacques et Delais-Roussarie Elizabeth, Corpus et variation en phonologie du français. Méthodes et analyses, Université de Toulouse-Le Mirail, Presses Universitaires du Mirail, 2003.

Faye Souleymane, «Les Langues du Sénégal», Réalités africaines et langue française n° 21, p. 1-13.

Juillard Caroline, Sociolinguistique urbaine, la vie des langues à Ziguinchor, Paris, Presses du CNRS, 1995.

March Christian, Le Discours des mères martiniquaises, Thèse de doctorat, 1993.

Mbaye Alioune, «Le contact du français et du wolof en milieu scolaire sénégalais. Analyse d'un corpus», Réalités africaines et langue française n ° 23, p. 50-59.

Thioune Birahim, «L'environnement linguistique urbain des apprentissages du français au Sénégal : quels profits pour les études littéraires, du primaire au secondaire», Sciences et Techniques du Langage n° 8, p. 105-119.

Étude de l'interrogation rhétorique dans l'espace

Dr. Youssouf OUÉDRAOGO (Maître de Conférences)
Université Ouaga I Pr Joseph KI-ZERBO (Burkina Faso)
Dr. Abdoulaye SÉRÉ
Université Norbert Zongo (Burkina Faso)

Résumé : *La présente analyse s'intéresse au phénomène de l'interrogation rhétorique. Il est question d'établir la nature des rapports existants entre cette figure de style et l'espace. L'interrogation rhétorique peut être considérée comme la question que l'on pose sans avoir besoin de réponse, avec l'intention de convaincre l'interlocuteur sur l'évidence de ce qu'on veut qu'il perçoive. Le corpus d'analyse est le roman <u>La Traversée nocturne</u> de I. Bazié. La problématique a consisté à mettre en évidence le lien que cette figure de style entretient avec la localisation géographique, historique et sociologique. Avec les outils de la sociolinguistique, la méthode mixte empruntée a permis de parvenir au constat de l'existence de trois sortes d'interrogations rhétoriques. D'abord l'interrogation rhétorique universelle tenant compte de l'espace historique. Ensuite, celle nuancée qui peut être liée à l'espace géographique. Enfin l'interrogation rhétorique contextuelle qui dépend mieux de l'espace sociologique.*

Mots-clés : *Espace, interrogation rhétorique, style*

Abstract : *This analysis focuses on the phenomenon of rhetorical interrogation. It is a question of establishing the nature of the relations existing between this figure of style and the space. Rhetorical questioning can be thought of as the question one asks without the need for an answer, with the intention of convincing the interlocutor of the evidence of what one wants him to perceive. The corpus of analysis is the novel <u>La Traversée nocturne</u> by I. Bazié. The problem was to highlight the link that this figure of style has with the geographical, historical and sociological location. With the tools of sociolinguistics, the mixed method borrowed made it possible to reach the conclusion of the existence of three kinds of rhetorical questions. First, the universal rhetorical questioning taking into account the historical space. Then, the nuanced one that can be related to geographical space. Finally the contextual rhetorical questioning which depends more on the sociological space.*

Keywords: *Space, rhetorical questioning, style*

Introduction

La langue a un lien intrinsèque avec l'espace dans la mesure où, l'espace qu'il soit géographique ou historique influencera la langue en usage dans une communauté donnée. De même, en tant que vecteur de communication et donc facteur de mise en contact des hommes, elle doit s'affranchir des limites des différents espaces pour occuper l'espace dans son unicité et son intégralité. La sociolinguistique et la linguistique sociale étudient une bonne partie de la question en mettant en rapport, dans un double sens, la langue et le cadre social qui abrite les locuteurs de la langue en question. Pour faire précis, le présent article s'intéresse au phénomène de l'interrogation rhétorique. À propos de l'interrogation rhétorique, H. Morier (1961 : 91) affirme qu'il s'agit d' : « une question qui n'attend pas de réponse, mais qui est uniquement posée pour suggérer à l'auditeur ou au lecteur une réponse mentale évidente ». Comme on peut le constater, il s'agit d'un cas typique d'usage stylistique de la langue tenant compte du contexte, et donc de l'espace. Notre problématique s'évertuera à mettre en évidence le lien que cette figure de style entretient avec la localisation géographique, historique et sociologique. Pour y parvenir, la méthode adoptée sera essentiellement qualitative ; toutefois, avec quelques apports quantitatifs. Les outils d'analyse seront empruntés à la sociolinguistique, à la grammaire, et plus précisément, à la stylistique et à la pragmatique. Avec ce postulat et ces préalables, la présente réflexion sera structurée en trois parties : d'abord, l'approche théorique, ensuite, l'analyse d'un corpus et enfin, l'interprétation de l'analyse.

1. Considérations théoriques et méthodologiques

Notre étude s'inscrit dans le vaste domaine de la linguistique relevant de la grammaire et de la stylistique, dans leurs rapports avec des faits de langue. Notre principe de base associe les positions de L. Spitzer et de J. Marouzeau. Le premier affirme :

> « Je considère comme plus utile de mettre en lumière la valeur stylistique d'un élément linguistique chez un écrivain particulier, que de déterminer une fois pour toutes le contenu de style d'une caractéristique linguistique, car la diversité des esprits implique la diversité des moyens expressifs » L. Spitzer (1970 : 37).

Selon lui,

> « Le critique ne doit pas se préoccuper d'établir un catalogue anonyme des valeurs expressives d'une langue qui se proposent au choix éventuel d'un usager. Mais il doit s'appliquer à décrire la langue particulière qu'un individu s'est constituée en fonction de ses besoins personnels. » (Ibidem).

Pour Jean Marouzeau (1969 : 10) la langue est :

> « la somme des moyens d'expression, ce répertoire des possibilités, ce fond commun mis à la disposition des usagers qui l'utilisent selon leurs besoins d'expression en pratiquant le choix, c'est-à-dire le style dans la mesure où le leur permettent les lois de la langue ».

Pour lui, le style est « l'attitude que prend l'usager, écrivant ou parlant, vis-à-vis du matériel que la langue lui fournit. ». (Idem : 17)

1.1. Figures de style

Le style, faut-il le souligner, est «l'art de peindre la pensée par tous les moyens que peut fournir une langue». Le terme style a donc à son usage selon Fontanier (1968 : 17) « toutes les figures de classe de diction, de construction, d'élocution, de signification et d'expression ». L'expression figure de style est souvent utilisée pour désigner les différentes classes de figures de discours. Mais le style a lui-même ses figures propres et particulières. Ces figures semblent se confondre avec les figures d'élocution ; mais elles ne consistent jamais comme les figures d'élocution, en une apparence d'énigme. En d'autres termes, ces figures sont faciles à repérer dans un texte, un discours. Il s'agit de : l'exclamation, la comparaison, l'interrogation rhétorique et l'antithèse.

Dans le cadre de cette étude, seule l'interrogation rhétorique fera l'objet d'examen.

1.2. Interrogation rhétorique

H. Morier (1961 : 91) indique dans son Dictionnaire de poétique et de rhétorique que l'interrogation rhétorique est « une question qui n'attend pas de réponse, mais qui est uniquement posée pour suggérer à l'auditeur ou au lecteur une réponse mentale évidente ».

Pour P. Fontanier (1968 : 34),

> « l'interrogation rhétorique consiste à prendre le tour interrogatif, non pas pour marquer un doute et provoquer une réponse, mais pour indiquer au contraire la plus grande persuasion et défier ceux à qui l'on parle de pouvoir nier et même de répondre ».

De ces deux définitions, il ressort que l'interrogation rhétorique est une figure de pensée qu'il ne faut pas confondre avec l'interrogation proprement dite. En effet, tandis que celle-ci est une question qui appelle nécessairement une réponse, l'interrogation rhétorique est une question qui suggère en même temps qu'elle est posée, une réponse mentale dont on ne peut nier l'évidence. Avec l'interrogation rhétorique, la vérité que trouve l'interlocuteur, ou qu'il croit trouver, s'impose avec plus de force à son esprit que celle qu'on prétend lui dicter.

On pourrait donc dire de l'interrogation rhétorique qu'elle est la question qu'on pose sans avoir besoin de réponse, avec l'intention de convaincre l'interlocuteur sur l'évidence de ce qu'on veut qu'il perçoive. Ainsi, on pourrait trouver des interrogations rhétoriques conventionnelles et celles liées au contexte de réalisation de la question.

Pour la suite, notre démarche méthodologique susceptible de rendre compte de notre problématique s'appuie donc sur les fondements de la linguistique, de la stylistique et de la grammaire et même d'un peu de statistique comme outils servant au repérage, à l'analyse et à l'interprétation de l'analyse. Auparavant, une présentation de l'œuvre qui servira de corpus à la présente analyse s'avère nécessaire.

1.3. Synthèse thématique du corpus

En substance, *La Traversée nocturne* est un roman qui aborde un certain nombre de questions qui peuvent être résumées en trois points.

D'abord, l'exode rural incarné par le mouvement de Vourma de Katena à Wona en quête de travail et de mieux-être. Les autres problèmes de société concernés sont le chômage, la corruption, la pauvreté, la promiscuité, l'alcoolisme, et autres dépravations.

Ensuite, la tradition africaine, à travers ses us et coutumes matérialisés par des pratiques, est abordée dans l'œuvre. En filigrane, l'auteur postule la nécessaire ouverture de l'Afrique à un monde plus globalisant ainsi que la question de l'inter-culturalité et la sauvegarde de certaines valeurs africaines vitales à notre identité culturelle, dans un environnement mondial plus globalisant.

Enfin, la question de la gouvernance des pays africains post indépendance faite de putsch, de dérives autoritaires, de mal gouvernance, de clientélisme et de patrimonialisation des États.

Après l'élucidation conceptuelle du style, des figures de style et plus précisément de l'interrogation rhétorique ainsi que la présentation du cadre de l'étude à travers la synthèse thématique de l'œuvre, place à l'analyse proprement dite.

2. Analyse de l'interrogation rhétorique dans le corpus

En rappel, l'interrogation rhétorique est la question qu'on pose sans avoir besoin de réponse, avec l'intention de convaincre l'interlocuteur sur l'évidence de ce qu'on veut qu'il perçoive. Vu de cette manière, le roman *La Traversée nocturne* dont nous faisons l'étude comporte un certain nombre de cas d'interrogations rhétoriques. On y trouve les interrogations rhétoriques conventionnelles, celles nuancées et celles liées au contexte de réalisation de la question.

L'entame de l'analyse concerne la première catégorie d'interrogation rhétorique ; celle dite conventionnelle ou universelle.

2.1. Interrogation rhétorique à caractère universel

À la lecture des extraits suivants, on perçoit leur caractère rhétorique ; c'est-à-dire qu'en tant qu'interrogations, elles ne réclament pas de réponse. En d'autres termes, celui qui les pose n'attend pas de réplique de son interlocuteur. Examinons quelques-unes.

À la page 122, la cousine d'Elema lui pose la question : « Comment peut-on pêcher dans du sable ? ». Cette question comporte déjà sa réponse du moment où on ne peut pas pêcher dans du sable pour la simple raison que le poisson vit dans l'eau et non dans du sable. Seulement cette question sert à la cousine d'Elema de souligner le caractère absurde de l'action du vieux Baki.

À la page 49, Edmond demande s'il rêve, pendant qu'il ne dort pas, il est sur ses pieds en pleine discussion avec une vendeuse : « Mais je rêve ou quoi ? Une pastèque à 500f ? ». Par cette question rhétorique, le jeune homme tient à souligner sa surprise face au coût très exorbitant de la pastèque, à son avis.

Toujours à la page 49, la vendeuse à l'adresse d'Edmond s'étonne : « Monsieur vous n'êtes pas à Wona non ? » Quand on sait que la scène se déroule à Wona, on croirait à l'absurdité de la question ; toutefois, on constate aisément que c'est une manière pour la vendeuse de dire qu'Edmond devrait savoir que la pastèque vaut ce prix puisqu'il est à Wona et qu'il ne devrait pas s'étonner du prix proposé.

À la page 125, un passager d'un bus de transport en commun pose cette question à un autre passager qui ne voulait pas payer : « Mais, tu crois que le bus appartient à ton papa ou quoi ? ». Cette question rhétorique sert à persuader celui qui ne voulait pas payer qu'il a l'obligation de payer au même titre que les autres occupants du bus ; puisque le bus n'appartient pas à son papa, veut-il dire en réalité.

À la page 95, une autre interrogation retient l'attention. Elle est extraite de la conversation des habitués du débit de boisson de Rosalie. Plus précisément, de deux parieurs de la course hippique. Le premier voulant reprocher au second de ne pas l'avoir écouté, faute de quoi, il aurait été le gagnant de la loterie. La réponse du second fut : « Eh ! Si tes prophéties étaient si justes, pourquoi tu n'as jamais gagné ? » (p. 95). À cette question, son auteur ne veut pas de réponse. À travers elle, il veut surtout dire à son camarade que ses prévisions ne sont pas aussi irrévocables qu'il veut le faire croire. Le caractère rhétorique de l'interrogation consiste donc à persuader l'interlocuteur de la justesse de sa position et non pas d'attendre une réponse de ce dernier.

On pourrait procéder à la même explication pour l'ensemble des seize (16) phrases de cette nature que compte le roman. Mais on retiendra tout simplement que la même logique de persuasion de l'interlocuteur a amené leurs auteurs à les poser.

Si les précédentes interrogations rhétoriques paraissent plus évidentes, les suivantes semblent plus nuancées tout en gardant leur caractère conventionnel.

2.2. Interrogation rhétorique nuancée

Moins évidentes que les précédentes, la dizaine de cas suivants obéissent au même souci.

1) « Rosalie, tu n'es pas gentille. Est-ce ainsi que l'on traite ses clients ? » (p. 64) ;

2) « Qu'est-ce que tu crois ? Que je vais dormir comme une poule, à cette heure ? » (p. 148) ;

3) « Doogo était prêt à tout. Mais à Wona, qui n'avait pas, ne fût-ce qu'en l'espace d'un bref instant, éprouvé ce sentiment ? » (p. 149) ;

4) « Penser à ma mort ? Mais je fais que ça à longueur de journée ! Et après ? » (p. 40) ;

5) « Qui donc nous enterrera, si nous continuons à montrer aux tiens que nous n'avons pas besoin d'eux ? » (p. 40 - 41) ;

6) « À quoi lui servait donc le français qu'il parlait si bien ? » (p. 45) ;

7) « À moi ! Oh, Dieu de mes pères, qu'ai-je fait pour mériter une telle chose ? » (p. 159) ;

8) « Tu penses que l'argent qu'elle gagne suffit pour compenser tout ce qu'elle endure au bord de la route chaque soir ? » (p. 53) ;

9) « Qu'est-ce que tu sais faire dans la vie ? » (p. 63) ;

10) « Tête de mule, tu penses que c'est parce que les gens qui vous ont séparés doutaient de tes forces qu'ils ont tenu à t'éloigner de lui ? » (p. 85).

Comme les précédentes, ces questions sont aussi rhétoriques. Leurs auteurs n'attendent pas une réponse. Bien plus, ils cherchent à passer une information à leur interlocuteur en passant par une méthode plus persuasive.

Examinons la première phrase : « Rosalie, tu n'es pas gentille. Est-ce ainsi que l'on traite ses clients ? » (p. 64). Comme on le constate, à travers l'interpellation, l'interrogation est adressée à Rosalie. Elle émane de Vourma qui se plaint du mauvais traitement dont il est l'objet de la part de la vendeuse de dolo. Et, en posant la question, il n'attend pas une réponse ; il cherche plutôt à attirer l'attention de Rosalie sur le fait que lui, il ne devait pas être traité de la sorte. Lui en tant que client ! « Le client est roi ! », a-t-on l'habitude de le dire. Cette logique marketing postule que le bon traitement du client est conseillé pour qu'il revienne encore ou qu'il fasse venir d'autres clients. Cet état de fait permet de comprendre non seulement l'indignation de Vourma, mais aussi et surtout le caractère rhétorique de son interrogation.

Il en est de même que cette phrase : « Tête de mule, tu penses que c'est parce que les gens qui vous ont séparés doutaient de tes forces qu'ils ont tenu à t'éloigner de lui ? » (p.85). Elle est une question posée par Alice à Edmond. Celle-ci n'attendait pas de réponse du jeune homme, mais juste attirer son attention sur le fait qu'il s'était mis en danger en s'en prenant au petit frère du président de la République. Et, de l'avis d'Alice, c'est de ce danger qu'on voulait lui épargner en les séparant et non parce que les gens doutaient des forces d'Edmond à vaincre son vis-à-vis.

Ces deux interrogations rhétoriques, à l'instar des huit autres, sont plus nuancées. Dans le premier cas, il faut prendre en compte une logique marketing pour mieux cerner le tour stylistique et dans le dernier cas, il y a à s'assurer des rapports de force entre Tanga et Edmond avant de rendre à l'interrogation toute la plénitude de sa rhétoricité.

Si les interrogations rhétoriques, dans les deux précédents cas, paraissent conventionnelles et dont la compréhension semble poser moins de difficulté, ce n'est pas le cas de toutes les interrogations rhétoriques formulées avec les mêmes intentions. Dans certains cas, la croyance, la culture, la mentalité, etc. aideront à la perception de l'évidence, et donc du caractère rhétorique de la question.

2.3. Interrogation rhétorique contextuelle

D'autres types de questions rhétoriques plus subtiles ont besoin que l'on se réfère au contexte politique, social, culturelle… pour mieux les apprécier comme telles. Notre corpus compte au total quinze (15) interrogations rhétoriques, posées pour persuader l'interlocuteur, mais qui ne sont pas totalement évidentes sans référence au contexte de la question. Pour illustration, examinons quelques réalisations ensemble.

À la page 191, Ekio pose cette question au policier qui l'interroge : « Mais, jeune homme, l'homme qui s'en est pris à moi est le cousin de mon mari : est-il mon mari oui ou non ? ». En principe le cousin de son mari n'est pas son mari. Mais le contexte socioculturel ouest-africain veut que la femme mariée considère les parents, plus ou moins proches, de son mari comme ses maris aussi. Cette façon de percevoir les choses se traduit en action dans certaines communautés par le fait qu'à la mort du mari, la femme revient à un autre homme de la famille. C'est dans ce contexte précis qu'Ekio considère Oli comme son mari. Et comme le policier ne semble pas comprendre, alors Ekio, triomphante, lui demande : « le cousin de mon mari : est-il mon mari oui ou non ? » Cette question, dans ce contexte-ci est tout à fait rhétorique parce que la dame n'attendait pas de réponse du policier ; mais plutôt cherchait à lui faire une démonstration du fait qu'Oli, cousin de son mari, est forcément son mari. Ici, le contexte, la mentalité et certains éléments sociaux sont nécessaires pour l'appréhension de cette interrogation comme étant rhétorique.

À la page 41, une autre interrogation nécessite le contexte pour mieux cerner son caractère rhétorique. Elle est un monologue de la femme du vieux Baki, Elema, rapporté par le narrateur en ces termes : « Mourir en sachant que personne ne s'attristera de sa disparition, qu'on la jettera dans le premier trou creusé à la hâte… Comment Baki peut-il vivre si tranquille dans ces conditions ? » (p.41). Pour mieux appréhender cette inquiétude de la femme de Baki, il faut se référer à la conception africaine de la mort. Ce poème de B. DIOP (1960) : « les morts ne sont pas morts ! » permet de comprendre que la mentalité africaine admet une autre vie pour ceux qui meurent. Beaucoup de pratiques comme les funérailles et autres sacrifices se justifient par cette croyance. Ainsi donc, la femme de l'ancien combattant, en s'interrogeant, ne cherche pas de réponse. Elle cherche plutôt à souligner le caractère anormal de l'insouciance de son mari. Cette question, sinon ce souci n'a aucune valeur pour celui qui n'a pas les mêmes croyances. De même, l'interrogation peut ne pas être perçue comme rhétorique. Mais ici, le contexte aidant, le caractère rhétorique de l'interrogation est saisissable et saisissant.

Une autre interrogation à la page 110 retient l'attention. Elle provient d'un directeur du ministère de la Culture à l'adresse d'Alice. Celle-ci était allée le voir pour l'édition de son roman. À court d'arguments face à la détermination de la jeune fille, il divague en ces termes : « J'ai vu sur votre pièce d'identité que nous portons le même nom, n'est-ce pas un hasard heureux, ça ? » (p.110). Son intention en posant une telle question n'est pas de recevoir une réponse. Il veut persuader la jeune fille que le fait qu'ils aient tous deux le même nom de famille devrait rassurer la jeune fille quant à la résolution du problème qu'elle est venue poser. Ailleurs, porter le même nom de famille qu'un demandeur de service, dans une administration publique, n'a pas une signification particulière. Toutefois, dans le contexte qui est le leur, où un certain favoritisme (clanisme, tribalisme, régionalisme, etc.) semble présent, alors la question posée se veut rassurante. Là encore, le contexte permet de voir le caractère rhétorique de l'interrogation.

À la page 215, le narrateur décrivant l'impuissance du village face au vieux Baki s'interroge : « Mais que peut-on contre le seul homme armé d'un fusil de Blancs dans le village et sachant s'en servir ? ». À la manière dont cette question est posée, elle n'appelle pas une réponse, mais cherche à expliquer en quoi on ne peut rien contre Baki dans un contexte social qui fait de lui une super puissance. L'interrogation est donc rhétorique parce qu'on ne peut rien contre Baki et le narrateur n'attend pas une réponse à sa question. Bien au contraire, il cherche à persuader de l'état d'impuissance totale face à la situation. Bien entendu qu'ici, encore le contexte permet de voir la portée de l'interrogation rhétorique. À l'évidence, un vieillard armé d'un ancien fusil de la Deuxième Guerre mondiale est parfaitement vulnérable dans un autre contexte… dans une communauté américaine, par exemple, où tous les citoyens majeurs ont le droit de port d'arme ; et quelle arme !

À l'évidence, toutes les occurrences ne seront pas détaillées de la sorte. Suivant la même logique, retenons tout simplement que quinze (15) interrogations rhétoriques sont employées dans le roman sous cette forme nécessitant une compréhension préalable du contexte pour mieux appréhender l'interrogation rhétorique.

La Traversée nocturne comporte un total de quarante et une (41) interrogations rhétoriques réparties entre le narrateur et les personnages du roman. Ces interrogations servent à la persuasion et apparaissent beaucoup dans des situations de dialogue et de discussion. Elles sont souvent d'une évidence indéniable, souvent plus nuancées et dans certains cas, on a besoin du contexte social pour mieux cerner la portée de certaines interrogations rhétoriques. I. Bazié s'en est servi pour mieux enrichir son roman en fonction des contextes d'occurrence.

3. Interprétation

Nous abordons cette troisième partie, la dernière de notre étude, dans le but d'une interprétation de la question rhétorique dans *La Traversée nocturne* ; d'y montrer sa portée, sa valeur.

3.1. Principe de base de l'interprétation

L'interprétation s'appuie sur le principe selon lequel :

> « si tout signifiant a un signifié linguistique connu des membres de la même communauté parlant la même langue, il n'en est pas moins vrai que tout signifiant comporte un certain nombre de données de nature non linguistique qui ne coïncide pas d'un sujet parlant à l'autre » (Baylon et Fabre, 1990 :152).

Ce qui permet de comprendre le postulat de S. Traoré (2009 : 6) quand il écrit :

> « Tout mot, en plus d'une valeur notionnelle (encore appelée référentielle ou dénotative ou gnomique), a une valeur expressive. Celle-ci, plus ou moins consciente, est guidée par une intention pour produire une impression sur l'interlocuteur (mépris, respect, ironie, etc. par exemple) ».

Saussure cité par M. A. Paveau et G. E. Sarfati (2003 : 77), affirme pour sa part :

> « Nous n'établissons aucune différence sérieuse entre les termes valeur, sens, signification, fonction ou emploi d'une forme ; ces termes sont synonymes. Il faut reconnaître toutefois que valeur exprime mieux que tout autre mot l'essence du fait, qui est aussi l'essence de la langue, à savoir qu'une forme ne signifie pas, mais vaut : là est le point cardinal. Elle vaut par conséquent, elle implique l'existence d'autres valeurs […] ».

La notion de valeur nous intéresse donc à plus d'un titre dans cette partie de notre travail. Il arrive des moments que nous lui substituons celle de portée. Les deux (valeur et portée) associent l'expressivité dénotative à l'intentionnalité connotative de l'auteur. Pour mieux procéder à l'interprétation de l'usage faite de la question rhétorique, son apport au style du roman corpus et son lien avec l'espace, nous abordons la dernière partie de cette analyse.

3.2. Valeur de l'interrogation rhétorique

Entre autres raisons qui amènent l'auteur à procéder à l'interrogation rhétorique, Fontanier (1968) souligne la persuasion dans le discours et le défi de pouvoir nier ce qui est dit par ceux qui écoutent ou lisent. Les interrogations rhétoriques relevées dans *La Traversée nocturne* obéissent à ce constat. En posant la question : « Comment peut-on pêcher dans du sable ? » (p.122), l'auteur par la voix de son personnage Elema ne fait qu'attirer l'attention du lecteur sur une vérité qu'on ne peut pas réfuter. Il en est de même pour l'exemple : « Mon fils, peux-tu me dire, seulement à la vue d'une femme enceinte, ce dont elle accouchera ? Comment puis-je savoir si la pastèque est rouge à l'intérieur sans l'avoir ouverte ? » (p.50). L'interrogation rhétorique qui apparait quarante et une (41) fois dans le roman sert à exprimer l'indignation, la crainte comme le corrobore cet exemple : « Baki, as-tu déjà pensé à ta mort ? » (p.40).

Ces différentes questions n'ont pas besoin de réponse. Elles décrivent avec force et énergie l'état dans lequel se trouve le personnage ou le narrateur. Ce tour fait entrer dans le cœur du lecteur, autant de traits foudroyants qui le déchirent, l'accablent, le confondent et le mettent hors de réplique et d'excuse.

Au regard de ce qui précède, nous retenons que la portée de l'interrogation rhétorique dans *La Traversée nocturne* réside dans le fait que cette figure de style établit un dialogue où l'interlocuteur est muet. Pourtant c'est à lui que les différentes questions sont adressées, mais compte tenu de l'évidence des faits, il s'impose à son esprit certaines vérités qu'il ne peut récuser. Le but de l'interrogation rhétorique dans l'œuvre est de persuader et convaincre l'interlocuteur. C'est dans ce sens que les différents personnages du roman s'en servent pour appuyer leurs arguments. Ceci étant, comment y percevoir un lien avec l'espace ?

3.3. Lien entre l'interrogation rhétorique et l'espace

De l'analyse, il est ressorti que l'interrogation rhétorique peut avoir un caractère universel, nuancé ou contextuel. À ces différents caractères, on pourrait attribuer un espace donné.

D'abord, l'interrogation rhétorique à caractère universel pourrait s'adapter à l'espace temporel ou historique. Quand on s'intéresse à l'exemple de la page 122, la cousine d'Elema lui pose la question : « Comment peut-on pêcher dans du sable ? ». Cette question est censée comporter déjà sa réponse dans la mesure où on ne pourrait pas pêcher dans du sable. La raison en serait que le poisson vivrait dans l'eau uniquement et non dans du sable. À l'évidence, cette question sert à la cousine d'Elema de souligner le caractère absurde de l'action du vieux Baki. On pourrait signaler que la vie du poisson dans l'eau est universellement admise de tous. Toutefois, des espèces de poissons (anguilles) s'enfouissaient dans le sable des berges lorsque le niveau de l'eau baisse. Dans ces conditions, pêcher dans du sable n'est pas une aberration. Or pour qu'une interrogation soit rhétorique, il faut qu'elle ait un caractère absurde du fait qu'elle comporte déjà sa réponse. Ici, la périodicité du comportement des anguilles confère à cette figure de style un caractère temporel. Cette interrogation aura donc besoin de l'espace temporel (historique) pour atteindre la plénitude de son essence.

L'exemple de la page 49, où la vendeuse à l'adresse d'Edmond s'étonne : « Monsieur vous n'êtes pas à Wona non ? » laisse voir une dimension localité. Mais le caractère temporel, se cache derrière la réalité selon laquelle, les prix de ces fruits vont être fonction des saisons et donc de leur rareté ou de leur abondance. Quand on sait que la scène se déroule à Wona, on croirait à l'absurdité de la question ; toutefois, on constate aisément que c'est une manière pour la vendeuse de dire qu'Edmond devrait savoir que la pastèque vaut ce prix (à cette période de l'année) puisqu'il est à Wona et qu'il ne devrait pas s'étonner du prix proposé.

Ensuite, l'interrogation rhétorique nuancée semble tenir compte de la dimension localité et donc, de l'espace géographique.

En s'intéressant à cet exemple « Qu'est-ce que tu crois ? Que je vais dormir comme une poule, à cette heure ? » (p. 148), on constate que cette figure se réalise sur l'évidence que la poule dort tôt. Or cette évidence n'est évidente que dans des localités données et serait infondée dans d'autres contextes. En campagne par exemple, le coucher du soleil signifie une baisse de luminosité. L'obscurité s'installant et empêchant les animaux diurnes de voir contraint la volaille à cesser toute activité. Par contre en ville, la lumière électrique prend le relai du soleil pour fournir l'éclairage aux hommes et aux animaux. C'est alors qu'on peut constater que les poules ne dorment pas tôt comme ce qu'on pensait. Les fermes modernes offrent le spectacle de poules qui ne dorment presque pas grâce à l'éclairage électrique. Ici, on perçoit aisément que le tour stylistique n'a de sens que lorsqu'on tient compte de l'espace géographique.

Cette question rhétorique : « Qui donc nous enterrera, si nous continuons à montrer aux tiens que nous n'avons pas besoin d'eux ? » (p. 40 - 41) tire son essence du lieu où on se trouve. En fonction de ces croyances, un Européen pourrait ne pas se soucier de qui va l'enterrer, de où il sera enterré ou si même il sera enterré ou incinéré. Avec une telle prédisposition, se soucier de qui va l'enterrer ne le préoccupe guère. Par contre en Afrique, eu égard aux croyances qui encourent le mystère de la mort et de la vie après l'au-delà, cette question rhétorique prend tout son sens. Une fois de plus, l'espace géographique intervient dans l'intelligibilité de cette figure.

Enfin, l'interrogation rhétorique contextuelle s'appuie, dans la plupart du temps, sur la situation culturelle et donc, de l'espace sociologique. En se référant aux pages… On constatera à partir des quatre échantillons étudiés que l'essence de ces interrogations rhétorique est inhérente au contexte socioculturel. En rappel, examinons deux cas.

D'une part, à la page 191, Ekio pose cette question au policier qui l'interroge : « Mais, jeune homme, l'homme qui s'en est pris à moi est le cousin de mon mari : est-il mon mari oui ou non ? ». Cette question se veut rhétorique dans la mesure où, Ekio n'attendait pas de réponse de la part de l'agent de police. Elle entendait par ce procédé, le convaincre de l'évidence de son point de vue. Or, le cousin de son mari n'est pas son mari. Mais le contexte socioculturel burkinabé (chez les gourounsi, plus précisément) veut que la femme mariée considère les parents proches de son mari comme ses maris aussi. Dans cette communauté, à la mort du mari, la femme revient à un autre homme de la famille. Vue dans cette logique, Ekio considère Oli (cousin de son mari) comme étant son mari également. Et comme le policier ne semble pas comprendre, alors Ekio lui demande : « le cousin de mon mari : est-il mon mari oui ou non ? » Cette question, dans ce contexte-ci est tout à fait rhétorique parce que la dame n'attendait pas de réponse du policier ; mais plutôt cherchait à lui faire une démonstration du fait qu'Oli, cousin de son mari, est forcément son mari. Ici, le contexte, la mentalité et certains éléments sociaux volent au secours de l'interrogation pour lui rendre son caractère rhétorique.

D'autre part, à la page 41, il est indéniable que cette interrogation nécessite le contexte pour mieux cerner son caractère rhétorique. Elle est un monologue de la femme du vieux Baki, Elema, rapporté par le narrateur en ces termes : « Mourir en sachant que personne ne s'attristera de sa disparition, qu'on la jettera dans le premier trou creusé à la hâte… Comment Baki peut-il vivre si tranquille dans ces conditions ? » (p.41). Pour mieux appréhender cette inquiétude de la femme de Baki, il faut se référer à la conception africaine de la mort. « Les morts ne sont pas morts ! » Ce titre de poème du Sénégalais Diop traduit mieux la mentalité africaine au sujet de la vie après la mort. Beaucoup de pratiques comme les funérailles et autres sacrifices se justifient par cette croyance. Ainsi donc, la femme de l'ancien combattant, en s'interrogeant, ne cherche pas de réponse. Elle cherche plutôt à souligner le caractère anormal de l'insouciance de son mari. Cette question, sinon ce souci n'a aucune valeur pour celui qui n'a pas les mêmes croyances. De même, l'interrogation peut ne pas être perçue comme rhétorique. Une fois de plus, l'évidence ne s'impose qu'en raison de la nature de la société dans laquelle l'on se situe.

Ce rappel était nécessaire pour faire remonter à la surface le caractère contextuel de ces interrogations rhétoriques et donc de les lier à l'espace sociologique. Il en est de même des deux autres (nuancée et universelle) qu'on pourrait respectivement rapporter aux espaces géographiques et historiques.

Conclusion

Au terme de notre réflexion, sur l'interrogation rhétorique dans l'espace, il faut noter que cette figure, a besoin pour sa réalisation et sa compréhension, de l'espace dans son intégralité. L'analyse du corpus a permis de parvenir à une telle réalité. Les quarante et une (41) interrogations rhétoriques ont servi à exprimer l'étonnement, le dépit, l'indignation, la crainte, en vue d'une persuasion. On peut dire de cette figure de style qu'elle parle plus à l'esprit critique de son destinataire. Le destinateur l'invitant plus à une introspection qu'à une réponse. Cet état de fait confirme la position de P. Fontanier (1968 : 34) selon laquelle,

> « l'interrogation rhétorique consiste à prendre le tour interrogatif, non pas pour marquer un doute et provoquer une réponse, mais pour indiquer au contraire la plus grande persuasion et défier ceux à qui l'on parle de pouvoir nier et même de répondre ».

On en arrive au constat (conclusion) que l'interrogation rhétorique telle manifestée dans le corpus, a besoin de l'espace (historique, géographique et sociologique) pour sa manifestation.

Bibliographie

Baylon Christian et Fabre Paul, *Initiation à la linguistique,* Paris, Armand Colin, 1990.

Baylon Christian et Fabre Paul, *Initiation à la linguistique : cours et applications corrigés*, 3ᵉ éd, Paris, Nathan /HER, 2001.

Bazié Isaac, *La Traversée nocturne*, Ottawa, Malaïka, 2004.

Fontanier Pierre, *Les figures de discours*, Paris, Flammarion, 1968.

Le Groupe μ, *Rhétorique générale,* Paris, Librairie Larousse (Langue et langage), 1970.

Maingueneau Dominique, *Pragmatique pour le discours littéraire,* 2ᶜ éd. Paris : Dunod (Lettres Sup), 1997.

Marouzeau Jean, *Précis de stylistique française*, Paris, Masson et Cie, 1969.

Morier Henri, *Dictionnaire de poétique et de rhétorique*, 4ᶜ éd. Rev. et aug. Paris, PUF, 1989.

Paveau Marie-Anne et Sarfati Georges-Élia, *Les grandes théories de la linguistique : De la grammaire comparée à la pragmatique*, Paris, Armand Colin/VUEF (Collection U), 2003.

Spitzer Léo, Étude de style précédée de Leo Spitzer et la lecture stylistique de Jean Starobinski, Paris, Gallimard (Tel, N°54), 1970.

Traoré Sidiki, *Norme et écart dans le discours littéraire : cas du roman les vertiges du trône de Patrick G. Ilboudo.* Thèse unique pour le doctorat en sciences du langage. UFR Lettres arts et communication Université de Ouagadougou (Burkina Faso), 2009.

Espace-classe et gestion des écoles maternelles de l'Inspection d'arrondissement de Maroua II/Région de l'Extrême-nord du Cameroun : entre contraintes et pratiques enseignantes

MAHAMAT Alhadji

Département des sciences de l'éducation

Université de Maroua (Cameroun)

Résumé : *au Cameroun, des écoles maternelles créent ou réaménagent d'espaces destinés aux activités d'enseignement/apprentissage où le design ergonomique transforme les conceptions et les pratiques pédagogiques enseignantes. Le choix des espaces dans la classe est contraint par des considérations liées à la limitation des mouvements des maîtresses et des élèves, au temps en classe, au temps hors de la classe, etc. Notre objectif est de questionner l'espace-classe dans les écoles maternelles en repensant la relation entre espace et enseignement/apprentissage du point de vue de sa gestion, de sa dynamique spatiale, de ses spécificités, de ses contraintes ainsi que des pratiques enseignantes. L'analyse des résultats issus des sources littéraires et des entretiens individuels et de groupes avec dix-huit maîtresses des écoles maternelles, ont révélé que la notion de l'espace dans le contexte scolaire reste une entité très dynamique. Bien que faisant partie du décor des classes, l'espace organisé dans la classe contribue véritablement à l'enseignement/apprentissage chez les tout-petits par ses spécificités, ses fonctions ainsi que ses contraintes.*

Mots-clés : *espace-classe, écoles maternelles, contraintes, pratiques enseignantes*

Introduction

Dans la plupart des pays africains, des études en pédagogie ont illustré l'importance de rendre les élèves très actifs par la présence de stratégies d'enseignement variées. C'est l'une des raisons pour lesquelles Radcliffe, Wilson, Powel et Belinda Tibbetts (2009) soulèvent des questions en lien avec les conditions de réussite des élèves et la vision adoptée envers les espaces d'enseignement et d'apprentissage. Ils mentionnent le fait que la réflexion sur la qualité de l'enseignement et de l'apprentissage pourrait utilement s'enrichir d'une réflexion stratégique sur les espaces au sein des salles de classe ainsi que sur leurs effets.

Au Cameroun, des écoles maternelles créent ou réaménagent d'espaces qui transforment les conceptions et les pratiques pédagogiques des enseignantes. Ces espaces conduisent à des enjeux qui interrogent les conditions favorisant un accueil qualitatif, et questionnent nécessairement la place des espaces dédiés aux jeunes enfants des écoles maternelles. Il y a lieu de souligner contrairement à certaines conceptions que la notion d'espace qui semble ambiguë, revêt un caractère significatif dans l'univers des maîtresses et des tout-petits des écoles maternelles.

Dans la grande majorité des écoles maternelles de l'Inspection d'arrondissement de Maroua II[1] dans la région de l'Extrême-nord du Cameroun, le constat fait émerger une autre vision qui se démarque indéniablement de celle rencontrée dans la plupart des écoles maternelles en milieu urbain : les espaces-classes manquent parfois d'attrait et n'incitent pas les tout-petits et les institutrices à s'y rendre. Ils restent non attractifs du début à la fin de l'année scolaire depuis quelques rentrées scolaires (Rapport annuel de l'année 2017/2018 fait par l'Inspectrice de Maroua II). Certains espaces sont considérés à tort comme de simples lieux de « consolation ». Le choix des espaces dans la classe est aussi contraint par des considérations liées à la limitation des mouvements des maîtresses ainsi que ceux des élèves, au temps en classe, au temps hors de la classe, etc.

De nombreuses publications, notamment celles de (Danic, David et Depeau, 2010 ; Giordan, 1998 ; Drolet, 2012 ; Wedge, Carole et Kearns, 2005) ont montré la valeur de l'espace dans le processus d'enseignement et d'apprentissage. Dans tous les cas, le facteur spatial a été décrit comme un important agent de changement pédagogique. L'arrimage efficace de l'espace avec les stratégies pédagogiques permet d'envisager la création d'un environnement complet où chaque dimension soutient la dynamique des pratiques enseignantes.

C'est dans cette perspective que le présent chapitre aborde l'espace-classe dans la gestion des écoles maternelles de l'arrondissement de Maroua II dans la région de l'Extrême-nord du Cameroun, en interrogeant de manière sous-jacente, les postures et actes professionnels susceptibles de contribuer au bien-être des tout-petits. Dit autrement, compte tenu du temps passé par les enfants à l'école au cours des différents moments qui rythment leurs journées, il s'agit de questionner l'espace-classe dans les écoles maternelles en repensant la relation entre espace et enseignement/apprentissage du point de vue de sa gestion, de sa dynamique spatiale, de ses spécificités, des pratiques des institutrices et de leurs contraintes. Autrefois relégué à un rôle secondaire, l'espace-classe devient désormais un élément stratégique à considérer afin de maximiser la réussite scolaire des enfants. Pour se faire, notre réflexion va s'articuler autour des points suivants : la matérialisation de l'espace-classe et ses spécificités, la place de l'espace-classe dans une approche didactique, l'indexation des contraintes inhérentes à l'organisation et au fonctionnement de l'espace-classe par les institutrices.

1. La conception de l'espace-classe dans l'univers des écoles maternelles aujourd'hui : une autre question à « palabres »

Au Cameroun, de nombreux constats ont été faits en lien avec l'espace dans les classes en milieux scolaires. Dans la vision actuelle, plusieurs décisions liées aux espaces d'enseignement/apprentissage sont envisagées par des écoles. Dans les écoles maternelles de l'Inspection d'arrondissement de Maroua II dans la région de l'Extrême-nord/Cameroun, on note en revanche, une disparité importante entre la construction des écoles maternelles et les espaces dédiés aux enseignements et aux apprentissages. L'enseignement effectué dans certaines

---

1

salles de classes ne correspond pas toujours à l'approche pédagogique privilégiée par les maîtresses. De leur propre chef, ces dernières doivent parfois demander d'être assignées à des locaux, à d'autres contextes ou environnements afin d'être en mesure de réaliser par exemple les activités de discussion ou de collaboration qu'elles ont élaborées (Rapport Ministère de l'Éducation de Base, 2016). On constate également une inadéquation entre les orientations de nombreux programmes et les espaces disponibles. Avec l'avènement des TIC et l'augmentation du nombre de programmes intégrant l'apprentissage actif, le développement de compétences des élèves exige des aménagements particuliers.

L'utilisation des salles de classe de façon générale amène le maintien des pratiques pédagogiques axées sur la transmission qui nuit aux efforts d'innovations[2]. Le désir d'expérimenter de nouveaux modèles d'espaces d'enseignement/apprentissage est souvent l'initiative des enseignantes plutôt qu'une orientation institutionnelle (Mamoudou, 2016). En outre, dans plusieurs écoles maternelles, la création des nouveaux espaces dans les salles de classes s'avère cependant difficile à réaliser. Dans la culture des maîtresses, les espaces informels sont des espaces trop peu considérés dans les écoles. Certaines écoles maternelles ont peu ou pas des cadres d'études et d'échanges qui sont offerts à l'extérieur. Un grand nombre de salles de classe n'ont pratiquement pas changé depuis la construction initiale des bâtiments qui les abritent. Sachant que de nombreux facteurs sociaux, pédagogiques et technologiques ont radicalement transformé les habitudes et les comportements au cours des dernières années, il y a parfois décalage et questionnement envers l'efficacité de ce modèle (Délégation régionale de l'éducation de base du Diamaré, 2016).

La nécessité actuelle de rénover et de mettre aux normes la gestion des écoles maternelles en rapport avec les espaces des salles de classes au Cameroun, représente une opportunité d'adapter les espaces dans les classes et de promouvoir de nouvelles pratiques. Les écoles maternelles de l'Inspection d'arrondissement de Maroua II dans la région de l'Extrême-nord du Cameroun ne sont plus adaptées aux nouvelles pédagogies, et présentent un autre cliché. Les pratiques pédagogiques enseignantes nécessitent de plus en plus une plus grande modularité, des changements fréquents d'activités, de travail en groupes ainsi que les mouvements et les déplacements des élèves, etc. Des constats ont mis en évidence, l'isolement des maîtresses et leurs difficultés d'intervenir convenablement dans les écoles maternelles. Cette manière de faire contribue au frein, à la coopération et à l'essaimage de leurs pratiques enseignantes.

Pourtant, davantage on tend vers des espaces scolaires ouverts. La considération stratégique des espaces-classes dans les écoles maternelles présente assurément des retombées importantes en termes d'aide à la réussite, de rayonnement, et plus important, d'apprentissage significatif. Aujourd'hui, l'école maternelle cristallise toutes les ambitions de la société, et est porteuse de la réussite future des enfants qui lui sont confiés (Doorley et Witthoft, 2012). Elle doit donc concilier des attentes scolaires fortes au regard des apprentissages et prendre en compte les besoins de chaque enfant. La salle de classe elle-même et, par extension, l'établissement scolaire tout entier, doivent pouvoir être vécus autrement par les élèves. Ils ne peuvent plus rester impersonnels, comme c'est trop souvent le cas. L'aménagement des salles, l'atmosphère des écoles maternelles, doivent refléter les activités qui s'y déroulent.

2

De ce fait, les espaces d'activités permettent de soutenir le développement et de contribuer aux apprentissages. La salle de classe comporte des coins jeux d'imitation, de construction, mais aussi symboliques qui permettent le transfert affectif, des espaces scientifiques, pour la découverte du monde des objets, etc.

Or, reconnaître le besoin de repenser les espaces dans les salles de classe en relation avec les pratiques des maîtresses des écoles maternelles de l'Inspection d'arrondissement de Maroua II dans la région de l'Extrême-nord du Cameroun soulève de nombreuses questions, notamment : quels types d'activités d'enseignement/apprentissage doit-on soutenir dans les salles de classe par rapport aux espaces ? Quels espaces choisir dans les classes et comment les utiliser adéquatement ? Comment maximiser l'utilisation des espaces ? Quelles sont les difficultés et les limites de la gestion des espaces dans les salles de classe ? Les espaces en classe sont-ils des simples éléments de décors d'enseignement/apprentissage ? Doit-on les considérer comme des espaces récréatifs ou peuvent-ils devenir un vecteur d'apprentissages ? Comment et pourquoi concevoir des espaces dans les classes qui permettent de penser une pédagogie active ? Quelle posture pour accompagner les élèves plutôt que de les contraindre ou de les confiner dans un espace précis ?

2. Méthodologie de l'étude
2.1. Participantes

Toutes les 18 maîtresses intervenantes dans les 7 écoles maternelles de l'Inspection de l'arrondissement de Maroua II ont été retenues pour participer l'enquête. Elles travaillent avec des enfants âgés de 4 à 5 ans respectivement de la petite et de la grande section, et ont une expérience de plus de 6 ans dans l'enseignement maternel. Le tableau ci-dessous nous donne une idée de notre échantillon.

ÉCOLES	ENSEIGNANTS		
	Hommes	Femmes	Total
EMA DOUALARE	00	02	02
EMA FOUNANGUE	00	03	03
EMA LOPERE	00	04	04
EMA ZOKOK	00	06	06
TOTAL EMA	00	15	15
EM DOGBA	00	01	01
EM GAYAK	00	01	01
EM LOWOL DIGA	00	01	01
TOTAL EM	00	03	03
TOTAL EMA+EM	00	18	18

Tableau 1 : échantillon de l'étude

Source : Rapport de fin d'année scolaire 2016-2017 Inspection d'Arrondissement de l'Éducation de Base de Maroua II

Notre échantillon est composé de quatre écoles maternelles d'application (EMA) et trois écoles d'application. Au Cameroun, de façon générale, les écoles maternelles sont tenues par des maîtresses ou institutrices. En effet, les hommes n'interviennent pas dans l'enseignement maternel, sauf les femmes.

2.2. Instruments et collecte des données

Notre étude étant qualitative, au-delà de plusieurs visites effectuées dans les salles de classe des écoles maternelles, nous avons procédé aussi à une étude exhaustive de la littérature faisant état des écrits sur la question des espaces en milieu scolaire. Par la suite, l'élaboration d'un guide d'entretien nous a servi de support de base dans la collecte des données de terrain. Le choix du guide d'entretien se justifie par le fait qu'il vise à favoriser chez les maîtresses la production d'un discours continu et structuré sur la notion de l'espace-classe dans les écoles maternelles. L'entretien s'avère un outil particulièrement pertinent au moment de recueillir des données valides sur les croyances, les opinions et les idées des sujets (Lessard-Hebert, Goyette et Boutin, 1990).

S'agissant de la collecte des données qui s'est déroulée au sein des différentes écoles maternelles, de mars à mai 2018, environ une vingtaine d'entretiens individuels et de groupes ont été tenus. Les entretiens semi-directifs d'une durée parfois de 15 minutes ont été enregistrés à l'aide d'un bloc-notes, et analysés dans leur totalité. Des séances en auto-confrontation ont été conduites dans les entretiens de groupes. Globalement, les entretiens ont porté sur la relation entre les espaces-classes et les pratiques des institutrices, notamment l'utilisation de l'espace spatialisant, les interactions maîtresses-élèves, l'organisation de la classe, la dynamique de l'espace dans la classe.

2.3. Traitement des données

À partir de l'enregistrement des entretiens des participantes dans le bloc-notes et une analyse de leur contenu, nous avons transcrit les conversations susceptibles de nous fournir des éléments d'analyse pertinents.

3. Analyse

3.1. L'espace-classe dans les écoles maternelles : simple élément de décor ?

Figure 1 : photos présentant les différents espaces dans une classe de la grande section *de l'École Maternelle de Founangué et de l'École Maternelle de Gayak*

Dans le sens commun, un espace est un contenant à l'activité humaine qui existe indépendamment d'elle. En parlant d'espace de la classe, on considère les éléments matériels présents dans la classe qui sera le lieu des activités, sans prendre en compte les activités elles-mêmes. Du point de vue des géographes, un espace est un environnement qui n'existe qu'en lien avec une activité humaine. La classe est un espace ou un ensemble composé d'une surface, de matériel, d'acteurs (les élèves, les enseignants) et d'activités. Penser la classe comme un ensemble d'espaces, revient à considérer la classe comme un ensemble d'environnements dynamiques permettant des enseignements et des apprentissages.

Dans les écoles maternelles du Cameroun en général, et celles de l'Inspection d'arrondissement de Maroua II en particulier, l'espace contribue au cadre de vie épanouissant des enfants et leur permet de vivre des situations de jeux, de productions libres ou guidées, d'exercices, riches et variés, etc. Selon Giordan (1998), ceci concourt à enrichir la formation de la personnalité et de l'éveil des enfants. La notion d'espace dans cette option donne aux jeunes enfants toute la garantie de sécurité. L'espace est considéré ici comme un support privilégié à l'enseignement/apprentissage, aux expérimentations, aux découvertes et à l'expression en rapport avec les pratiques pédagogiques des maîtresses intervenantes. Il constitue un clocher entre les enfants et leurs moments de vie.

Les écoles maternelles de l'Inspection d'arrondissement de Maroua II présentent une face avec ses réalités, surtout en milieu rural. Les salles de classes sont consacrées à l'accueil des enfants et de leurs parents, aux activités motrices et sensorimotrices, aux activités graphiques, aux activités de manipulation et d'exploration, aux jeux d'imitation, aux activités de regroupement, de repli, de repos, etc. Toutefois, les classes ne prennent pas en considération tous les espaces dédiés à la salle de classe. Par exemple, selon une maîtresse[3], *« certains lieux collectifs, fréquentés par des enfants au sein de la classe à des moments différents, ne sont pas exploités et restent juste une configuration faisant partie du décor de la classe »*. Pourtant, selon (Nault, 2008), toutes les activités exercées à travers les espaces-classes qu'effectue la maîtresse au quotidien dans sa classe ont un impact significatif non seulement sur la réussite de ses élèves, mais aussi sur ses pratiques enseignantes. Les activités conduites par les maîtresses ne sauraient atteindre leur but sans une solide maîtrise de leurs compétences dans l'enseignement/apprentissage en lien avec la gestion de la classe et surtout des espaces qu'occupent les enfants.

La question relative à la gestion d'une classe en maternel selon Fisher (2005) est un acte professionnel important des maîtresses qui recouvre plusieurs dimensions à savoir : l'aménagement et l'organisation de l'espace physique, l'établissement et l'application correcte des règles de fonctionnement de la classe. Ce qui prend en compte les effectifs d'élèves, les modalités de gestion du temps scolaire, le choix des activités, la transition entre activités, la supervision du travail des élèves, les modes d'utilisation des objets, la connaissance des composantes et des modes ou styles de gestion des conflits, l'application des mesures disciplinaires, etc. Bref, tout ce qui est en rapport avec « la vie des enfants ».

Dans une classe, chaque acte que la maîtresse pose, chaque relation qu'elle développe a des répercussions positives ou négatives sur le climat de la classe et sur les élèves, comme sur l'efficacité de ses pratiques enseignantes. C'est l'une des raisons pour lesquelles selon une maîtresse[4],

> « en petite section, nous prenons en compte les différents besoins qui sont spécifiques aux enfants et y accordons une importance majeure sans toutefois, perdre de vue que les besoins des tout-petits sont très nombreux et présentent bien souvent un caractère d'opposition. Notre gestion de l'espace dans la classe se fait autour de verbes d'action, en l'occurrence observer, découvrir, expérimenter, imaginer et grandir. L'espace doit susciter facilement la circulation et la prise de repères au niveau de la classe ».

À l'école maternelle, la notion de l'espace constitue une entité à part entière dans le quotidien des tout-petits. Ces derniers en savent le bien-fondé partant des coins et recoins de leurs salles de classes. Une taxonomie[5] des espaces dédiés aux enfants semble meubler leurs journées. Dans certains cas, les maîtresses proposent des outils adaptés afin que les élèves soient capables de gérer seuls, ce qui favorisera une prise d'autonomie et le développement de la coopération. Les fonctions assignées aux espaces peuvent varier selon les sections, le moment de l'année ainsi que les activités proposées et les objectifs visés par les maîtresses. Pour la plupart des maîtresses rencontrées lors des enquêtes,

> « L'espace graphisme par exemple, est un espace fondamental pour la mise en place du geste scripteur et il a vocation à être installé de manière permanente. Selon les sections, nous gérons les espaces et amenons les élèves vers l'écriture en variant le type

---

3

4

5

d'activités proposées qui peut porter sur l'autonomie, sur l'exploration, etc. L'espace créatif quant à lui, laisse libre cours à l'imagination et à l'inventivité des jeunes enfants. Nous proposons des activités de peinture, du collage, de l'assemblage, etc. »[6].

De façon générale, les espaces de modelage, sensoriels, de découvertes, moteurs, de repos, des jeux de société, etc. ont pour fonction d'éveiller la curiosité des enfants en les amenant à développer différentes compétences. *« Toucher, goûter, voir, sentir, entendre sont des sens qui se développent plus ou moins parallèlement et progressivement selon que les enfants soient en petite ou en grande section »*[7]. Ces espaces jouent selon cette maîtresse un rôle de développement de leur langage. Selon les sections, les activités sont dirigées ou non, mises en lien avec un ou d'autres espaces. Pour les maîtresses, *« l'espace modelage peut-être envisagé comme un espace de création à part entière, mais aussi comme un espace complémentaire à un espace écriture, un espace mathématique, etc. »*[8]. D'une motricité globale à une motricité plus fine, les tout-petits passent d'un lieu de repos à un lieu d'activités calmes et relaxantes. Ici, les enfants découvrent en ajustant les gestes aux supports et aux outils. Ils acquièrent des savoir-faire et s'expriment.

3.2. L'espace-classe à l'école maternelle et ses contraintes

Dans les écoles maternelles de l'Inspection d'arrondissement de Maroua II, l'histoire ne s'inscrit pas forcément dans la volonté d'épanouissement des enfants. Bien que constituant un secteur irremplaçable d'aide aux enfants à grandir, l'école maternelle est aussi un cadre contraignant avec des espaces collectifs dont les règles sont souvent imposées (Doorley, Scott et Scott Witthoft, 2012). Ce constat évoqué dans les travaux de Michel Foucault doit éclairer l'ensemble des acteurs du monde éducatif sur le paradoxe selon lequel l'école incarne une volonté émancipatrice.

La salle de classe est le principal lieu de vie avec des aires diversifiées, des murs porteurs d'affichages, des tableaux ainsi que des mobiliers adaptés, etc. *« La classe possède des caractéristiques, parfois contraignantes. L'aménager, l'équiper, l'organiser et l'agrémenter relève des options pédagogiques de la maîtresse »*[9]. Cela dépend aussi des activités quotidiennes pratiquées par les élèves. En entrant dans une classe, tout un chacun peut saisir d'emblée quelques impressions à travers la nature et la quantité des affichages, la disposition des tables, la présence d'espaces d'activités. Tout, dans une classe porte témoignage de ce qui s'y déroule quotidiennement.

L'aménagement et l'équipement sont fonctionnels pour nourrir la curiosité et favoriser les apprentissages spontanés, et attrayants susceptibles de stimuler l'envie de fréquenter une classe, et contribuer au bien-être de chacun (Giordan, 1998). La classe est un lieu d'apprentissage. Son aménagement et sa présentation reflètent obligatoirement le travail qui s'y fait. Chaque système éducatif a ses propres règles quant à l'organisation matérielle des classes, la régulation administrative et l'organisation temporelle, particulièrement la gestion du temps dans les d'apprentissages, les rythmes scolaires, l'aménagement spatial de la salle

---

6

7

8

9

et la disposition des tables et du mobilier, sa décoration, les règles de fonctionnement ou le règlement intérieur. Tout cela contraint les enfants à évoluer dans un « cadre fermé ». Pour les maîtresses des écoles maternelles, la salle de classe est un territoire avec ses règles. Selon les pratiques, l'espace-classe est géré de manière diverse. *« La maîtresse s'approprie totalement sa classe. Elle l'aménage, la décore avec ses études et la structure en fonction de sa pratique pédagogique tout en édictant des règles de fonctionnement qui s'imposent indubitablement aux enfants »*[10].

L'aménagement de l'espace-classe apparaît dans les écoles maternelles comme une contrainte pour la maîtresse et les élèves. La classe et plus particulièrement, les pupitres des élèves et des maîtresses sont strictement organisés et respectés de différentes manières. Selon Müller (2011), ces organisations peuvent être liées à des objectifs sociaux pour les élèves[11]. L'organisation des pupitres des élèves est prévue en fonction des objectifs des maîtresses. Au-delà des tables des élèves, la maîtresse a aussi son espace. Même si ce dernier est en lien avec l'organisation du reste des bureaux, cela reflète la manière d'enseigner de la maîtresse, *« il est crucial de penser à aménager les différents pôles de la classe gravitant autour des pupitres »* nous confient des maîtresses. Ce que Germanos (2009) appellerait comme des micro-milieux de communication et d'interaction coopérative au sein des classes. Plusieurs types existent, que ce soit des aires dédiées au travail en groupe, ou en groupe-classe. Ces milieux sont créés de manière à faciliter la communication et l'interaction entre les élèves constituant ainsi par ricochet des espaces contraints que les uns et les autres se doivent de respecter au niveau de la classe.

3.3. Espace-classe et pratiques enseignantes

3.3.1. Espace-classe et écoles maternelles : une autre façon de concevoir l'apprentissage

L'environnement d'apprentissage ou l'espace dans la classe façonne les élèves. L'enfant évolue et apprend dans un cadre où se trouvent des éléments lui permettant de faire évoluer ses connaissances. Ses pairs, l'enseignant, y compris l'espace vont lui permettre de confronter ou de consolider ses idées et ainsi le faire évoluer. L'élève apprend en accord avec l'espace qui l'entoure. Transformer l'espace scolaire modifie les relations entre l'enfant, ses pairs et les apprentissages (Lefebvre, 1991).

Dans le cadre du processus éducatif, un agencement et une utilisation de l'espace adéquats peuvent transformer l'espace scolaire en un environnement d'apprentissage qui favorise le dialogue et la collaboration, respectivement en tant que formes privilégiées de la communication et de l'interaction en classe. Le rapport de l'enfant à l'espace acquiert une dimension supplémentaire, la dimension pédagogique qui fait que les caractéristiques de l'espace s'associent au processus d'apprentissage. Selon une maîtresse, *« il y a un intérêt de penser sa classe en proposant des espaces d'apprentissage. Les élèves étant affectés par l'environnement qui les entoure, il est clair qu'une réflexion allant dans le sens d'un espace-classe optimal est souhaitable »*[12]. Ainsi,

---

10

11

12

dans ce contexte, les effets du placement des élèves témoignent de la transparence des choix d'organisation spatiale et pédagogique (Veyrunes, 2012).

La disposition d'un espace ne doit pas *à priori* être définie de manière standardisée. L'approche pédagogique ciblée doit dicter la configuration de l'espace, et non l'inverse (Lippincott, 2009). Les maîtresses des écoles maternelles analysent leurs pratiques pédagogiques et anticipent les tendances au sein de la classe. Chaque type d'activités pédagogiques requiert une configuration d'espace spécifique. Cette reconnaissance de modèles pédagogiques se décline en une série de configurations appropriées aux différents styles d'interactions des enseignants intervenants dans les différents paliers scolaires. Le défi consiste à créer une variété d'espaces qui soutiennent efficacement la diversité des besoins d'enseignement/apprentissage.

Dans les écoles maternelles de l'Inspection d'arrondissement de Maroua II, l'espace, loin d'être une notion « vague », revêt un caractère important dans les modèles d'interactions pédagogiques entre maîtresses et élèves. Ces modèles définissent les différentes catégories d'espaces physiques liés à l'apprentissage. En effet, les démarches pédagogico-didactiques permettent de reconnaître l'existence des différents types d'interactions entre les maîtresses et leurs élèves inscrits dans la création d'espaces-classes.

> « Chaque maîtresse possède sa propre conception de la façon de structurer une activité d'apprentissage. Des différences individuelles caractérisent leurs approches pédagogiques. Selon leurs préférences, leur style d'animation ainsi que leurs attentes envers une salle de cours différeront significativement de ceux d'une collègue »[13].

La configuration des pratiques chez les maîtresses des écoles maternelles confirme la nécessité pour celles qui sont impliquées dans la matérialisation d'espaces, de comprendre la culture en place et d'être au diapason du rythme des ajustements pédagogiques apportés en fonction des espaces dans la classe. En effet, la nécessité d'une vision institutionnelle et d'une démarche intégrée de création d'espaces pédagogiques apparaît évidente et profitable à tous points de vue au sein des classes.

3.3.2. La place de l'espace-classe dans les approches didactiques des maîtresses

La salle de classe en maternelle est un espace sécurisant, socialisant, stimulant et motivant les enseignements/apprentissages. Elle s'organise en réalité en plusieurs espaces distincts : un lieu de regroupement, des coins-jeux et des zones d'activités spécifiques (ateliers). Les maîtresses structurent ces différents espaces afin d'atteindre les objectifs de l'école maternelle. Aménagements, équipements et règles de fonctionnement sont fondés par une réelle intention d'enseignement (Bastide, 2016). Les enseignements à l'école maternelle s'inscrivent dans une articulation jeux-activités qui aide l'enfant à devenir progressivement un élève.

Parmi les espaces d'activités proposés, certains sont incontournables quelle que soit la section. Ils correspondent lors des enseignements à des activités permanentes : espace

---

13

peinture, atelier-graphisme, espace-bibliothèque, etc. D'autres espaces sont temporaires et liés au projet de la classe. Les ateliers permettent d'observer, d'imiter, d'imaginer, de reproduire. En effet,

> « l'organisation de l'espace est déterminante dans la communication entre les maîtresses et les sous-groupes, dans l'interaction entre les membres des sous-groupes et partant dans l'efficacité de l'approche didactique envisagée. La configuration de la salle permet à la maîtresse de circuler et d'interagir librement d'un groupe d'élèves à l'autre pour poser des questions ou relancer les échanges[14].

Profitant d'une plus grande proximité avec ses élèves, la maîtresse peut se déplacer pour mieux exercer son rôle de facilitatrice, cibler les difficultés de compréhension et soutenir plus efficacement le processus d'enseignement (Lippincott, 2009). Des travaux de recherche (Doorley, Scott et Scott Witthoft, 2012 ; Drolet, 2012) ont mentionné l'influence du design de l'environnement physique sur les comportements des enseignants à divers niveaux de leurs interventions didactiques en classes. Les caractéristiques d'un lieu, comme les espaces, le confort, la luminosité, l'ambiance, les qualités ergonomiques du mobilier, etc. sont autant de facteurs qui influencent les comportements des apprenants ainsi que des enseignants. Ces facteurs agissent directement sur la qualité des approches didactiques interactions dans la classe.

3.3.3. Les interactions entre les maîtresses et leurs élèves : l'autre facette de l'espace-classe dans les pratiques enseignantes

Ces interactions maîtresses-élèves s'inscrivent dans la gestion des espaces au niveau des classes. Dans le cadre des activités avec leurs élèves, les maîtresses se déplacent dans les classes par des contours et des mouvements faisant l'objet de dynamiques spatiales. Les maîtresses se meuvent dans la classe en s'arrêtant à des points « charnières » entre le tableau et les élèves (à côté du bureau ou de la porte, face aux élèves, etc.). Dans une autre dynamique, elles se déplacent dans les allées en s'arrêtant pour aider les élèves ou pour vérifier l'avancement de leur travail. Les entretiens avec les maîtresses révèlent que leurs interactions dans la classe influencent leurs relations avec les élèves et par ricochet, leurs pratiques enseignantes en mettant en exergue une autre face très importante de l'espace-classe.

> « Nombreux sont les objets présents dans la classe qui participent du travail quotidien des maîtresses (le tableau noir, les tables des élèves, les affiches didactiques, les cahiers, les programmes, les textes, les manuels, etc.). Ils constituent des espaces de manœuvre et occasionnent des interactions qui peuvent favoriser l'enseignement »[15].

Les interactions entre les maîtresses et leurs élèves dans la classe sont fondées sur l'idée selon laquelle l'espace en classe devient quelque chose de « transparent » pendant les activités de classe. Ceci montre d'après Wanlin (2009) que la relation enseignant-espace lors des interactions en classe est intéressante. Selon cet auteur, cette manière de faire concourt à la description de la co-construction acteur-espace dans la situation d'enseignement par les

---

14

15

maîtresses à partir des notions d'appropriation et aux choix pédagogiques dans la relation corps-espace. Une autre approche est la gestion de l'espace-temps. L'objectif principal de la gestion de classe en maternelle est d'assurer une atmosphère, une ambiance favorable, propice à l'enseignement, et surtout à l'apprentissage. C'est l'une des raisons pour lesquelles

> « les maîtresses doivent être assez bonnes gestionnaires des espaces de la classe pour prévoir suffisamment de temps pour chaque contenu, ou suffisamment de contenu pour chaque période. Nous utilisons souvent des méthodes efficaces pour éviter les temps morts, c'est-à-dire les espaces temps pour lesquels rien n'a été planifié. Nous instaurons un système de transition bien réglé »[16].

Il y a lieu de mentionner que l'espace scolaire est un espace singulier, se démarquant assez nettement des autres espaces sociaux. On a pu parfois le qualifier de « sanctuaire », ou de « forteresse » qui protège ou isole du reste du monde. En tout état de cause, la singularité de l'espace scolaire est marquée par sa fonction première : être un lieu consacré à l'acquisition de tous les savoirs, de tous les savoir-faire et de tous les savoir-vivre, un espace explicitement dédié à l'enseignement/apprentissage. L'agencement de l'espace, la disposition du matériel, l'organisation de la circulation, tout cela est orienté par un projet pédagogico-didactique. La spécificité de l'école maternelle se traduit par une réflexion sur l'organisation de l'espace, aménagé en fonction des pratiques des maîtresses.

Conclusion

Le présent article avait pour objectif de questionner l'espace-classe dans les écoles maternelles en repensant la relation entre espace et enseignement/apprentissage du point de vue de sa gestion, de sa dynamique spatiale, de ses spécificités, de ses contraintes et des pratiques pédagogiques enseignantes. Nous sommes partis des connaissances du contexte des écoles maternelles d'une Inspection d'arrondissement de Maroua II pour poser un regard sur un sujet aussi primordial que celui de l'espace. Les résultats issus des différents échanges avec les maîtresses ayant participé à cette enquête ont montré que contrairement à ce que les gens pensent, la notion de l'espace dans le contexte scolaire reste une entité très dynamique. Bien que faisant partie du décor des classes, l'espace contribue véritablement à l'enseignement/apprentissage chez les tout-petits par ses spécificités, ses fonctions, ses contraintes ainsi que son utilisation par les maîtresses. L'espace apparaît également comme un vecteur facilitant une autre façon d'enseigner et d'apprendre à travers les interactions entre les maîtresses et les élèves. De ce fait, l'espace-classe tient une part importante dans des approches didactiques des maîtresses dans les écoles maternelles.

Par l'intermédiaire de cette étude, nous soutenons une vision assez distanciée en appui sur de nombreuses observations et valorisations d'aménagements de classes et d'écoles maternelles en Afrique en général, et au Cameroun, en particulier. À ce titre, la question des espaces au travers d'une approche essentiellement ciblée sur les classes maternelles et sur les maîtresses, a le mérite d'ouvrir à une réflexion plus approfondie sur les aménagements de classes. Notre réflexion a permis également de mettre en lumière une large gamme de considérations d'ordre diverses démontrant la nécessité pour les écoles maternelles de se

16

doter d'espaces d'enseignement/apprentissage adaptés. Cette recherche exploratoire met également en évidence le fait que dans la dynamique de l'espace vécu en classe, l'organisation matérielle ainsi que les choix de placement des élèves ne passent pas à l'arrière-plan lors les interactions en rapport avec les espaces dédiés aux tout-petits. Nous ouvrons des pistes vers des réflexions sur la conception de l'espace scolaire qui apparaît comme une entité très souvent ignorée dans l'univers scolaire, et qui est une panacée occidentale.

Au-delà des entretiens avec les maîtresses des écoles maternelles de l'inspection d'arrondissement de Maroua II sur le sujet en lien avec l'enseignement et l'apprentissage en milieu scolaire, cette question d'espaces de vie des élèves de la maternelle influe sur les pratiques pédagogiques des maîtresses. Ce sujet novateur suscite des réflexions plus fouillées qui seront étalées à d'autres pays africains. Il est donc assez légitime de penser qu'une approche plus concertée souscrirait à enrichir la réflexion concernant la construction et l'aménagement des espaces-classes dans les institutions scolaires.

Nos résultats sont à considérer avec plus ou moins de réserves, bien qu'apparaissant comme une plus-value à la recherche sur les « espaces ». La plupart des travaux portant sur l'espace scolaire dichotomisent la relation élèves-espace sans rendre compte de tout l'empan des relations enseignant-espace. Dans ce sens, pour mobiliser la notion d'espace particulier, il paraît nécessaire de considérer non seulement l'organisation spatiale et les interactions en classe, mais aussi les attentes de ceux qui interviennent au niveau de la préparation et du placement des élèves. C'est effectivement par le croisement de ces éléments que l'analyse de l'espace vécu en termes d'appropriation et d'incorporation dans la culture scolaire des tout-petits est plausible. Bien que revêtant une importance stratégique, la gestion de l'espace des salles de cours et des autres lieux de formation est toutefois trop souvent marquée par l'influence d'un modèle issu d'autres époques.

Notes

[1] L'Inspection d'Arrondissement de l'Éducation de Base de Maroua II est créée en 2006. Située dans le Département du Diamaré, cette circonscription couvre une superficie de 500 km² et est limitée : au Nord par l'Arrondissement du Mayo-Sava et Méri ; au Sud par l'Arrondissement de Maroua I ; à l'Est par l'Arrondissement de Maroua III ; et à l'ouest par l'Arrondissement de Maroua I et Méri. La population est estimée à 73000 habitants avec une densité d'environ 146 habitants au km². Elle est composée des peulh, guizigas, moufous, kanouri. Près de 28 052 enfants sont scolarisables et 24 948 sont scolarisés soit un taux de scolarisation de 89,75%. Pour ce qui est de la scolarisation des poches de résistance subsistent surtout dans les milieux peulhs, guizigas, moufous et kanouri où les enfants sont utilisés pour les tâches lucratives : vente des beignets, de « zoua-zoua » (carburant), pâturage des animaux, chasse, etc. L'on note également un taux de déperdition scolaire accentué par les mariages précoces, l'inexistence des actes de naissance et surtout le refus de certains parents de payer les frais d'examen et concours à leurs progénitures rendant ainsi à rude épreuve les efforts consentis par l'État.

[2] Dans la plupart des écoles maternelles de l'Inspection de Maroua II que nous avons visité dans le cadre de cette réflexion, il a été constaté que la notion d'espace-classe n'a pas une place importante dans les activités des maîtresses. Les espaces sont mal gérés et ne prêtent

pas à des innovations. À l'ère des TIC, nous avons des écoles maternelles qui disposent pas dédiés à ces pratiques dans les salles de classes.

[3]Aminata maîtresse à la petite section à l'école maternelle de Doualaré, entretien du 8 mars 2018 à Maroua

[4]Assiata, maîtresse en grande section à l'école maternelle de Lopéré, entretien du 14 mai 2018 à Maroua

[5]Cette taxonomie n'est pas exhaustive. Nous avons, lors de nos différentes rencontres avec les maîtresses des écoles maternelles, échangé sur la nature des espaces qui sont à notre avis très importants et qui doivent faire partie des échanges. Les échanges ont mis en exergue les spécificités des espaces ainsi que leurs multiples fonctions.

[6]Propos recueillis lors d'un *focus group* avec des maîtresses de petites et grandes sections des écoles maternelles de Gayak et de Dogba pendant un séminaire organisé par l'Inspection d'arrondissement de Maroua II à Maroua, le 12 mars 2018

[7]Généviève, maîtresse en petite section à l'école maternelle de Lowol Diga, entretien du 14 mai 2018 à Maroua

[8]Propos recueillis lors d'un *focus group* avec des maîtresses de petites et grandes sections des écoles maternelles de Gayak et de Dogba pendant un séminaire organisé par l'Inspection d'arrondissement de Maroua II à Maroua, le 12 mars 2018

[9]Jeanine, maîtresse en petite section à l'école maternelle de Doualaré, entretien du 14 mai 2018 à Maroua

[10]Propos recueillis pendant un *focus group* avec des maîtresses de petites et grandes sections des écoles maternelles de Gayak, Zokok et Doualaré lors d'une rencontre de concertation organisée par l'Inspection d'arrondissement de Maroua II à Maroua, le 22 mai 2018

[11]Il y a lieu de mentionner que l'espace-classe dans les écoles maternelles reflète les espaces au niveau des familles ou du contexte social dans lequel évoluent les tout-petits. Ces derniers s'y attachent véritablement quand ils sont en classe. Les maîtresses sont souvent dans l'obligation d'adapter certains espaces pour mieux répondre aux désidératas de leurs élèves.

[12]Propos recueillis lors de l'entretien du 14 mai 2018 à Maroua avec Mme Rose, maîtresse en grande section à l'école maternelle de Zokok

[13]*focus group* avec des maîtresses de petites et grandes sections des écoles maternelles de Gayak, Zokok et Doualaré lors des jeux scolaires d'arrondissement à Maroua, le 22 mai 2018

[14]*focus group* avec des maîtresses de petites et grandes sections des écoles maternelles de Gayak, Zokok et Doualaré lors des jeux scolaires d'arrondissement à Maroua, le 22 mai 2018

[15]*focus group* avec des maîtresses de petites et grandes sections des écoles maternelles de Gayak, Zokok et Doualaré lors des jeux scolaires d'arrondissement à Maroua, le 22 mai 2018

[16]Propos recueillis lors de l'entretien du 14 mai 2018 à Maroua avec quelques maîtresses en grande section à l'école maternelle de Founangué et Lopéré.

Bibliographie

Bastide, Isabelle, « Les espaces à l'école maternelle. Penser la classe différemment ». Communication à la Semaine de l'école maternelle, Ageem, 2016.

Blyth, Alastair, *Les espaces changeants des infrastructures universitaires*, dans « IMHE Info, Programme de l'OCDE sur la gestion des établissements d'enseignement supérieur Mai 2011 », OCDE, [En ligne], http://www.oecd.org/fr/sites/eduimhe/47887519.pdf (page consultée le 14 mai 2018).

Bossis, Jacques, Dumas, Cathérine, Liérato, Christine et Méjean Claudie, *Aménager les espaces pour mieux apprendre. À l'école de la bienveillance*, Paris, Retz, 2015.

Danic, Isabelle., David, Olivier et Depeau, Sandrine (dir.), *Enfants et jeunes. Dans les espaces du quotidien*, Presses universitaires de Rennes, coll Géographie sociale, 2010.

Lippincott, Joan, « Learning Spaces : Involving Faculty to Improve Pedagogy », *Educause Review, vol. 44, n° 2*, 2009, p. 16-25

Mamoudou, Hounga, *Learning Spaces*, dans « Educating the Net Generation », chapitre 5, Educause, http://www.educause.edu/research-and-publications/books/educating-net-generation, 2016 (page consultée le 12 juillet 2018).

Doorlcy, Scott ct Scott Witthoft, *Make Space. How to set the stage for Creative Collaboration*, John Wiley & Sons, Hoboken, 2012.

Drolet, Daniel, « Maximising classroom space », dans *University Affairs,* avril 2012. http://www.universityaffairs.ca/maximizing-classroom-space.aspx (page consultée le 8 mai 2018).

Fisher, Kenn, *Linking pedagogy and space*, Department of Education and Training, Victoria, 2005.

Gauty-Sinechal, M et M. Vandercammen, *Études de marché. Méthodes et outils*. Bruxelles : De Boeck université, 1998.

Giordan, André, Le décor, pimpant, donne envie d'apprendre. Apprendre! Belin: 1998.

Lefebvre, Henri, *The Production of Space*, Blackwell Publishing, Oxford, 1998.

Lehman, Frisch, « Géographies des enfants et des jeunes », *Les Carnets de géographes, n° 3*, pp. 23-24, 2011.

Lessard-Hébert et Boutin, Gerard, *Recherche qualitative : fondements et pratiques*. Montréal : Éditions Agence d'ARC INe. Mahwah, New Jersey and Londres: Lawrence Erlbaum Associates, 1990.

Ministère de l'Éducation de Base (MINEDUB) *Rapport sur l'éducation de base au Cameroun,* Yaoundé, MINEDUB, 2016.

Radcliffe, David, Hamilton Wilson, Derek Powell et Belinda Tibbetts, *Space. Learning Spaces in Higher Education: Positives Outcomes by Design*, The University of Queensland Brisbane, 2009.

Veyrunes, Philippe, « Dynamique de l'activité individuelle et collective en classe lors du passage dans les rangs », *Revue des sciences de l'éducation, 38*(1), pp. 187-208, 2012.

Wanlin, Philippe, La pensée des enseignants lors de la planification de leur enseignement. *Revue française de pédagogie*, n° *166,* 89-128, 2009.

Contexte exolingue et spécificités du discours en classe de fle en Algérie

Rabéa Benamar
Université de Tlemcen (Algérie)

Sarah Halimi-Abbaci
Université de Tlemcen (Algérie)

Résumé : *Pour enseigner/ apprendre le français langue étrangère en Algérie en contexte scolaire, l'espace privilégié est la classe de langue qui est considérée comme un 'espace social' (Cicurel, 2005) dans la mesure où s'y produisent des interactions qui sont particulières de par leur caractère institutionnel, mais aussi de par leur caractère asymétrique. Pour étudier notre corpus, notre choix s'est porté sur une approche ethnographique de la classe de langue (Cambra-Giné, 2003) qui mettra en évidence la spécificité du discours pédagogique en contexte exolingue. Dans notre contribution, nous montrerons comment cette communication est constitutive d'un espace spécifique. Nous verrons si le cadre interactif (Vion, 1992/2000) est bien marqué par le caractère didactique de la communication en classe de langue. En définitive, nous montrerons que le format interactionnel des débats dévoile bien la situation didactique exolingue avec l'émergence de phénomènes langagiers (tels que les demandes d'aide, la répétition, les achèvements, etc.). Notre démarche se veut être empirique, descriptive et inductive.*

Mots clés : *espace classe, communication exolingue, fle, discours pédagogique*

Toute communication se produit dans une situation donnée, à un moment donné et dans un lieu donné. Toute communication s'inscrit à la fois dans un environnement situationnel, socioculturel, politique, institutionnel, socioéconomique donné, mais dépend aussi des normes sociales qui régissent les relations interpersonnelles. Ces relations sont particulières, mais pourraient se voir modifier en fonction du contexte dans lequel la communication a lieu. Ainsi, toute communication peut donc se comprendre à partir du contexte dans lequel elle a lieu. Dans cet article, nous nous intéresserons en particulier aux discours de la classe dans un espace, dans un contexte particulier. Étant donné que *« toute recherche sur l'apprentissage des langues doit commencer par la prise en considération du contexte social et culturel »* (Cambra-Giné, 2003 : 51), nous ne pouvons, faire l'impasse du contexte. Notre objectif sera alors de déterminer dans quelle mesure le contexte influe sur le discours de l'enseignant et par voie de conséquence sur le processus de communication en classe de langue étrangère. Pour analyser notre corpus, nous nous appuierons sur divers travaux (cf.

entre autres Sinclair & Coulthard, 1975 ; Kerbrat-Orecchioni, 1990/1998, 1996 ; Moirand, 1982 ; Cicurel, 1985, 1990, 1994 ; Dabène, 1984 ; Porquier & Py, 2004 ; Cuq, 2003) afin de présenter les notions clés de notre étude tels que le contexte ou le discours. Notre corpus est composé de transcriptions de débats en classe de FLE au secondaire algérien. Notre analyse des interactions verbales en classe de langue mettra en évidence la spécificité du discours pédagogique en contexte exolingue.

1. Notion de contexte

Les définitions données à la notion de 'contexte' sont nombreuses. D'autres notions sont assimilées à ce terme comme les termes de situation ou d'environnement. Dans son acception didactique, l'environnement est

> [...] tout ce qui entoure un enseignement et un apprentissage, c'est-à-dire, par conséquent, de l'ensemble des conditions qui interviennent dans le déroulement de ceux-ci et exerce une influence sur eux (Cuq, 2003 : 85).

Cet environnement peut aussi bien être social (mondial ou local), scolaire que culturel. Pour J.-P. Cuq (2003), l'environnement scolaire correspond au contexte et particulièrement aux conditions dans lesquelles le processus de transmission a lieu (par exemple, apprendre une langue étrangère ou seconde, dans un pays francophone ou non, etc). Quant au terme de situation, cela peut dépendre de ce qu'on entend par situation ; en effet, ce peut être une situation d'apprentissage, une situation de classe ou de communication (cf. Cuq, 2003 : 222), etc. Néanmoins, dans notre cas, nous utiliserons la notion de contexte en ce sens qu'elle

> [...] élargit la problématique au-delà de l'espace didactique et pédagogique (la méthode, la séance ou séquence d'apprentissage, la relation enseignant-enseigné, la classe, l'institution éducative...) vers l'environnement sociolinguistique, culturel, social, voire économique et politique [...] (Blanchet & Asselah Rahal, 2008 : 12).

Dans sa théorie du modèle écologique du développement humain, Bronfenbrenner (1979, cité par Coste, 2006) distingue quatre niveaux de contexte qui sont posés comme des systèmes emboités, à l'image d'une poupée russe :

- un « microsystème » : ensemble d'activités, de rôles et de relations interpersonnelles ; c'est le milieu immédiat dans lequel l'individu a une participation active;

- un « mésosystème » : concerne la personne en développement et met en relation les microsystèmes entre eux, par le biais d'échanges (par exemple l'école en relation avec la maison ou la vie sociale) ;

- un « exosystème » : contexte dans lequel l'individu n'est pas impliqué, mais qui peut l'influencer de manière indirecte (par exemple le contexte social d'un apprenant pourrait influencer son rendement à l'école). Ainsi, l'influence de l'exosystème peut augmenter le développement de l'enfant.

- un « macrosystème » : englobe et exerce une influence sur les autres systèmes. Il fait référence à tout système de croyances ou d'idéologies (les coutumes, les normes, les institutions, les systèmes politiques, de santé, économique, d'éducation, d'un pays, etc. en font partie).

Ainsi, nous considérons la classe de langue comme un « microsystème » faisant partie d'un « mésosystème » en relation aussi avec « l'exosystème » et le « macrosystème ».

Le contexte est alors l'association de plusieurs facteurs (sociologiques, linguistiques, éducatifs, etc.) et rend mieux compte des rapports qu'entretiennent tous les éléments du macro et du micro contexte.

Dans le cas de l'appropriation d'une langue, Porquier & Py (2004) proposent une distinction entre le contexte macro et le contexte micro :

> le niveau macro comporte les déterminations sociales au sens le plus large, telles que : les politiques éducatives, les politiques linguistiques des pays concernés, les systèmes éducatifs eux-mêmes… le niveau micro correspond à des moments ou à des séquences de dimensions variables, mais comportant une unité de temps, de lieu et d'interaction (ibid, p. 59).

Ces deux niveaux peuvent être appliquées à notre étude : le niveau macro correspondrait aux dimensions sociales (la dimension géo-politique, historique de la langue, le statut de cette langue, etc.) et le niveau micro, qui serait l'espace de la classe de langue et l'interaction qui s'y déroule. Nous nous proposons donc de mettre en lumière le fonctionnement du discours des interactants en classe de fle en Algérie en nous intéressant à la relation entre la spécificité du discours en classe de langue et le contexte qui ne se réduit pas

> […] au décor et aux circonstances physiques de l'échange verbal, mais pouvant aller jusqu'à inclure des éléments tenant aux statuts et rôles respectifs des interactants […] (Coste, 2006 : 18).

Par conséquent, la notion de 'contexte' est indispensable afin de décrire une situation de pratiques communicatives en classe de langue. À cet effet, le modèle SPEAKING de D. Hymes[1] nous est très utile, car il tient compte des aspects à considérer pour rendre compte de la communication et nous permet de caractériser les interactions examinées ici même. En effet, les critères de classification étant liés au contexte, aux participants, aux buts, etc., nous pouvons aisément situer l'interaction à l'étude à savoir une interaction didactique. En effet, le 'setting' est le cadre spatio-temporel dans lequel se déroule une interaction. Dans notre cas, le cadre spatial est la classe de langue[2] et le cadre temporel, l'heure de cours de français langue étrangère. Les participants concernés par notre étude sont un enseignant et des élèves de terminale qui sont réunis dans un but précis : l'enseignement/apprentissage d'une langue. Dans ce cadre didactique, nous retenons l'idée de contexte comme étant *« l'ensemble structuré des traits d'une situation sociale qui peuvent être pertinents pour la production et l'interprétation d'un évènement communicatif et du discours produit »* (Cambra-Giné, 2003 : 52). De ce fait, les caractéristiques contextuelles (comme le profil des apprenants, leur âge, le milieu endolingue ou exolingue, etc.) ont un lien avec l'activité d'enseignement de la langue ; d'où notre hypothèse de recherche à savoir que le contexte influence le discours en classe de langue.

---

1. En effet, pour analyser des situations didactiques, la notion de contexte est essentielle. En ce sens, le modèle de D. Hymes a maintes fois servi de cadre pour l'analyse des situations d'enseignement/apprentissage des langues.

2. Qui est un lieu institutionnellement consacré à l'apprentissage (Bange, 1996) dans la mesure où les apprenants concernés par notre étude ne parlent quasiment pas la langue en dehors de la classe.

1.1 Contexte algérien

La connaissance du contexte dans lequel la langue française est enseignée et apprise est un préalable afin de saisir son impact sur la communication en classe. Cette contextualisation est primordiale pour analyser la communication, mais aussi pour saisir les spécificités du discours en classe de français en Algérie. L'Algérie présente un contexte sociolinguistique assez particulier parce que nous nous trouvons dans une situation où plusieurs langues sont présentes : l'arabe classique ; le dialecte, le berbère, le français. C'est un contexte plurilingue dans lequel la langue française est historiquement la langue de la puissance coloniale. Toutefois, même si elle est considérée comme 'résidu de la domination coloniale', elle est tout de même vue comme une langue de promotion sociale et d'ouverture sur le monde. Elle est aussi largement répandue à plusieurs niveaux (presse, administration, secteur économique[3], etc.). Pourtant, les textes officiels (cf. charte nationale 1974) lui attribuent le statut de langue étrangère au même titre que la langue anglaise ou espagnole.

1.2. Contexte d'enseignement

La description du contexte d'enseignement/apprentissage est importante pour comprendre l'environnement dans lequel le discours pédagogique prend forme. Nous considérons que le contexte scolaire renvoie au cadre socioinstitutionnel (enseignement secondaire, institution bilingue (Porquier & Py (2004 : 50). Nous concevons, et ceci à travers l'examen du contexte algérien, que l'enseignement/apprentissage du FLE en Algérie se déroule dans un contexte particulier (historique, sociolinguistique, etc.). C'est probablement l'une des raisons de son caractère quelque peu ambigu. L'apprentissage du français se fait principalement en classe de langue où le français est une langue étrangère de la troisième année primaire jusqu'en terminale ; puis devient langue d'enseignement dès l'université où le français domine dans les matières scientifiques et techniques.

La particularité de l'enseignement d'une langue étrangère est que la langue est prise à la fois comme objet et moyen d'étude (Cicurel, 1985). Ce qui fait que la classe de langue possède ses propres caractéristiques, ses propres lois de fonctionnement. Pour transmettre la langue, l'enseignant peut avoir recours à des stratégies de simplification, de clarification du sens, etc. De nombreuses études se sont intéressées aux mécanismes et aux règles de communication en classe[4] qui « *est le lieu par excellence de toutes les interventions pédagogiques et l'espace de la co-construction du savoir* » (Cuq, 2003 : 42). Le français langue étrangère est une situation d'enseignement/apprentissage « [...] où l'objectif est l'appropriation d'une compétence de communication exolingue : les apprenants doivent être capables de communiquer en français avec des natifs, en surmontant l'asymétrie et la divergence entre les codes respectifs des participants au moyen de stratégies appropriées (négociation, ajustement, cogestion métalangagière et discursive (Porquier, 1994 » (Rosen & Reinhardt, 2002 : 164). De ce fait, la classe de langue peut être considérée comme étant un milieu exolingue (comme c'est le

---

3. Malgré la politique d'arabisation qui visait à exclure la pratique du français dans l'administration, les secteurs socio-économiques, etc. (cf. loi n° 91-05 du 16 janvier 1991 portant généralisation de la langue arabe).

4. Cf .entre autres Cicurel, 1985, Kramsch, 1991, etc.

cas dans notre étude) et un lieu où « *[…] les évènements communicationnels sont institutionnalisés, ce qui signifie qu'ils présentent les caractéristiques d'un rituel et sont perçus et définis comme tels par les participants* » (Palotti, 2002). Autrement dit, la classe de langue est considérée comme un lieu d'interaction asymétrique (différence de rôle, de statut, prédéfinis par l'institution), finalisée (orientée vers un objectif), planifiée (préparation préalable de l'interaction) et ritualisée. En somme, une communication purement didactique (Weiss, 1984, 2001) prévaut. Ce qui implique alors que l'enseignant détient un certain pouvoir sur l'apprenant et que la relation hiérarchique installée en classe de langue peut avoir un effet sur la communication et peut en déterminer le cadre interactif (Vion, 1992/2000).

1.3. Contexte exolingue

En didactique des langues, L. Dabène (1990) a tout d'abord[5] parlé de milieu endolingue vs exolingue. Une classe de langue en milieu exolingue est une classe de langue où l'on apprend une langue différente de celle parlée en dehors de la classe. La notion de communication exolingue est apparue à la suite de travaux en recherche acquisitionnelle et en ethnographie de la communication. Des chercheurs (cf. Alber & Py, 1986) ont proposé un nouveau schéma de la communication qui

> consiste à placer des interactions-types dans un espace divisé par un système d'axes délimitant quatre quadrants. Les axes constituent des continuums à deux pôles, le premier appelé unilingue-bilingue et le second endolingue-exolingue (Matthey, 2005 : 141).

C'est le second pôle qui nous intéresse ici en nous rapprochant essentiellement du pôle exolingue. On attribue à Porquier (1979) l'expression de 'communication exolingue' c'est-à-dire une communication entre individus ne disposant pas d'une langue 1 commune. En effet, l'objet de notre étude concerne l'interaction exolingue qualifiée par certains auteurs (cf. entre autres Porquier, 1984 ; BANGE, 1992) comme, d'une part, intervenant entre au moins un locuteur natif et un locuteur non natif et, d'autre part, comme étant une asymétrie entre les répertoires ou les compétences des participants. Les auteurs mettent l'accent sur la dissymétrie dans les compétences linguistiques des participants. C'est un type de communication qui peut à la fois créer des problèmes, mais aussi favoriser la mise en œuvre de stratégies particulières pour remédier aux problèmes d'inégalité linguistique. Ainsi, la communication se trouve très fragilisée dans la mesure où les interactants risquent de se heurter à des difficultés (par exemple les lacunes grammaticales, syntaxiques, les inachèvements, les malentendus, etc.). Par conséquent, la communication engendre des phénomènes repérables dans le discours des interactants comme des stratégies de facilitation (cf. Alber & Py, 1986), des stratégies de substitution (Bange, 1992), des reformulations paraphrastiques (Gülich & Kotschi, 1983), etc.

---

5. Ensuite, L. Dabène (1994) a préféré la distinction homoglotte-alloglotte.

En contexte exolingue et en contexte scolaire, l'enseignant est pratiquement le seul modèle de référence de l'apprenant. De ce fait, il doit assumer différentes fonctions (cf. Dabène, 1984) :

- fonction de vecteur d'information : il transmet les connaissances ;

- fonction de meneur de jeu : c'est lui qui gère les échanges verbaux, les tours de parole en classe ;

- fonction d'évaluateur : l'enseignant accepte ou non les productions des apprenants par rapport à la norme qu'il est supposé représenter. Cette fonction de l'enseignant est exercée à tout moment en classe de langue.

La spécificité de ce contexte demeure dans la conduite tutélaire de l'enseignant qui, de par son statut, exerce une double responsabilité : il exerce une tutelle pour communiquer et une tutelle pour apprendre (Bigot, 2002).

1. 4. Contexte et discours

La relation entre la classe de langue et les formes de communication qui pourraient s'y produire nous amène à nous interroger sur la notion de discours. Mais quel est le type de discours qui nous intéresse en particulier ? Pour qualifier les types de discours en classe, F. Weiss (1984), distingue quatre types de communication en classe à savoir : la communication didactique, la communication imitée, la communication simulée et la communication authentique. Quant à F. Cicurel (1985), elle propose le discours métalinguistique, le discours simulé et le discours spontané. Le discours pédagogique se caractérise par des procédés visant l'acquisition le renforcement de la langue à apprendre. Il s'agit pour l'enseignant de « *[…] maximiser les processus acquisitionnels de l'apprenant* » (Bange, 1992 : 69). Par conséquent, dans ce contexte didactique, l'enseignant produit un discours spécifique. Ce discours est façonné par le contexte, les participants, le cadre participatif, les rôles de chacun, etc. ; un discours dont la structure est prévisible. En effet, l'analyse du discours de la classe de langue a montré que les échanges pédagogiques se construisent autour du schéma suivant 'initiative-réponse-évaluation' (IRE[6]). De ce fait, l'interaction didactique demeure cet 'espace didactique', ce contexte d'échanges où la relation enseignant/apprenant reste foncièrement asymétrique.

2. Méthodologie

Pour étudier notre corpus, notre choix s'est porté sur une approche ethnographique de la classe de langue dans la mesure où elle prend en compte le contexte et appréhende la classe comme un lieu d'interaction sociale (Cambra-Giné, 2003). Pour recueillir des données dans une perspective ethnographique, l'observation, l'enregistrement et la transcription sont donc un procédé essentiel. Nos données ont été recueillies dans des classes de terminale d'un lycée de Tlemcen (Algérie). Si nous avons fait le choix de l'activité du débat, c'est pour

---

6. Schéma décrit par Sinclair & Coulthard, 1975.

montrer que dans cette catégorie d'interaction[7], qui devrait se dérouler de manière très informelle, c'est le discours pédagogique qui prime. Rappelons ici que nous entendons par discours pédagogique, un discours

> [...] caractérisé par la mise en œuvre d'opérations énonciatives et discursives constantes et repérables dans les différentes réalisations des discours professoraux et qui font que ces discours sont produits et reconnus comme tels (Bouacha, 1981).

Les deux débats ont été filmés et transcrits intégralement. Pour transcrire notre corpus, nous avons suivi le mode de transcription orthographique (en particulier celui de R. Vion, 1992/2000). Nous présentons ici les conventions utilisées pour la transcription de notre corpus :

- / interruption d'un énoncé par l'intervention d'un autre
- + pauses courtes
- ++ pauses moyennes
- +++pauses longues
- ' intonation montante
- X, XX, XXX   mot inaudible ; le nombre de x est proportionnel au nombre
- de syllabes.
- <............. ?> énoncé inaudible ou incompréhensible
- Oui :   allongement vocalique
- Oui :   le nombre de : est proportionnel à la longueur de l'allongement
- Parce qu'il y a UN   accentuation d'un mot ou d'une syllabe
- Ça commence à
- elle se réveille   chevauchement

L'analyse conversationnelle de notre corpus vise à décrire le discours de la classe de langue. Cela qui nous permettra non seulement de comprendre l'organisation du discours oral en classe de langue, mais aussi de montrer comment la communication reflète bien le contexte dans lequel les interactants se trouvent. En effet, nous verrons si le cadre interactif (Vion, 1992/2000) est bien marqué par le caractère didactique de la communication en classe de langue. Ainsi, nous mettrons en évidence, tout d'abord, la place des participants qui rappelle leur statut d'enseignant et d'apprenant (pour analyser ce rapport de places, nous utiliserons la notion de taxèmes[8] (Kerbrat-Orecchioni, 1987) ; ensuite nous montrerons que le format interactionnel des débats dévoile bien la situation didactique exolingue avec l'émergence de phénomènes langagiers (tels que les demandes d'aide, la répétition, les achèvements, etc.).

---

7. qui a une finalité externe (VION, 1990/1992).

8. Les taxèmes sont des signaux de nature verbale ou non. Certains visent à réduire la relation inégalitaire (le tutoiement, par exemple) ; d'autres indiquent la position haute (comme, dans notre cas, l'interruption ou la correction de l'enseignant).

Notre démarche se veut être empirique, descriptive et inductive, car « elle part des données en cherchant à identifier des comportements interactionnels récurrents, pour en proposer des catégorisations ct formuler des généralisations » (Traverso, 1999 : 22).

3. Analyse des données

Dans notre corpus, plusieurs traces montrent cette relation asymétrique dans laquelle enseignant et élèves se trouvent 'positionnés' (Kerbrat-Orecchioni, 1987 : 319) différemment. Ces nombreux procédés sont caractéristiques de la communication didactique :

3.1. Supériorité langagière de l'enseignant :

Les premiers exemples étudiés renvoient aux séquences d'ouverture des débats dans lesquelles nous avons noté la supériorité langagière de l'enseignant.

Selon P. Bange (1992), le fait que l'ouverture et la clôture ne soient pas négociées, mais imposées (ici) par l'enseignant est spécifique de l'interaction didactique. Les extraits 1 et 2 montrent que c'est lui seul qui ouvre les débats.

Exemple 1[9] :

D1 – TP001 – P : c'est un thème d'ordre général et qui euh tout le monde est touché personnellement euh c'est une culture personnelle euh et cette culture personnelle est ce que elle est favorisée par : euh par le fait que ces dernières années il y a eu l'apparition de plusieurs chaines de télévision le fait de zapper d'une euh de surfer alors zapper c'est : : euh té : :

TP002 - E0 : télévision

Dans l'exemple ci-dessus, c'est l'enseignant qui initie le thème du débat. Il termine son tour de parole par une demande d'achèvement interactif. Nous avons relevé dans notre corpus d'autres types d'énoncés inachevés (dont nous verrons des exemples plus loin) comme lorsque l'enseignant donne des amorces de phrases que les élèves doivent compléter ; ce qui n'est pas sans rappeler le phénomène de coénonciation[10].

L'exemple 2 montre (tout comme dans l'exemple 1) l'emprise de l'enseignant sur la gestion du thème du débat ; ce qui lui confère une position haute. C'est uniquement lui qui ouvre les débats.

Exemple 2 :

D2 – TP001 – P : si aujourd'hui on parle de pollution euh : : c'est le problème international c'est : : celui de la pollution le PHEnomène de la pollution augmente le problème QUI DErange QUI menace l'homme ++ bien sur la planète toute entière est concernée alors si

---

9. La lettre D correspond à débat et le numéro (ici 1) correspond au premier débat. Le P correspond à l'enseignant. Le E correspond à un élève et le numéro correspond à la place de cet élève dans l'espace de la classe. Dans le cas de cet exemple, nous avons E0 qui correspond à plusieurs élèves (ou le groupe classe) qui prennent la parole en même temps.

10. qui est « […] un évènement langagier que l'on dira, dans une définition schématique, être constitué de deux tours de parole dont le second est la continuation syntaxique du premier » (Jeanneret, 2001 :81).

on dit lala pollution ce qui évidemment X directement c'est les types de : : pollution Alors quels sont les types de pollution' ++ oui (en montrant E14 du doigt)

TP002 - E14 : la pollution de la terre + la pollution de la mer et la pollution de l'air

Après avoir donc présenté le thème du débat, l'enseignant pose une question fermée qui appelle une réponse précise et souvent réduite. Néanmoins et suite au silence des élèves, il se voit dans l'obligation de désigner un élève en particulier (E14).

3.2. Interruptions de l'enseignant :

Les extraits suivants montrent des cas d'interruption qui ont lieu selon Kerbrat-Orecchioni[11] (1990/1998) *« chaque fois qu'un L2 prend la parole alors que L1 n'a pas fini son tour, on dira que L2 'interrompt' L1 »* (ibid, p.173).

L'exemple ci-dessous présente le cas où l'enseignant interrompt E6 alors que ce dernier n'a visiblement pas terminé son énoncé. Cette interruption n'est ni coopérative, ni légitimée (Kerbrat-Orecchioni, 1990/1998) par le comportement de l'élève.

Exemple 3 :

D1 – TP134 – E6 : le euh l'enfant va être distrait par : euh par la télévision et/

TP135 – P : et ça va l'occuper oui très bien ++ quoi d'autre'

Toujours dans l'exemple 3, l'enseignant termine donc l'énoncé d'E6, clot l'échange (oui très bien) et incite les élèves à prendre la parole (quoi d'autre').

Exemple 4 :

D1 – TP284 – E1 : oui pour améliorer la le le : /

TP285 – P : la situation

TP286 – E1 : la situation et euh comment dire euh (sourire)

Dans l'exemple 4, l'hésitation d'E1 est interprétée par l'enseignant comme un signe de 'panne' (PY, 1995). Il coupe donc la parole à E1 qui vraisemblablement n'a pas trouvé le genre du mot 'situation'(TP284). L'enseignant prend alors la place énonciative (Vion, 1999/2000). Nous avons en même temps un exemple d'achèvement interactif.

En contexte exolingue, l'interruption reste un atout de celui qui occupe la position haute.

3.3. Questions de l'enseignant :

Le discours de la classe est chargé d'injonctions (Cicurel, 2002). L'exemple ci-dessous est intéressant puisqu'il se caractérise par un 'dire de faire' (Cicurel, 1994). L'enseignant demande aux élèves de donner des exemples.

---

11. Cette auteure distingue plusieurs types d'interruptions : les interruptions à fonction positive d'entraide : lorsque L2 porte secours à L1 ; les interruptions simplement coopératives : lorsque L2 manifeste son accord à L1 ; les interruptions non coopératives mais 'offensantes' pour L1 ; les interruptions ni coopératives, ni légitimées par le comportement de L1.

Exemple 5 :

D2 – TP361 – P   : dans les pays sous développés bien +++ donnez-moi un exemple

Dans un autre exemple, il pose encore des questions, mais face au mutisme des élèves, il se voit dans l'obligation de reformuler. L'adverbe 'alors' montre que l'enseignant attend que les élèves se manifestent.

Exemple 6 :

D1 – TP285 – P : Deséquilibrer très bien et ce déséquilibre + il est perceptible en quoi' ++ lorsqu'il y a le réchauffement euh beaucoup euh beaucoup de chaleur de chaleur beaucoup de température + la température moyenne ayant augmenté de presque trois degrés quelles sont les conséquences +++ beaucoup de chaleur euh beaucoup de température élevée ++ alors'

Le questionnement est une caractéristique du discours pédagogique.

3.4. Répétitions/Reformulations de l'enseignant :

Le recours à la répétition et à la reformulation est courant en classe de langue (Cicurel, 1994). La répétition peut avoir diverses fonctions :

* Par la répétition, l'enseignant valide la réponse des élèves (hétéro-répétitions)

Exemple 7 :

D1 – TP012 – E2 : ouvert

    TP013 – P   : bien OUVERT sur :

    TP014 – E3 : le monde

    TP015 – P : sur le monde euh c'et que nous avons le monde le monde'

L'exemple 7 montre donc que cette 'acceptation indirecte' (Dabène, 1984) signifie l'acceptabilité des énoncés des élèves.

* Par la répétition, l'enseignant corrige la réponse des élèves (reprises réparatrices)

Exemple 8 :

D2 – TP286 – E14 : les quatre saisons ne seront pas enchaînées

    TP287 – P   : NE seront pas enchaînées c'est-à-dire les unes après les autres.

L'exemple 8 montre à la fois une répétition et une reformulation afin d'expliquer le mot 'enchaînées'. E14 a omis la négation.

Exemple 9 :

D2 – TP302 – E6 : je vous l'ai déjà dit il faut faire euh des règles de nouvelles règles

    TP303 – P   : DE NOUvelles de nouvelles règles

    TP304 – E6 : de nouvelles règles XX il faut prendre le problème en main il faut régler

Une reprise réparatrice de la part de l'enseignant afin de montrer l'erreur à E6 qui, lui-même, répète après l'enseignant.

Ces répétitions sont le reflet d'une communication spécifique ayant comme but la transmission. Dans un contexte d'enseignement/apprentissage, il est fréquent que l'apprenant soit corrigé par l'enseignant ; le premier se trouvant ainsi dans une position 'd'apprenant' et le second dans la position 'd'expert'. La correction vise généralement la focalisation sur la forme langagière. La correction montre la finalité de l'interaction[12] qui montre l'inégalité de la relation enseignant/apprenant. Ainsi, en contexte exolingue, on parle alors de 'bifocalisation' (Bange, 1992) dans la mesure où les apprenants se focalisent et sur le code et sur le sens.

3.5. Achèvement interactif :

C'est le cas lorsque l'enseignant donne le début de l'énoncé avec un ton montant qui invite les élèves à poursuivre cet énoncé. Selon Gülich (1986), on parle d'achèvement interactif lorsque, suite à l'énoncé inachevé d'un locuteur non natif, un locuteur natif intervient pour achever les propos du locuteur non natif qui complète l'énoncé ; c'est une situation qui peut arriver en contexte naturel. Ce pourrait donc se traduire en classe de langue selon le schéma suivant : - l'énoncé inachevé d'un élève (suite à une difficulté, par exemple) – l'énoncé de l'enseignant qui donne la formulation manquante – l'énoncé repris par l'élève[13].

Ce pourrait être aussi, comme dans l'exemple ci-dessous le cas lorsque l'enseignant s'interrompt volontairement pour laisser les élèves terminer son énoncé.

Exemple 10 :

D1 – TP043 – P : alors on dit masse en parrallèle qu'est ce qu'il y à ++ on a dit majorité et et :

TP044 – E0 : minorité

Les élèves complètent le tour de parole de l'enseignant[14]. Par conséquent, les deux tours de parole pourraient ne former qu'un seul et même tour de parole.

Pour conclure, nous dirons qu'en contexte exolingue, l'enjeu de l'enseignement/apprentissage du fle est de permettre aux apprenants la pratique du français en classe afin d'améliorer leurs compétences langagières. Il est alors fondamental de prendre en compte ce contexte. Notre analyse contextualisée des interactions en classe de FLE en Algérie nous a permis de démontrer le caractère purement didactique de ces interactions en essayant de mettre en évidence certaines spécificités. Dans un tel contexte, apparaissent l'inégalité de la relation entre les participants, mais aussi l'utilisation de phénomènes langagiers propres à la situation exolingue. L'enseignant joue pleinement son rôle d'enseignant (au sens classique du terme) et remplit les fonctions classiques attribuées à l'enseignant à savoir le distributeur

---

12. Une finalité externe (Bigot, 1996) où les locuteurs se trouvent dans des positions asymétriques.

13. Il y a donc là une offre de l'enseignant qui apporte de l'aide à l'élève. De ce fait, nous pouvons rapprocher ce phénomène à celui d'étayage (Bruner, 1983).

14. André-Larochebouvy (1984) parle de complétion.

des tours de parole, la conduite des débats, des échanges, l'évaluateur, etc. La structure des débats est basée principalement sur les questions de l'enseignant et les réponses des élèves. L'enseignant s'approprie l'espace discursif. Les interactions sont fondées sur la base de rituels qui caractérisent le cours de langue. Le format interactionnel de la classe de langue est donc bel et bien conditionné par le contexte dans lequel se trouvent les interactants. Par conséquent, l'enseignement du français en Algérie doit prendre en compte la (les) spécificité(s) du (des) contexte(s) et penser les situations d'enseignement/apprentissage sans les dissocier de leur environnement.

Bibliographie

Alber Jean Luc & Py Bernard, « *Vers un modèle exolingue de la communication interculturelle* » in Études de linguistique Appliquée, 1986, n° 61, pp. 78-90.

Bange Pierre, « À propos de la communication et de l'apprentissage de L2 (notamment dans ses formes institutionnelles) » AILE, 1992, vol. 1, p.53-85.

Bange Pierre, « *Considérations sur le rôle de l'interaction dans l'acquisition d'une langue étrangère* » in Les Carnets du Cediscor, n° 4, Presses Sorbonne Nouvelle, 1996, p. 189-202.

Bigot Violaine, « Les comportements tutélaires des enseignants : réflexion sur la mise en discours des activités cognitives des apprenants » in Francine Cicurel & Daniel Véronique (coord.), Presses Sorbonne Nouvelle, 2002, p. 67-86.

Blanchet Philippe & Asselah Rahal Safia, «*Pourquoi s'interroger sur les contextes en didactique des langues ?*», in Blanchet Ph. & alii (Dir), Perspectives pour une didactique des langues contextualisée, Paris, Éditions des archives contemporaines, 2008, p. 9-16.

Bouacha Ali, « *'Alors' dans le discours pédagogique : épiphénomène ou trace d'opérations discursives ?* » in Langue française n° 50, vol. 50. Argumentation et énonciation. 1981, p. 39-52.

Cambra-Giné Margarida, *Une approche ethnographique de la classe de langue*, Paris, Hachette, coll. LAL, 2003.

Cicurel Francine, Parole sur parole ou le métalangage en classe de langue, Paris, CLE International, 1985.

Cicurel Francine, « *Éléments d'un rituel communicatif dans les situations d'enseignement* » in Variations et rituels en classe de langue, Louise Dabène & al., Paris, Credif-Hatier, 1990, p. 22-54.

Cicurel Francine, « *Marques et traces de la position de l'autre dans les discours d'enseignement des langues* » in Les Carnets du Cediscor, n° 2, Presses Sorbonne Nouvelle, 1994, p. 93-104.

Cicurel Francine, « La classe de langue, un lieu ordinaire, une interaction complexe », AILE n° 16, 2002, p. 145-163.

Cicurel Francine, *Le métalangage en classe de langue*, Paris, Hachette, 2005.

Coste Daniel, *« Pluralité des langues, Diversité des contextes : quels enjeux pour le français ? »* in V. Castellotti & H. Chalabi (Dir.) Le français langue étrangère et seconde. Des paysages didactiques en contexte. L'Harmattan, Paris. 2006, p. 11-25.

Cuq Jean-Pierre, Dictionnaire de didactique du français langue étrangère et seconde, Paris, CLE International, 2003.

Cuq Jean-Pierre, Temps, espace et savoirs en didactique du FLE, 2014, http ://ler.letras. up.pt/uploads/ficheiros/13050.pdf

Dabène Louise, *« Communication et métacommunication dans la classe de langue étrangère »* in Robert Bouchard (éd.) Les échanges langagiers en classe de langue, Grenoble, ELLUG, 1984, p.129-138.

Dabène Louise « *Diversité des situations d'enseignement-apprentissage d'une langue étrangère* » in Louise Dabène & alii. (ed.), Paris, LAL Crédif-Hatier, 1990, p 6-21.

Gulich Elisabeth & Kotschi Thomas, « Les marqueurs de reformulation paraphrastique » in Cahiers de linguistique française, n°5, 1983, p. 305-351.

Kerbrat-Orecchioni Catherine, Les interactions verbales. Approche interactionnelle et structure des conversations, Tome 1, Paris, Armand Colin, 1990/1998.

Kerbrat-Orecchioni Catherine, « *Nouvelle communication et analyse conversationnelle* » in Langue française n° 70, 1996, p. 7-25.

Matthey Marinette, *« Plurilinguisme, compétences partielles et éveil aux langues. De la sociolinguistique à la didactique des langues »* in J.-P. Bronckart, E. Bulea & M. Pouliot (éds.) Repenser l'enseignement des langues : comment identifier et exploiter les compétences ? Presses Universitaires du Septentrion. Éducation et didactiques, 2005, p. 139-159.

Moirand Sophie, Enseigner à communiquer en langue étrangère, Paris, Hachette, 1982.

Pallotti Gabriele, La classe dans une perspective écologique de l'acquisition, AILE n° 16, 2002, http ://aile.revues.org/document1395.html

Porquier Rémy, *« Stratégies de communication en langue non maternelle »* Travaux du Centre de recherches sémiologiques, n° 33, Université de Neuchâtel, 1979, p. 39-52.

Porquier Rémy, « *Communication exolingue et apprentissage des langues* » in Bernard Py (Dir.) Acquisition d'une langue étrangère III, Université de Vincennes, 1984, p. 17-47.

Porquier Rémi & Py Bernard, Apprentissage d'une langue étrangère : contexte et discours. Paris : Didier-Collection, Credif/Essai, 2004.

Rosen Evelyne & Reinhardt Claus, « *Conditions contractuelles de l'appropriation en classes de L1 et L2*» in F. Cicurel & D. Véronique (cood.) Discours, action et appropriation des langues. Presses Sorbonne Nouvelle, 2002, p. 163-178.

Traverso Véronique, L'analyse des conversations, Paris, éditions Nathan, 1999.

Vion Robert, la communication verbale. Analyse des interactions, Paris, Hachette Supérieur, 1992/2000.

Weiss François, « Types de communication et activités communicatives en classe » in Le français dans le monde, n° 183, 1984, p. 47-51.

Weiss François, *« De l'exercice scolaire à la créativité »* Actes colloque 29 et 30 septembre 2001, université de Saint Étienne, p.109-124.

Analyse lexico-sémantique de la représentation spatiale à des fins didactiques dans L'empire du mensonge de Aminata Sow FALL.

Dr. Ibrahima Mamour NDIAYE
Université Assane Seck de Ziguinchor (SÉNÉGAL)

Résumé : *L'objectif visé dans cet article est l'analyse lexico-sémantique des représentations spatiales à des fins didactiques dans une œuvre littéraire dont l'écriture est fortement ancrée dans le terroir de son auteur. Cet ancrage est suggéré par l'usage des termes qui traduisent la localisation. À côté du français, on peut facilement déceler des similitudes morphosyntaxiques avec la langue maternelle de l'auteure le wolof. On ne s'intéressera pas l'étude sociolinguistique ou ethnologique de l'espace, mais il faut tout de suite préciser que cette étude se veut descriptive. Il s'agira surtout de voir en quoi les propriétés syntaxiques des locatifs prépositionnels et adverbiaux participent à l'élaboration des champs lexicaux et sémantiques de l'espace. Cet article s'intéressera essentiellement au lexique qui traduit la localisation, la localité, le lieu en tant que cadre imaginaire. On admettra aussi que l'expression linguistique des connaissances spatiales assure la maîtrise de l'environnement chez les locuteurs de langue française.*

Mots-clés : *espace, lexique, sémantique, localisation.*

Introduction

Cet article traitera de la représentation spatiale à des fins didactiques dans le dernier roman de Aminata Sow FALL intitulé *L'empire du mensonge* publié en 2017. À la différence d'une étude « *littéraire* » qui s'intéresse à la représentation symbolique de l'univers déterminant la vie des protagonistes, nous allons mettre l'accent sur l'analyse lexico-sémantique. Autrement dit, il s'agira d'étudier les champs lexicaux et sémantiques qui aident à représenter le *lieu*, la *localité*, la *localisation*, l'*espace* dans ce monde fictif en vue de mieux comprendre la valeur des outils pertinents du langage. Pour ce faire, l'analyse s'appuiera fortement sur la syntaxe (ordre, arrangement, disposition des mots dans la phrase). Parlant de l'espace, nous nous inspirerons des travaux de Jackendoff (1991, 1996), Herskovits (1986, 1997), Vandeloise (1986, 1992, 1999) et Talmy (2000), qui portent sur la cognition de l'espace et sur la sémantique des prépositions spatiales. Nous y parlerons aussi des travaux de Levinson (1996a, 1997, 2003), qui abordent le phénomène des variations dans la représentation de l'espace, variations qui ont leur source, selon cet auteur, dans les différences entre les systèmes linguistiques. À titre d'exemple, nous tenterons de mettre l'accent sur l'expression du *lieu* tant du point de vue de la représentation lexicale que mentale. En dehors de l'usage des mots lexicaux qui traduisent de façon explicite la localisation, nous reconnaissons d'emblée que les mots- grammaticaux occupent une place capitale dans cette œuvre.

Tout ceci contribuera, sans doute, à mieux appréhender la *valeur énonciative* des embrayeurs et des déictiques dans le système énonciatif de l'œuvre. La représentation de l'espace en linguistique est fortement liée à la direction. Nous explorerons les relations entre les propriétés lexicales des mots-outils (*adverbes, conjonctions, locutions conjonctives, prépositions, locutions prépositives, etc.*) dits de localisation et leur emploi dans la construction syntaxique directe ou indirecte. Il s'agit plus précisément d'une étude des éléments susceptibles d'exprimer un « *événement de localisation* ». La question de l'articulation entre transitivité syntaxique et transitivité sémantique, qui nous intéresse tout particulièrement, sera abordée à partir de la problématique suivante : l'expression de l'espace par une construction directe n'est pas, en français, le cas le plus usité. Ces connaissances concernent notamment la localisation et la direction. Il s'est agi d'en faire une description à partir de son emploi dans un cadre limité de l'espace romanesque.

Ainsi pour réduire l'ambiguïté de l'emploi lexico-sémantique de la représentation spatiale à des fins didactiques dans la langue française, l'analyse se veut descriptive. Quels rôles jouent les mots-outils dans la construction syntaxique de l'espace ? Peut-on envisager d'expliciter les fonctions métalinguistiques de l'espace en s'appuyant sur la trame romanesque ? Pour mener à bien le travail, nous tenterons d'abord d'élucider le concept « *espace* » ; ensuite, cerner sa valeur lexico-sémantique ; enfin étudier les procédés discursifs et argumentatifs de ladite expression dans notre corpus.

1. L'espace chez les linguistes, c'est quoi au juste ?

Évoquant la question du sens et de la signification des mots, Maurice GREVISSE affirmait dans *Le Bon usage* : « un mot n'est pas la réalité qu'il désigne, mais la représentation mentale que l'on se fait de cette réalité, elle-même appelée référent par les linguistes ». (Grevisse : 1993 : 210). La plupart d'entre eux sont polysémiques. De fait, il convient d'emblée de préciser que le concept « *espace* » revêt plusieurs sens ou significations. Nous assimilerons, la notion « d'*espace* » au vocable « *lieu* » dans la mesure où nous les considérons comme synonymes. Pour le justifier, nous privilégierons deux critères définitoires.

1.1 Du point de vue sémantique.

La notion est polysémique et nous offre la possibilité de faire appel à l'interdisciplinarité. En physique, le principe de localité, connu également sous le nom de principe de séparabilité, est un principe selon lequel des objets distants ne peuvent avoir une influence directe l'un sur l'autre ; un objet ne peut être influencé que par son environnement immédiat. Ce qui nous intéresse, ici, en tant que linguiste c'est le principe d'indépendance qu'il y a entre les différents « *matériaux* ». Du point de vue grammatical, nous constatons que la localité est représentée dans *L'Empire du mensonge* par les syntagmes nominaux qui s'identifient par les noms de villes, de quartiers, de maisons, de salons, de salles à manger, la « décharge », de boutiques, l'école, le bureau du Directeur, etc. Nous lisons ainsi dès les premières pages de l'œuvre ceci : « *Dans la salle à manger* » (p.9), « *en place* » (p.10), « *l'Université Internationale d'Excellence* » (p.13), « *Hôpitaux, dispensaires, écoles* » (p.14), « *l'École des Beaux-Arts* » (p.22), etc.

Cette acception recoupe celle du philosophe André Lalande qui définit l'espace comme un :

(1) « Milieu idéal caractérisé par l'extériorité de ses parties, dans lequel sont localisées nos perceptions, et qui contient par conséquent toutes les étendues finies » (André Lalande cité par Jacqueline Dervillez-Bastuji : 1982 : 440).

Sémantiquement, ces éléments listés peuvent être représentés dans un même ensemble, mais logiquement le linguiste préfère les séparer pour mieux étudier les signes minimaux. Dans *L'Empire du mensonge,* ils peuvent être observés à partir des endroits autonomes. Au-delà de la représentation symbolique, le titre du roman traduit de façon explicite la notion de l'espace. L'auteure de révéler :

(2) « Borso avait tout laissé : les cours d'art dramatique qu'elle donnait à l'École des Beaux-Arts, les comédies qu'elle offrait dans la cour de sa maison transformée en lieu théâtral, baptisée « L'Empire du Mensonge ». (p.22)

Le locatif est ainsi représenté par des mots lexicaux (*empire* et *mensonge*) et des mots grammaticaux (*l'* et *du*) réunis pour forger la fonction « complément du nom ». Plus loin, nous retenons encore cette séquence :

(3) « - L'endroit est magnifique, lui avait-il dit. Entre la forêt, l'océan, les rivières. C'est incroyable comme on gâche tout cela sous nos yeux. Des centaines d'hectares cédés à des industriels qui, eux, savent comment gagner de l'argent. Peut-on le leur reprocher ? Sauf que les ouvriers locaux ne récoltent que des miettes et s'en contentent, personne ne se souciant que de défendre leurs propres intérêts » (L'Empire du mensonge, pp. 29-30).

Les éléments représentant l'espace dans ces deux séquences feront l'objet d'analyse dans les pages suivantes.

1.2 Du point de vue syntaxique

Jean Dubois et co-auteurs définissent dans le *Dictionnaire de linguistique et des sciences du langage* le vocable « *lieu* » comme un constituant lié au locatif (*Dictionnaire* : 1994 ; 2002 : 284). Dans ce cas, nous constatons que l'espace désigne en linguistique le lieu où se passe l'action, dans certaines langues à déclinaisons. Il se traduit syntaxiquement par l'expression du lieu. Pour rappel, le complément circonstanciel de lieu se rattache au verbe et apporte une précision sur les circonstances dans lesquelles s'est déroulée l'action. Il est relativement mobile dans la proposition et il peut être supprimé sans nuire à la correction de la phrase ni profondément à son sens. Il est pris en charge par plusieurs procédés tels que les embrayeurs et déictiques qui contribuent à l'élaboration du système énonciatif. À titre d'exemple, nous pouvons observer l'incipit du roman *L'Empire du mensonge* en vue de mieux appréhender l'espace (le lieu) dans notre corpus :

> (4) « Dans la salle à manger, à l'autre bout du salon : l'endroit dégage un air agréable de tranquillité et de bonheur. Senteurs de lavande, harmonie des couleurs : murs beiges très clairs, mobiliser en bois d'acajou, plinthes en mosaïque beige et ocres. Du plafond, une lucarne magique distribue une douce lumière aux quatre coins de la vaste pièce. Raffinement et sobriété ».
>
> (L'Empire du mensonge, p.9)

Dans une œuvre littéraire, l'espace serait immédiatement assimilé à l'endroit, le milieu, la localité où se déroule l'intrigue. Dans cette séquence, les termes représentant le locatif sont nombreux. Ils sont constitués d'éléments syntaxiques pertinents qui méritent d'être analysés. Du point de vue grammatical, les syntagmes nominaux (*Dans la salle à manger, à l'autre bout du salon, l'endroit*) dans la première phrase, ceux de la troisième phrase (*Du plafond, quatre coins de la vaste pièce*) donnent une idée explicite sur le contexte évoqué. Dans ces différentes expressions, ce sont les mots grammaticaux qui traduisent l'évocation de la localisation (*dans, à, du, de*). Analysés grammaticalement, ils ont pour fonctions complément circonstanciel de lieu. Ce qui justifie la pertinence des mots de liaison dans l'expression du lieu. Nous privilégions, ici, les éléments parataxiques.

2. L'expression linguistique de la localisation.

2.1. La localisation par les locatifs

La localisation peut être envisagée sous plusieurs angles. Toutefois son appréhension est d'une complexité telle qu'il faut circonscrire le cadre d'étude. Nous n'envisageons pas élargir le corpus, ainsi toute l'analyse sera centrée sur le roman *L'Empire du mensonge*.

2.1.1. Les locatifs adverbiaux

Pour rappel, les adverbes sont des mots qui permettent d'apporter une précision à l'information donnée par le verbe. Dans son article intitulé « Espace et temps : Quelle place pour la métaphore ? », A.-M. Berthonneau (1998 : 374) affirmait à propos de l'espace :

> (5) « Il n'est intrinsèquement ni centré ni ordonné. Il est orienté dans l'axe vertical, donné par la structure du monde. Pour les deux autres dimensions, latérale et frontale, il est seulement orientable. C'est le locuteur qui lui confère une orientation par sa structure corporelle et par sa place (...). Cette orientation dépend de la position physique du locuteur. Elle change avec lui ; s'il se retourne, ce qui était devant lui est derrière lui».

Nous remarquons alors que l'espace s'appréhende difficilement. Les adverbes locatifs ou locutions adverbiales sont nombreux dans la langue française, mais nous pouvons retenir, pour les besoins de cet article, entre autres : *ici, là, par-là, là-bas, en avant, en arrière, au-dessus, au-dessous, en haut, en bas, dehors, dedans, partout, quelque part, nulle part, etc.* Ces éléments listés foisonnent dans notre corpus.

Les adverbes : ici, par-ci, là, par-là, au-delà :

Par exemple, la séquence suivante extraite de notre corpus met en exergue un tel emploi :

« Pas mal de nullards ici, n'est-ce pas ! a lancé Yacine » (*L'Empire du mensonge*, p. 24) ;

Ou encore :

(5) « - Oui, objectivement. Comme un général à qui l'on collerait le titre de colonel. Ici, les « Excellences », ce sont les ambassadeurs. Les mots pèsent » (op. cit.)

(6) « - Hôpitaux, dispensaires, écoles !là où les gens ont le plus mal dans leur chair, continue Boly. À ce jour, rien du tout. Aujourd'hui « Université Internationale d'Excellence ». Ces gens, ils savent jouer avec le fétichisme des mots ». (*L'Empire du mensonge*, p.14) ;

(7) « La Cour, en somme. Par le symbole qu'elle représentait au-delà de ses contours géographiques ». (*L'Empire du mensonge*, p.78), etc.

Du point de vue lexical, il serait pertinent de donner un sens à chaque constituant afin d'aider les apprenants à mieux les utiliser convenablement dans leurs usages quotidiens. Néanmoins, nous reconnaissons d'emblée que l'article ne peut pas prendre en charge toutes nos préoccupations didactiques. À titre d'exemples, nous avons jugé nécessairement de relever quelques emplois des locatifs adverbiaux afin de préciser leurs significations avant de procéder à leur analyse syntaxique. Les autres mots-outils seront annoncés dans des séquences relevées du corpus.

Nous privilégions surtout les déictiques et les embrayeurs. Étymologiquement, l'adverbe « *ici* » vient du latin populaire *ecce hic*, forme renforcée de *hic* selon le *Robert* (1978, t. 4, p.7). Il signifie dans ce lieu, dans cet endroit (en parlant du lieu où se trouve la personne qui parle) ; par opposition à là-bas. Il peut être associé à la préposition « *par* » en vue de préciser l'endroit ou la direction. C'est ce que nous retrouvons dans l'exemple suivant :

(8) « Je tourne en rond, viens de temps en temps à « la décharge » pour trouver par-ci par-là des choses, n'importe quoi, que je vends en plus de mon métier de porteur au marché d'en face ». (*L'Empire du mensonge*, p.48)

L'adverbe « *là* » est issu du latin *illac* qui signifie « *par-là* », il est souvent assimilé à « *ici* », mais le *Dictionnaire le Robert* précise que « *là est plus vague qu'ici* ». Il signifie « dans un tel lieu (autre que celui où l'on est) ». Nous rappelons que ces deux adverbes sont tantôt considérés par les grammairiens à l'image de Brunot (1926 : 423), Wagner et Pinchon (1962 : 494), Le Bidois et le Bidois (1967§1732), Price (1971 :127), Berrendonner (1979 : 349) tantôt comme antonymes, tantôt comme synonymes, tantôt comme hyponymes. Selon Wartburg et Zumthor (1973 : 729) :

« L'opposition entre ici et là tend à s'effacer et n'est pleinement sensible que lorsque ces deux mots figurent dans la même phrase ; si celle-ci ne contient qu'un seul de ces adverbes, l'usage a tendance à substituer là à ici dans la désignation du lieu le plus proche ».

Un tel emploi se trouve dans la séquence suivante : (9) « C'est sans doute par là qu'il m'a touché. Oui qu'il m'a touché » (*L'Empire du mensonge*, p.16).

Les déictiques indiquant le locatif dans les exemples ci- dessus justifient la pertinence des différentes définitions proposées. Du point de vue syntaxique, les déictiques ont pour fonction d' « attirer l'attention de l'auditeur sur un référent présent dans la situation de parole à l'aide de mots spécifiques ». (Baylon et Mignot, 1995 : 78). Parmi eux, seul l'adverbe

« *ici* » est suivi d'une virgule, tandis que « *là* » (3) est apparu dans une forme plus simple.

L'adverbe : là-bas

Pour rappel, « jusqu'aux alentours de 1800, là-bas avait un sens analytique, composé des sens de ses deux morphèmes constituants : à un endroit déterminé qui est en bas de l'endroit où se trouve le locuteur » (John Charles Smith, 1995 : 47). Cet adverbe désigne dans la langue contemporaine « dans un endroit éloigné de la personne qui parle, notamment dans un autre pays » selon le *Dictionnaire Larousse*. En corrélation avec « ici », il sert à opposer deux lieux, généralement avec une idée d'éloignement par rapport à la personne qui parle. Cette acception fut la même à l'époque classique. Observons, dès lors, son emploi dans notre corpus :

> (10) « - Sada, j'étais plus qu'étonné de t'apercevoir là-bas ». (L'Empire du mensonge, p.15) ;

> (11) « J'ai pensé pouvoir donner de l'espoir à la centaine de jeunes qui étaient là-bas et rêvaient sans doute d'un avenir enviable » (L'Empire du mensonge, p.16).

Ainsi, si nous nous fions à la situation énonciative des propos de Boly et de Sada, l'adverbe locatif « *là-bas* » porte toute son acception classique. Il connote, ici, l'idée d'éloignement puisque les deux protagonistes ont émis leurs propos dans le salon de Sada, loin de la place publique où se déroulait ce meeting. Conformément au postulat de départ, nous envisageons de relever d'autres exemples illustratifs pour souligner la pertinence des locatifs adverbiaux employés par l'auteur dans le corpus. Soulignons tout de même que certains emplois sont absents de la trame romanesque.

Les autres adverbes de lieu :

Nous avons relevé dans L'Empire du mensonge les autres adverbes tels que : partout, en avant et en arrière, au-dessus et au- dessous, en haut et en bas, nulle part, dehors, dedans, près :

> (12) « Pour sa bonté et la gaieté contagieuse qu'elle sème partout où elle passe, surtout chez eux où elle a établi ses quartiers du week-end pour les beaux yeux de Diéry qu'elle appelle « sama taaw » (L'Empire du mensonge, p.21) ;

> (13) « - Maintenant, j'ai peut-être dix- huit ans…ou vingt! C'est cela ma réalité. Je ne suis de nulle part ». (L'Empire du mensonge, p.48) ;

> (14) « L'esclavage dans ses formes les plus abjectes, les plus dures, les plus déshonorantes, des fois sous la coupe d'adultes au-dessus de tout soupçon, mais gangrénés pour le vice et la brutalité » (L'Empire du mensonge, p.50) ;

> (15) « C'est en voulant marcher sur les traces de son illustre grand-père que Mapaté se fracassa une jambe en tombant du haut d'un immeuble branlant dans un quartier d'une ville prospère, dans l'est du continent » (L'Empire du mensonge, p.60)

2.1.2. Les locatifs prépositionnels

HAGEGE, (C.) soutenait dans son article intitulé Discussion sur le thème « La préposition, une catégorie accessoire? » qu'« une préposition est un élément qui a pour fonction de mettre dans la dépendance d'un prédicat verbal un lexème ou un groupe nominal». (1997 :

7). En français, les prépositions permettant d'exprimer une localisation spatiale sont : *dans, auprès, sous, sur, vers, à, chez*. Il existe aussi plusieurs locutions prépositives jouant le même rôle employées par l'auteure de *L'Empire du mensonge*. Parmi celles-ci, nous retenons : *autour de, à côté de, à l'autre bout de, près de, loin de là, au coin de, au fond de, à bord de*, etc.

À titre illustratif, nous nous intéresserons aux séquences suivantes :

> (16) « Dans la salle à manger, à l'autre bout du salon : l'endroit dégage un air agréable de tranquillité et de bonheur » (L'Empire du mensonge, p.9) ;

> (17) « Du plafond, une lucarne magique distribue une douce lumière aux quatre coins de la vaste pièce. Raffinement et subtilité » (L'Empire du mensonge, p.9) ;

> (18) « - Tu sais bien que pour Borso l'heure n'est jamais l'heure ! Se tournant vers l'assistance, elle a ajouté, l'index pointé vers la salle manger : - Le repas est prêt. » (L'Empire du mensonge, p.10) ;

> (19) « - C'est tout, mon fils- sauf que je veux ajouter- étant presque persuadé que cela n'arrivera jamais : chez nous, on n'insulte pas les femmes, on ne les bat pas, elles ont droit à la parole dans toutes les affaires du couple. Quoique l'on puisse dire maintenant » (L'Empire du mensonge, p.114).

Si nous observons les nombreux emplois des locatifs, nous parvenons à conclure que c'est un sous-système de localisation établi par des locatifs à partir de procédés lexicaux. Ces locatifs peuvent être des adverbes, des prépositions ou des verbes. Au-delà des locatifs adverbiaux et prépositionnels, l'espace est mis en exergue dans notre corpus par plusieurs autres procédés sémantiques tels que la métonymie, l'anaphore présomptive, etc. Quelques exemples suffiront pour le justifier :

> (20) « Pour finir, un spectacle en chansons, contes et fables, sous le Tamarinier devant un public ébloui. En crescendo, la flûte de Sada en balade dans les voiles grisonnants du soleil déclinant, pour agrémenter la retraite des oiseaux. Ce jour-là, ils prirent la ferme décision de maintenir le contact ». (L'Empire du mensonge, pp.109-110) ;

> (21) « Borso ne lâchera pas le filon. Vocation révélée, destin assumé. Le théâtre. La traque au mensonge sous toutes ses formes, même là où on ne l'attendait pas. Pas pour faire la morale. « Faire la morale ! Non, ce n'est pas ma vocation ! Allez chercher à l'école où les leçons de morale et d'instruction civique ont disparu des programmes ». (L'Empire du mensonge, p.127)

Pour rappel,

> « une anaphore présomptive est une opération qui consiste à reprendre, au moyen d'une expression référentielle, la situation désignée par une proposition ou plusieurs propositions qui ont été formulées précédemment. Les principaux types d'expressions référentielles qui peuvent assumer cette fonction sont les syntagmes nominaux définis, démonstratifs et les pronoms ». (Mélynda Salcedo Daval, 2015 : 1)

Dans l'exemple (20), la métonymie est ici nominale. Les deux expressions qui le traduisent de façon explicite sont reprises : « le Tamarinier » et « les voiles ». Au-delà de l'emploi symbolique de la figure de style, nous pouvons admirer le fait que l'espace est représenté par des syntagmes nominaux. Tandis que l'anaphore présomptive (21) est suggérée par l'emploi du pronom relatif « où » dont l'antécédent est d'abord un adverbe (là) puis un substantif (à l'école). Ces deux procédés sémantiques ont en commun un trait : la fonction complément circonstanciel de lieu. Un tableau récapitulatif permettra de mieux relever les occurrences de la représentation spatiale à des fins didactiques dans *L'Empire du mensonge*. Il en sera alors établi comme suit :

Les emplois	Locatifs adverbiaux	Locatifs prépositionnels	Autres
Occurrences	94	352	627

Tableau : Occurrences de l'emploi des locatifs dans L'Empire du mensonge.

Remarque : Dans la rubrique « autres », nous faisons allusion aux emplois des locatifs qui ne sont ni adverbes, ni prépositions. Il s'agit alors des syntagmes nominaux, des pronoms relatifs « où », « sur lesquels », des emplois relatifs à l'anaphore présomptive, etc. La représentation graphique suivante permet de voir qu'ils sont plus fréquents dans l'œuvre que les locatifs adverbiaux et prépositionnels.

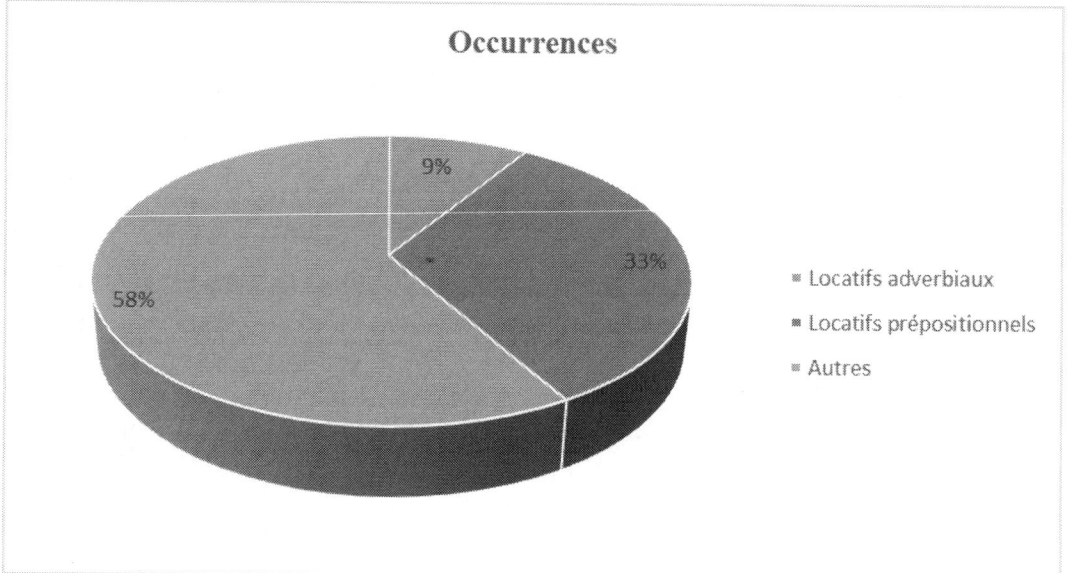

Graphique : Occurrences de l'emploi des locatifs dans L'Empire du mensonge.

Nous demeurons convaincus que l'analyse des locatifs en français mérite d'être complétée pour mieux s'accommoder aux différents sous-systèmes de la localisation spatiale. En effet, elle n'est valable que lorsqu'il s'agit de localisation dont le cadre de référence pris en compte intégralement ou partiellement le sujet parlant. Dans le cas contraire, peu importe l'espace qu'occupe le sujet parlant, le cadre de référence étant fixe et totalement indépendant du locuteur.

3. Les procédés discursifs et argumentatifs de la localisation.

Le concept d'espace assimilé au vocable « lieu » est peut-être le plus important de toute la rhétorique. Georges Molinié de préciser que c'est « une figure macrostructurale de second niveau, le lieu peut être appréhendé, très généralement, comme un stéréotype logico-discursif ». (Molinié, 1997, 2009 : 191). Tenter alors de cerner ses procédés discursifs et argumentatifs dans *L'Empire du mensonge* de Aminata Sow Fall permet de mieux saisir sa valeur lexico-sémantique. Au-delà des locatifs déjà analysés, la trame romanesque est riche d'outils linguistiques pertinents suggérant l'espace. Nous privilégierons les syntagmes nominaux permettant de recueillir un champ lexical et sémantique varié de la localisation.

3.1. Les procédés discursifs de l'espace

Pour parler des procédés discursifs de l'espace dans notre corpus, nous avons jugé légitime de maintenir le concept d'un « *sujet d'énonciation* » doté d'une certaine individualité, voire intentionnalité signifiante (Foucault, 1969 : 126). Mais qu'au lieu de l'envisager dans ce qu'il a d'individuel, et dans la relative liberté qui lui est laissée de ses choix langagiers, nous pouvons tout aussi bien le considérer comme un produit collectif et déterminé : tout dépend du point de vue que nous adoptons et du niveau d'analyse où nous nous situons. Un tel choix se justifie par le fait que nous avons choisi de travailler sur un support écrit, le texte littéraire. Momar Cissé et Aliou Ngoné Seck soutiennent :

> « Aux composantes syntaxiques et sémantiques du texte (qui étudient respectivement les règles de combinaison des signes permettant d'obtenir des énoncés reconnus comme corrects, et les rapports des signes avec ce qu'ils représentent, rapports régissant la production du sens), doit nécessairement s'ajouter la composante pragmatique ». (1998 : 29)

Dans *L'Empire du mensonge*, l'évocation de l'espace peut être envisagée sous le signe des actes de parole. Tantôt, elle est mise en exergue par des locatifs, tantôt par des segments de phrases assimilables à des syntagmes nominaux. Chaque locuteur a la possibilité de poser ses propres actes de langage. Parmi les différentes composantes du discours, nous relevons les procédés de la localisation. Soit la phrase suivante : (22) « *Ils ne manquent ni de gîte ni de nourriture* ». (*L'Empire du mensonge*, pp.10-11)

L'expression qui attire notre attention dans cette phrase est le vocable « gîte ». Le dictionnaire *Larousse* le définit comme le « *lieu où l'on loge et où l'on dort* ». Du point de vue sémantique, nous sommes tentés de l'attribuer au monde animalier dans la mesure où il signifie « *lieu où se réfugie le gibier* ». Cependant, la représentation mentale qu'en fait son auteure permet de comprendre sa valeur sémantique. Ici, Aminata Sow Fall l'assimile bien à la valeur humaine. Une autre séquence extraite de l'œuvre confirme bien cette conception de l'espace :

> (23) « - Et puis, pourquoi attendre ! C'est un self-service. Même si elle se pointe à dix-sept heures, y'en aura toujours dans le ventre de ces soupières. Joignant l'acte à la parole, elle s'est levée. Direction la salle à manger ». (*L'Empire du mensonge*, pp.10-11)

Nous comprenons que seul un locuteur de la langue-wolof peut saisir immédiatement le sens de l'expression « *dans le ventre de ces soupières* ». Ce langage imagé se conçoit bien si nous faisons appel aux travaux de Léonard Talmy (1983, 1996, 2000). Ces travaux traitent des représentations et des processus dans la structure des cartes cognitives. Aminata Sow Fall semble nous livrer une telle conception en évoquant « le ventre de ces soupières ». L'espace est ici représentée de façon métonymique. Elle évoque bien le creux des marmites traditionnelles dans l'univers négro-africain. Nous concluons ainsi que l'espace est multiple chez les linguistes. Les exemples ci-après relevés de notre corpus le prouvent à suffisance :

> (24) « En quelques mois, autour du Tamarinier, le paysage avait changé. Trois maisonnettes coquettement plantées dans le décor. Celle des parents à la place de la cabane d'antan, assez grande pour accueillir les « filles » comme on les appelait familièrement dans la famille quand elles n'étaient pas encore mariées. Elles ont rejoint depuis des lustres leur domicile conjugal, Dior dans les rizières du sud, Siga au bord des lagunes de la Petite Côte. Elles font régulièrement des descentes aux Filaos pour savourer la douceur et la cohésion inégalables du cocon familial ». (*L'Empire du mensonge*, p.85)

Dans cette séquence (24), nous relevons neuf syntagmes nominaux suggérant l'emploi de l'espace. Le bonheur familial est forgé « *autour du Tamarinier* » mythique. Parti de rien en tant que « *Boudjou, fouilleur dans les poubelles* » (p.27), Mapaté Waar a réussi la prouesse avec son épouse Sabou la docile a inculqué à sa progéniture ses valeurs ancestrales qui pour noms « *jom, foula et fayda* ». Entendons par là, la vertu, la bravoure, l'endurance. La réussite sociale est mise en exergue par la « fragmentation » du lieu « *en trois maisonnettes* ». Cette dernière n'enlève en rien la cohésion qui a toujours régné dans cet univers. La narratrice nous invite à comprendre que par rapport à la recherche sur l'étude des cartes et sur les modèles computationnels, l'utilisation des termes spatiaux dans la langue est plus dynamique et les représentations spatiales à des fins linguistiques dépendent davantage de caractéristiques telles que le point de vue. Léonard Talmy précise :

> « Les mécanismes linguistiques que les gens utilisent pour décrire leur environnement donnent un aperçu des mécanismes internes que les gens utilisent pour la mémoire et le traitement spatiaux ». (Talmy : 2000, p.32)

Les gens sélectionnent des objets de référence et des cadres de référence pour localiser d'autres objets dans l'espace. La spécification des relations spatiales et des objets est idéalisée. Les objets deviennent ponctuels et plans. Dans la séquence précédente, cette conception est matérialisée par les syntagmes suivants : dans le décor, à la place de la cabane d'antan, dans la famille, leur domicile conjugal, dans les rizières du sud, au bord des lagunes de la Petite Côte, aux Filaos, cocon familial.

Quelle serait alors la valeur argumentative des procédés de la localisation dans *L'Empire du mensonge* de Aminata Sow Fall ?

3.2. Les procédés argumentatifs de l'espace

Par « *procédés argumentatifs* », nous entendons l'ensemble des moyens syntaxiques et sémantiques qui participent à l'élaboration d'un discours cohérent. Le discours est, selon Michel Foucault,

> « Un ensemble d'énoncés en tant qu'ils relèvent de la formation discursive… il est constitué d'un nombre limité d'énoncés pour lesquels on peut définir un ensemble de conditions d'existence » (1969 : 153).

L'analyse lexico-sémantique de la représentation spatiale à des fins didactiques dans *L'Empire du mensonge* constitue un prétexte idéal pour revisiter l'argumentation. Inutile de rappeler qu'une séquence extraite d'une œuvre littéraire doit forcément obéir aux critères de la cohérence et de la progression. Soit la séquence suivante :

> (25) « - « Dooley daan », c'est vrai. Mais il faut y croire, et le vouloir ! Quand je retournerai là-bas, dans mon terroir, je cultiverai mon champ avec la famille. Nous pouvons faire autant que ces personnes qui exploitent nos terres. Nous devons nous convaincre que nous le pouvons ! » (L'Empire du mensonge, p.30)

Nous lisons dans ce passage, la forte conviction du personnage symbolique Mapaté Waar. Sa détermination à retourner au bercail est suggérée par la valeur qu'il attribue à l'espace. Nous relevons quatre (4) types d'emplois de la localisation dans cette séquence. Le locatif adverbial « *là-bas* » qui connote l'idée d'éloignement repose fortement sur l'emploi du futur de l'indicatif « *je retournerai, je cultiverai* ». Le désir est soumis à une condition « *quand* », mais l'espoir de retrouver le patrimoine ancestral semble davantage le motiver. Ce dernier a pour noms : « *mon terroir, mon champ, nos terres* ». Le système énonciatif matérialisé par les adjectifs possessifs « mon, nos » met en exergue une certaine subjectivité dans le récit. Le personnage est ancré dans les propos. Les propos de Mapaté sont cohérents. Anne Reboul et Jacques Moeschler affirment : « *La cohérence n'est pas l'équivalent discursif de la grammaticalité syntaxique* ». (1998 : 71). Nous retenons que le recours à l'espace pour traduire toute son ambition à combattre l'oisiveté, la fainéantise n'est pas fortuit. Nous noterons plus loin que Taaw et Sada ont revalorisé l'espace familial comme le stipule le narrateur dans ce passage :

> (26) « Sada voit l'avenir en rose. En or plutôt. Les conditions de la transaction rondement menée par Taaw lui permettent de concrétiser le rêve de sa vie. Parachever son programme de modernisation du village et d'autres localités sur les terres de ses origines. Des réalisations d'intérêt vital sont déjà fonctionnelles. Deux écoles, l'une coranique en arabe et dans les langues parlées dans la zone ; l'autre un établissement d'enseignement primaire aux normes académiques en vigueur ; une maternité dotée d'une ambulance, quelle aubaine ! Des puits çà et là. Au grand bonheur de Taaw, responsable moral attitré de la famille. Gestionnaire exclusif… Il ne badine pas sur l'orthodoxie des comptes. Il a fait ses preuves ». (L'Empire du mensonge, pp.121-122)

Bref, nous relevons avec force ces propos de Ruth Amossy pour montrer que la représentation spatiale contribue à l'argumentation dans une œuvre romanesque :

> « La parole a une force qui s'exerce dans les échanges verbaux au cours desquels des hommes doués de raison peuvent par des moyens non coercitifs, amener leurs semblables à partager leurs vues en se fondant sur ce qu'il parait plausible et raisonnable de croire et de faire ». (Amossy, 2000 : 3)

Conclusion

En nous proposant de réfléchir sur la représentation spatiale à des fins didactiques dans *L'empire du mensonge*, la finalité est d'amener les apprenants à comprendre que ce champ d'études n'est pas seulement réservé aux travaux « littéraires ». Ainsi, nous admettons avec force que le vocable « *espace* » revêt plusieurs significations. Il est assimilé à la localisation dans une œuvre romanesque, c'est-à-dire à un univers fictif où vivent des personnages. Dans *L'Empire du mensonge*, les différents protagonistes sont symboliques. C'est pourquoi, nous avons tenté d'analyser la localité, le lieu, tant du point de vue lexical que sémantique. Nous y avons porté le regard du linguiste. Ces procédés ne peuvent être appréhendés que si nous nous appuyons sur la syntaxe des phrases. Nous avons mis l'accent sur les locatifs adverbiaux, les locatifs prépositionnels et les autres constructions lexico-sémantiques.

Pour rappel, l'analyse se veut descriptive. Ces éléments relevés ne sont pas employés de façon fortuite dans notre corpus. D'où la nécessité d'étudier les procédés discursifs et argumentatifs de l'espace dans *L'Empire du mensonge*. Nous admettons que l'analyse est loin d'être exhaustive. Ce qui relèverait de la gageure vu la pertinence de la thématique abordée. Nous avons aussi privilégié les éléments de la parataxe au détriment de l'hypotaxe. Néanmoins, les résultats sont les mêmes dans la mesure où l'espace a été appréhendé du point de vue lexical et sémantique. Ne serait-il pas plus judicieux d'allier l'espace au temps puisque nous avons choisi une œuvre littéraire comme corpus ?

Bibliographie

Aossy, R. (2000), L'argumentation dans le discours. Discours politique, littéraire, d'idées, fiction, Paris, Nathan- HER.

Bastuji, J. D. (1982), *Structures des relations spatiales dans quelques langues naturelles, Introduction à une théorie sémantique*, publié avec le concours de l'Université de Paris X- Nanterre. Librairie Droz, Genève-Paris. Chapitre XIV « L'espace, les lieux et les objets ».

Baylon, Christian et MIGNOT, Xavier (1995). *Sémantique du langage. Initiation*, Paris, Nathan. BERTHONNEAU, A.-M. (1998). « Espace et temps : Quelle place pour la métaphore ? ».

Verbum, Tome XX, n°4, pp. 353-382.

Cissé, M. et Seck, A. Ng. (1998), Étude d'outils d'analyse textuelle. Pour une préparation à l'expression de texte littéraire, CLAD.

Daval, M. S. (2015), « L'anaphore présomptive avec recatégorisation » Actes du Colloque « Continuité référentielle, Le choix des mots dans les textes français et anglais à la fin du moyen âge et aux périodes modernes et contemporaines », les 26, 27, 28 octobre 2015. Rennes, PUR, Université de Lorraine & Laboratoire ATILF à paraître.

Dubois, J. et co-auteurs (1994 ; 2002), Dictionnaire de linguistique et des sciences du langage, Paris, Larousse.

Fall, A. S. (2017), *L'empire du mensonge* C.A.E.C/ KHOUDIA ÉDITIONS.

Grevisse, M. (1993), *Le Bon usage*, refondu par André Goosse, 13ᵉ édition, Duculot.

Hagege, C. (1997). Discussion sur le thème « La préposition, une catégorie accessoire ? Faits de langue », *Revue de linguistique n°9*. Paris : Ophrys, pp ; 5-18

Herskovits A. (1986), *Langage et cognition spatiale*, Cambridge, Cambridge University Press.

Herskovits A. (1997), «Langage, cognition spatiale et vision», dans STOCK O. (éd.), *Raisonnement spatial et temporel,* Dordrecht, Kluwer, 155-196.

Jackendoff R. (1991), « Parts and boundaries », *Cognition* 41, 9-45.

Jackendoff R. (1996), «L'architecture de l'interface linguistique spatiale», dans BLOOM P., PETERSON M.A., NADEL L. & GARRETT M.F. (eds), *Langue et espace*, Cambridge (Mass.), The MIT Press, 2-32.

Le Bidois, R. et LE BIDOIS, G. (1967*), Syntaxe du français moderne : ses fondements historiques et psychologiques* (deuxième édition revue et complétée), Paris, Auguste-Picard.

Le Nouveau Petit Robert, Dictionnaire alphabétique et analogique de la langue française, Édition 1978, tome 4.

Levinson S.C. (2003), *L'espace dans le langage et la cognition.* Explorations in Linguistic Diversity, Cambridge, Cambridge University Press.

Molinie, G (2009), *Dictionnaire de rhétorique*, Presse Offset, Paris, 347 pages.

Reboul, A. et MOESCHLER, J. (1998), *Pragmatique du discours. De l'interprétation du discours,* Paris, Armand- Colin, SESJM.

Smith, J. Ch. (1995), « L'évolution sémantique et pragmatique des adverbes déictiques ici, là et là-bas » in *Langue française*, 43-57.

Talmy L. (2000), *Vers une sémantique cognitive*, Cambridge (Mass.), The MIT Press.

Vandeloise C. (1986), *L'espace en français*, Paris, Minuit.

Vandeloise C. (1992), « Les analyses de la préposition dans : Faits linguistiques et effets de méthodologie », *Lexique* 11, 15-40.

Vandeloise C. (1995), « De la matière à l'espace », *Cahiers de Grammaire* 20, 165- 180.

Vandeloise C. (1999), « Quand dans quitte l'espace pour le temps. Approches sémantiques des prépositions », *Revue de Sémantique et Pragmatique* 6, 145-163.

Wartburg, W. Von et ZUMTHOR, P. (1973), *Précis de syntaxe du français contemporain* (troisième édition), Berne, Franke.

L'enseignement du PCME en banlieue dakaroise (Pikine) : Des problèmes d'espace et d'effectifs aux réorganisations didactiques

Souleymane Diallo

Institut national supérieur de l'éducation populaire
et du sport (INSEPS)/UCAD

Résumé : *L'importance prouvée de l'éducation physique et sportive s'est traduite dans le primaire par l'exigence de la pratique du procédé de compétitions multiples par équipes du CE1 au CM2. Cette modalité implique des normes spatiales, temporelles et en matière d'effectif faisant face à l'étroitesse des cours et à la surpopulation des classes dans l'IEF de Pikine. Grâce à la documentation, à l'observation directe des cours de récréation des 36 écoles, aux questionnaires adressés aux 28 maitres et aux entretiens avec 2 inspecteurs, les espaces disponibles, de petits couloirs rectangulaires et séparés abritant chacun un atelier avec un nombre de joueurs hors normes, et les réorganisations didactiques sont appréhendées. En conséquence, la pratique recommandée de certains jeux, le traçage réglementaire des terrains, la participation effective des écoliers, le contrôle des activités par le maitre, la durée et le nombre de séances hebdomadaires, etc. sont modifiés en violation des principes basiques du PCME.*

Mots clés : *Espace, Effectifs, Procédé de compétitions multiples par équipes (PCME), réorganisations didactiques.*

Summary: *The proven importance of physical education and sports has resulted in primary school requirement of the practice of the process of multiple competitions teams CE1 to CM2. This modality involves spatial, temporal, and size-related norms that face the tightness of classes and overcrowding in the Pikine IEF. Thanks to the documentation, the direct observation of the playgrounds of 36 schools, the questionnaires addressed to the 28 teachers and the interviews with 2 inspectors, the available spaces, small rectangular and separate corridors each sheltering a workshop with a number of players out of the ordinary, and the didactic reorganisations are apprehended. As a result, the recommended practice of certain games, the legal tracing of the grounds, the effective participation of the pupils, the control of the activities by the teacher, the time and the number of weekly sessions, etc. are modified in violation of the basic principles of the PCME.*

Key words: *Space, Enrollment, Multiple Team Competition Process (PCME), didactic reorganizations.*

Introduction

La pratique régulière de l'éducation physique et sportive est exigée dans les écoles élémentaires sénégalaises à cause de son importance sur le développement intégral des enfants. Rousseau J. J. (1966) la liait à l'activité intellectuelle en ces termes :

> « Voulez-vous donc cultiver l'intelligence de votre élève, cultivez les forces qui le gouvernent, exercez continuellement son corps, rendez le robuste et sain pour le rendre sage, raisonnable ; qu'il travaille, qu'il agisse, qu'il court, qu'il crie, qu'il soit toujours en mouvement, qu'il soit un homme par la rigueur et bientôt il le sera par la raison ».

Comme si les autorités éducatives sénégalaises se sont référées à ces propos revenus sous plusieurs formes chez beaucoup d'auteurs, le Décret 79-11-65[1] organisant les enseignements dans ce cycle est pris. Ce texte, en matière d'EPS, fixe trois types d'objectifs à l'EPS à l'école élémentaire à savoir :

> « Le développement organique et foncier (faire des corps solides), une éducation motrice fondamentale (disponibilité corporelle) et le développement des qualités de caractère (effets moraux, affectifs ; physiques et sociaux). »

C'est ainsi qu'en plus de la prise en compte de l'âge des écoliers qui varie de 6 à 13 ans, de leurs capacités physiques, de l'espace, des effectifs, etc., des règles sont fixées aux instituteurs. Par rapport aux formes que cette discipline doit revêtir, l'hébertisme est préconisé à la première étape alors que le Procédé de Compétitions Multiples par Équipes (PCME) communément appelé méthode du cercle est une exigence du CE1 au CM2. Avec la généralisation du curriculum de l'éducation de base en 2009, les activités physiques et sportives recommandées par le Décret 79 – 1165 sont pour l'essentiel renforcées dans les Guides pédagogiques (2013)[2] des deuxième et troisième étapes en conformité avec la Circulaire 00042 (1973)[3] qui expose en outre les modalités de la pratique générale du PCME ainsi que celles recommandées pour chaque discipline sportive. Avec l'athlétisme : les courses (endurance, vitesse, relais, etc.), les sauts (longueur, triple saut et hauteur) et les sports collectifs comme le football, le handball, le basket-ball, etc., un espace suffisamment grand est nécessaire.

Parallèlement, la banlieue dakaroise en général et Pikine en particulier est caractérisée depuis des décennies par une forte poussée démographique ayant occasionné des effectifs pléthoriques dans les écoles primaires. Les statistiques du document portant Carte scolaire (2015, p. 1) de de l'IA de Pikine-Guédiawaye attestent que :

---

1. Décret n°79-1165 du 20 Décembre 1979 portant organisation de l'enseignement élémentaire. Il porte les horaires et programmes du cycle primaire et est resté le seul valable jusqu'en 2009, année marquant le début de la généralisation du CEB.

2. Les Guides pédagogiques sont les livres de chevet des instituteurs. Ils contiennent les disciplines outils, les compétences visées dans le cycle et à chaque étape de l'élémentaire. Ils renferment également les déclinaisons des compétences disciplinaires en paliers, en objectifs intermédiaires, en objectifs spécifiques qui contiennent les contenus listés pour chaque OS. Les premiers guides pédagogiques sont édités en 2008. Ils ont été révisés en 2013.

3. Circulaire interministérielle 00042 du 16 mars 1973 portant organisation du PCME rendu obligatoire grâce au décret 79-1165 paru dans le Journal officiel N° 4759 du 1ier Mars 1980. Elle détermine les normes spatiales, temporelles et les effectifs pour la pratique de l'EPS avec ce procédé. Elle explique aussi, l'organisation des compétitions dans chaque discipline.

« Sur le plan spatial, l'Académie couvre une superficie de 100 km2, pour une population scolarisable estimée à 735.418 enfants, dont les 615.107 habitent le département de Pikine. Cette population scolarisable représente 56,84% de celle de la région, ce qui révèle une forte concentration de la population scolaire en banlieue. »

Pour favoriser l'accès à l'éducation pour tous les enfants en droit d'aller à l'école, certains établissements sont renforcés en salles de classe construites dans les cours de récréation et scindés en deux écoles. Pour d'autres, la construction en hauteur a été préconisée comme solution. Dans tous les cas, la Loi 84 – 59 en son article 25 stipule :

« Toute nouvelle construction d'établissement d'éducation, d'enseignement ou de formation, doit comporter les équipements et installations indispensables à l'enseignement de l'éducation physique et sportive. »

Toutefois, à Pikine, la bataille pour l'accès et l'étude des "disciplines dites intellectuelles" semble prendre le dessus sur l'éducation physique et sportive. Les écoles élémentaires devant gérer la problématique de l'espace et l'exigence de la pratique de l'EPS présentent de nouveaux visages témoignant, selon I. Kane (2015, p.37) :

« du double handicap allant des espaces très réduits au manque total de terrain d'EPS dans écoles primaires de l'IEF de Pikine ; ce qui décourage certains maitres ou les (ceux du privé surtout) pousse à faire plus 10 minutes de marche pour rejoindre une aire de jeu disponible du quartier. »

Face à cette situation, la question de recherche suivante semble relever de l'évidence : Les nouvelles configurations spatiales des écoles élémentaires de l'inspection de l'éducation et de la formation de Pikine et inhérentes à la croissance des effectifs favorisent-elles la pratique du Procédé de Compétitions Multiples par Equipes (PCME) dans le respect de ses principes directeurs ?

Pour répondre à cette question, nous avons utilisé les méthodes mixtes (qualitative et quantitative) compte tenu des types de données chiffrées liées à l'espace, le terrain de PCME, aux effectifs, etc., et de celles inhérentes aux réadaptations didactiques préconisées en EPS par les instituteurs en fonction des espaces existant dans les établissements. Le cas échéant, la conformité de la pratique de la discipline aux principes directeurs du PCME a retenu notre attention. La recherche documentaire, l'observation des espaces disponibles dans les 36 écoles primaires, les entretiens semi-directifs avec 2 inspecteurs et l'enquête par questionnaire destiné aux 28 enseignants choisis selon un mode d'échantillonnage par les quotas zonaux (Pikine Est, Pikine Ouest, Pikine Nord, Dalifort, Djeddah Thiaroye Kaw, Guinaw Rail Nord et Guinaw Rails Sud) ont été les techniques de collecte utilisées. Rappelons que selon R. Ghiglione et B. Matalon (1991, p.18) : « la constitution de l'échantillon est toujours une phase délicate qui nécessite beaucoup de précautions, car les résultats, en grande partie, dépendent de la manière dont il a été élaboré ». Ces maitres tiennent tous des CE1, CE2, CM1 ou CM2, classes où la pratique de PCME est obligatoire. La représentativité de chaque zone de l'IEF de Pikine au prorata de son effectif de maitres ciblés dans l'échantillon a permis de faire un maillage assez exhaustif. Le tableau suivant a permis une bonne appréhension des quotas :

Zones	Dalifort	P k Ouest	P k Est	P k Nord	Dj. Thye Kaw	G. rails Nord	G. rails Sud	Total
Nbre maitres du CE1 au CM2	16	60	58	66	43	8	16	267
Quotas 1/10	2	6	6	7	4	1	2	28

Tableau1 : Déclinaison des quotas d'enseignants par zone de l'IEF de Pikine

Source : Enquête Souleymane Diallo, juin 2018.

Au total, les terrains d'EPS dans les 36 établissements ont été visités, 28 instituteurs en service dans les 7 communes ont répondu au questionnaire, et 2 inspecteurs nous ont reçu pour des entretiens semi-directifs. Les données recueillies ont permis d'aborder de manière dialectique la problématique de l'espace et des effectifs en EPS par le PCME.

1. La problématique de l'espace et des effectifs face aux exigences du PCME

L'éducation physique et sportive à l'école élémentaire est une discipline qui se fait en extra-muros. Il s'agit d'une préparation du corps à la pratique sportive avec tout ce l'activité comporte comme avantages biologiques et psychosociologiques pour reprendre la thèse défendue par A. Leclercq (2006, p.7). En outre, la définition du sport de P. Parlebas (1986, p. 55), *« Le sport est l'ensemble fini et dénombrable de situations motrices codifiées sous forme de compétitions et institutionnalisées (…) »,* met en exergue la sollicitation des muscles et les rencontres interindividuelles et/ou inter équipes attestant de la nécessité d'avoir un espace sur mesure (Loi 84-59, Article 25) et des effectifs réglementés. Les espaces et les effectifs des écoles élémentaires pikinoises présentent –elles des conditions idéales pour la pratique de l'EPS par le PCME ? La déclinaison des caractéristiques spatiales et en matière d'effectifs des établissements publics permet d'y répondre.

1.1. Des espaces de jeu inadaptés à la pratique du PCME

L'inspection de l'éducation et de la formation de Pikine gère 36 écoles élémentaires publiques qui, à l'origine, étaient construites de manière à pouvoir abriter toutes les activités scolaires et parascolaires. Selon les inspecteurs, *« la norme c'est 12 classes au maximum par école et construites en tenant compte de la position du site. Le cas échéant, l'orientation des salles doit intégrer les paramètres éoliens et solaires. Il en est de même pour l'aménagement d'une cour de récréation et d'une aire plus spacieuse réservée à l'éducation physique et sportive. »* La réalité sur le terrain est tout autre. Le tableau ci-dessous permet de constater les problèmes d'espace pour la récréation et l'EPS.

Espace EPS (m2)	0 à 500	501 à 1000	1001 à 1500	1501 à 2000	2001 à 2500	+2500	Total
R. carrée √√	(22.3m)	(31.6m)	(38.7m)	(44.7m)	(50m)	(+50m)	
Nbre écoles	01	03	10	13	7	2	36
%	3%	8%	28%	36%	19%	6%	100%

Tableau 2 : Les espaces de jeu existant dans les écoles

Source : Enquête Souleymane Diallo, juin 2018.

Nb : Les chiffres mis entre parenthèses (ligne2) sont les racines carrées des bornes supérieures des intervalles espace.

Des aires de jeu servant de cour de récréation existent dans les écoles. *« C'est une exigence sans la satisfaction de laquelle l'école ne peut être fonctionnelle »*, selon les inspecteurs. Elles varient de 500 m2 à plus de 2500 m2. Les établissements ayant entre 1501 et 2500 m2 de cour pour les jeux et divertissement des écoliers sont plus nombreux. En effet, ils sont 13 sur les 36 à se situer dans cet intervalle. En valeur relative, ils représentent 36.11 % des écoles primaires publiques de l'IEF de Pikine. Ensuite, la tendance est à la baisse. Quatorze écoles ont moins de 1500 m2 réservés à l'EPS en général et au PCME en particulier. Elles constituent plus de 38 % des structures concernées. Seuls 09 établissements soit environ 25 % ont plus de 2000 m2 de surface pour le PCME. Parmi elles, 2 écoles sortent du lot avec plus de 2500 m2. Mais il se pose la question de leur étroitesse par rapport aux dimensions normales du terrain de PCME qui est constitué d'un espace unique assez large dans lequel un cercle mesurant 47.76 m de diamètre peut être tracé. Celui-ci contient les aménagements qui permettent aux écoliers de pratiquer les différents jeux et sports déclinés dans les Guides pédagogiques. En somme, le terrain de PCME se présente comme suit : une piste circulaire dont le rayon est de 23. 88 m, la circonférence de 150 m, l'aire de jeux (football, handball, etc.) de 40 m x 20 m, 6 couloirs de course de 30 m de long et des sautoirs 5m x 3 m. Des réaménagements sont possibles, mais ils ne peuvent en aucun cas, selon les directives de la circulaire 00042 confirmées par les inspecteurs, remettre en question le caractère circulaire et unique du terrain schématisé ci-dessous.

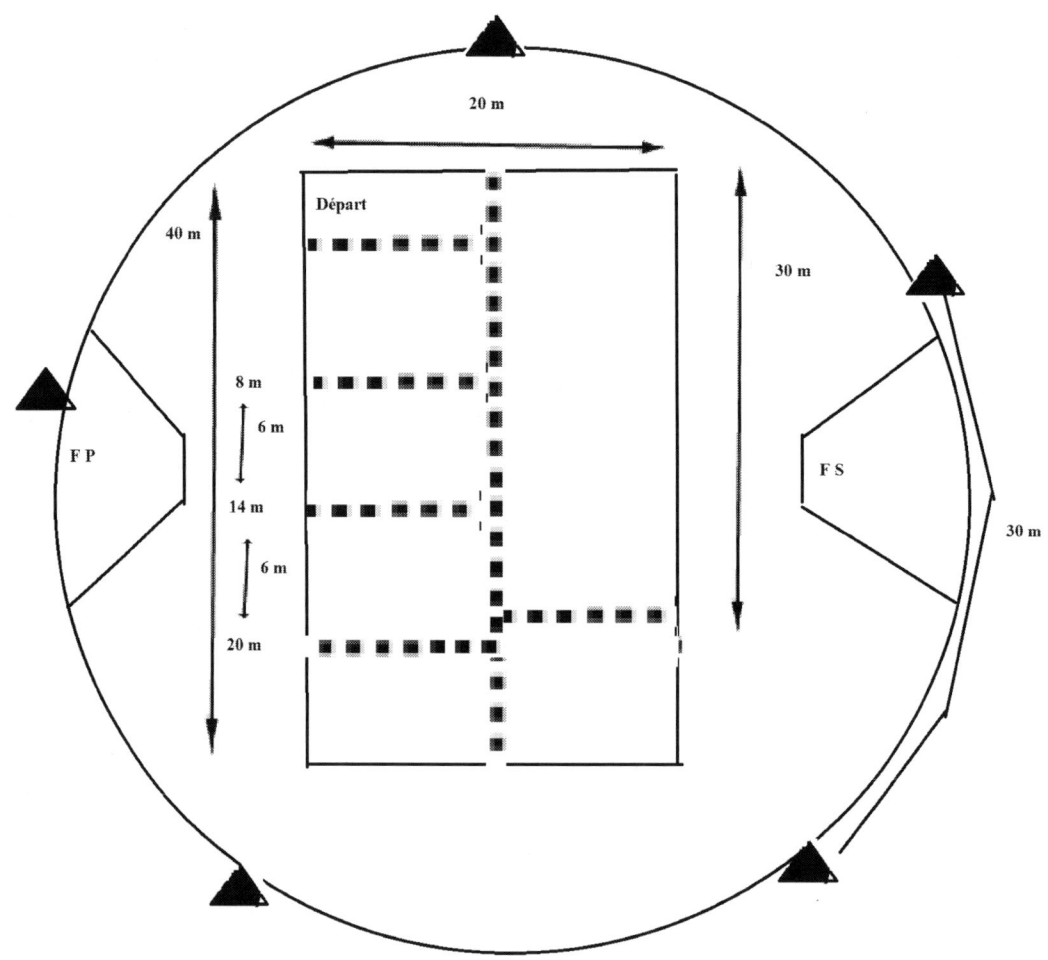

Schéma 1 : Terrain circulaire pour la pratique du PCME.

À y voir de plus près, il faut que les écoles élémentaires pikinoises disposent au moins d'un espace carré de 48 mètres de côté puisque le diamètre du cercle est de 47.76 m soit un rayon de 23.88m pour que l'EPS normale du CE1 au CM2 soit possible. Le calcul de la racine carrée de la borne supérieure de chaque intervalle espace du tableau fait état de 2 établissements (Khourounar et Baba Gangué) disposant de surfaces de récréation suffisamment grandes pour pouvoir abriter ce terrain. En plus, sur les 7 se trouvant dans l'intervalle (2001 – 2500 m2), seuls 2 établissements disposent d'une aire de jeu suffisamment grande pour la pratique du PCME. Il s'agit de l'école Pikine 7A et de l'école 3A. Dans la cour de cette dernière se trouvent des arbres pouvant constituer des blocages au traçage du cercle. En dernière instance, seules 3 écoles élémentaires, soit 8 %, ont des espaces pouvant abriter une leçon de PCME. Toutefois, les inspecteurs font remarquer « *qu'il s'agit de cours de récréation utilisés aussi pour l'EPS. Des aménagements sont donc possibles (bancs en ciment, espace vendeurs, etc.) Les terrains spécifiquement réservés au sport n'existent plus dans les écoles élémentaires de l'IEF de Pikine. Les premières écoles en disposaient et maintenant, sur ces espaces d'autres établissements sont construits.* » En effet, les écoles B étaient des terrains d'EPS des écoles A qui, jusqu'aux années 80 étaient les seules qui existaient. Il s'en est suivi ce que nos interlocuteurs ont appelé la "traque des espaces" pouvant abriter des salles de classe dans les écoles. Sur les cours de récréation, des bâtiments construits dans le peu d'espace de jeu qui existe donnent de nouvelles configurations spatiales aux établissements. Le traçage du cercle de PCME y est impossible. Sur les 36 écoles primaires publiques, 17 ont été complètement métamorphosées. Le calcul des moyennes des dimensions de ces espaces généralement rectangulaires qui nous ont été fournies par les enseignants a donné 28 m de longueur sur 11 m de largeur. Il s'agit donc de couloirs.

En somme, seuls 8 % des écoles élémentaires de l'IEF de Pikine ont actuellement une configuration spatiale qui favorise la pratique du PCME dans un seul plateau. Il n'y a pas d'espace assez grand pour le traçage du cercle de 23.88 mètres de rayon. Des salles de classe sont construites dans les espaces servant à la fois de cour de récréation et de terrain de d'EPS et les écoles scindées en deux établissements ; Ce qui donne naissance à des couloirs très étroits pour la pratique du PCME qui exige aussi des effectifs sur mesure.

1.2. La dialectique effectif-espace au PCME, une question pendante

Après avoir ratifié les résolutions de la conférence mondiale de Jomtien en 1990, le Sénégal a mis en place le plan décennal de l'éducation et de la formation dont le premier axe est l'accès. Cette politique coïncide, en banlieue dakaroise, avec un boom démographique d'où la problématique de la gestion des effectifs par rapport aux espaces d'EPS qui sont les cours de récréation. Le tableau suivant permet d'établir les rapports entre les effectifs en moyenne du CE1 au CM2 dans chaque école primaire de l'IEF de Pikine et les espaces disponibles pour l'EPS.

Surf eps m2 / Effectifs	0 à 500	501 à 1000	1001 à 1500	1501 à 2000	2001 à 2500	+2500	Total	%
- 30 élèves	0	0	0	0	0	0	00	00
31 à 50	0	0	0	1	0	0	01	4
51 à 70	1	1	1	3	1	0	07	19
71 à 90	0	2	7	8	5	2	24	66
91 à 110	0	0	2	1	1	0	04	11
+ 110 élèves	0	0	0	0	0	0	00	00
Nbre écoles	01	03	10	13	7	2	36	
%	3	8	28	36	19	6	100%	

Tableau 3 : Le rapport effectif et espaces d'EPS à Pikine.

Source : Enquête Souleymane Diallo, Mai-juin 2018.

Selon la Protection civile (1986, p.9) du Sénégal, les écoles doivent être construites dans le respect de certaines normes : « La surface de la cour de récréation doit respecter les normes c'est-à-dire qu'elle doit être 3 fois plus grande que la surface construite. Précisément, il faut 5 m2 de cour pour chaque élève. » Parallèlement, la circulaire 00042 reprise par S. Mbengue et al. (1987, p. 21) précisent que : « l'effectif adéquat en éducation physique et sportive par le procédé de compétitions multiples par équipes est de 54 élèves. » Ainsi, les corrélations entre les effectifs et les espaces dans lesquels les leçons d'éducation physique et sportive sont faites dans l'IEF de Pikine montrent que les élèves sont à l'étroit pendant la récréation et au cours d'EPS. En effet, 24 établissements ont des effectifs moyens du CE1 au CM2 compris entre 71 et 90 élèves par classe soit un pourcentage de 66 %. Parmi eux, seules 2 écoles ont des espaces suffisamment grands pour abriter le PCME selon la méthode du cercle. Les aires de jeu de 5 autres écoles ont entre 2001 et 2005 m2 de surface. Les effectifs sont pléthoriques et les cours de récréation sont petites. La situation est encore plus catastrophique pour les 12 écoles restantes et ayant des effectifs allant de 71 et 90 élèves en moyenne par classe. Les cours sont encore plus petites. Généralement, les effectifs impliquent des classes spéciales c'est-à-dire des *doubles flux*[4].

En outre, 7 établissements se situent dans l'intervalle-effectif moyen (51 – 70) et n'ont pas de cour de récréation où il est possible de tracer un cercle de 23.88 m de rayon. En conséquence, le PCME par la méthode du cercle y est impossible. La situation est encore plus alarmante pour 4 écoles élémentaires soit 11 % des établissements dans lesquels 91 à 110 écoliers sont regroupés dans chaque salle de classe. Enfin, il n'y a qu'un seul établissement qui a, en moyenne, un effectif normal pour le PCME, mais qui ne dispose que des couloirs pour l'EPS.

En somme, les effectifs dans les écoles primaires de l'IEF de Pikine sont pléthoriques et dépassent largement le seuil recommandé en PCME. Mieux, les espaces pour accueillir cette discipline sont très petits en référence aux normes de la méthode du cercle qui est obligatoire du CE1 au CM2. Dès lors, des adaptations didactiques s'imposent.

2. Les adaptations didactiques préconisées au PCME

Dans le PCME, les activités se font de manière concomitante et bien organisée par les écoliers eux-mêmes sous forme d'unité de travail sous la supervision de l'instituteur qui a un objectif spécifique dans la dominante. Compte tenu de la petitesse des espaces et des effectifs pléthoriques des classes devant faire le PCME, des réadaptations « *pédagogiques des conduites motrices* » des écoliers pour parler comme P. Parlebas (1981) sont préconisées par les instituteurs de l'IEF de Pikine.

---

4. Pour favoriser l'accès à l'éducation pour tous les enfants en âge d'aller à l'école, le système du double flux a été institué dans les années 90. Il s'agit, face à la demande de plus en forte en banlieue, de faire gérer à instituteur deux groupes pédagogiques de même niveau, dans un seul local et de manière alternative.

2.1. La gestion de l'espace pour la pratique du PCME

Depuis la Charte internationale du sport (UNESCO, 1978, Article1, alinéa 5)[5] stipulant que :

« (…) tout système éducatif doit s'assurer que des cours d'éducation physique de qualité et inclusifs, de préférence quotidiens, soient inscrits en tant qu'activité obligatoire dans les programmes de l'enseignement primaire et secondaire. (…) »

et la Circulaire 00042, le PCME se pose comme une exigence du CE1 au CM2. Toutefois, dans le contexte pikinois, il est quasiment impossible de faire l'EPS sur un seul plateau circulaire de 47.76 m de diamètre. Alors les instituteurs s'organisent en fonction des espaces disponibles. Les stratégies utilisées sont déclinées dans le tableau suivant :

Stratégies d'utilisation de l'espace	Effectif	%
Je fais le PCME sur un seul plateau circulaire	01	04 %
Je fais le PCME sur un seul plateau rectangulaire	00	00 %
Je fais le PCME sur un seul plateau de manière alternative	04	14 %
Je fais le PCME sur deux plateaux séparés	14	50 %
Je fais le PCME sur trois plateaux distants	08	28 %
Autres réponses	01	04 %
Total	28	100 %

Tableau 4 : Les modalités d'utilisation de l'espace au PCME.

Source : Enquête Souleymane Diallo, Mai-juin 2018.

Dans la pratique du PCME, la classe doit être divisée idéalement en trois équipes. Les éléments de chacune d'elles, en fonction des trois disciplines sportives à faire, sont répartis en trois spécialités. Les 3 sous-groupes des 3 grandes équipes évoluant dans une aire réservée à un sport constituent une unité de travail. En clair, chaque unité de travail se compose de trois équipes, et pratique une seule discipline sportive durant la séance d'EPS. Dans l'UT, les équipes se rencontrent sous forme de tournoi c'est-à-dire, les membres d'une équipe participent à la compétition en rencontrant tour à tour ceux des deux autres équipes. Les joueurs de la 3ᵉ équipe assurent le rôle d'officiels. L'important est de constater qu'aucune équipe ne reste inactive durant toute la séance. Le cercle est conçu pour abriter toutes ces rencontres. À défaut de celui-ci, la détermination d' «objet-frontière » (« boundary object »), concept développé par Star et Griesemer (1989, p.389) puis par Fujimura (1992, p.171) pour désigner les lieux réadaptés où se déroulent les interactions entre des acteurs, est nécessaire. Le cas échéant, les 50 % des enseignants utilisent deux plateaux séparés. Ils représentent 14 individus de notre échantillon. Les 8 autres venant en deuxième position de représentativité

5. UNESCO (1978), Charte internationale de l'éducation physique et du sport, première résolution importante en faveur de l'éducation physique et sportive le 21 novembre 1978. Le texte est composé d'un préambule et de 12 articles mettant respectivement en exergue le caractère fondamental du droit à la pratique de l'éducation physique et du sport, son importance, son enseignement, son encadrement, les stratégies à mettre en branle pour son développement, etc.

le font sur 3 plateaux distants. Cette situation est révélatrice de la puissance de l'espace disponible à modifier certains paramètres de l'organisation des jeux. En effet, la séparation est de mise puisque ce sont des plateaux différents qui abritent les compétitions. Selon les inspecteurs : « *Dans les blocs scolaires, les couloirs restants dans chaque école abritent chacun un atelier (Unité de travail). En dernière instance, le PCME se fait sur 3 cours de récréation séparées par des salles de classe et où il est impossible pour le maitre de contrôler en même temps tous les élèves.* »

En outre, le respect des dimensions réglementaires de 30 m pour la longueur des couloirs de course de vitesse pose problème, car cette distance est dans beaucoup d'établissements très difficile à avoir. Il en est de même pour les 6 couloirs recommandés pour la vitesse. À la place, seuls 2 sont matérialisés avec de la cendre ou de la chaux. Le terrain de 40 m de long et de 20 m de large est réduit jusqu'à sa plus simple expression. Il est tracé non pas en fonction des normes, mais en tenant compte de la surface de jeu disponible. Cela signifie que le problème d'espace impacte aussi sur le déroulement normal des compétitions en vitesse. Pour les sauts, hormis l'isolement du plateau, les dimensions des sautoirs sont généralement respectées.

Enfin, certains maitres ne disposent que d'un seul espace. Ils sont au nombre de 4 sur les 28 interrogés soit un pourcentage de 14 % des instituteurs. Chez eux, les unités de travail ne font pas les activités de manière concomitante, mais alternativement. Chaque atelier a son jour de PCME. Les élèves des autres ateliers sont des spectateurs et des supporters. C'est après 3 séances alternées que la proclamation des résultats généraux et faites. Pour les inspecteurs « *l'esprit du PCME est carrément bafoué avec cette façon de faire, car des élèves peuvent rester 3 semaines sans "compétir". Ils sont tout simplement démotivés.* »

En somme, la pratique du PCME exige un seul plateau circulaire dans lequel les activités doivent se dérouler en même temps alors qu'à Pikine les instituteurs utilisent en majorité 2 à 3 couloirs dont la petitesse des dimensions exige des réorganisations didactiques. Pire encore, l'alternance est de mise dans les écoles où il n'existe qu'un seul espace de jeu.

2.2. Les réorganisations préconisées

Avec le procédé de compétitions multiples par équipes des effectifs sont fixés sur mesure en fonction des espaces réservés aux jeux. Toutefois, dans le contexte pikinois, le problème d'étroitesse des aires de jeu faisant face aux grands effectifs des classes impliquent réajustements dans la pratique de l'EPS du CE1 au CM2. Sur ce, J. Defrance (2003, p.96), analysant des situations quasi similaires, fait constater que :

> « le sport est défini en pratique par ceux qui l'instituent et il est constamment redéfini à mesure qu'il se construit, construction progressive impulsée par les besoins circonstanciels d'adaptation. »

Dans l'IEF de Pikine, les réaménagements à des fins d'accommodation imposés par les aires de jeu et les effectifs ont favorisé les réorganisations suivantes :

Terrain PCME Effectifs	1 plateau circulaire	1 p l . alternativement	2 p l a t . séparés	3 platdistants	Autre	Total	%
31 à 50	0	0	0	0	0	0	00%
51 à 70	1	0	4	0	0	5	18%
71 à 90	0	1	8	7	1	17	61%
91 à 110	0	3	2	1	0	6	21%
Total	1	4	14	8	1	28	
%	4%	14%	50%	28%	4%		100 %

Tableau 4 : Le rapport effectifs et espaces d'EPS à Pikine pour les 28 maitres

Source : Enquête Souleymane Diallo, Mai-juin 2018.

À Pikine, l'étroitesse des espaces et le caractère pléthorique des effectifs se conjuguent pour imposer aux instituteurs des réaménagements didactiques au PCME. En effet, les 28 instituteurs interrogés ont des effectifs compris entre 51 et 110 élèves. Parmi eux, 17 c'est-à-dire les 61 % gèrent dans une seule salle de classe des écoliers dont les nombres varient de 71 à 90. Selon les configurations spatiales des cours de récréation, ils s'organisent pour faire le PCME sur 2 et 3 plateaux respectivement pour la majorité d'entre eux c'est-à-dire les 8 et les 7 instituteurs. Le cas échéant, les effectifs des équipes sont gonflés de telle sorte que des unités de travail ou ateliers peuvent se retrouver avec 30 joueurs au lieu des 18 recommandés. Dans la majorité des cas, les plateaux sont séparés par des salles de classe et/ou distants d'au moins 70 mètres. Il est donc impossible pour les maitres de superviser tous les ateliers. Des élèves sont responsabilisés pour le faire. Il s'y ajoute la création de remplaçants pour chaque équipe. En conséquence, certains écoliers auront un temps de jeu petit par rapport au 12 minutes que dure un match. D'autres sont réduits à des officiels permanents. Ceux qui ont la malchance d'être en situation de handicap portent des banderoles de couleurs verte, jaune ou rouge pour montrer leur appartenance à une équipe, mais ne s'occupent que de la boite à pharmacie. Ils ne jouent pas. Le principe de l'inclusion en EPS n'est donc pas une réalité. En outre, un seul maitre fait le PCME avec cet effectif (71 à 90) sur un plateau. Ses 3 unités de travail tiennent les compétitions sur le même terrain pendant 3 jours différents. Ainsi, 2 autres séances sont ajoutées à l'emploi du temps. Pour les inspecteurs : « *Cette façon de faire, est à la fois démotivante, non réglementaire et comporte beaucoup de risques, car les joueurs sont nombreux dans le plateau.* » Le malheur c'est que 3 autres maitres se conforment à cette démarche avec des effectifs plus grands encore se situant entre 91 et 110 écoliers.

Au total, l'écrasante majorité des enseignants ont des effectifs très grands et font le PCME sur 2 ou 3 plateaux séparés et/ou distants ou même sur un seul terrain étroit et de manière alternative. Ainsi, les principes du PCME liés à l'espace de jeu, au temps de jeu, à la participation effective de tous, à la limitation du nombre d'élèves, etc. sont transgressés à cause de l'étroitesse des espaces et de la surpopulation des classes.

Conclusion

En définitive, dans l'IEF de Pikine, les grands espaces pour le sport sont transformés en écoles et celles qui avaient des cours assez grandes sont renforcées en salles de classe et scindées en 2 écoles. Ainsi, les espaces disponibles sont des couloirs servant de cours de récréation et utilisés par les instituteurs pour les cours d'EPS par le procédé de compétitions multiples par équipes qui a des exigences en matière d'aire de jeu et d'effectifs. La relation dialectique entre espace et effectif y est problématique. En effet, le PCME se fait de manière réglementaire sur un seul plateau de forme circulaire nécessitant un diamètre de assez grand de 47.76 m et dans lequel 3 unités de travail de 18 joueurs chacune doivent évoluer concomitamment en 60 minutes. Quasiment, aucune école ne remplit ces conditions. Mieux, les espaces de jeu sont des couloirs de forme rectangulaire séparés et/ou distants devant accueillir des effectifs qui dépassent largement les normes. Ainsi, des réadaptations didactiques, spatiales et temporelles sont préconisées par les instituteurs. Les déroulements de certains jeux et sports sont modifiés, la participation effective de tous les écoliers aux compétions mise en cause, les emplois du temps réaménagés par les maitres eux-mêmes, l'ineffectivité du contrôle des activités par l'enseignant est de mise, etc. Bref, l'étroitesse des espaces de jeu et les effectifs pléthoriques prennent le dessus sur les principes sacro-saints du procédé de compétitions multiples par équipes (PCME) tels que déclinés dans la circulaire 00042.

Bibliographie

Defrance Jacques, Sociologie du sport, Paris, La Découverte, 4e édition, 2003.

Etat du Sénégal, Document de normalisation des édifices publics, Protection Civile, 1986.

Fujimura J., Standardized Packages, Boundary Objects and Translation, In Pickering W. S. F. (dir.), Science as practice and culture, Chicago, University of Chicago Press, 1992, p. 168-211.

Ghiglione (R.), et Matalon (B.), Les enquêtes sociologiques : théories et pratiques, Paris, Éditions A. Colin,1991.

IEF Pikine, « Carte scolaire du département de Pikine. » 2015.

Issa Kane, Éducation physique et pratique sportive scolaire : liaison entre l'activité scolaire et les enjeux du sport de haut niveau, Mémoire CAIEE, FASTEF, 2015.

Leclercq André, Le sport au service de la vie sociale, In Rapport section '' Cadre de vie'' du Conseil Economique et Social français, Avril 2007.

Mbengue Saliou, Mbodj Ndéné, Ndour Serigne Mbaye et Sow Seydou (1987), L'éducation physique et sportive à l'école élémentaire, Dakar, Éditions NEAS, 1987.

Ministère de l'Éducation nationale du Sénégal, Guides pédagogiques révisés, 2013.

Parlebas Pierre, Élément de sociologie du sport, Paris, Éditions PUF, 1986.

Parlebas Pierre, Lexique commenté en sciences de l'action motrice, Paris, INSEP, 1981.

République du Sénégal, Circulaire interministérielle 00042 du 16 mars 1973 portant organisation du PCME, In Journal officiel N° 4759 du 1er Mars 1980.

République du Sénégal, Loi 84-59 du 23 mai 1984 portant charte du sport au Sénégal, 1984.

Rousseau Jean Jacques, Émile ou l'Éducation, Paris, Éd. Garnier Flammarion, 1966.

Star S. et Griesemer J. R., Institutional ecology, "translations" and boundary objects : Amateurs and professionals in Berkeley's Museum of Vertebrate Zoology, Social studies of science, Vol. 19, n°4, 1989, p. 387-420.

UNESCO, Charte internationale de l'éducation physique et du sport, le 21 novembre 1978.

Peuplement et organisation de l'espace géographique sénégalais

Abdourahmane Mbade Sène

Université Assane Seck de Ziguinchor,

UFR Sciences et Technologies, Département de Géographie

Résumé : *L'espace géographique revêt un intérêt particulièrement important pour la géographie, car celle-ci est souvent définie avec le concept d'espace. La problématique de l'article aborde les représentations, le peuplement et l'organisation de l'espace géographique sénégalais. La méthodologie est basée sur l'analyse spatiale de données statistiques et la cartographie. Les résultats révèlent que l'espace géographique sénégalais est caractérisé par un peuplement inégal lié à trois principaux facteurs : colonisation, urbanisation et littoral. La colonisation a stimulé un processus d'urbanisation qui a favorisé la concentration des grandes agglomérations dans l'espace du littoral ouest. Malgré un début de renforcement des villes secondaires de l'intérieur, Dakar continue d'enregistrer les plus importantes densités. En conclusion, l'espace géographique sénégalais est à la fois « absolu » par ses délimitations administratives stables, « relatif » par sa dynamique de peuplement évolutif et inégal, mais aussi « perçu » par ses représentations de la population.*

Mots clés : *espace géographique, cartographie, population, Sénégal.*

Introduction

L'espace est un concept utilisé par plusieurs disciplines et présente des usages et des acceptions différents. Étudier l'espace du point de vue géographique peut revêtir un intérêt tout à fait particulier, car la géographie est souvent définie avec le concept d'espace. Selon Bailly et Béguin (2008 : 58) « *C'est aux aspects spatiaux de la vie des sociétés que la géographie s'intéresse ; c'est aux connaissances de l'espace et aux pratiques spatiales qu'elle s'attache. Le concept d'espace est donc tout à fait central pour elle : il est un fondement de la géographie* ». En général, la géographie est considérée comme l'étude de l'organisation et de la production de l'espace par les populations humaines, ou comme connaissance de l'espace et de son organisation (Bailly et Ferras, 2004 ; George, 1970 ; Hartsorne, 1959).

Cependant, le concept d'espace présente diverses représentations et acceptions en géographie. Plusieurs tendances se dégagent avec l'évolution de la discipline au cours du temps : « espace absolu », « espace relatif », « espace perçu » (Guy Di Méo, 2014 ; Bailly et Béguin, 2008). Dans tous les cas, on peut retenir que le concept espace est maintenant le plus usité dans les définitions de la géographie. Il apparait également que l'étude de son organisation occupe une place privilégiée dans ses démarches.

L'objectif de l'article vise à comprendre ce qu'est l'espace géographique. La problématique et le cadre théorique abordent les questions relatives à l'analyse de l'espace et son organisation par la géographie. Sur le plan méthodologique, nous essayons d'appliquer le concept d'espace géographique sur un cas pratique : l'étude de l'organisation de l'espace sénégalais à travers son peuplement. Comment se répartissent les populations sur l'espace sénégalais ? Quels sont les facteurs qui expliquent cette répartition ? Les méthodes et les techniques qui sont mobilisées pour répondre à ces questions sont celles de l'analyse spatiale : l'analyse de données statistiques et la cartographie avancée. L'article s'articule autour de trois parties. La première aborde le cadre théorique et méthodologique de l'étude. La seconde commente les résultats obtenus. Enfin, la troisième partie discute les résultats obtenus à partir d'autres travaux publiés sur la thématique.

1. Cadre théorique et méthodologique
1.1.   L'espace en géographie

Dans les analyses de la géographie, deux éléments fondamentaux reviennent constamment : l'espace et le temps. Dans cette étude, nous nous intéressons à l'espace qui est une des principales constantes de la discipline géographique. La géographie s'intéresse, en fait, aux aspects spatiaux de la vie des sociétés, aux connaissances de l'espace et aux pratiques spatiales (Bailly et Béguin, 2008). Le concept d'espace est donc central en géographie dont il en est le fondement. Pour preuve, plusieurs auteurs relient directement la définition de la géographie avec l'espace. Pour George (1970), la géographie est la « *science totale de l'espace humanisé* ». Hartshorne (1959), quant à lui, considère la géographie comme l'étude de la différenciation spatiale de la surface de la Terre. Mais, quel est cet espace ? Bailly et Béguin (2008) ont identifié, à partir d'une revue de la littérature, trois catégories d'espaces : (1) absolu, (2) relatif, (3) perçu et vécu.

1.1.1   Espace absolu

Au début de la géographie, l'espace dit « absolu » prévalait. Cet espace est cartographique et forme un cadre de référence dans lequel le géographe localise les objets dont ils étudient. La surface de la Terre est quadrillée par des parallèles et des méridiens qui forment un système de coordonnées permettant de localiser de façon précise tout point du globe. Le lieu, qu'il soit sur le plan administratif, une commune, un département, une région ou un État, est alors considéré comme un point de la surface terrestre défini par sa latitude et sa longitude. L'altitude peut être rajoutée lorsqu'on veut mener une étude en trois dimensions. Le temps peut être également utilisé comme quatrième dimension si l'on souhaite travailler sur une localisation dans l'espace-temps. L'espace, dans cette acception, est alors ne fait de points définis par leurs coordonnées. Bailly et Béguin (2008) considèrent ainsi l'espace comme une catégorie sans substance ; il est un contenant et la substance est un contenu. Autrement dit, en géographie, on distingue la localisation à l'aide d'un système de coordonnées des propriétés du contenu définies par un langage de substance. Par exemple, en référence à notre cas pratique sur le peuplement du Sénégal, la région de Ziguinchor est un lieu localisable dans l'espace par sa latitude et sa longitude alors que son taux d'urbanisation est une propriété qui le caractérise de façon non spatiale. L'espace absolu, un contenant dans lequel s'inscrivent les objets et les événements, permet alors de répondre à l'omniprésente question géographique « où ? ».

1.1.2   Espace relatif

Toutefois, dans le temps, les géographes ont éprouvé le besoin d'enrichir le concept d'espace absolu. Ils considèrent qu'un contenant seul est vide. Ainsi, les phénomènes qu'ils analysent doivent faire partie de l'espace et de sa caractérisation (Bunge, 1966 ; Harvey, 1969 ; Sack, 1973). Selon Sack (1973), le concept d'espace n'est utile en géographie que s'il bénéficie d'un support matériel ; sans cela il n'est que pure géométrie. L'espace devient alors à la fois le contenant et le contenu et se définit comme espace « relatif ». Par exemple, la région de Ziguinchor, en plus de ses coordonnées (latitude et longitude), est également définie par divers attributs comme sa population, ses activités, son relief, sa pluviométrie, etc. La carte est en fait une bonne représentation de l'espace géographique constitué à la fois de coordonnées, de distances, de surfaces, mais également de diverses propriétés (densités, populations, taux d'urbanisation, etc.). De même, la représentation de la matrice géographique (Tab. 1) où les lieux figurent en lignes et leurs attributs en colonnes traduisent une réelle unité entre les coordonnées des lieux et leurs caractéristiques.

Attributs Régions	Latitude	Longitude	Population totale	Taux urbanisation	Densité démographique …
Dakar					
Thiès					
…					
Ziguinchor					

Tableau 1 : Matrice géographique des attributs démographiques des régions du Sénégal

Source : A. Sène

L'espace relatif renvoie également à l'évaluation des distances en termes de temps de parcours et non en kilomètres. Depuis le développement des moyens de transport rapide, on parle de plus en plus de « village planétaire » pour évoquer la proximité des lieux devenus plus faciles à joindre dans le temps et pourtant éloignés dans l'espace. Cet espace relatif complète le précédent et est très utilisé par les géographes actuels pour étudier des phénomènes comme les migrations, les transports, la localisation d'infrastructures ou d'activités économiques.

1.1.3 Espace perçu

L'idée d'espace perçu renvoie à l'image d'une région, d'un lieu dont les axes de lectures sont sélectionnés à travers nos représentations. Selon Lefebvre (1974), le quotidien des individus, leurs pratiques spatiales fournissent le matériau de l'espace perçu. Il est considéré par Bailly et Béguin (2008) comme un territoire dans lequel des groupes aux représentations différentes agissent pour faire valoir leurs pratiques sociales et spatiales. Il a, selon ces auteurs, « *une charge symbolique, nourrie d'archétypes culturels et universels* ».

Si l'espace relatif renvoie aux études spatiales collectives de la « *macrogéographie* », c'est-à-dire la géographie des aires régionales ou plus vastes, davantage fondée sur des données agrégées, l'espace perçu s'intéresse aux petits groupes et même aux individus pour mieux comprendre leurs pratiques spatiales. Il renvoie alors à la « *microgéographie* », qui est celle des aires plus petites, davantage fondées sur des comportements individuels. Par exemple, notre analyse sur les inégalités de peuplement du Sénégal est basée sur l'analyse de données démographiques régionales, notamment les taux d'urbanisation, les densités, etc. Dans ce cas, elle s'intéresse à l'espace relatif. Elle est complétée par une analyse plus fine de la mentalité, des attitudes et du comportement des colonisateurs et des populations afin de mieux comprendre les raisons qui motivent la majorité des groupes sociaux à s'installer dans tel endroit de l'espace national au détriment d'autres. Les motivations qui poussent certaines personnes à déserter des lieux pour s'installer dans d'autres sont ainsi étudiées. L'analyse s'intéresse, dans ce cas, à l'espace perçu.

1.2 La méthodologie

La méthode d'analyse comporte trois volets. D'abord, est réalisée la collecte de données. Les données recueillies proviennent de l'Agence Nationale de la Statistique et de la Démographie (ANSD, 2002 et 2013). Cette institution administrative est le service officiel des statistiques du Sénégal et est chargée de la production et de la diffusion des données statistiques. Le choix des indicateurs est lié, d'une part, à leur pertinence pour réaliser une étude des inégalités socio-spatiales de peuplement des différentes régions du Sénégal, mais également à leur disponibilité auprès de l'ANSD. Au total, 6 indicateurs répartis dans les 14 régions administratives du Sénégal sont mobilisés (Tab. 2).

INDICATEURS	DÉFINITION ET CALCUL
Taux d'évolution moyenne annuelle de la population (rurale et urbaine) entre 2002 et 2013	TEM (annuelle) = ([Pn – Po] / Po)/n) ×100 avec Avec Pn : population de 2013 ; Po : population de 2002, n : nombre d'années entre 2002 et 2013 = 11 ans.
Proportion de la population urbaine (en %) d'une région	C'est le rapport entre la population urbaine (région) sur la population urbaine (pays) multiplié par 100.
Évolution des taux d'urbanisation entre 2013 et 2025	C'est la différence entre les taux d'urbanisation de 2025 et 2013 divisé par le taux d'urbanisation de 2013 et multiplié par 100.
Densité (habitants/km²)	C'est le rapport entre le nombre d'habitants de la population d'un espace donné sur sa superficie.
Évolution des densités entre 2013 et 2025	C'est la différence entre les densités de 2025 et 2013 divisé par la densité de 2013 et multiplié par 100.
Agglomérations de plus de 10 000 habitants	Correspondent en général aux espaces urbains du Sénégal.

Tableau 2 : Indicateurs utilisés dans l'analyse spatiale

Source : A. Sène

Ensuite, à l'aide du logiciel de cartographie ArcGis, des techniques de traitement de l'information spatiale et statistique sont appliquées. Cette section correspond à l'analyse de la distribution spatiale des indicateurs démographiques. Elle est suivie par la modélisation des résultats obtenus, toujours avec le logiciel ArcGis. Ici, l'analyse spatiale constitue un des cadres méthodologiques de la modélisation. Le modèle obtenu décrit en quelque sorte la spécificité du peuplement et de l'aménagement de l'espace sénégalais. Enfin, cette étape est suivie par une discussion des résultats et une conclusion.

2. Importantes disparités spatiales du peuplement sénégalais

2.1. Les incidences de la colonisation sur l'organisation de l'espace

La structure de l'espace sénégalais telle qu'elle apparaît aujourd'hui est fortement liée à l'héritage du système colonial de contrôle et d'exploitation de l'espace. En effet, de tous les États d'Afrique occidentale francophone, le Sénégal est celui qui a le plus bénéficié de l'équipement moderne apporté par la colonisation. Contrairement aux autres États, il disposait déjà aux premières heures de l'indépendance d'un véritable réseau de chemin de fer. Il disposait également du plus grand nombre de longues routes bitumées, du plus grand nombre de villes modernes, l'industrie la plus développée ainsi que l'équipement social le plus important (Seck, 1970). Seulement, ces infrastructures ne répondaient qu'aux besoins de l'économie de traite et de la spécialisation dans le cadre de l'ancienne Afrique-Occidentale Française (AOF) (Seck et Mondjannagni, 1975). Les conséquences se manifestent encore aujourd'hui par de grands déséquilibres avec le partage de l'espace national en deux grandes zones : la zone côtière ouest et celle occupée par le reste de l'espace national.

La zone côtière ouest est appelée « tiers utilisé » du Sénégal. Principalement localisée dans la partie Nord-Ouest du pays, cette zone concentre l'essentiel des activités commerciales et industrielles du Sénégal ainsi que la quasi-totalité des infrastructures de communication terrestres (Sène et Codjia, 2016). Par exemple, toutes les autoroutes relient des villes de l'Ouest à la capitale Dakar qui renferme tous les échangeurs du pays. Dakar concentre également sur une superficie de 0,3% de l'espace national, 75% des salariés et 95% des entreprises industrielles et commerciales (Alvergne, 2008 : 70). Ces inégalités notoires expliquent l'usage du slogan : « *Dakar et le désert sénégalais* ». À l'opposé de cette zone, se dresse le reste de l'espace national caractérisé par un plus faible peuplement et équipement en infrastructures.

Au lendemain de l'indépendance du Sénégal, le gouvernement a établi successivement plusieurs Plans dont les finalités consistaient à résorber les déséquilibres spatiaux hérités du modèle colonial. Un premier plan quadriennal (1961-1964) est entré en exécution en juillet 1961, suivi d'un deuxième plan (juillet 1965-juin 1969) puis d'un troisième (juillet 1969-juin 1973). Ces plans devaient tous contribuer à atténuer les déséquilibres, notamment développer des infrastructures de communication en vue du désenclavement de la Casamance comme du Sénégal oriental par la création de structures modernes d'encadrement des ruraux, une politique de l'habitat dans les centres urbains secondaires, etc. En dépit de ces dispositifs de développement qui intègrent fortement la dimension de l'aménagement du territoire, il reste encore de nos jours à résoudre le grand problème de la résorption des multiples déséquilibres de l'espace national sénégalais.

Les régions du Sénégal sont caractérisées par des superficies et une structure de peuplement très inégales (Tab. 3). Par exemple, la région de Dakar concentre plus de 3 millions de personnes sur une superficie de 550 km², soit 23% de la population totale, alors que Kédougou n'enregistre qu'une population de 151 357 habitants sur une superficie de 16 896 km². Les écarts des pourcentages de la population urbaine des différentes régions du Sénégal sont également énormes. Ils varient de 15,1 % pour la région de Kaffrine à 96,5 % pour celle de Dakar. On note aussi une grande disparité des taux d'urbanisation des régions : par exemple, 97,3 % pour Dakar contre 51,1 % pour Ziguinchor et 13,6 % pour Fatick.

RÉGIONS	Population urbaine	population rurale	Population totale	Taux ur-banisation	Densité (habitants/km²)	Superficie (km²)
DAKAR	3 026 316	110 880	3 137 196	97,3	5704	550
ZIGUINCHOR	252 256	296 895	549 151	51,1	75	7 339
DIOURBEL	239 870	1 257 586	1 497 455	63,7	289	4 359
SAINT-LOUIS	412 037	496 905	908 942	30,5	47	19 044
TAMBACOUNDA	161 439	519 871	681 310	18,4	16	42 706
KAOLACK	338 760	622 115	960 875	29,8	183	4 157
THIÈS	872 112	916 752	1 788 864	51,4	271	6 601
LOUGA	189 682	684 511	874 193	21,4	35	29 188
FATICK	110 489	603 903	714 392	13,6	107	7 935
KOLDA	169 637	492 818	662 455	15	48	13 718
MATAM	119 784	442 754	562 539	16,7	19	25 083
KAFFRINE	85 877	481 115	566 992	29,8	51	11 853
KEDOUGOU	37 528	113 829	151 357	18,4	9	16 896
SEDHIOU	87 014	365 980	452 994	15	62	7 293
SÉNÉGAL	6 102 800	7 405 915	13 508 715	47,5	68,6	196 722

Tableau 3 : Matrice géographique des inégalités socio-spatiales des régions du Sénégal,
Source : ANSD, 2013

2.2. Une grande différence d'attractivité des espaces ruraux et urbains

Les taux d'évolution moyenne annuelle élevés des habitants ruraux des régions de Dakar, Ziguinchor et Diourbel s'expliquent par l'attractivité de leurs espaces ruraux qui forment l'arrière-pays de grandes villes très dynamiques (Fig. 1). Pour la région de Dakar, on pourrait évoquer la facilité d'accès à un logement et des perspectives d'accès à des activités génératrices de revenus comme l'horticulture dans les espaces ruraux environnants de la métropole. Pour la région de Ziguinchor, l'accalmie de la crise casamançaise notée au cours de la dernière décennie s'est traduite par un retour progressif des déplacés du conflit vers leurs villages d'origine. Ces déplacés s'étaient réfugiés dans les espaces urbains de la région souvent plus sécurisés et les pays voisins comme la Gambie et la Guinée-Bissau.

À l'inverse, les régions de Kolda, Kaolack et Tambacounda présentent les taux d'évolution de la population rurale les plus faibles. Ces taux sont même négatifs pour Kaolack et Kolda. En d'autres termes, la taille de leur population rurale a baissé entre 2002 et 2013. Ce phénomène est lié à l'exode rural qui affecte leurs espaces ruraux. Leurs campagnes sont donc plutôt répulsives en dépit des importantes potentialités agricoles dont elles disposent.

Par ailleurs, l'évolution de la population sénégalaise montre une tendance globale vers l'augmentation de la population urbaine. Toutes les régions, à l'exception de Dakar et Ziguinchor où les taux d'urbanisation sont déjà élevés, montrent des taux d'évolution de la population urbaine nettement plus élevés que ceux de la population rurale. L'explication ne réside certainement pas sur le facteur de l'accroissement naturel de la population de ces deux catégories d'espace, mais plutôt sur les mouvements migratoires qui vident progressivement les campagnes au profit des espaces urbains. Ce processus d'exode rural, important au niveau national, s'accompagne d'importants phénomènes de périurbanisation des villes. Ce diagnostic montre également les enjeux déterminants sur les transformations des espaces périurbains des grandes villes sénégalaises.

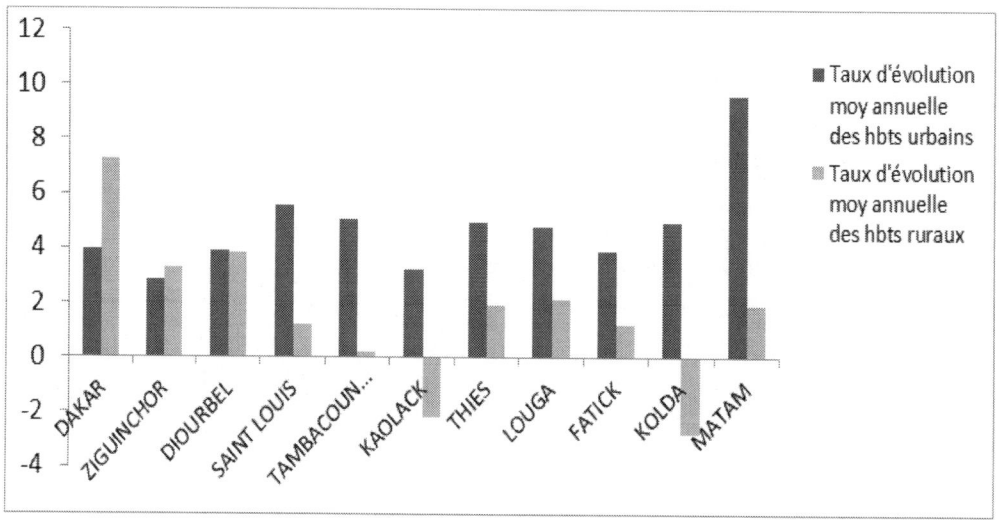

Figure 1 : Taux d'évolution moyenne annuelle de la population urbaine et rurale des régions entre 2002 et 2013

Source : A. Sène (données : ANSD, 2013)

Un phénomène intéressant apparaît également sur la répartition de la population urbaine du Sénégal par région. En fait, les régions nouvellement créées enregistrent les plus faibles proportions de population urbaine. Ainsi, Matam créée en 2001 à partir de Saint-Louis, puis Kaffrine, Kédougou et Sédhiou créées en 2008 respectivement à partir de Kaolack, de Tambacounda et de Kolda présentent toutes des pourcentages de population urbaine inférieurs à 2% (Fig. 2). Le morcellement des régions ne semble donc pas œuvrer en faveur de la création et du développement d'espaces urbains attractifs.

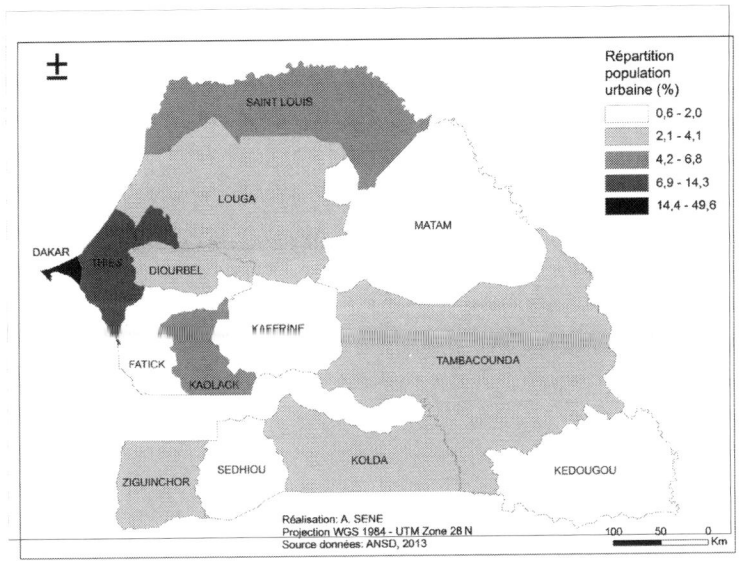

Figure 2 : Répartition des proportions de la population urbaine par région

Source : A. Sène

2.3. Une urbanisation beaucoup plus importante dans l'espace du littoral ouest

En 2013, les régions de Dakar, Thiès, Saint-Louis et Ziguinchor sont les urbanisées du Sénégal. Elles sont toutes des régions côtières qui donnent sur l'Océan Atlantique (Fig. 3). Ainsi, la configuration actuelle de la morphologie urbaine du Sénégal est caractérisée par une répartition inégale sur l'espace national avec les principales villes concentrées sur la frange littorale Ouest (Fig. 4). En revanche, les régions les moins urbanisées dans le Tiers-Ouest, à savoir Fatick et Kaffrine ont une tradition rurale agricole liée à leur localisation géographique dans l'espace du bassin arachidier.

Les projections des taux d'urbanisation qui permettent de déterminer l'évolution de l'urbanisation entre 2013 et 2025 révèlent que la morphologie urbaine va globalement conserver son architecture actuelle. Toutefois, deux dynamiques intéressantes apparaissent : d'abord les régions du fleuve Sénégal, notamment Saint-Louis et surtout Matam, vont connaître une rapide augmentation de leur urbanisation par rapport au reste du territoire national. Ensuite, à l'est des régions actuelles les plus urbanisées vont s'ériger des régions avec une accélération de leur taux d'urbanisation alors plus rapide que leurs voisins ouest. Il s'agit des régions de Thiès, Matam, Kaffrine, Sédhiou et Kédougou respectivement situées à l'est des régions de Dakar, Saint-Louis, Kaolack, Ziguinchor et Tambacounda qui sont au passage les plus urbanisées du Sénégal. Si ce processus, encore timide, se maintient, il pourrait éventuellement transformer la morphologie urbaine du Sénégal avec une diffusion des villes vers l'est du pays.

2.4. Des densités plus importantes dans l'espace des littoraux

La répartition spatiale des densités de la population sénégalaise indique une inégale répartition de celles-ci. Sur la base de la cartographie de la Fig. 5, trois espaces de concentration de la densité apparaissent. Le Tiers-Ouest du pays qui s'ouvre sur le littoral renferme les densités les plus importantes. Il est suivi par les départements situés respectivement de part et d'autre du fleuve Casamance et le long du fleuve Sénégal. Le peuplement du Sénégal, à l'instar de celui de la plupart des pays, est ainsi largement influencé par les espaces littoraux fluviaux et maritimes. En général, les départements dont les territoires n'abritent pas directement de cours d'eau et non situés dans l'ouest du pays sont les plus faiblement peuplés. En guise d'exemple, on peut citer Ranérou, Goudiry, Salemata et Koupentoum.

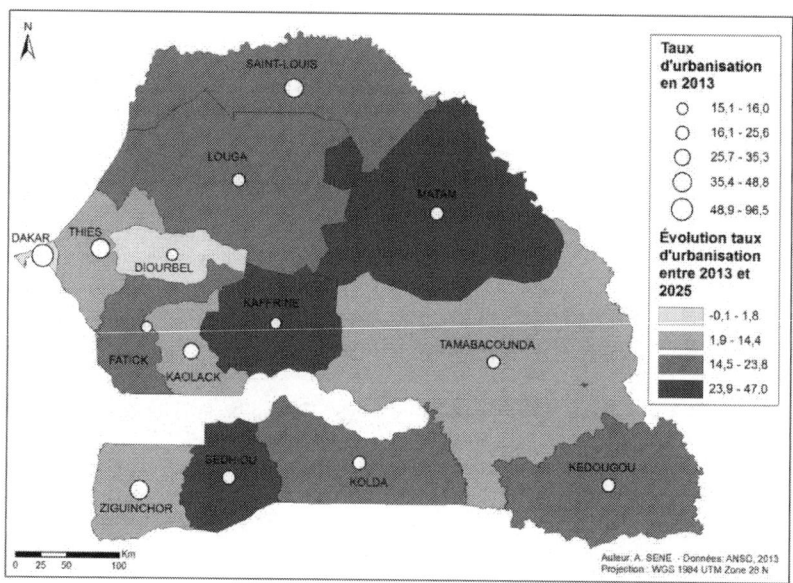

Figure 3 : Évolution des taux d'urbanisation entre 2013 et 2025 par région

Source : A. Sène

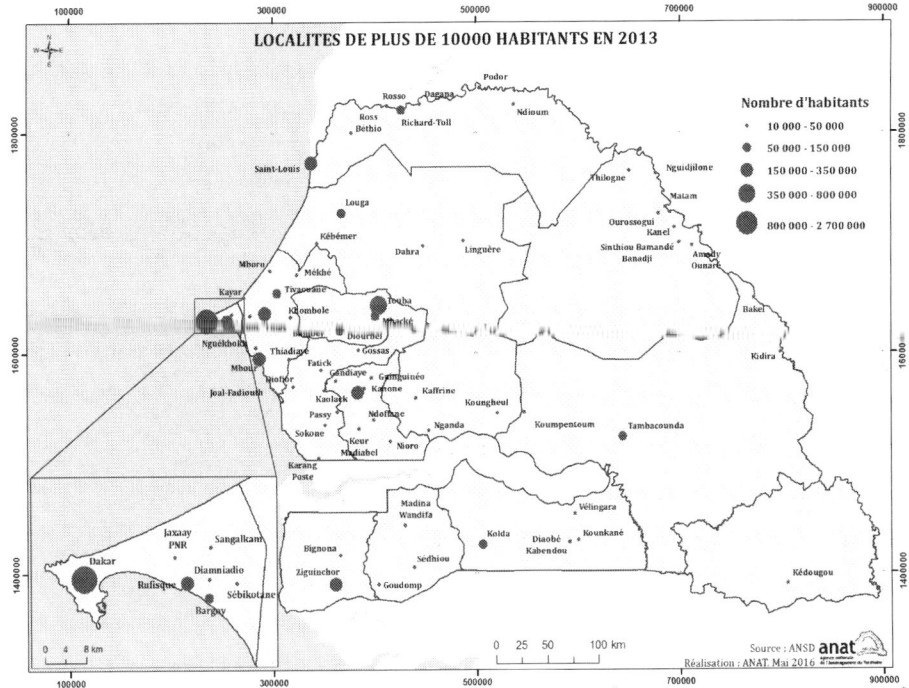

Figure 4 : Répartition spatiale des agglomérations de plus de 10 000 habitants

Source : ANAT, 2016

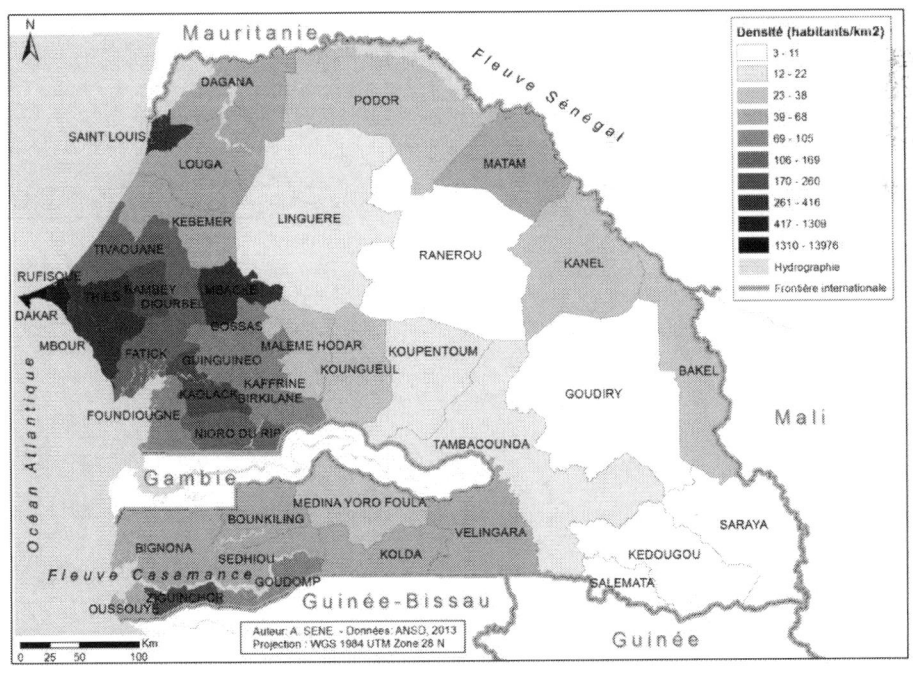

Figure 5 : Répartition spatiale des densités du Sénégal par département

Source : A. Sène

2.5. Dakar, une région aux densités exceptionnellement élevées

À l'horizon 2025, les différents rangs des régions du Sénégal en fonction de leur densité ne vont pas changer. Les régions les plus densément peuplées en 2025 sont les mêmes que celles de 2013. (Tab. 4). Toutes les régions vont enregistrer une augmentation de leur densité. En revanche, elle sera plus rapide pour celles qui ont les plus faibles densités, notamment Matam (56,6%), Tambacounda (53,3%) et Kédougou (49%). Les régions aux plus grandes densités présentent des pourcentages d'évolution relativement plus faibles que la moyenne : Dakar (38,9%), Diourbel (45,6%) et Thiès (37,8%).

Si l'on peut aisément constater une grande disparité de la répartition spatiale des densités et de leur évolution par région, il n'en demeure pas moins que Dakar constitue une exception nationale de par la taille importante de sa densité comparée aux autres régions. En 2013 par exemple, la densité de Dakar (5704 habitants/km^2) est 20 fois plus importante que celle de Diourbel (289,3 habitants/km^2) qui est la deuxième région la plus densément peuplée du Sénégal et plus de 80 fois plus importante que la moyenne nationale (68,6 habitants/km^2).

RÉGIONS	Densité 2013 (habitants/km^2)	Densité 2025 (habitants/km^2)	Évolution 2013-2025 (%)
DAKAR	5704,0	7921,3	38,9
DIOURBEL	289,3	421,0	45,6
FATICK	106,9	160,8	50,4
KAFFRINE	51,3	78,7	53,3
KAOLACK	183,0	264,3	44,5
KEDOUGOU	9,0	13,3	49,0
KOLDA	48,3	70,2	45,5
LOUGA	35,0	48,7	39,2
MATAM	19,1	29,9	56,6
SAINT-LOUIS	47,8	65,3	36,6
SEDHIOU	62,1	93,2	50,1
TAMBACOUNDA	16,0	24,5	53,3
THIÈS	271,0	373,4	37,8
ZIGUINCHOR	74,8	109,6	46,5

Tableau 4 : Évolution des densités des régions entre 2013 et 2025

Source : ANSD (2013)

L'évolution des densités de Dakar montre une constante augmentation entamée déjà en 1976 qui va se poursuivre jusqu'en 2035. Estimée à 1713 habitants/ km^2 en 1976, puis 5704 habitants/km^2 en 2013, les prévisions indiquent des densités qui s'élèveront à plus de 9700 habitants/km^2 en 2035 (ANSD, 2013). Ainsi, si Dakar est aujourd'hui confrontée à des problèmes liés à sa forte densité, il importe de comprendre que les projections à l'horizon 2035 montrent un doublement des densités actuelles dans cette région.

Les enjeux en matière d'aménagement du territoire pour la capitale sont donc énormes tant du point de vue de la construction de logements, de la mise en place de réseaux d'adduction d'eau potable et de réseaux d'assainissement adéquats et adaptés à l'accroissement rapide de la population et de la construction d'infrastructures de transport susceptibles de garantir la fluidité de la mobilité des personnes et des flux de marchandises. Les enjeux sont également énormes en termes d'équité spatiale du peuplement, car les tendances d'évolution notées pour les prochaines décennies indiquent plutôt un maintien des inégalités déjà sévères.

3. Discussion

Le premier résultat de notre analyse montre que le processus d'occupation de l'espace sénégalais par les colonisateurs explique largement son actuel peuplement inégal. Les colons français ont créé les quatre premières communes (Dakar, Gorée, Saint-Louis et Rufisque) entre 1872 et 1887 dans l'espace situé dans le Tiers-Ouest du pays. Ces communes sont à l'origine de la naissance et du développement du réseau urbain sénégalais. Ainsi, l'organisation actuelle de l'espace est liée aux conditions de développement et de domination de type capitaliste avec la construction de pôles de croissance sur la base d'une logique spatiale sélective. Cette logique a entraîné un déséquilibre au niveau de la croissance régionale et urbaine : les territoires intérieurs souvent moins attractifs. Ce résultat que nous avons mis en exergue confirme d'autres travaux qui montrent également que l'occupation de l'espace par les colonisateurs a entraîné des inégalités de peuplement dans plusieurs pays africains (Alvergne, 2008 ; Diop, 2008 ; Dulucq et Soubias, 2004).

L'urbanisation au Sénégal a été également influencée par la colonisation avec une logique de domination et d'exploitation optimale des ressources. Deux rôles clés sont joués par la ville coloniale : la pénétration militaire du continent et le contrôle du territoire conquis et la maîtrise de son système économique. Déjà au début des indépendances vers 1960, Pierre George (1965 : 80) annonce que les « *villes en Afrique au Sud du Sahara ne sont autre chose que des centres administratifs et militaires provisoires* ». Il explique également que la colonisation et le commerce international ont stimulé un processus d'urbanisation qui a favorisé surtout les villes choisies comme centres administratifs, comme entrepôts de matières premières et de produits destinés à l'exportation vers les pays industriels, comme centres de diffusion de produits industriels d'usage et de consommation.

Notre analyse spatiale du peuplement du Sénégal révèle également un résultat intéressant relatif à l'attractivité nettement plus importante des espaces urbains par rapport aux espaces ruraux. En effet, les campagnes sénégalaises comme celles des autres pays d'Afrique subsaharienne sont frappées depuis longtemps, en particulier depuis les années 1970, par des irrégularités climatiques qui ont affecté les récoltes (Sène, 2018). Or, la ville offre plus de possibilités de survie que la campagne. Par conséquent, les paysans déracinés se sont déplacés massivement vers les plus grandes villes et dans les capitales des États parce que ces villes offrent plus de possibilités « d'existence marginale ». Selon George (1965), le rôle joué par l'économie de transit dans la formation des centres urbains, susceptibles d'attirer par leur économie marginale, la concentration des ruraux, a pour conséquence la concentration de ces grandes agglomérations au bord de la mer ou dans les régions côtières.

Notre projection des taux d'urbanisation dans l'espace national à l'horizon 2025 montre un résultat intéressant qui annonce une dynamique d'urbanisation de plus en plus importante en faveur des villes secondaires de l'intérieur du pays. Ce résultat confirme d'autres travaux qui évoquent la « *dynamique par le bas* » avec redistribution des populations au sein des systèmes urbains secondaires ainsi que d'une modification des bassins migratoires, recentrés aux échelles locales et régionales et avantageant désormais les villes petites et moyennes (Dubresson et al., 2011 ; Bertrand et Dubresson, 1997).

Cette tendance n'empêche toutefois pas, pour le Sénégal en tout cas, la poursuite du peuplement rapide et explosive de la capitale Dakar. Notre cartographie de l'évolution des densités des différentes régions indique que Dakar continuera d'enregistrer les plus fortes densités du pays à l'horizon 2025. Le modèle de la monomacrocéphalie est encore de rigueur au Sénégal contrairement à certains travaux qui semblent montrer d'autres formes d'urbanisation comme le Nigéria avec des configurations polycéphales complexes, l'Afrique du Sud avec l'existence de six aires métropolitaines et le Cameroun, le Kenya et le Malawi marqués par la bicéphalie (AFD et SEDET, 2008 ; UN Habitat, 2008 ; Calas, 2007).

Conclusion

L'espace géographique sénégalais est caractérisé par un peuplement inégal lié à trois principaux facteurs : la colonisation, l'urbanisation et le littoral. Pour répondre aux besoins de l'économie de traite occidentale, le colonisateur a équipé le pays en infrastructures concentrées dans les régions côtières de l'ouest. Les premières villes sont ainsi nées dans cet espace et ont continué de se développer dans un contexte d'exode rural lié par la crise des espaces ruraux de l'intérieur du pays. S'il est vrai que l'urbanisation est aujourd'hui nettement plus importante dans le Tiers-Ouest du pays, il n'en demeure pas moins que les projections annoncent pour les prochaines décennies, des débuts de renforcement progressif des villes secondaires de l'intérieur. L'analyse spatiale de la répartition des densités montrent une concentration plus importante de la population sénégalaise dans les espaces littoraux (bordures de l'Océan Atlantique et des fleuves Sénégal et Casamance). Le modèle monomacrocéphale est dominant dans le pays avec sa capitale Dakar qui enregistre 23% de la population nationale et une densité de l'ordre 5704 habitants/km^2 alors que la moyenne nationale est seulement de 68,6 habitants/km^2. Enfin, cet article qui étudie l'espace géographique sénégalais à travers son peuplement et son organisation montre qu'il est à la fois « absolu » par ses délimitations administratives, « relatif » par son dynamique de peuplement évolutif et inégal, mais aussi « perçu » par ses représentations de la population. Par exemple, les perceptions des populations rurales sur les espaces urbains justifient largement l'importance du phénomène de l'exode rural.

Bibliographie

AFD et SEDET, Africapolis. Dynamiques de l'urbanisation, 1950-2010. Approche géo-statistique. Afrique de l'Ouest, Paris, AFD, SEDET, 2008.

Christel Alvergne, Le défi des territoires. Comment dépasser les disparités spatiales en

Afrique de l'Ouest et du Centre, Paris, Karthala, 2008.

ANSD (Agence Nationale de Statistique et de la Démographie – Sénégal) (2013), Recensement général de la Population et de l'Habitat, de l'Agriculture et de l'Élevage, *Rapport définitif*, Dakar, Ministère de l'Économie, des Finances et du plan.

Antoine Bailly et Hubert Béguin, *Introduction à la géographie humaine*, Paris, Armand Colin, 2008.

Antoine Bailly et Robert Ferras, *Éléments d'épistémologie de la géographie*, Paris, Armand Colin/ SEJER, 2004.

Monique Bertrand et Alain Dubresson (dir.), *Petites et moyennes villes d'Afrique noire*, Paris, Karthala, 1997.

William Bunge, *Theoretical geography*. Lund, Gleerup, 1966.

Bernard Calas, « Dynamiques métropolitaines en Afrique orientale », *Les Cahiers d'Outre-Mer*, n°237, 2007, p. 3-22.

Guy Di Méo (2014), *Introduction à la géographie sociale*, Paris, Armand Colin.

Amadou Diop, Enjeux urbains et développement territorial en Afrique contemporaine, Paris, Éditions Karthala, 2008, 176 p.

Alain Dubresson, Sophie Moreau, Jean-Pierre Raison et Jean-Fabien Steck, *L'Afrique subsaharienne : une géographie du changement*, Paris, Armand Colin, 2011.

Sophie Dulucq et Pierre Soubias (dirs.), *L'espace et ses représentations en Afrique*, Paris, Karthala, 2004.

Pierre George, *Géographie de la population*, Paris, Presses Universitaires de France, 1965.

Pierre George, *Dictionnaire de la géographie*, Paris, Presses Universitaires de France, 1970.

Richard Hartshorne, *Perspectives on the nature of geography*, Chicago, Rand Mc Nally, 1959.

David Harvey, *Explanation in geography*, Londres, Arnold, 1969.

Henri Lefebvre, *La production de l'espace*, Paris, Anthropos, 1974.

Robert Sack, « A concept of physical space in geography », *Geographical Analysis*, 6, 1973, p.16-34.

Assane Seck, *Dakar, métropole ouest-africaine*. Dakar, Institut fondamental d'Afrique noire,

1970.

Assane Seck et Alfred Mondjannagni, *L'Afrique occidentale*. Paris, Presses Universitaires de France, 1975.

Abdourahmane Mbade Sène, « Aménagement et dégradation des rizières des bas-fonds dans un contexte de changement climatique ». *Revue Espace Géographique et Société Marocaine*, N°20/21, 2018, p. 129-144.

Abdourahmane Mbade Sène et Claude Codjia, « Dynamiques de l'aménagement du territoire et inégalités socio-spatiales au Sénégal ». Québec, *Cahiers de géographie du Québec*, Vol. 60, N° 169, 2016, p. 11-27.

UN Habitat, *The State of African Cities. A Framework for Adressing Urban Challenges in Africa*, Nairobi, ECA-CEA, United Nations Human Settlements Programme, 2008.

Espace au travail et stress professionnel : quels rapports dans les Très petites entreprises ?

Mme Deede SALL

Docteur en sociologie

Laboratoire IDHES Université Paris 1 Panthéon-Sorbonne

16, Bd Carnot 92360 Bourg La reine

Résumé : *Les situations de travail où les individus ne se retrouvent jamais en relation avec d'autres dans leur espace au travail sont rares voire inexistantes. Étant donné qu'un espace au travail est avant tout un espace de vie et d'interactions entre acteurs, il apparaît tantôt comme une contrainte, tantôt comme une ressource. Des acteurs se l'approprient comme territoire. Certains salariés vont même jusqu'à le qualifier de « maison » notamment dans les très petites entreprises (TPE) où l'organisation du travail est le plus souvent assimilée à un espace familial au sein duquel les salariés déclarent disposer d'un grand espace de dialogue, de négociations, et où chacun a sa place bien définie. Or, cette vision d'une organisation familiale a une grande incidence sur la perception du stress professionnel dans ces types d'entreprises ainsi que sur sa régulation.*

Mots-clés : *Stress professionnel, organisation du travail, espace au travail, représentations sociales*

Introduction

Selon Hugues (1996),

> « tout travail est effectué dans un environnement social (…) les gens effectuent, certes, des tâches techniques, mais ils sont également en interaction les uns avec les autres ».

Dans les représentations collectives les plus partagées, la notion d'espace, associée au travail, fait référence aux caractéristiques matérielles de l'environnement de travail c'est-à-dire l'aménagement géographique des locaux d'une entreprise que l'on désigne communément par l'expression « espace de travail ». Pourtant, plus que des espaces de travail, les entreprises sont avant tout des espaces de vie dans la mesure où les travailleurs se l'approprient et s'y retrouvent régulièrement en relation avec d'autres individus que cela soit la hiérarchie, les collègues ou les clients. Dans mon approche, je m'intéresse à l'espace sous le prisme de l'organisation du travail. En effet, c'est à travers cette dernière, qui peut être comprise comme étant la manière dont s'organise et se structure une entreprise pour réaliser ses activités professionnelles, que les différents acteurs de l'entreprise arrivent à travailler. L'organisation du travail, aussi bien que sa division, n'a de sens qu'à l'intérieur d'une organisation ou d'une entreprise. Il est évident qu'une entreprise de moins de dix salariés (TPE) ne s'organise pas de la même façon qu'une entreprise de plus de cinquante salariés, encore moins une entreprise de plus de 5000 salariés. En France, selon les chiffres de l'Insee, en 2014, plus de trois millions d'entreprises, soit les deux tiers, sont des TPE. Alors que, considérées individuellement, les TPE emploient très peu de salariés, collectivement, elles emploient un tiers de l'ensemble des salariés. Elles sont pourtant mal connues et peu étudiées.

De 2011 à 2017, à travers une étude purement qualitative (observations et entretiens), j'ai comparé deux univers très différents : la très petite entreprise (TPE) de moins de 10 salariés et la grande entreprise (GE) de plus de 5000 salariés. L'objectif principal de la recherche était de comprendre et d'expliquer la construction sociale du stress professionnel selon la taille de l'entreprise et la gestion qui en découle.

Ma recherche ainsi qu'une étude menée avec Marc Loriol (2014) ont montré que la plupart des acteurs des TPE mettent en avant le fait qu'ils seraient préservés du stress professionnel et de ses maux, contrairement aux GE, grâce à une organisation du travail qui leur est spécifique et qu'ils qualifient tous de familiale.

Dans cet article, je m'interroge sur l'influence des représentations de l'espace au travail, à travers son organisation, sur les perceptions de stress professionnel et ses possibles conséquences.

Après avoir évoqué les liens généraux qui existent entre organisation du travail et stress, je vais exposer les spécificités de l'organisation du travail dans les TPE et les représentations sociales dont elles font l'objet et analyser les répercussions sur le stress professionnel.

1. Un lien entre Stress et Organisation du travail

Le stress professionnel, plus généralement le mal-être au travail, a été propulsé au-devant de la scène médiatique avec les cas de suicide qui se sont produits dans plusieurs grandes entreprises telles que Renault, France Télécom... Comme le rappelle Loriol (2006), au fil des accords et des dispositifs réglementaires, différents termes ont plus ou moins mis en avant le mal-être au travail, mais le stress reste le plus mobilisé dans le langage courant. Selon la définition couramment reprise de l'Agence Européenne pour la Sécurité et la Santé au Travail (2002), le stress survient lorsqu'il y a un « déséquilibre entre la perception qu'une personne a des contraintes que lui impose son environnement et ses propres ressources pour y faire face ». Même si cette définition peut faire l'objet de critiques étant donné qu'elle met l'accent sur le ressenti plutôt que sur les problèmes et qu'elle peut conduire à une lecture individuelle des difficultés alors que le stress relève également de dynamiques collectives, il est vrai que le stress ne peut se comprendre sur un modèle mécanique où une cause précise entrainerait un risque avéré. Au contraire, ce qui peut être vécu comme stressant dans une entreprise ne le sera pas nécessairement dans une autre notamment du fait des contextes économiques, sociaux et organisationnels (Loriol et Sall ; 2014). Cependant, il existe des facteurs qui favorisent ou non son émergence. Par exemple, des études épidémiologiques ont établi que l'organisation du travail joue un rôle essentiel dans le phénomène du stress professionnel, car elle joue autant sur les conditions que sur le sens du travail et de ses difficultés. Parmi elles, on peut citer l'étude de Karasek et Theorell (1990) qui montrent que des exigences fortes combinées à une faible autonomie et une absence de soutien social sont fortement susceptibles d'induire un niveau élevé de stress dans l'espace au travail. L'enquête SUMER (Surveillance médicale des expositions des salariés aux risques professionnels) menée en 2010 l'a confirmé en établissant que *« les modes d'organisation du travail, comme les contraintes de rythme, influencent le risque d'exposition aux facteurs psychosociaux »* (DARES Analyses ; 2016). Ce constat est corroboré par les conclusions du « Collège d'expertise sur le suivi des risques psychosociaux au travail » (2008) qui attribue un rôle majeur à l'organisation du travail dans l'amélioration ou l'aggravation des RPS et du stress professionnel. La littérature scientifique a toujours souligné que les conditions de travail ont une incidence sur le niveau de stress et les problèmes de santé des travailleurs (Sparks et collègues ; 1997, Sverke et ses collègues ; 2002, Gaulejac ;2005, Stansfeld et Candy ; 2006, Gollac et Volkoff ;2010). L'organisation du travail apparait ainsi comme un facteur de risque prédominant. Si elle ne prend tout son sens que dans la réalité de l'entreprise, il existe tout de même quelques caractéristiques générales et des différences. Selon la taille de l'organisation, il existe des conceptions sur les formes d'organisation du travail qui sont aussi bien partagées par les chercheurs que par les acteurs de l'entreprise. Par exemple, dans l'espace de la TPE, il est impossible de ne pas entendre le discours sur l'organisation du travail en tant que « organisation familiale ». D'ailleurs, référence est faite régulièrement à une organisation diamétralement opposée à celle de la grande organisation et qui serait pourvoyeuse de bien-être.

2. Un espace où l'on se sent en famille

> « Dans l'entreprise, on est une famille dans laquelle chacun se sent investi d'une mission qu'il s'efforce d'accomplir avec le plus grand dévouement, chacun de nous est un membre à part entière qui contribue à l'édifice familial ». J., patron d'une TPE.

De manière générale, l'organisation de type familial de la TPE fait partie de ses caractéristiques reconnues et revendiquées aussi bien par les acteurs des TPE enquêtés que les chercheurs. Les relations entre les différents membres de la TPE ne se réduisent pas seulement à une relation professionnelle, mais fraternelle et amicale. Loriol et Sall (2014) soulignent que la famille apparaît comme la plus simple et la plus évidente des formes de solidarité communautaire et peut donc pallier le manque d'autres formes de liens qui existent dans les grandes entreprises (par exemple les communautés de métier, le syndicat, etc.). La plupart des travailleurs de la TPE interrogés mettent en avant le fait qu'ils disposent d'un « grand » espace de dialogue et de négociation au sein de leur organisation. Étant donné le nombre réduit de membres qui composent l'entreprise, on aboutit plus facilement à un consensus en cas de problème. Les situations ou sentiments pouvant générer du mal-être sont plus facilement discutés et relativisés que dans les GE.

C'est donc collectivement que des mesures sont prises, des décisions discutées, des engagements pris et les contraintes gérées. Cela donne du sens aux actions et chacun se sent pleinement acteur. Il y a un véritable travail d'organisation qui favorise la résistance collective, la gestion en amont des difficultés et qui leur donne un sentiment de relative maîtrise des difficultés. Cette situation rejoint la notion de latitude ou de marge de manœuvre chez Karasek (1979). Durant mes observations, j'ai remarqué que les salariés échangent souvent entre eux et discutent de tout, du travail, mais aussi parfois des problèmes personnels, en présence du patron qui participe aussi à ces moments conviviaux, un peu du style « réunion de famille ». Lorsque les acteurs entretiennent de très bonnes relations et qu'ils partagent les mêmes objectifs et valeurs, les tensions qui naissent lors du travail sont discutées et chacun s'exprime, s'affirme et coopère. Ces discussions permettent de donner du sens aux divergences et, en même temps, d'améliorer le travail et le sentiment de bien-être de tous. Les causes possibles de stress professionnel sont donc objectivées collectivement et rationalisées avant que cela ne pose un problème. Par ailleurs, la référence à la famille n'est pas seulement une métaphore dans beaucoup de TPE, mais bien une réalité. Le recrutement dans les TPE se ferait plus souvent à travers l'utilisation du réseau de relations (Sall, 2017). Dans l'imaginaire collectif, l'idée qu'une embauche soit faite grâce à des recommandations est connotée négativement. Pourtant dans les TPE, cette pratique est courante. Ce fonctionnement peut être lié en partie à une certaine tradition, avec, dans beaucoup de TPE, une importance du lien familial et de la proximité. D'après Loriol et Sall (2014), « l'ambiance familiale de beaucoup de TPE est renforcée par le fait que le conjoint ou des membres de la famille du dirigeant y travaillent ». Selon la définition retenue, 60 à 80 % des entreprises françaises seraient des entreprises familiales, et parmi elles, l'écrasante majorité est constituée des TPE. À ce titre, le baromètre American Express Entreprises réalisé en 2015, en France, révèle que 71% des dirigeants interrogés pensent qu'il est bon pour leur activité de travailler en famille. Dans les TPE, les membres de l'entreprise partagent et revendiquent donc un fort sentiment d'appartenance. De mes enquêtes, se dégage une forte impression que les acteurs viennent du même milieu social, partagent une histoire commune au niveau de l'expérience professionnelle et s'apprécient beaucoup. Cela s'explique par le fait que les salariés et leur patron travaillent dans le même espace géographique. Ils peuvent donc se conseiller mutuellement. La vie au travail repose donc sur la coopération. De ce fait, les relations sont plus souvent perçues comme n'étant pas fondées sur une relation de domination et de pouvoir. Également, certains salariés aspirent à devenir, eux-mêmes, employeurs dans le futur. Ils se projettent plus facilement dans la fonction de leur patron et acceptent la relation de subordination de manière plus volontaire, pour apprendre « les ficelles du métier ». Ainsi, les différences sociales sont généralement moins prononcées dans les TPE où on se sent donc en famille. Chacun a le sentiment de travailler dans les meilleures conditions au niveau humain avec une forte connaissance interpersonnelle. Le fait de constituer un petit groupe fait que chacun discute avec tout le monde et entretient des relations privilégiées. Chacun sait également ce que fait l'autre. La polyvalence des salariés qui s'occupent de plusieurs choses à la fois fait que chacun a conscience de son importance dans le groupe. Les moments d'échange soudent le collectif de travail et renforcent le sentiment d'appartenance. Ce qui contribue à la construction collective du sens dans le travail. Ce sentiment d'être une « famille » va de pair avec un sentiment de confiance. L'analyse de mes entretiens établit une récurrence du mot « confiance ». Salariés comme dirigeants mettent l'accent sur la confiance qu'ils s'accordent réciproquement. Le fait de savoir que l'on peut compter sur ses relations au travail, que cela soit la hiérarchie ou les collègues rassure l'individu. Ce dernier, sachant qu'il a le soutien de son collectif de travail a plus d'assurance au travail. Au lieu de refouler ses problèmes, il peut les exposer et trouver des conseils ou des solutions. Les salariés se sentant soutenus et compris se départissent par ce biais d'un certain stress. Le fait qu'ils puissent discuter collectivement des difficultés leur permet de voir autrement les problèmes et d'y faire face au lieu de tout emmagasiner en soi au risque de se faire du mal de l'intérieur. En plus du rôle de protection, le collectif permet au sujet de s'exprimer, de se faire reconnaître et de se développer par sa créativité propre. Les travaux de Mayo et Donham (1945) ont montré que la qualité des relations entretenues entre les membres de l'entreprise ainsi que le sentiment d'appartenance à l'entreprise priment sur les rétributions financières et les conditions de travail objectives dans le bien-être des salariés. Également, Loriol (2012) a montré dans ses travaux le rôle du collectif dans la régulation du stress. La régulation collective des difficultés à travers l'espace familial de la TPE est un moyen efficace pour se protéger du stress professionnel en permettant aux salariés de relativiser les difficultés vécues au travail et même de les valoriser. Cela permet de redonner du sens à ce qu'on l'on fait, ce que l'on vit.

La famille évoque la proximité, la chaleur affective, mais aussi une organisation domestique qui, pour être protectrice et bienveillante, n'en est pas moins traditionnellement structurée autour d'une division inégalitaire, mais perçue comme légitime, des rôles et des fonctions. Weber (2002) utilise le concept de « maisonnée » pour rendre compte de cette dimension des sentiments et logique d'échange qui sous-tendent les relations dans l'entreprise.

La proximité sociale, à travers la dimension familiale mise en avant, fait disparaitre les limites et distances qu'il pourrait y avoir dans une relation de travail classique. La référence à la famille désamorce toute possibilité de conflictualité et de confrontation. Le recours à la dimension familiale, en même temps qu'il apporte un sentiment de protection, désamorce donc la contestation et désarme le salarié qui peut devenir comme un enfant face à son papa. Ces caractéristiques représentent à la fois des atouts dans la résistance des salariés aux différents stresseurs potentiels, car socialement et collectivement construites, mais aussi des points faibles dans certaines configurations où elles peuvent entrainer des risques de dérives. Cela relègue en second plan toute réflexion sur l'organisation du travail en tant que système et donc son éventuelle mise en cause dans un quelconque mal-être au travail. Pourtant, un management basé sur l'affectif peut avoir un certain nombre d'effets pervers mis en évidence par les travaux de Mucchielli et Hart (2002) comme favoriser la concentration de la charge de travail, accroître la dépendance affective et laisser en situation de souffrance ceux qui se sentent insuffisamment appréciés ; etc. Plus encore, le harcèlement dans un contexte affectif aura des effets ravageurs du fait de l'importance des relations interpersonnelles.

Surtout, la responsabilité et l'implication des membres de l'entreprise qui se représentant leur espace au travail comme étant celui d'une famille sont telles qu'ils ne sauraient critiquer sans avoir l'impression de se critiquer eux-mêmes, dénoncer sans avoir l'impression de se trahir eux-mêmes. Cela peut conduire à occulter les problèmes liés à l'organisation du travail ou à mal les gérer. Dans un cadre de travail que tous se représentent comme idyllique, les valeurs intériorisées par l'individu peuvent le pousser à ne pas vouloir admettre son état de stress jusqu'à ce que cela devienne ingérable. Cela renvoie aux normes sociales au sein de l'entreprise.

3. Une organisation informelle aux normes sociales strictes

Dans les TPE, étant donné que l'organisation du travail concerne un nombre réduit d'individus, dans un espace réduit, il n'y a pas besoin de mettre en place une charte, des notes de services… pour que tout le monde en prenne connaissance puisque tout fait de manière simple l'objet d'une discussion directe et collective. Alors, il n'y a généralement pas de procédures instituées de manière formelle, qui du reste, lorsqu'elles existent ne sont pas souvent utilisées. Partant de la représentation familiale de l'espace, plutôt que des règles administratives, ce sont donc les normes sociales qui sont construites et régulées collectivement par l'ensemble des acteurs qui font loi. Ces normes ou pratiques informelles constituent un ensemble de règles non écrites, d'habitudes et d'usages. Elles peuvent prendre forme de manière consensuelle et spontanée, car répétées par l'ensemble des acteurs de l'entreprise ou de manière volontaire, car instituées par les acteurs. Il s'agit avant tout d'une forme de coopération et qui acquiert avec le temps une certaine légitimité et surtout se perpétue.

La TPE étant constituée de peu de membres, le respect des pratiques professionnelles et collectives y est particulièrement important. Le fait d'être membre d'un petit groupe et de se côtoyer au quotidien induit que l'on finit par savoir intuitivement ce qui se fait ou pas, ce qui plait ou pas. Pour Durkheim (1897), la conscience de l'individu reste marquée par les normes sociales dans le groupe auquel il appartient. Celui qui ne les respecte pas fait l'objet d'un rappel à l'ordre immédiat par le groupe. La sanction se situe au niveau social et non réglementaire. Paradoxalement, j'ai remarqué qu'en réalité les normes sociales s'avèrent souvent plus importantes et plus strictes que les règles formelles, car la sanction est ressentie de manière plus forte à cause de la « force » de la dimension familiale et sociale sur les individus. D'après Durkheim (1897), alors qu'« *il n'y a rien dans les individus qui puisse leur fixer une limite* », la norme est ce qui en fixe une. Les normes permettent d'éviter ce « *mal de l'infini* », la « *dépréciation du réel* », « *la perte du sentiment du juste et de l'injuste* ». Le non-respect des normes sociales entraîne un coût psychologique plus important qu'une sanction matérielle.

Finalement, dans la TPE, du fait de la proximité géographique, affective et sociale entre les membres, transgresser aux normes du groupe entraîne des conséquences importantes, source de stress au travail. Il y a un risque d'être mis en quarantaine par le groupe, des affrontements avec le groupe d'appartenance et une perte d'identité, car cela peut conduire à devoir renoncer à tout ce qui était jusqu'ici important au travail.

De manière analogique, on peut évoquer une surveillance de type panoptique (Foucault ; 1975). Foucault a, dans ses recherches, repris une idée du philosophe utilitariste Bentham qui a imaginé un principe d'organisation sociale qui permet de « tout voir ». Globalement, on peut dire qu'il y a deux formes de panoptiques dans les entreprises. La première forme fait référence aux contrôles formels de l'activité, tel que le traçage des activités effectuées sur ordinateur, les caméras de surveillance… qui sont plus en vigueur dans les GE. La seconde forme est celle qui se fait dans les TPE où le contrôle formel disparait au profit d'un contrôle informel. On peut imaginer une caméra placée au milieu du groupe qui a faculté d'observer tout le monde tout en étant invisible. Conséquemment, les individus se conforment d'eux-mêmes aux normes du groupe et se soumettent aux règles de manière volontaire.

Dans la TPE, l'étroitesse du groupe (Torres ;2015) fait que chacun, qu'il le veuille ou non, est soumis au regard permanent des autres. Chacun se sent surveillé par tout le monde, sans être surveillé de manière individuelle ou formelle. Chacun se sent libre, mais ressent une surveillance générale du fait de la proximité avec le groupe et l'espace restreint.

On comprend alors que rompre les habitudes, passer en dessous s'avère très difficile puisque les choses se remarquent plus facilement. Par exemple, dans la GE, dénoncer l'organisation du travail et le management est une attaque contre un système, quelque chose d'abstrait qui représente en même temps tout le monde et personne. Dans la TPE, ce n'est pas seulement s'attaquer à un mode de fonctionnement, mais c'est surtout remettre en cause le fondement de l'organisation, sa raison d'être. C'est critiquer le patron et ses valeurs. C'est aussi se critiquer soi-même. Contester l'organisation s'avère périlleux, voire impossible. C'est risquer de « se heurter à un mur » et perdre toute crédibilité. Dans un contexte où tout est fait pour montrer au salarié que c'est lui qui fait l'entreprise et décide de ses orientations, il est plus difficile de contester. Cela revient à se remettre soi-même en cause. Plutôt que d'évoquer des dysfonctionnements de l'organisation du travail et de pression, les salariés de TPE préfèrent alors parler de contraintes inhérentes à l'activité de travail, des « maux nécessaires »... afin de préserver l'unité et la cohésion du groupe ou encore occulter les difficultés. Ce qui peut être lourd de conséquences. Quand il y a une difficulté, que les régulations habituellement mobilisées dans l'entreprise n'arrivent pas à résoudre, cela menace le fonctionnement global de la TPE. Les acteurs peuvent alors se retrouver démunis et désemparés sans pouvoir mobiliser les ressources nécessaires. La gestion du stress s'avère dans ce cas problématique. Salariés comme employeur peuvent ressentir alors fortement les effets du stress professionnel.

Conclusion

L'espace au travail, à travers son organisation, joue un rôle essentiel dans le phénomène du stress professionnel. Dans les TPE, du fait de la proximité géographique, affective et sociale entre les membres, l'espace au travail est le plus souvent assimilé à un espace familial. Les acteurs mettent en avant une organisation du travail aux caractéristiques simples, informelles, souples, avec de forts liens et qui représentent des atouts dans la résistance au stress professionnel. L'organisation du travail repose alors plus sur des normes sociales déterminées en situation et intériorisées par l'ensemble des acteurs de l'entreprise. Cela constitue une grande richesse au niveau des relations sociales en permettant une régulation par le groupe des pairs et une gestion informelle d'être privilégiée dans tous les domaines. Le travail fait alors sens dans la mesure où chaque salarié perçoit son utilité en participant activement à la vie de l'entreprise entière. Ce qui constitue indéniablement des facteurs de protection face au stress professionnel. Cependant, cette organisation bien qu'informelle et bienveillante peut entrainer des conséquences négatives importantes en cas de déséquilibre et devenir source de mal-être important. Ce qui joue le rôle de ciment quand tout va bien peut se retourner contre les acteurs de manière brutale et faire encore de plus mal que dans une relation professionnelle classique telle que cela existe souvent dans les GE.

Bibliographie

Durkheim Émile, *Le suicide : étude de sociologie*, F. Alcan, 1897.

Foucault Michel, *Surveiller et Punir*, Paris Gallimard, 1975.

De Gaulejac Vincent, La Société malade de la gestion. Idéologie gestionnaire, pouvoir managérial et harcèlement social : Idéologie gestionnaire, pouvoir managérial et harcèlement social. Le Seuil, 2005.

Gollac Michel et Volkoff Serge, *Les conditions de travail*, La Découverte, 2010.

Hughes Everett C., Le regard sociologique, essais choisis, textes rassemblés et présentés par Jean-Michel Chapoulie, Éditions de l'École des hautes études en sciences sociales, 1996.

Karasek Robert, « Job demands, job decision latitude, and mental strain: Implications for job redesign », *Administrative science quarterly*, 285-308, 1979.

Karasek Robert, & Theorell Tores, Healthy work: stress, productivity, and the reconstruction of working life, Basic books, 1992.

Loriol Marc, « Ennui, stress et souffrance au travail », *Sociologie du monde du travail*, 224-244, 2006.

Loriol Marc, « Organisation du travail, perception et gestion des risques psychosociaux », *Archives des Maladies Professionnelles et de l'Environnement*, 71(3), 283-286, 2010.

Loriol Marc, La construction du social : Souffrance, travail et catégorisation des usagers dans l'action publique, Presses Universitaires de Rennes, 2012.

Loriol Marc & Sall Deede, *Stress en entreprise : les TPE sont-elles à l'abri ?* Rapport de recherche, Observatoire Alptis de la protection sociale, 2014.

Mayo Elton, et Donham. Wallace Brett *The Social Problems of an Industrial Civilization: Elton Mayo,...* Harvard University, Division of research, Graduate School of business administration, 1945.

Mucchielli Alex et Hart Josette, Soigner l'hôpital : diagnostics de crise et traitements de choc. De Boeck, 2002.

Nasse Philippe, Légeron Patrick et Bertrand Xavier, *Rapport sur la détermination, la mesure et le suivi des risques psychosociaux au travail*, Ministère du Travail, des Relations sociales et de la Solidarité, 2008.

Sall Deede, *La gestion et la prévention du stress et des RPS dans les TPE et les GE*, Thèse de doctorat, Université Paris 1 Panthéon-Sorbonne, 2017.

Sparks Kate, Cooper Cary, Fried Yitzhak, *et al.* The effects of hours of work on health: a meta-analytic review. *Journal of occupational and organizational psychology*, 1997, vol. 70, no 4, Stansfeld, Stephen, and Bridget Candy. "Psychosocial work environment and mental health—a meta-analytic review." *Scandinavian journal of work, environment & health*: 443-462.p. 391-408, 2006

Sverke Magnus, Hellgren Johnny, et Naswall Katharina. No security: a meta-analysis and review of job insecurity and its consequences. *Journal of occupational health psychology*, vol. 7, no 3, p. 242,2002.

Torrès Olivier. "Petitesse des entreprises et grossissement des effets de proximité." *Revue française de gestion* 41.253, 333-352, 2015

Weber Florence, « Forme de l'échange, circulation des objets et relations entre les personnes », *Hypothèses*, 5(1), 287-298, 2002.

PARTIE II

L'ESPACE DANS LA LITTERATURE

« Espaces clos, espaces ouverts : la symbolique du cadre spatial dans les romans d'Aminata Sow Fall »

Assane Ndiaye

Université Assane SECK/Ziguinchor

Résumé : *Les critiques de la littérature ne cessent d'accorder une importance particulière à la représentation de l'univers dans les œuvres littéraires, chaque auteur plaçant son récit dans un cadre qui suscite beaucoup d'interrogations. Les romanciers africains, conscients du rôle déterminant que joue le cadre spatial dans leurs ouvrages, tentent de diversifier l'espace pour donner à chaque milieu une orientation précise et significative. La critique de l'espace peut alors aider à saisir le sens caché des sphères dans lesquelles évoluent les personnages. Dans cette optique, la lecture des romans d'Aminata Sow Fall révèle l'intérêt que la romancière sénégalaise accorde à l'espace dans sa création. La présente étude s'intéresse au sens profond de divers espaces évoqués dans l'univers romanesque d'Aminata Sow Fall en s'appuyant sur cinq de ses romans. Par une démarche thématico-stylisque, nous avons cherché à comprendre la symbolique du cadre spatial dans les romans de cette écrivaine sénégalaise éprise de détails.*

Mots-clés : *espace, univers romanesque, ouvert, fermé*

Introduction

La notion d'espace est intimement liée à la création littéraire. Qu'il soit romanesque, théâtral, poétique…, « l'espace littéraire » (Cortès, 2014 : 12) occupe une place importante dans la recherche scientifique. Pour beaucoup de chercheurs, il est souvent question de s'intéresser aux significations diverses des cadres spatiaux. Ki-Jeong Song a réfléchi sur « La Sémiotique de l'espace » (Song, 2012), Kristina Kohoutová sur le « Rôle du temps et de l'espace » (Kohoutová, 2010). Quant à certains critiques, ils ont consacré entièrement leur ouvrage à l'étude de la même thématique. Maurice Blanchot publie *L'Espace littéraire* en 1955 et Florence Paravy *L'Espace dans le roman africain francophone contemporain* en 1999. Pour ces spécialistes de la littérature, il ne convient certes pas d'étudier l'espace comme des géographes, mais de s'intéresser au sens profond de chaque cadre spatial représenté dans les œuvres littéraires. Faut-il souligner que c'est bien l'intérêt accordé par les écrivains à la représentation de l'espace, surtout les romanciers, qui mène les chercheurs à réserver une place de choix à l'étude du village, de la ville, par exemple ? Dans plusieurs romans négro-africains comme *Maïmouna* (Sadji, 1968), *Afrika Ba'a* (Médou-Mvomo, 1969), *Les Soleils des Indépendances* (Kourouma, 1970), *Le Revenant* (Fall, 1976), pour ne citer que ceux-là, c'est surtout la différence entre la ville et le village qui est mise en valeur. Pour notre propos, il ne s'agira pas de s'intéresser à ces deux types d'espaces suffisamment élucidés. En axant notre analyse sur les œuvres de la romancière sénégalaise Aminata Sow Fall, notre travail cherche spécifiquement à élucider le sens des espaces de l'intérieur et ceux de l'extérieur. Par une approche thématico-stylisque, nous envisageons de montrer que les éléments spatiaux représentés dans *Le Revenant* (Fall, 1976), *La Grève des bàttu* (Fall, 1979), *L'Ex-père de la nation* (Fall, 1987), *Le Jujubier du patriarche* (Fall, 1993) et *Festins de la détresse* (Fall, 2005) ne sont pas un simple décor : chacun a une fonction particulière. Organisé autour d'un plan binaire, le travail s'attachera d'abord à analyser le sens des espaces dits clos. Ensuite, il s'intéressera à la signification des espaces dits fermés.

1. L'espace clos

Nous entendons par *espace clos* tout lieu fermé. Il peut s'agir de l'intérieur d'une voiture, d'une maison, entre autres. Dans ses romans, Aminata Sow Fall insiste sur les réalités socioculturelles en relatant les détails de la vie quotidienne, leurs traits dans tous les aspects. C'est ainsi que chaque espace remplit une fonction précise dans le roman. En ce qui concerne notre étude, l'intérêt sera porté sur deux cadres spatiaux internes : la cour et la prison.

La cour

La cour est définie par Jean-Marie Pruvost-Beaurain comme « un espace découvert et clos » (Pruvost-Beaurain, 1985 : 268). Cette caractéristique double révèle qu'elle peut être à la fois hostile et paisible. Des romanciers africains comme Ousmane Sembène ont eu à peindre l'image cruelle de la cour (1). Chez Aminata Sow Fall, la représentation de ce cadre spatial montre qu'il est un espace de libre expression. En effet, dans l'univers romanesque de l'auteure, la cour accorde à ceux qui la fréquentent la possibilité d'être libres, épanouis. Elle regroupe de nombreux personnages parce qu'étant un espace de rencontre de tous, voire d'une collectivité. À ce sujet, il convient de reconnaître que « dans le roman africain, l'espace du dedans est souvent [...] une cour commune à tous les membres de la famille » (Bâ et al., 2014 : 95). Ceux-ci discutent des sujets d'ordre général, expriment leurs opinions. Cela contribue à renforcer la convivialité et cultive l'esprit de solidarité et d'unité du groupe.

C'est dans cette mouvance que « tous les mendiants de la Ville sont réunis dans la cour de Salla Niang pour participer au tirage de la tontine quotidienne » (Fall, 1979 : 14). En fait, opprimés et chassés par les policiers, ceux qui sont considérés tels des « encombrements humains » décident de s'unir et d'unir leur force afin de vivre paisiblement. Alors, contrairement à l'ambiance morose de la rue, l'atmosphère qui règne dans la cour est réconfortante. C'est un lieu de refuge pour eux. Ils aspirent à une nouvelle vie. Se sentant en sécurité dans la maison de Salla Niang, ils comptent vivre aisément à présent sans être inquiétés par des brimades. Nguirane Sarr, un des leurs, s'exclame en ces termes : « Maintenant, il nous suffit de nous asseoir, et tout nous tombe du ciel. Plus de randonnées matinales, plus de courses effrénées, plus de cordes vocales cassées » (Fall, 1979 : 81). Nguirane Sarr admet que la cour est pour eux un espace de jouissance, d'espérance, d'extrême liberté.

Ce cadre est donc un lieu de réconfort pour tous les mendiants. Ils n'ont plus besoin de tendre la main pour avoir de quoi manger. Le fait d'être installés dans la cour du domicile de Salla Niang leur porte-chance. Ils sont bien nourris quotidiennement. Ils peuvent même refuser des dons ou prendre leur vengeance sur leurs bourreaux. D'ailleurs, c'est à l'intérieur de cet espace mi-clos que les erreurs de Mour Ndiaye sont mises à jour. Venu demander aux personnes qu'il avait pourtant chassées violemment des artères de la capitale d'y retourner, il est humilié par des mendiants énervés en raison de son comportement hypocrite. Le « Directeur du Service de la salubrité publique » assiste à son lynchage moral. Les mendiants, rassurés par le cadre dans lequel ils se trouvent, se permettent d'être arrogants et moqueurs à l'encontre de Mour Ndiaye. Dès lors, la cour leur permet de prendre leur revanche sur leur ancien tortionnaire.

Aussi la cour peut-elle offrir beaucoup d'opportunités aux personnages. Effectivement, elle permet à ces derniers de s'épanouir. Grâce à son architecture, ils peuvent s'y mouvoir, développer certaines de leurs activités sans d'importantes contraintes. C'est un cadre de liberté de mouvement et même d'expression libre qui soulage les personnages. La cour leur permet de développer convenablement leurs pensées.

Dans *Festins de la détresse*, la « courette », ainsi que le désignent les gens qui la fréquentent, est l'endroit qui réunit tous « ceux que leur flair ou le hasard auront guidés » (Fall, 2005 : 26). C'est l'un des rares espaces où les personnages ont la possibilité de se regrouper afin de soulever librement des questions qui les préoccupent. L'occasion est alors donnée à chacun d'exprimer ses points de vue. La cour de la demeure de Maar, le personnage principal du roman, offre à tous ceux qui la fréquentent la possibilité de se prononcer librement sur des sujets qui les intéressent.

L'instance narrative n'hésite pas à y surprendre d'ailleurs quelques-uns des personnages dans leurs réflexions. Elle renseigne à ce propos :

> Ce matin, elle [Sarata] a eu toute la latitude de détailler la bagarre de deux coépouses, ses voisines. […] D'habitude, après avoir pris sa tasse de quinkéliba au lait, Maar commente le gros titre d'un quotidien à cent francs qui puise abondamment dans les carences de la haute administration, les fresques politiques, les coups de génie des escrocs de tout bord […]. La conversation débouche inévitablement sur la corruption, véritable fléau du siècle. (Fall, 2005 : 26-27)

Ainsi que le prouve l'expression « toute la latitude », la cour constitue un véritable espace de liberté. Sarata a alors le temps « de détailler » son récit sans qu'elle soit du tout inquiétée. Cette même possibilité de s'exprimer sur des sujets sensibles, sans aucun risque d'être intimidé, est notable chez Maar. En effet, la cour lui offre l'occasion de fustiger le pouvoir quant à la gestion des deniers publics, de condamner les dérives des hommes. Il peut dénoncer l'incompétence des dirigeants. Le lecteur découvre que la romancière se désole de constater que les décideurs versent dans l'amateurisme, les citoyens dans la facilité. Personne ne se soucie de secteurs importants comme l'éducation et la santé. Il apparaît que ce lieu est une sorte de parlement pour ceux qui le fréquentent, car ils y débattent des thèmes d'actualité qui ne cessent de prendre de grandes ampleurs au Sénégal, à l'image de la corruption (2), de l'arrivisme.

La prison

L'autre espace qu'Aminata Sow Fall présente avec un certain intérêt dans son univers romanesque est la prison. Alain Rey et Josette Rey-Debove la définissent comme un « établissement clos aménagé pour recevoir des délinquants condamnés à une peine privative de liberté » (Debove, 2007 : 2025). La prison est alors conçue comme un milieu qui prive l'individu de certains privilèges fondamentaux. Dès lors, ce lieu paraît pour le détenu comme un symbole de l'obscurantisme, de la privation des droits humains les plus élémentaires. Le verbe même qui découle de ce substantif, c'est-à-dire « emprisonner », illustre parfaitement le caractère enfermé de cet endroit.

Dans le cadre du traitement de ce thème au sein de l'univers romanesque de beaucoup d'auteurs africains, il est à remarquer que ce « monde clos » (Vasseur, 2000 : 25) est perçu différemment par les personnages. Aussi dans certains romans d'Aminata Sow Fall l'espace carcéral est-il perçu de diverses manières. Il apparaît quelquefois telle une sorte de jungle où les personnages se perdent. Par contre, il peut arriver que la prison soit paradoxalement un refuge.

Dans *L'Ex-père de la nation*, par exemple, le thème de la prison suscite un grand intérêt. Madiama est chassé du pouvoir par un commando puis emprisonné. De sa cellule, il écrit ses mémoires et confie :

> En ce jour de l'hivernage de l'année 196.. où je décide d'écrire mes souvenirs, rien ne me lie plus aux contingences de la vie. Ni les reflets ondoyants de ce bout de mer, morceau d'empire que la fenêtre de mon réduit me donne tout le loisir d'embrasser. Ni l'œil empourpré qui, là-bas à l'horizon, s'ouvre sur l'écran vaporeux des matins paresseux. (Fall, 1983 : 7)

Il apparaît que l'ex-chef d'État n'apprécie pas l'endroit dans lequel il se trouve. C'est avec dédain et regret qu'il exprime ses nouvelles conditions de vie. Il choisit le substantif « réduit » afin de désigner sa nouvelle demeure. Madiama, ancien président de la République, n'a d'ailleurs plus la notion du temps. Il ignore ce qui se passe dans son pays. Pire, il ne peut pas donner la date exacte à laquelle il rédige son texte comme l'illustre l'ambiguïté de l'année qu'il mentionne : « 196.. ». Cette ignorance de l'évolution temporelle prouve toute la souffrance du personnage principal. Il n'est pas plus grande prison qu'un pareil état de fait, car une telle situation entraîne une mort psychologique. Tel est l'intérêt de la récurrence de la négation dans l'extrait précédemment cité. Elle aide à confirmer les privations de Madiama. L'ancien président croupit dans sa cellule, ce « haut lieu de souffrance » (Coussy, 2000 : 28).

Pour ce dernier, la maison de détention ne peut que symboliser la fin d'une vie heureuse. En fait, son emprisonnement annonce le début d'une vie de galère. Il ne jouit d'aucun traitement de faveur. Une pareille et brusque chute sociale engendre forcément des conséquences néfastes. Se trouvant dans une cellule étroite et invivable, le président déchu fait face aux dures conditions de vie de l'univers carcéral, devenues plus inhumaines durant son règne. Dès lors, la différence architecturale existant entre le Palais et la prison mène à s'interroger sur la gestion du pouvoir en Afrique puis à s'insurger contre les difficiles conditions de détention. À ce propos, Madiama lui-même confesse :

> Cela fait trois ans que je suis enfermé dans ce réduit, sur une colline rocheuse surplombant la mer. Les conditions de détention étaient sévères au début, puis, progressivement, j'ai eu droit au journal, à la radio et à des visites. Il m'a fallu ce temps pour me dessiller les yeux et observer sans passion la ronde enivrante des choses et des êtres. (Fall, 1987 : 188)

Ici, en rédigeant ses « lettres de prison » (3), l'ancien chef d'État, fait la critique de sa critique. La romancière fustige le héros puisqu'elle dresse le bilan de son règne dictatorial. Si la prison paraît aussi atroce et malsaine, c'est parce qu'il ne s'est pas soucié de cet endroit au moment de son magistère. Il regrette cette négligence. En fait, quand on a la charge d'un pays, aucun secteur de la vie ne doit être laissé en rade. En filigrane, il est clair que la critique d'Aminata Sow Fall est acerbe. Elle trouve le prétexte de contester les mauvaises politiques en Afrique. C'est tout le sens qu'il faut accorder à cette pensée de Claire L. Dehon lorsqu'elle se penche sur le même thème :

> La plupart des romanciers s'accordent pour décrire la prison dans son horreur […]. Leur intérêt pour ce type de détails provient du fait qu'ils symbolisent la manière dont le pouvoir s'impose par l'humiliation physique et morale. (Dehon, 2002 : 209)

Par conséquent, l'ancien président est victime des mêmes sévices qu'il faisait subir à ses concitoyens. Il convient de noter un comique de situation : le tortionnaire est désormais torturé. Il est évident que la critique de la romancière s'adresse à tous les décideurs. Elle condamne vertement ces leaders qui font souffrir leurs compatriotes dans ces prisons où toutes les conditions de vie laissent à désirer. D'ailleurs, une fois le pouvoir perdu, par voie électorale ou à la suite d'un coup d'État, ils sont le plus souvent sous la menace de la CPI (Cour pénale internationale) ou de tribunaux spéciaux pour les juger. C'est cette raison qui leur donne envie de s'éterniser au pouvoir et de mériter l'expression railleuse de « Président à vie ».

Toutefois, contrairement à Madiama, le personnage principal du *Revenant* trouve en cet espace clos un lieu de refuge et de liberté. Ayant perdu toute estime de la part de sa communauté, Bakar Diop pense plutôt que son incarcération est une libération. En réalité, suite à son emprisonnement, il est considéré comme le déshonneur de la famille Diop. Se sentant abandonné par les siens, le héros apprécie la maison d'arrêt et de correction au sein de laquelle il est incarcéré et commence à s'y plaire. La mort de sa fille Bigué, le divorce arrangé d'avec sa femme, le discrédit de son père… contribuent à réconforter Bakar Diop dans son isolement. Il préfère rester avec ses nouveaux amis détenus. L'ex-mari de Mame Aïssa apprécie son nouvel univers, à l'image d'autres prisonniers « qui avaient fini par trouver dans cette prison leur havre de paix et de douceur […] la liberté d'action qui leur était refusée dans le monde censé libre » (Fall, 1976 : 49).

Contrairement à Madiama qui estime être dans un « réduit » (Fall, 1987 : 7), Bakar apprécie sa vie de détenu. Il préfère demeurer dans l'univers carcéral plutôt que de recouvrer la liberté. Paradoxalement, il avoue se sentir plus libre en prison. Tout laisse à croire que le héros transmue son lieu de privation en un « havre de paix ». En ce sens, le mot « douceur » et l'expression « liberté d'action » restent significatifs. Ils témoignent de la grande joie qui habite Bakar à cet instant. Abandonné par ses proches, il se plaît alors dans sa cellule. La prison est aux yeux du fils de Tante Ngoné un lieu de réconfort, un univers affectif.

En définitive, l'espace clos peut être un cadre d'épanouissement ou un lieu de contrainte. Aussi l'espace ouvert a-t-il diverses significations.

2. L'espace ouvert

Un espace ouvert peut être conçu comme « ce qui n'est pas fermé » (Pruvost-Beaurain, 1985 : 804). Il s'agit de l'« espace du dehors » (Bâ et al., 2014 : 89), déclaré public. En ce qui concerne notre travail, nous concevons comme espace ouvert tout cadre dont l'accès n'est pas limité, filtré. Ainsi, contrairement au cadre spatial interne, où les déplacements sont souvent contrôlés, toute une liberté de mouvement caractérise ce genre de milieu. L'intérêt qu'Aminata Sow Fall lui accorde lui permet de développer davantage ses opinions sur plusieurs thèmes. De la liste des espaces « du dehors » évoqués dans les romans d'Aminata Sow Fall, il convient d'en choisir deux : la rue et le jardin public.

La rue

Henri Mittérand note que la « rue est un espace ouvert » (Mittérand, 1992 : 195). Selon ce critique, ce cadre reste d'abord caractérisé par son ouverture. C'est un endroit découvert qui peut offrir à ses usagers des possibilités insoupçonnées. Mittérand prouve de ce fait toute la liberté qui singularise ce genre d'espace. Ceux qui la fréquentent peuvent s'y défouler, l'occuper comme ils le désirent. Cette caractéristique lui accorde sa valeur d'espace public. La rue est une propriété collective et non individuelle.

Une telle conception amène à considérer que la rue est par excellence publique. Tout le monde a la possibilité de la fréquenter. Par voie de conséquence, les va-et-vient sont implicitement tolérés. Elle paraît comme le carrefour de la débauche, le « lieu de manifestations, d'émeutes » (Moingeon et al., 1991 : 1379). Dès lors, l'ouverture de ce cadre encourage la liberté d'action. Les gens en profitent pour mieux exposer leur ras-le-bol, commettre leur forfait. La rue devient un grand espace de liberté. Tout s'y exprime sans de grands obstacles. Les gens n'ont pas d'ailleurs l'impression d'avoir des comptes à rendre en manifestant leur mécontentement dans la rue.

Par exemple, dans *La Grève des bàttu*, les pensionnaires de la rue sont des « déchets humains » (4) dont il faut se débarrasser. En effet, les mendiants sont traqués et chassés. Cet espace, qui était un havre de paix pour eux au début, finit par se transformer en un enfer. Désormais, il leur est formellement interdit d'occuper les artères de la ville pour mendier. Ils animaient certes les points stratégiques avec leurs chants, mais à présent ce sont les coups de matraque qui se font plus entendre. Le cadre devient un champ de guerre au sein duquel les faibles sont écrasés sans pitié par les plus forts. La vie devient insoutenable dans la rue puisqu'elle est le théâtre d'une violence permanente et les mendiants sont victimes de traitements immuables.

C'est dans un discours suscitant la tristesse et la sympathie qu'un d'entre eux, Nguirane Sarr, bousculé, persécuté, s'écrie : « Ils m'ont battu aujourd'hui. Ils ont déchiré mes habits, ils ont confisqué ma canne et ils ont cassé mes lunettes » (Fall, 1979 : 29). La rue, qui était un lieu d'espoir et d'espérance, devient hostile à tout le groupe. Les mendiants qui l'avaient érigée en havre de paix la trouvent désormais menaçante. La répétition du pronom personnel sujet « ils » traduit le mépris du personnage à l'encontre de ceux qui le torturent. Pour les amis de Salla Niang, cet espace ouvert qui permettait d'avoir un gagne-pain est devenu un cadre d'oppression, de souffrance insupportable.

Ce dédain se traduit par la volonté de Nguirane Sarr de ne pas les nommer. De même, le champ lexical de la subversion dans le discours ci-dessus du personnage torturé démontre à quelle enseigne la rue représente un endroit dangereux pour les amis de Salla Niang. En fait, ce cadre spatial, bien qu'il soit externe, reste peu fréquentable pour certains. Il est évident que les contestations les plus virulentes ont pour cadre cet espace. Son évocation a longtemps servi de prétexte aux romanciers pour critiquer les injustices sociales. *La Grève des bàttu* a pour point de départ ce lieu. En effet, la frustration naît des allées de la ville. Les autorités, décidant d'assainir la capitale, pourchassent les mendiants. Toutefois, ces derniers ne cèdent pas facilement aux pressions. De cette perpétuelle confrontation découle une atmosphère morose, un rapport d'animosité entre les deux camps.

Par ailleurs, depuis fort longtemps, les hommes, désirant réclamer plus de justice ou de reconnaissance, sont souvent dans la rue. Qu'ils soient des étudiants, des enseignants, des médecins, des politiciens…, beaucoup de gens demeurent convaincus que c'est l'endroit par excellence qui offre la possibilité d'être vus et entendus. Elle « est le lieu de tous les regards et de tous les fantasmes » (Vitiello, 1994 : 82). Pour Joëlle Vitiello, cet espace reste un lieu de liberté. Il apparaît tel un siège de la contestation vive et de l'expression libre. Vitiello confirme cette acception que certains ont de la rue lorsqu'ils la considèrent comme une tribune sûre.

Ainsi, dans *L'Ex-père de la nation*, les opposants de Madiama dressent leurs partisans puis les mènent à la rue dans le dessein de fustiger le président de la République quant à sa façon de diriger le pays. Étant donné qu'aucune élection présidentielle, qui permettrait au peuple d'exprimer son opinion sur la gestion du pouvoir, n'est en perspective, la population déçue de la gouvernance du chef de l'État entend se révolter vivement. Néanmoins, le peuple choisit d'organiser une pacifique marche de contestation. Aucun recours à une arme quelconque n'est envisagé. Les manifestants trouvent la rue comme l'endroit approprié afin d'exposer leurs doléances. Le groupe de marcheurs prend d'assaut les artères de la ville. L'instance narrative relate ce mouvement d'humeur en ces termes :

> Et la foule avançait par vagues. Les formes se précisaient. Des hommes et des femmes de tout âge. Cheveux désordonnés, poings brandis, mouchoirs noués autour de la taille. Des pancartes et des cris. En peu de temps, elle avait rempli l'asphalte à perte de vue. Une forêt de têtes débordant de l'allée, occupant tout l'espace devant le Château et sur les parties latérales. (Fall, 1987 : 137)

Le champ lexical du tapage que traduisent les mots « foule » et « vagues » révèle l'ambiance qui règne dans les artères qui mènent au Palais. Il y a un climat de tension démesurée et une atmosphère tendue. Las de leur souffrance, les hommes mènent la révolte. La rue devient de ce fait un espace qui donne la latitude aux gens d'exprimer leur liberté, de dire leur mécontentement. Elle permet de s'extérioriser. Cet « espace est aussi le champ dans

155

lequel se déploient la volonté et l'action humaines » (Paravy, 1999 : 7). Les malheurs, les tourments, en un mot tous les maux de la population, sont déversés dans cet espace ouvert afin de pousser autorité suprême à entendre les mots de la société puis contribuer à guérir des maux dont elle souffre.

Le jardin public

Selon le dictionnaire actif *Microsoft Encarta*, un jardin public est « un espace vert aménagé dans une ville » (Encarta, 2008). La première information à noter est qu'ordinairement le cadre est dans la cité. Dans les villages, il est rare de voir aménager de tels endroits. La seconde laisse apparaître qu'il s'agit d'un espace ouvert à tous les habitants de la zone, sans contrainte. Par ailleurs, la conception d'Emmanuel Fouquet et de ses collaborateurs semble édifiante. Ils définissent le jardin public comme un espace « d'agrément ouvert à tous » (Fouquet et al., 2000 : 299). Il s'agit bien d'un milieu aéré destiné à l'épanouissement, au délassement des hommes.

Généralement, c'est une municipalité qui prend en charge les frais de construction et d'entretien. Le fait qu'il soit bâti par l'Etat explique probablement son caractère public. C'est un bien commun dont l'accès n'est pas limité. Espace de liberté, de divertissement, le jardin public a entre autres rôles de permettre aux gens de se détendre afin d'oublier leurs soucis quotidiens. En ce qui concerne l'univers romanesque d'Aminata Sow Fall, le traitement accordé à ce type d'espace ouvert reste assez édifiant. En effet, la romancière promène quelques-uns de ses personnages au sein de ce cadre pour assimiler le jardin public à un lieu de soulagement, de refuge.

Dans *Le Jujubier du patriarche*, Yelli, le père adoptif de Naarou est déçu par la réaction de sa femme Tacko. Il reproche à cette dernière de rompre les liens sociaux. En effet, l'épouse de Yelli accuse publiquement sa fille adoptive d'être à l'origine de la déchéance et de la honte de leur famille. En réalité, elle prétend que le divorce de sa fille Bouri est occasionné par les interventions de l'héroïne qui cherchait à libérer sa sœur, maltraitée par son mari Goudi Niamaka. Mécontente, Tacko profite alors de la circonstance pour rappeler malencontreusement à Naarou qu'elle est une descendante d'esclaves. Cette attitude surprend et frustre Yelli, puis le met dans une situation inconfortable et « jamais il ne s'était senti aussi angoissé » (Fall, 1993 : 52). Incapable de rester à la maison après la scène de l'humiliation, il décide de se rendre dans un endroit tranquille. C'est en ces termes que l'instance narrative relate sa retraite :

> Sur le banc public, dans un petit jardin rectangulaire qui ne méritait plus son nom. […] Malgré les détritus partout éparpillés, Yelli trouvait l'endroit agréable parce que, de son banc, il pouvait apercevoir sa maison – celle des jours fastes – et se réconforter de l'idée que tout n'était pas perdu. Au-delà de ces considérations sentimentales, le «jardin» l'attirait par la paix intérieure qu'il lui procurait et pour la sécurité qui y était assurée […]. Le havre de tranquillité après les foudres de Tacko. L'île-miracle des bouffées d'air salutaires pour se redire que le bonheur, finalement, est dans les choses simples. (Fall, 1993 : 49-50)

La description faite du cadre montre que l'espace est mal entretenu. Il apparaît que le jardin public, vu son ouverture, est négligé. Son état de délabrement avancé est révélateur de l'appréciation du sens commun quant aux espaces publics. Si les gens admettent que c'est le bien de tous, la conscience citoyenne n'est pas encore à un certain stade de participation à la gestion de la cité. Peu de gens aident à entretenir les espaces aérés. Toutefois, la dégradation des lieux n'empêche pas au cadre de dévoiler son agrément. D'ailleurs, Yelli s'y plaît. En s'installant dans le jardin public, il tente d'oublier les insanités proférées par Tacko.

Car il trouve le cadre plaisant et bien conforme à son désir de calmer son mécontentement. Loin de son foyer, il arrive à avoir l'antidote nécessaire pour se départir de sa déception. Cette aire de détente contribue à le soulager de ses ennuis familiaux, puisqu'il il vient d'assister à la dislocation de sa famille après des années de victoires et d'échecs. Dans cet espace, il parvient à retrouver la paix de son âme. Pendant un moment, Yelli s'absente, bercé par l'atmosphère harmonieuse du milieu. Le recours au champ lexical du flegme que suggèrent le verbe « réconforte », le groupe de mots « paix intérieure », le substantif « sécurité » et l'expression « havre de tranquillité » participe à attester des vertus libératrices du jardin public. Ainsi, le cadre offre la possibilité de se libérer d'une oppression physique ou psychologique, de se détendre passionnément.

En outre, Bakar Diop, le héros du *Revenant*, est en chômage depuis sa sortie de prison. Adulé hier, il devient aujourd'hui un homme peu fréquentable. Hormis son ami Sada, sa mère Tante Ngoné et sa sœur Bigué, tout le reste de la famille le considère comme un misérable. Reprochant aux autres leur hypocrisie, Bakar Diop regrette sa mise en quarantaine. Ce dédain à l'encontre du héros atteint son paroxysme lorsque sa sœur le chasse de sa maison lors d'une cérémonie familiale qu'elle organise chez elle. Cette humiliation le plonge dans une situation confuse. Déçu de cette attitude de Yama, Bakar Diop désire oublier ses peines. C'est la raison pour laquelle cherchant en vain un lieu pour se soulager, il se rend finalement dans un jardin public pour dominer sa rancœur. Les moments d'errance du héros sont exposés en ces termes :

> Du banc où il était assis, Bakar admirait les vagues qui venaient paresseusement mourir sur le sable doré. Pas la moindre brise pour les faire sortir de leur torpeur. Au loin, la mer semblait immobile dans son azur splendide et les Mamelles, dans leur grâce sévère, régnaient, indifférentes à tout défi.
>
> Submergé dans ses pensées, Bakar ne vit pas arriver Sada. Il l'attendait chaque jour sur le même banc […]. Ils y restaient à bavarder pendant une bonne demi-heure, ce qui permettait à Sada de souffler […]. (Fall, 1976 : 85)

Le lieu paraît alors adéquat afin de permettre à Bakar de se détendre, d'échapper aux dures réalités de la vie. Fortement « humilié de la manière la plus honteuse, la plus sordide » (Fall, 1976 : 87) par Yama qui le considère comme une tare, un obstacle à sa réussite, le personnage principal cherche à se consoler. Il érige cet espace en un lieu de refuge. Le calme qui règne dans le jardin l'aide à noyer sa souffrance. Dès lors, Bakar parvient à laisser exprimer son désir de liberté. Il se libère même des contraintes sociales le considérant comme un paria vu qu'il a perdu son emploi. Le champ lexical de la douceur, noté dans l'extrait précédemment cité, confirme l'aisance dans laquelle se trouve le personnage principal. Loin de l'hypocrisie de Yama, il parvient même à retrouver le goût à la vie. La présence de Sada à ses côtés l'aide à surmonter ses peines. Cet espace aéré permet au seul fils de la famille Diop de se délasser. Il adoucit l'âme du personnage, voire de toute personne qui s'y trouve.

Finalement, l'espace ouvert peut être soit un cadre de tension, soit un lieu de réconfort.

Conclusion

En dernière analyse, l'examen de ces cinq œuvres d'Aminata Sow Fall a montré que chaque espace représenté dans son univers romanesque livre des informations importantes pour la compréhension des récits. Les cadres spatiaux du dedans sont soit la symbolique d'un bonheur certain, soit celle d'un malheur. Aussi les espaces du dehors sont-ils parfois hostiles aux personnages, parfois réconfortants. Chez cette romancière sénégalaise, tout espace peint à travers le roman a une fonction significative. Lorsqu'Aminata Sow Fall décide de placer son récit dans un cadre bien défini, clos ou fermé, c'est en vue de délivrer des messages. Pour cette raison, elle viole toutes les frontières, quitte à surprendre ses personnages dans leur intimité. Chaque espace est porteur de valeur, chaque cadre spatial est symbolique. Il convient alors d'admettre que « l'étude de l'espace peut nous éclairer sur certains comportements et clarifier bien des situations qu'on rencontre dans le roman et dans la réalité en Afrique » (Koné, 1984 : 27). Dès lors, motivée par un souci de vraisemblance, Aminata Sow Fall apparaît parfois comme une psychologue, une historienne.

Notes

1) Le mortel combat entre Ramatoulaye et le redoutable mouton, « Vendredi », a lieu dans la cour des *Ndiayène* (concession de la famille Ndiaye). La violente scène est suffisamment décrite pour susciter la peur du lecteur. Cf., Sembène Ousmane, *Les Bouts de bois de Dieu*, Paris, Presses-Pocket, 1971, p. 114-115.

1) Au Sénégal, malgré des initiatives prises dans le cadre de la lutte contre la corruption avec la création en 2003 de la CNLCC (Commission Nationale de Lutte contre la Non-Transparence, la Corruption et la Concussion) et en 2012 celle de l'OFNAC (Office National de lutte contre la Fraude et la Corruption), la corruption est une pratique courante, parfois même encouragée par certains dignitaires.

2) Nous empruntons l'expression à Louis-Ferdinand Céline (*Lettres de prison*, Paris, Gallimard, 1998).

3) Nous reprenons ici le sous-titre que la romancière consacre à *La Grève des bàttu*.

Bibliographie

Bâ Mamadou et al. . « L'étude de l'espace dans le roman sénégalais d'expression française. L'exemple de *Maïmouma*, l'œuvre d'Abdoulaye Sadji ». *Plume*, n°19, p. 77-99.

Blanchot Maurice, *L'Espace littéraire*, Paris, Gallimard, 1955.

Cortès Jacques, « Préface. L'Espace littéraire : plaisir et anxiété de lire », *Synergies*, n° 21, p. 7-13.

Céline Louis-Ferdinand, *Lettres de prison*, Paris, Gallimard, 1998.

Coussy Denise, *La littérature moderne au sud du Sahara*, Paris, Karthala, 2000.

Dehon Claire L., Le Réalisme africain : Le roman africain en Afrique subsaharienne, Paris, L'Harmattan, 2002.

Fall Aminata Sow, *Le Revenant*, Dakar, NEAS, 1976.

Fall Aminata Sow, *La Grève des bàttu*, Dakar, NEAS, 1979.

Fall Aminata Sow, *L'Ex-père de la nation*, Paris, L'Harmattan, 1987.

Fall Aminata Sow, *Le Jujubier du patriarche*, Dakar, CAEC-Editions KHOUDIA, 1993.

Fall Aminata Sow, *Festins de la détresse*, Lausanne, Editions d'en bas, 2005.

Fouquet Emmanuel [sous la direction de], *Le Dictionnaire Universel de Poche*, Paris, Hachette Livre/Librairie Générale Française, 2000.

Kohoutová Kristina « Rôle du temps et de l'espace dans l'œuvre autofictionnelle de Patrick Modiano », *Études romanes de Brno*, n° 2, p. 39-46.

Koné Amadou « L'espace et son fonctionnement dans le roman africain » *Revue de littérature et d'esthétique négro-africaines*, n° 4, p. 27-32.

Kourouma Ahmadou, *Les Soleils des Indépendances*, Paris, Seuil, 1970.

Médou-Mvomo Rémy G., *Afrika Ba'a*, Yaoundé, CLE, 1969.

Mittérand Henri, *Le Discours du roman*, Paris, Nathan, 1992.

Moingeon Marc [sous la direction], *Le Dictionnaire de notre temps*, Paris, Hachette, 1991.

Paravy Florence, L'Espace dans le roman africain francophone contemporain (1970-1990), Paris, L'Harmattan, 1999.

Pruvost-Beaurain Jean-Marie, *Le Dictionnaire actuel de la langue française*, Paris, Flammarion, 1985.

Rey Alain et Rey-Debove Josette [sous la direction de], *Le Nouveau Petit Robert*, Paris, SEJER, 2007.

Sadji Abdoulaye, *Maïmouna*, Paris, Présence Africaine, 1968.

Sembène Ousmane, *Les Bouts de bois de Dieu*, Paris, Presses-Pocket, 1971.

Song Ki-Jeong, « La Sémiotique de l'espace dans l'œuvre de Le Clézio. Le cas de La Quarantaine » Proceedings of the 10th World Congress of the International Association for Semiotic Studies, p. 371-382.

Vasseur Véronique, *Médecin-chef à la prison de la Santé*, Paris, Le Cherche Midi, 2000.

Vitiello Joëlle, « Écriture féminine maghrébine et lieux interdits », *Notre Librairie*, n° 117, p. 80-86.

Du signifiant spatial au signifié spirituel. Le symbolisme de l'espace dans Sous le soleil de Satan de Georges Bernanos.

Bernard Faye,

Université Cheikh Anta Diop (Sénégal)

Résumé : *Georges Bernanos est un romancier qualifié de chrétien par la critique littéraire. C'est dans cette perspective qu'il choisit comme héros un homme appelé à la vie sacerdotale dans Sous le soleil de Satan. L'abbé Donissan, en tant que prêtre, consacré à Dieu et œuvrant pour le salut de ses frères et sœurs, est un autre Christ qui souffre dans sa chair et dans son âme. Ses lieux de vie ou d'évolution sont symboliques, car révélant, soit un mystère de sa vie de prêtre, soit une particularité de la spiritualité catholique. L'étude proposée permettra de voir comment cet espace, au-delà de sa simple représentation, a une finalité spirituelle.*

Mots-clés : *espace, prêtre, Satan, spiritualité.*

Introduction

Le roman accorde une place prépondérante à la représentation de l'espace qui peut être considéré, même, comme sa première texture. Cette importance s'est accrue au XIXe siècle avec l'avènement d'écrivains réalistes qui réhabilitent la description liée étroitement à la peinture du milieu et à celle de l'homme. Au XXe siècle, les romanciers chrétiens, fascinés par la représentation de l'homme, maintiennent cette dynamique d'exploration de l'espace entamée par leurs prédécesseurs. C'est le cas de Georges Bernanos. Cependant, chez ce dernier, l'espace n'est pas perçu dans sa finalité esthétique comme l'entendaient certains réalistes, mais plutôt, dans son orientation symbolique. Chargé de sens, celui-ci devient incontournable pour la compréhension de ses personnages.

Ainsi, il s'agira, dans cette étude, d'essayer de comprendre comment les différents espaces fréquentés par le personnage bernanosien, l'abbé Donissan, sont significatifs, car permettant de mieux saisir sa personnalité d'homme de Dieu. En d'autres termes, tout en nous attelant à analyser les lieux où Satan le poursuit sans fin, nous démontrerons concomitamment la portée spirituelle de chacun d'eux.

1. La route : l'autre tentation du Christ

Dans *Sous le soleil de Satan*[1], on note des espaces tels que le presbytère, la chambre, le confessionnal, la route où évoluent les différents protagonistes. Ces espaces, quelle que soit leur particularité, restent symboliques : ils permettent de lire soit un aspect singulier de la vie des personnages, soit un signe de la vie spirituelle de l'abbé Donissan, le héros principal. C'est le cas de la route qui se présente comme un espace ouvert, mais très métaphorique, car étant le lieu où se déroulera le combat entre l'abbé Donissan et Satan, comme il en était entre ce dernier et le Christ[2].

L'abbé Donissan, sollicité par son confrère archiprêtre, « *à qui les derniers exercices d'une retraite donnaient beaucoup de souci* » (*SSS*, 111), prend la route de Beaulaincourt et descend vers Étaples. Au lieu de prendre le « *chemin de fer* » (*SSS*, 111), comme il en avait l'habitude, il préfère marcher. Il n'est pas exagéré de voir, à travers ce changement de démarche, le poids du destin qui agit sur lui pour qu'il soit seul sur cette route et qu'il puisse être tenté. Cette route est, d'ailleurs, considérée comme « *un chemin facile et sûr* » (*SSS*, 114). Mais, ce n'est qu'un jugement superficiel, car les obstacles naturels, symbolisés par la « *pluie de novembre* » (*SSS*, 111), les « *près de déserts* » (*SSS*, 111), « *les collines* » (*SSS*, 111), autant que les obstacles moraux, signifiés par le « *ciel mouvant, couleur de cendre* » (*SSS*, 111) et la « *poussière d'eau glacée, au goût de sel* » (*SSS*, 111), cernent et envahissent la route de tous les côtés. C'est au crépuscule de la longue marche de l'abbé Donissan que toutes ces entraves, signes de mauvais augures, se dévoilent. À partir de ce moment, le vicaire de Campagne, qui n'est plus éloigné de l'église d'Étaples, pourtant, n'en peut plus : « *il s'arrête, et finit par s'asseoir sur la terre, au croisement des deux routes de Campreneux et de Verton* » (*SSS*, 115).

De là, la route, dans sa structure spatiale, perd toute sa signification réelle d'espace de mobilité permettant de quitter un lieu précis pour un autre lieu d'arrivée, car elle demeure « *au cœur de la situation de crise qui affecte le personnage* »[3], en l'occurrence, Donissan. Celui-ci n'est-il pas déjà fatigué et abattu, mais surtout confus face aux deux routes qui se dressent devant lui sans qu'il ne sache laquelle prendre ? En réalité, cette route fait perdre plus qu'elle n'indique la voie à suivre. Et, c'est à ses dépens que Donissan l'apprendra. Lorsqu'il se lève, tout, autour de lui, est indiscernable et « *on pressent la dimension fantastique (au sens de Todorov) de ce qui va suivre* »[4] : le paysage est « *aux trois quarts englouti dans l'ombre* » (*SSS*, 118), il se sent « *troublé par une espèce d'inquiétude, qu'il surmonta d'abord aisément* » (*SSS*, 118). De manière spécifique, la route commence à prendre, elle aussi, cette dynamique bizarre, mais illustrative de la marche compliquée de l'abbé Donissan. Pour Éric Benoit, « *l'espace où marche le personnage semble perdre sa matérialité par le fait que cette marche semble se faire sans effort physique grâce à la pente de la route* »[5]. Celle-ci est troublante : « *la route plongeait maintenant vers la vallée* », (*SSS*, 118), « *une route [...] à pente très douce, au sol élastique* » (*SSS*, 119) ; « *la route [...] glisse sous lui [...] d'une pente si douce* » (*SSS*, 120). L'espace, ici, permet au prêtre de marcher de manière rapide et alerte. Seulement, en hissant le pas sans effort, grâce à la configuration du chemin, on croirait qu'il se dédouble. Cet état de fait l'entraîne vers des issues labyrinthiques qui le propulsent vers la perdition physique et morale. À plusieurs reprises, il a l'impression de prendre un chemin de traverse : « *il se remit en marche aussitôt, bien décidé à ne plus quitter la grande route* » (*SSS*, 119), « *il s'aperçut simplement qu'il était revenu, pour la deuxième fois, à son point de départ, exactement* » (*SSS*, 121), « *il est sûr d'être déjà hors du chemin, sans qu'il puisse comprendre à quel instant il l'a quitté* » (*SSS*, 122).

Cette divagation de l'abbé Donissan est le signe des deux tendances contradictoires qui l'habitent et qui luttent incessamment dans sa chair et dans son âme : le Bien et le Mal.

Comme prêtre du Christ, il reste un homme qui manifeste le Bien, le vit et le propose aux autres. Cette position particulière fait aussi qu'il est poursuivi, partout, par Satan. Celui-ci est, d'ailleurs, à l'œuvre sur ce chemin qu'il a entrepris, et il n'hésite pas à transformer tout l'espace. Après avoir semé le trouble sur ce lieu emprunté par Donissan, il se révèle, réellement à lui. Le narrateur affirme, dans ce sens : « *quelqu'un marche à ses côtés* » (*SSS*, 123), avant de préciser immédiatement : « *c'est sans doute un petit homme, fort vif, tantôt à droite, tantôt à gauche, devant, derrière, mais dont il distingue mal la silhouette – et qui trotte d'abord sans souffler mot* » (*SSS*, 123). L'homme, qui marche aux côtés de Donissan, est décrit comme quelqu'un d'insolite, voire de fantastique ; eu égard à son comportement où l'on note le drôle. De la même façon qu'il avait influencé la route en la rendant étrange, pareillement se manifeste-t-il à Donissan. On peut, donc, dire qu'il s'était substitué à cet espace : c'était lui-même qui incarnait ce chemin. La preuve, le prêtre y était, lui aussi, représenté de façon alerte et pressée[6], exactement, comme lui, Satan, se présente dans la description ci-dessus. D'ailleurs, plus tard, il lui fera savoir que c'était lui qui était sur la route et l'avait fait perdre[7].

En outre, il faut noter que la marche de Donissan et de Satan, en plus de se tenir sur la route, se déroule durant la nuit. Or, celle-ci est envahie par l'obscurité :

> Les ténèbres étaient si épaisses que, si loin que portât son regard, il ne découvrait non seulement aucune clarté, mais aucun reflet, aucun de ces frémissements visibles qui sont, dans la nuit la plus profonde, comme le rayonnement de la terre vivante, la lente corruption, jusqu'au jour, du jour détruit (SSS, 120).

Les ténèbres se révèlent, ici, dans leur acception élémentaire d'éléments qui empêchent toute sorte de visibilité. Donissan est dans une confusion totale à la limite de l'aveuglement ; ce qui s'explique par l'emploi répétitif de l'adjectif indéfini aucun dans les expressions « aucune clarté », « aucun reflet », « aucun de ces frémissements visibles ». Toutes ces expressions montrent le manque de clarté réelle qui permet au vicaire de Campagne de voir correctement les lieux qu'il traverse à l'instant. En outre, les ténèbres désignent, dans la perspective spirituelle, le néant, la mort, l'état de l'âme privée de Dieu, de la grâce. Donissan, sur ce chemin où il se trouve, environné immensément par l'obscurité, n'est pas arrivé à ce stade de la ruine totale, mais il reste fragile à cause du vide qui l'assaille et trouble tout son être.

Cependant, si Donissan est troublé à cause des ténèbres, tel n'est pas le cas pour son compagnon qui se complaît dans cette circonstance. Ne voit-il pas dans l'obscurité un bienfait qui « *rapproche les gens* » (*SSS*, 123) et qu'il estime être « *une très bonne chose* » (*SSS*, 123). Pour Michel Estève, « *la nuit évoque le royaume des ténèbres, l'univers où rôde Satan. Le vocable «nuit» est employé à la manière d'un leitmotiv…* »[8].

À la lumière de ces paroles, il faut reconnaître que si ce personnage qui accompagne Donissan aime tant la nuit, c'est parce que celle-ci est son univers de prédilection où il cherche à faire du mal. Cet être qu'est Satan est un séducteur aux manœuvres obscures. C'est pourquoi, il ne veut pas imposer le mal tout d'un coup. Au contraire, il essaye encore de voiler l'esprit de Donissan en faisant semblant de lui faire revivre deux épisodes bibliques vécus, autrefois, sur la route : l'histoire du bon samaritain[9] et l'aventure des disciples d'Emmaüs[10]. Pour mimer le premier récit, il multiplie les gestes d'amour à l'endroit de son compagnon en enlevant la haie hérissée d'épines, en le faisant contourner un fond plein d'eau et en découvrant la large brèche (*SSS*, 124) pour le laisser passer, sans oublier les paroles amicales qu'il lui adresse. Quant aux signes du second récit, ils se lisent à travers cette discussion établie entre les deux compagnons qui se termine par l'invitation faite à l'homme de Dieu, la nuit tombant ; exactement comme le Christ avec les deux disciples. Toutes ces bonnes manières de Satan ne sont que des manœuvres qui lui permettent de mieux séduire le prêtre pour l'anéantir définitivement. Ce simulateur, que Saint Paul qualifie d'être qui « *se déguise bien en ange de lumière* »[11], contrefait souvent la vérité pour perdre les âmes.

Cependant, malgré ces différents subterfuges de Satan, Donissan garde une « *lucidité surnaturelle* » qui lui permet « *de percer l'âme des autres hommes et de discerner les élans vers le Bien et le Mal* »[12]. La communion qui existe entre le prêtre et son Dieu est si forte qu'il a le don non seulement de reconnaître l'ivraie de la bonne graine, mais, en plus, il peut lire toute âme comme un livre ouvert devant lui. Ainsi, « *le regard qu'il rencontre, en levant les yeux, [étant] plus étonné que compatissant* » (*SSS*, 125), le laisse perplexe. Le doute est vite dissipé lorsqu'il n'y voit ni lueur d'amour, ni pointe de miséricorde. Il reconnaît, enfin, son redoutable adversaire : « *ce qu'il avait fui tout au long de cette exécrable nuit, il l'avait enfin retrouvé* » (*SSS*, 128). La confrontation devenant inévitable entre les deux adversaires, chacun use de ses propres moyens et pouvoirs pour dompter l'autre. Comme à son habitude, le Diable multiplie les paroles de prévenance et d'affection pour mieux apprivoiser Donissan : « *Calez-vous bien… ne tombez pas, jusqu'à ce que ce petit accès soit passé. Je suis vraiment votre ami – mon camarade – je vous aime tendrement* » (*SSS*, 129). À ces paroles, il enjoint des gestes qui le rapprochent physiquement de son camarade d'infortune. Il l'étreint et le berce sur lui dans le but d'assoupir son âme et d'annihiler ses capacités spirituelles. Donissan semble conquis, et au malin d'affirmer :

> Dors sur moi, nourrisson de mon cœur […] Tiens-moi ferme, bête stupide, petit prêtre, mon camarade. Repose-toi. Je t'ai bien cherché, bien chassé. Te voilà. Comme tu m'aimes ! Mais comme tu m'aimeras mieux encore, car je ne suis pas prêt de t'abandonner, mon chérubin, gueux tonsuré, vieux compagnon pour toujours ! (SSS, 129).

Ce premier contact physique fit prendre conscience au prêtre de la vraie nature de celui qui marche avec lui sur la route : « C'était la première fois que le saint de Lumbres entendait, voyait, touchait celui-là qui fut le très ignominieux associé de sa vie douloureuse » (SSS, 129). Désormais, il prend toutes les précautions nécessaires pour affronter celui qui s'est défini comme étant un maquignon. Seulement, celui-ci n'a pas usé de tous ses moyens. Après avoir épuisé l'angoisse de son compagnon, il lui donne « le baiser d'un ami » (SSS, 129) qui, tout en rappelant celui de Judas, le traître, est le signe qu'il veut le hanter définitivement. Donissan réplique, et, dans sa prière d'exorcisme, il prononce, à deux reprises, le « va-t'en » (SSS, 133, 134), qui rappelle, à bien des égards, celui du Christ avec Satan[13]. Ainsi, « le monstre roula de haut en bas du talus sur la route, et se tordit dans la boue, tiré par d'horribles spasmes » (SSS, 134). Il est vaincu, une deuxième fois, de plus.

Finalement, en revoyant l'itinéraire de l'abbé Donissan, qui a abouti à son combat avec Satan, on note que tout le processus s'est déroulé sur la route. Pourquoi, donc, ce choix de la route ? Parce qu'elle symbolise, d'une part, la voie à suivre, et, d'autre part, la rencontre avec l'autre. Satan, sachant que Donissan va rencontrer ses frères et sœurs en Christ pour les fortifier dans la foi et les amener à lui renoncer, lui le menteur, par le moyen de la confession, fait tout pour qu'il n'arrive pas à destination. Ainsi, l'expression, « *espace signifiant* »[14] dont parle Greimas, a toute sa valeur, à ce niveau. Par conséquent, si « *les structures spatiales de certains romans permettent d'intensifier l'effet dramatique du récit, soulignant ainsi les convergences entre écriture romanesque et écriture théâtrale* »[15], on peut bien dire que la route dans *Sous le soleil de Satan* a permis de vérifier cette thèse. D'une part, elle est le lieu du combat spirituel et physique entre les deux ennemis – le prêtre et le Démon –, d'autre part, le discours narratif, prêté aux protagonistes dans cette bataille, est très proche de celui du théâtre.

Somme toute, dans cet espace, l'abbé Donissan a vaincu Satan en le faisant fuir, mais celui-ci a eu le mérite de le tenter pour qu'il n'arrive pas jusqu'à l'église d'Étaples. Qu'en sera-t-il dans les autres espaces où Satan continue à le tarauder[16], comme il le lui a signifié ?

2. La chambre : le lieu de la croix

Dans la *Poétique de l'espace*, Bachelard considère la maison comme étant « *notre coin du monde* »[17]. Ce jugement montre à suffisance le rôle éminemment important de cet espace dans la vie d'une personne. De ce fait, si la maison, qui est un lieu, aussi, commun à tous, a une réelle importance, la chambre, qui est un cadre individuel, n'en garde pas moins une certaine valeur. Avant tout, elle reste l'espace d'intimité le plus sûr qui soit. C'est elle qui abrite les émotions, cache les secrets et garde les confidences. Dans ce sens, elle a un rôle déterminant à jouer dans l'équilibre socio-affectif de la personne : « *la maison, la chambre, le grenier où l'on a été seul, donnent les cadres d'une rêverie interminable, d'une rêverie que la poésie pourrait seule, par une œuvre, achever, accomplir* »[18]. De manière particulière, c'est le confort moral de la chambre qui se devine à travers ces paroles du critique. Celle-ci est un lieu où l'on peut laisser libre cours à ses pensées, s'évader hors de soi ; un cadre où l'on peut exprimer ses propres émotions. À côté de ce confort moral, il existe aussi le confort physique qui fait que la chambre se présente autrement comme un cadre de protection, de refuge et de sécurité.

En effet, dans certaines œuvres[19], il est courant de voir quelques héros ou héroïnes se blottir dans l'espace chaleureux et protecteur de leur chambre dans l'optique de fuir les invectives des leurs ou se mettre à l'abri du danger qui guette du dehors. Dans ces cas précis, l'univers de la chambre leur offre une quiétude sûre ou les déceptions s'effritent vite au profit de l'espérance. La complicité qui existe, dans ce sens, entre ces protagonistes et leur chambre, fait que cet endroit reste un espace réconfortant ou ils s'épanouissent davantage.

Dans toutes ces circonstances, l'espace de la chambre se perçoit comme un endroit de bien-être et de mieux-être. Cependant, cette réalité n'est pas toujours permanente. La chambre peut aussi servir de lieu de réclusion, de punition ou d'isolement avec le reste des membres de la famille. Dans d'autres situations même, ce cadre peut être à l'origine de la détresse ou du malheur du personnage. Qu'en est-il réellement de l'espace de la chambre dans *Sous le soleil de Satan* ?

En s'intéressant à l'étude de l'espace dans *Sous le soleil de Satan*, on constate que celui-ci a une fonction représentative de la personnalité spirituelle de l'abbé Donissan, le héros de l'ouvrage. Donissan est, avant tout, un prêtre, un missionnaire qui, même s'il rend souvent visite à ses paroissiens, passe le plus de temps au niveau du presbytère. Ce dernier est un endroit où le prêtre se promène dans le but de voir plus clairement par rapport aux réalités de sa pastorale : « *Il a descendu les marches sans y penser, et il poursuit son rêve à travers la cuisine, vers le jardin, les yeux mi-clos…* » (*SSS*, 200). Le presbytère, dont la description n'est pas faite par le narrateur, est surtout évoqué pour mieux montrer la solitude humaine et morale du maître des lieux. Assurément, si comme le note Birahim Thioune, l'espace est « *le théâtre de la réalisation d'existences individuelles et de destins collectifs* »[20], il est très normal de voir l'occupant du presbytère de Campagne symbolisé dans tout son dénuement humain et social. Donissan se caractérise tant par sa gaucherie que par sa solitude légendaire. C'est pourquoi, à défaut de se balader seul dans les coins et recoins du domaine du presbytère, il demeure dans sa chambre.

L'espace de la chambre de l'abbé Donissan est figuratif, lui aussi, de la personnalité spirituelle de celui-ci. Il est décrit comme suit :

> La petite chambre nue, sous la triste matinée de décembre, apparut dans son humble désordre : la table de bois blanc sous ses livres éparpillés, le lit de sangle poussé contre le mur, un de ses draps traînant à terre, et l'affreux papier pâli… (SSS, 99).

Précédemment, il était fait allusion au dénuement du prêtre Donissan ; dénuement qui dépassait sa propre personne et se reflétait dans tout son univers. La description de sa chambre illustre bien cette détresse tant matérielle que psychologique. Il y est question de la pauvreté et du désordre qui le caractérisent. Au-delà de ces considérations apparentes, il faut voir, dans ces anomalies, le portrait spirituel de l'abbé Donissan. Celui-ci n'est pressé que par la mission, le témoignage évangélique. Et, tout ce qui l'alourdit ou l'empêche d'être prêt pour cette tâche est sans importance à ses yeux. En cela, il suit les conseils donnés par son maître et Seigneur :

> Allez, prêchez et dites : le royaume des cieux est proche. […] Ne prenez ni or, ni argent, ni monnaie, dans vos ceintures ; ni sac pour le voyage, ni deux tuniques, ni souliers, ni bâton ; car l'ouvrier mérite sa nourriture[21].

En réalité, Donissan est un vrai pauvre en esprit[22] qui accorde peu de crédit aux choses finies qui se limitent sur cette terre. C'est pourquoi, son espace de vie illustre le détachement, une vertu spirituelle essentielle et indispensable à tout imitateur du Christ.

Surtout, la chambre de l'abbé Donissan se présente comme un espace de tentation, de souffrance et de purgatoire pour son hôte. Celui-ci ne fréquente, d'ailleurs, que deux espaces fermés dans la première partie du roman : la chambre de Menou-Segrais, son curé et supérieur hiérarchique, et la sienne. Lorsque le vicaire de Menou-Segrais rend visite à celui-ci dans sa chambre, l'espace qui s'ouvre à lui est un espace de rencontre où il est question de discussions relatives à l'apostolat et à la pastorale. Cependant, quand il est chez lui, l'espace se referme sur son immense solitude et il se trouve désarmé face aux pensées qui l'assaillent.

Ainsi, en une « *triste matinée de décembre* » (*SSS*, 99), il se retrouve seul dans sa chambre, et, quelque chose d'étrange se produit autour de lui : « *Une minute, le pauvre prêtre regarda ces quatre murs si proches, et il crut sentir la pression sur sa poitrine* » (*SSS*, 99). L'atmosphère qui règne dans la chambre démontre que celle-ci est hantée. Satan, dans sa capacité de transformation et d'adaptation, a non seulement investi l'espace, mais, mieux encore, il s'est substitué à celui-ci. Il a même subverti l'être du prêtre de telle sorte que ce que ce dernier ressent n'est plus du domaine de la félicité : « *Ce fut d'abord une joie furtive, insaisissable, comme venue du dehors, rapide, assidue, presque importune* » (*SSS*, 100). Et, il reconnaît que « *cette insaisissable joie était une présence* » (*SSS*, 100).

Tout son être spirituel expérimente l'extase, mais celle-ci ne dure pas. Donissan sait que cette joie sans fondement est une « *illusion* » (*SSS*, 102), et, l'espérance qui l'accompagne « *née tout à coup – qui n'a pas d'objet – indéfinie, ressemble trop à la présomption de l'orgueil* » (*SSS*, 102). Une fois de plus, après s'être identifié à l'espace, Satan : « *conduit ainsi à substituer à la plénitude divine qu'il fait prendre pour une illusion, le désespoir de son propre néant* »[23]. Vaincu, Donissan prend la résolution d'extirper de son cœur cette joie fade qui ne comble pas son être entièrement et durablement. Il s'ensuit une mortification sous forme d'auto-flagellation aux allures hallucinantes, atroces et destructrices :

> À présent, debout au pied du petit lit, il frappait et frappait sans relâche, d'une rage froide. Aux premiers coups, la chair soulevée laissa filtrer à peine quelques gouttes de sang. Mais il jaillit tout à coup, vermeil. Chaque fois la chaîne sifflante, un instant tordue au-dessus de sa tête, venait le mordre au flanc, et s'y reployait comme une vipère : il l'en arrachait du même geste, et la levait de nouveau, régulier, attentif, pareil à un batteur sur l'aire. La douleur aiguë, à laquelle il avait répondu d'abord par un gémissement sourd, puis seulement de profonds soupirs, était comme noyée dans l'effusion de sang tiède qui ruisselait sur ses reins et dont il sentait seulement la terrible caresse (SSS, 103).

Depuis la passion du Christ, la flagellation est devenue un moyen de souffrance permettant à certains croyants de s'unir de cœur et en esprit aux supplices du Christ et d'expier leurs péchés. Très répandue à partir du Moyen Âge, cette pratique existait encore jusqu'à une période toute récente, notamment chez certains ordres religieux comme les rédemptoristes[24]. Avec l'abbé Donissan, il s'agit d'une auto-flagellation qui, dans son entendement, consiste à faire pénitence et à participer au reste des souffrances du Christ[25]. Mais en réalité, cette idée qu'il s'est fait est totalement fausse. C'est le Diable qui l'a illusionné « *par la flamme du désespoir intrépide* » (*SSS,* 102) et la folie destructrice s'est emparée de lui.

Pour ce faire, Satan s'est servi de l'espace de la chambre qu'il a totalement investi et travesti. Comme ange de lumière[26], il sait que Donissan est actif dans tous les espaces où il évolue ; sauf dans sa chambre. Une fois dans cet endroit, non seulement il demeure inactif, mais il se laisse envahir par toutes sortes d'idées. Ainsi, il s'infiltre dans sa pensée et dans sa conscience et le désoriente complètement. De ce fait,

> l'environnement agit sur l'homme qui réagit sur lui dans une boucle de feedback où l'être prend conscience de lui-même par l'image de ses actes que lui renvoie le monde environnant comme une sorte de miroir[27].

Ces paroles transposées dans le domaine de la fiction autorisent à dire qu'il y a une sorte d'interaction entre le personnage et l'espace[28]. Celui-ci influence celui-là qui, de son côté, se conforme à ses injonctions. C'est ainsi qu'après l'atroce scène, Donissan, se trouvant toujours dans l'enceinte de sa chambre, réagit en fonction de l'impact de celle-ci :

> Quand il s'éveilla, le soleil remplissait la chambre, il entendit sonner les cloches dans le ciel livide. Sa montre marquait neuf heures. Un long moment le reflet au mur suffit à occuper sa pensée, puis ses yeux firent lentement le tour de la chambre, et il s'étonna de la large tache luisante sur le parquet de sapin, de la chaîne jetée en travers. Alors il sourit d'un sourire d'enfant (*SSS*, 105).

Ici, c'est « *le reflet au mur* » qui est à l'origine de l'attitude du personnage. Après qu'il a occupé « *sa pensée* », il se ressaisit pour s'étonner de tout ce qui s'est passé. Et, sa réaction montre que sa volonté a été désabusée par l'espace indubitablement, voire celui qui l'a usurpé. Car, l'espace a une réelle influence sur le personnage :

> le rapport du héros à l'espace semble, dans l'ensemble des œuvres, pouvoir se résumer à ces trois termes : subi, convoité, dominé. […] Le plus souvent, le personnage est en conflit avec son propre espace de vie, qui l'opprime ou l'avilit[29].

Même si Paravy, se réfère à une aire géographique précise qu'est l'Afrique, ses paroles s'appliquent à beaucoup de romans d'autres espaces culturels. Particulièrement, *Sous le soleil de Satan* n'échappe pas à cette règle. Tout porte à croire que le héros, Donissan, subit les lois de l'espace de la chambre qui le domine et le désoriente sans peine. Cette domination persistera-t-elle jusque dans le confessionnal ?

3. Le confessionnal : quand le salut triomphe

Entre l'abbé Donissan et son ennemi de toujours, Satan, c'est un combat sans fin. Ce fait est très normal dans la mesure où tous les deux ont des intérêts divergents. Le premier, de par sa fonction de prêtre de Jésus-Christ, travaille à sauver les âmes ; tandis que le deuxième, de par sa nature rebelle à Dieu, fait tout pour damner celles-ci. L'espace reste, dans cette dynamique, le lieu de leur lutte sempiternelle, parce que « *la possession de l'espace ainsi que sa défense représentent* »[30] un atout majeur dans le combat spirituel de même que dans la victoire définitive.

Aussi, l'espace, par excellence, que Donissan et son ennemi cherchent à posséder et à occuper permanemment, reste-t-il le confessionnal. De celui-ci, il n'est fait qu'une ébauche dans le texte :

> Au fond du pauvre confessionnal de Lumbres, qui sent les ténèbres et la moisissure, ses fils à genoux n'entendent que la voix souveraine, au-dessus de l'éloquence, qui crevait les cœurs les plus durs, impérieuse, suppliante et, dans sa douceur même, inflexible » (SSS, 205).

Ici, « la description du lieu se borne […] à une esquisse du décor »[31]. Ainsi, « cette technique permet de mettre en exergue les conflits psychologiques »[32] entre les protagonistes de l'action. Le conflit est déjà prévisible à travers la mise en garde de l'abbé Menou-Segrais, et non moins père spirituel de Donissan, ci-dessous :

> Entre le prêtre et le pénitent, il y a toujours un troisième acteur invisible qui parfois se tait, parfois murmure, et tout soudain parle en maître. Notre rôle est souvent tellement passif ! Aucune vanité, aucune suffisance, aucune expérience ne résiste à ça ! Comment donc imaginer, sans un certain serrement de cœur, que ce même témoin, capable de se servir de nous sans nous rendre nul compte, nous associe plus étroitement à son action ineffable ? (SSS, 180).

Le Diable poursuit Donissan jusque dans son dernier retranchement, dirait-on. Ainsi, il est présent même dans le confessionnal. Sachant que ce lieu est symboliquement spirituel, il se transforme, à son tour, en esprit pour le posséder. Comme toujours, Donissan reste sa cible principale. Il veut s'insinuer dans sa pensée de confesseur pour dévoyer ses conseils salvifiques. Toutefois, ses manigances restent vaines encore dans ce lieu. Le prêtre revêtu de l'humilité, cette qualité exceptionnelle qui a fait perdre Satan, exerce son ministère souverainement. Les pécheurs touchés accourent de partout :

> Et maintenant cette foule impitoyable, pressée nuit et jour autour du confessionnal de l'homme de Dieu comme un autre curé d'Ars, la séparation volontaire de tout secours humain ; oui, l'homme de Dieu disputé comme une proie (SSS, 209).

Une chose est certaine : si Satan avait réussi à pervertir l'esprit de l'abbé Donissan au confessionnal, comme il l'a tenté, on n'aurait jamais pu parler de cette immense foule qui se presse autour de lui et le dispute « comme une proie ». Donc, le saint de Lumbres reste le maître incontesté du confessionnal, même s'il a été parfois débuché et malmené par le Démon, dans certains endroits. Sa clairvoyance et sa présence imposante au niveau de cet espace font qu'il est comparé au saint curé d'Ars, Jean Marie Vianney, qui exerçait, comme ministère presbytéral favori, la confession. Ce sacrement est le plus grand combat spirituel que l'on peut livrer contre Satan. Ne consiste-t-il pas à accueillir le pécheur, à l'écouter, à l'absoudre et à le replacer sur le chemin de la conversion ? Donissan a bien expérimenté ces principes de la pénitence : « *De l'ombre sacrée où remuaient les lèvres invisibles, la parole de paix allait s'élargissant jusqu'au ciel et traînait le pécheur hors de soi, délié, libre* » (*SSS*, 205). La victoire prend irrésistiblement le camp de l'oint de Dieu. Et, la sacralisation de l'espace, ci-dessus, tout en confirmant cette évidence, témoigne de la bénédiction de la prière qui y est élevée. Donissan, comme son nom l'indique, – don et sang, ou donner son sang – se donne entièrement pour le salut des pécheurs. Sa mort, dans le confessionnal, au moment où il réconcilie les âmes avec Dieu, est le signe de sa victoire définitive. Comme le Christ mourant sur la croix, il peut dire, lui aussi, « *tout est accompli* »[33].

Conclusion

Au terme de notre analyse, il convient de noter qu'à travers *Sous le soleil de Satan*, Georges Bernanos réussit à démontrer que l'espace ne se limite pas seulement à une finalité esthétique, mais qu'il a, aussi, une dimension symbolique. Cela se traduit dans le texte par la réduction des descriptions détaillées et formelles des lieux au profit de leur esquisse et de la mise en scène du personnage dans tout son dynamisme. Cette technique permet au romancier de montrer l'interaction qui existe entre l'espace et le personnage et qui peut aider à comprendre la vie de celui-ci. Ainsi, la représentation de l'espace dans *Sous le soleil de Satan* a l'avantage de nous faire connaître le combat spirituel mené par Donissan contre Satan.

Notes

1) Georges Bernanos, (1926), Paris, Pocket, 1994. Ce roman est abrégé dans le texte : *SSS* suivi de la page citée.

1) *La Bible de Jérusalem,* Nouvelle édition revue et augmentée, Paris, Cerf, 2001, *Mt* 4, 1-11.

2) Florence Paravy, *L'Espace dans le roman africain francophone contemporain* (1970-1990), Paris, L'Harmattan, 1999, p. 47.

3) Éric Benoit, « La rencontre avec *Satan* », https://www.cairn.info/revue-roman2050-

2008-3-page- 105.htm, hors série n° 4, pp. 105-128, p. 107, consulté le 14/06/18.

4) *Ibid*, p. 108.

5) Georges Bernanos, *Sous le soleil de Satan, op. cit.*, p. 120.

6) *Ibid*, p. 128.

7) Michel Estève, « Le Christ, les symboles christiques et l'incarnation dans l'œuvre de Bernanos », thèse de doctorat, Lille III, 1977, p. 153.

8) *La Bible de Jérusalem, op. cit., Lc* 10, 25-37.

9) *Ibid, Lc,* 24, 13-35.

10) *Ibid, 2 Cor* 11, 14.

11) Albert Béguin et Michel Estève, *Notes et variantes dans Œuvres romanesques de Georges Bernanos*, Paris, Gallimard, 1961, pp. 1784-1785.

12) *La Bible de Jérusalem, op.cit., Mt* 4, 1-11.

13) Algirdas Julien Greimas, Dans « Pour une sémiotique topologique », communication au Colloque sur *La Sémiotique de l'espace* organisé par l'Institut de l'Environnement, Paris, mai, 1972, réédition, in *Sémiotique et Sciences sociales*, Paris, Seuil, 1976, p. 129.

14) Gaston Bachelard, *La Poétique de l'espace* (1957), Paris, Les Presses universitaires de France, 3ᵉ édition, 1961, p. 47.

15) Georges Bernanos, *Sous le soleil de Satan, op. cit.,* p. 139.

16) Gaston Bachelard, *La poétique de l'espace, op. cit.,*p. 32.

17) *Ibid.,* p. 43.

18) *Adrienne Mesurat* (1927), Paris, Plon, coll. « Le Livre de poche », 1996, de Julien Green et *Sous le soleil de Satan* sont deux œuvres dans lesquelles les héroïnes se réfugient constamment dans leur chambre qu'elles considèrent comme un cadre de réconfort.

19) Birahim Thioune, *Les Nouveaux romanciers chrétiens : code biblique et code de l'écrivain*, Paris, L'Harmattan, 2010, p. 23.

20) *La bible de Jérusalem, op. cit., Mt* 10, 7, 9-10.

21) *Ibid, Mt* 5, 3.

22) Jean Luc, « *Sous le soleil de Satan* (Georges Bernanos) : le combat de l'esprit d'enfance », https://creativecommons.org/licenses/by-nc-nd/2.0/fr/, consulté le 22/06/18.

23) Fondé par saint Alphonse de Liguori, l'ordre des Rédemptoristes est orienté vers l'apostolat : missions paroissiales, retraites spirituelles, pèlerinages…

24) *La Bible de Jérusalem, op. cit., Col* 1, 24.

25) *Ibid., 2 Co* 11, 14.

26) Abraham Moles, Élisabeth Rohmer, *Psychologie de l'espace*, Paris, Casterman, 1978, p. 165.

27) Décrivant les interactions qui existent entre le sujet et l'espace, Moles et Rohmer laissent entendre : « Un des facteurs essentiellement de l'environnement est le degré d'implication de l'individu dans celui-ci, c'est-à-dire, entre autres, sa place sur un vecteur d'opposition actif/passif/. […] Agir sur l'environnement ou subir de celui-ci des atteintes contre lesquelles on doit réagir, ces deux attitudes définissent bien deux styles de vie, deux couleurs de la sphère phénoménologique ». (A. Moles, É. Rohmer, *Psychologie de l'espace*, *op. cit.*, p. 175)

28) Florence Paravy, *L'Espace dans le roman africain francophone contemporain* (1970-1990), *op. cit.*, p. 42.

29) Claude Levy-Leboyer, *Psychologie et environnement*, Paris, P.U.F, 1980, p. 148.

30) Florence Paravy, *L'Espace dans le roman africain francophone contemporain* (1970-1990), *op. cit.*, p. 68.

31) Ibid.

32) Nouveau Testament et Psaumes. Traduction officielle pour la liturgie, Paris, éditions de l'Emmanuel, 1997, *Jn* 19, 30.

Bibliographie

Bachelard, Gaston, *La Poétique de l'espace* (1957), Paris, Les Presses universitaires de France, 3ᵉ édition, 1961.

Béguin, Albert et Estève, Michel, Notes *et variantes dans Œuvres romanesques de Georges Bernanos*, Paris, Gallimard, 1961.

Bernanos, Georges, *Sous le soleil de Satan*, (1926), Paris, Pocket, 1994.

Estève, Michel, « Le Christ, les symboles christiques et l'incarnation dans l'œuvre de Georges Bernanos », thèse de doctorat, Lille III, 1977.

Green, Julien, *Adrienne Mesurat*, (1927), Paris, Plon, coll. « Le Livre de poche », 1996.

Greimas, Algirdas Julien, Dans « Pour une sémiotique topologique », communication au Colloque sur *La Sémiotique de l'espace* organisé par l'Institut de l'Environnement, Paris, mai, 1972, réédition, in *Sémiotique et Sciences sociales*, Paris, Seuil, 1976, pp. 129-157.

La Bible de Jérusalem, nouvelle édition revue et corrigée, Paris, Cerf, 2001.

Levy-Leboyer, Claude, *Psychologie et environnement*, Paris, P.U.F, 1980.

Moles, Abraham, Rohmer, Élisabeth, *Psychologie de l'espace*, Paris, Casterman, 1978.

Nouveau Testament et Psaumes. Traduction officielle pour la liturgie, Paris, éditions de l'Emmanuel, 1997.

Paravy, Florence, L'Espace dans le roman africain francophone contemporain (1970-1990), Paris, L'Harmattan, 1999.

Thioune, Birahim, Les Nouveaux romanciers chrétiens : code biblique et code de l'écrivain, Paris, L'Harmattan, 2010.

Webographie

Éric Benoit, « *La rencontre avec Satan* », https://www.cairn.info/revue-roman2050-2008-3-page- 105.htm, pp. 1-19, consulté le 14/06/18.

Jean Luc, « *Sous le soleil de Satan* (Georges Bernanos) : le combat de l'esprit d'enfance » https://creativecommons.org/licenses/by-nc-nd/2.0/fr/, pp. 105-128, consulté, le 22/06/18.

Creación espacial y narración novelesca. Montengón y Voltaire : trayectorias y destinos de los protagonistas

Dame Diop

Université Assane Seck de Ziguinchor

Resumen: *Este artículo intenta analizar las obras literarias de dos filósofos del Siglo de las Luces, en particular Pedro Montengón y Voltaire. "Eusebio" (1786) y "Cándido" (1760) son novelas afines desde el punto de vista de la construcción espacial que posibilita la acreditación de la narración y la progresión del relato. De hecho, existe en ambas novelas un vínculo estrecho entre espacio cerrado, espacio abierto y destino de los protagonistas cuya trayectoria casi se parece, a la vista de su educación teórica y práctica. Si en "Eusebio" la granja de Henrique Myden y la casa del maestro Hardyl sientan las bases de la formación teórica de Eusebio, el castillo del barón y de la baronesa es el lugar idóneo para la instrucción de Cándido.*

Palabras clave : Montengón, Voltaire, espacio, personajes.

Résumé : *Cet article tente d'analyser les œuvres littéraires de deux philosophes des Lumières, notamment Pedro Montengón et Voltaire. «Eusebio» (1786) et «Cándido» (1760) sont des romans liés du point de vue de la construction spatiale qui permet l'accréditation de la narration et la progression de l'histoire. En fait, dans les deux romans, il existe un lien étroit entre espace clos, espace ouvert et destin des protagonistes dont la trajectoire est presque similaire, compte tenu de leur éducation théorique et pratique. Si dans «Eusebio», la ferme d'Henrique Myden et la maison du maître Hardyl jettent les bases de la formation théorique d'Eusebio, le château du baron et de la baronne est le lieu idoine à l'instruction de Candide.*

Mots-clés : Montengón, Voltaire, espace, personnages.

Introducción

Esta investigación procura demostrar el papel fundamental del espacio en dos obras literarias cuyas filosofías, más o menos afines, pueden mejor entenderse gracias al análisis del espacio como lugar del sentido. En *Eusebio* (1786) de Montengón (1745-1824) y *Cándido* (1760) de Voltaire (1694-1778), es el espacio el que posibilita considerando que viven y se mueven los personajes a través de un lugar, permitiendo así la ilusión de la realidad[1] con el arraigo del relato en el mundo ficticio, los desplazamientos con los trayectos y caminos, la progresión de la narración con la evolución de los personajes hasta el desenlace. Si *Eusebio*

---

1. Barthes, Roland : "L'effet de réel", en Littérature et réalité, Paris, Seuil, 1981.

(1786) empieza en las costas de Pennsylvania y termina también en América pese a un largo periplo en Europa (Londres, París, España), *Cándido* (1760) comienza en Alemania con una ida y vuelta entre Europa y América (Cádiz, Buenos Aires, Paraguay, Surinam, Burdeos, París, etc.) antes de acabarse en Bizancio (Constantinopla), en una finca.

Publicada veintiséis años antes de la novela del alicantino Pedro Montengón, la novela del francés Voltaire *Cándido* puede considerarse como posible fuente de inspiración si exploramos la manera como se construyen el espacio y la narrativa de ambas obras: el espacio embraga el relato caracterizando, muy a menudo, a los personajes.

Un análisis narratológico del espacio que nos permitirá ir más allá del trabajo de los críticos literarios que se limitan únicamente a establecer las influencias de Votaire sobre Montengón respecto a las ideas filosóficas, sin olvidarse de Rousseau, Montesquieu, John Locke, Alfieri, etc. En otras palabras, nuestro enfoque tiende a respaldar las influencias del pensamiento enciclopedista europeo en España, y en particular sobre Montengón que se aprovecha del exilio en Italia en 1767, con el decreto de expulsión de los jesuitas ordenado por Carlos III, para ponerse en contacto con las nuevas ideas que se divulgan en Europa.

En definitiva, nuestro reflexión consistirá en examinar primero la toponimia y los espacios ficticios entre *Eusebio* (1786) y *Cándido* (1760)), antes de abordar los espacios abiertos (espacio del viaje), el itinerario de los protagonistas y el desenlace.

1. Toponimia y espacios ficticios en Eusebio (1786)[2] y Cándido (1760)[3]

El estudio de la ilusión realista nos relaciona con los topónimos y los espacios ficticios que permiten la creación de un mundo literario[4] que se asemeja al de los lectores gracias a la verosimilitud, sean los espacios cerrados, limitados[5], o los espacios abiertos, vastos, donde viven los personajes de dichas dos novelas. De hecho, se trata de la topografía mimética, o sea la geografía novelesca[6] que acaba por ser un lugar del sentido que puede facilitarnos la comprensión de *Eusebio* (1786) y *Cándido* (1760) cuyos protagonistas tienen casi el mismo recorrido a través de Europa y América, sumiéndonos en la atmósfera política, social, cultural, histórica y económica. En concreto, el espacio es primordial para mejor entender la filosofía de Montengón y Voltaire en el ámbito de la literatura de viajes[7], sin olvidar la trayectoria y el destino de los protagonistas.

En la novela de Pedro Montengón (1745-1824), el primer espacio cerrado es la granja[8] de Henrique Myden que se sitúa en las costas de Maryland y Carolina, lugar donde se les

---

2. Montengón, Pedro, Eusebio, Éditions Cátedra, Madrid, 1998.

3. Voltaire, Candide ou L'optimisme, suivi du texte apocryphe de 1760, par Jean Golzink, Texte et contextes, I.M.E., 1985, Magnard, pp. 375.

4. Creación espacial y narración literaria, Editoras: Concepción Pérez, Mª de Gracia Caballos, Anna Raventós, Grupo de Investigación Temático Estructural, Sevilla, 2001.

5. Bachelard, Gaston, La poétique de l'espace, Presses Universitaires de France, 1957.

6. Topographies romanesques, sous la direction d'Audrey Camus & Rachel Bouvet, Collection PUR, 2011, pp. 253.

7. Bougainville, Voyage autour du monde, Éditions Gallimard, 1982.

8. Eusebio, Éditions Cátedra, Madrid, 1998, p. 87.

da posada a los dos rescatados del naufragio (el joven Eusebio y el criado Gil Altano). La peculiaridad de esta granja es que desempeña un papel fundamental, en la medida en que le permite al narrador evocar un espacio fértil y tranquilo donde reinan la esperanza y la paz, después del rescate. Además del símbolo de un campo feraz edénico, puede ser también una fuente de inspiración para Eusebio que realiza el único proyecto agrícola de la obra novelesca. Por eso Marc Marti[9] piensa que es el mejor uso del *topos* ambientado en los campos aunque puntualiza el hecho de que la motivación y la conducta de Eusebio parece alejarse del *topos*, mencionando el eco del "clarín de Guevara" con acentos coetáneos.

En cuanto a la obra de Voltaire (1694-1778), la narración empieza en un castillo[10] (Thunder-ten-tronckh) del Señor barón ambientado en Alemania (en la provincia de Westfalia) donde nació y se educó el protagonista Cándido antes de su expulsión[11]. Este castillo es un mundo donde aprende Cándido la filosofía[12] junto a su preceptor Pangloss[13]. La educación de Cándido gira en torno a la filosofía basada en el silogismo que consiste en proceder por deducción. Por eso, afirma Pangloss que *todo está mejor* en vez de decir *todo está bien*. Lo cierto es que la belleza del castillo (*el hermosísimo castillo del Señor*), la comodidad (*el gran confort*), la comida (*la comida está a base de la carne porcina durante todo el año*) y la nobleza (*para el mayor barón de la provincia*) se idealizan[14].

Este castillo de Westfalia es un "paraíso terrenal" que se caracteriza también por la idealización de los orígenes, contrariamente a los del joven Cándido que es un hijo natural huérfano[15]. Sagrado y jerarquizado, este lugar discretamente dominado por dios se rige por la figura del *Padre*, del *Señor* y del *Dueño*[16]. Según Jean Starobinsk, todos los análisis recalcan las mismas características principales: el *paraíso terreno* delimita el umbral del relato, el mundo de la juventud, de la obediencia pasiva, de la ingenuidad conformista, de la jerarquía feudal, de la pretensión metafísica, de la idealización de los orígenes.

En la primera historia, tenemos un narrador hetero-degético que nos presenta este Edén, como símbolo de Adán[17] a través de las peripecias del origen de la aventura humana. La genealogía del barón puede romperse en cualquier momento, a causa de la bastardía del protagonista que ensucia la pureza del linaje del barón. Sin embargo, es el encuentro de

9. Marti, Marc, « Menosprecio de corte y alabanza de aldea en la novela de finales del siglo XVIII », Revista de Literatura n°125, Madrid, CSIC; 2001, pp. 202-203.

10. Voltaire, Candide ou L'optimisme, suivi du texte apocryphe de 1760, par Jean Golzink, Texte et contextes, I.M.E., 1985, Magnard, p. 24.

11. *Ibid.*, p.134.

12. *Ibid.*, p. 28.

13. *Ibid.*, p. 28.

14. *Ibid.*, p. 28: la traducción es mía.
   - le très beau château de monseigneur.
   - le grand confort.
   - la nourriture à base de porc toute l'année.
   - pour le plus grand baron de la province.

15. *Ibid.*, p. 26, Candide et la question de l'autorité, in Essays… in honor of Ora O. Wade, Droz, Jean Starobinski, 1977.

16. *Ibid.*, p. 26.

17. *Ibid.*, p. 29.

Cándido con la señorita Cunegunda (la hija del barón y de la baronesa) el que acelera el relato, ya que asistimos a la profanación de este lugar sagrado. Así es como Cándido es expulsado del castillo con violentas "patadas en el trasero"[18].

Estos dos espacios ficticios, la granja y el castillo, son lugares de que se valen los narradores hetero-diegéticos para anclar el relato en el mundo real aunque ambas novelas se oponen desde el punto de vista de la concepción filosófica. Si *Eusebio* (1786) es una novela didáctica con un héroe (Eusebio) como protagonista, el episodio de la granja simboliza la virtud y el primitivismo con la naturaleza pura y virgen de que se aprovecha el hombre de negocios (Henrique Myden) para enriquecerse mediante el cultivo de la tierra, mientras que en *Cándido* (1760) el castillo que se sitúa en el corazón de la ciudad encarna el vicio, el peligro, el determinismo y la fatalidad que no dejan de perseguir a Cándido hasta el desenlace en una finca. Eusebio y su maestro Hardyl hacen las veces de héroes contrariamente a Cándido y su preceptor que son anti-héroes perdidos por su filosofía basada en el silogismo. En otras palabras, *Cándido* (1760) es una parodia de las novelas, en especial *Las aventuras de Telemaque* (1699)[19] que es la más célebre.

En lo que se refiere a las ideas primitivistas, las fuentes de inspiración[20] de Pedro Montengón son diversas pero pueden dividirse en dos grupos: el grupo des las fuentes fiables y el de las eventuales influencias. Según Guillermo Carnero, Rousseau es la primera fuente de inspiración a través de sus obras como el *Emilio*, los dos discursos respectivamente *Sobre las ciencias y las artes*, y *Sobre los orígenes de la desigualdad* (Del *'Contrato social'*). El segundo inspirador es el abad Raynal con la *Historia filosófica y política [...] de las dos Indias*. El tercer inspirador de Montengón es Marmontel (*Los Incas*). En cuanto a las fuentes eventuales de la influencia directa o indirecta, Guillermo Carnero nos señala el *Viaje* de Bougainville, las *Aventuras de Telemaque* de Fenelón y las *Reflexiones sobre la educación* de Locke.

Por otra parte, la casa de Henrique Myden en Filadelfia imposibilita la educación del joven Eusebio en la virtud natural, a causa del lujo, de los humos, de la ostentación y de la mala influencia de los criados: el maestro Hardyl le lleva a su casa para inculcarle, a la vez, las ciencias y la modestia, la humildad, la frugalidad, la austeridad y el estoicismo merced al aprendizaje de oficios manuales, a saber la confección de los cestos en su taller[21] que es un pequeño mundo que se extiende durante el largo periplo. En cuanto al castillo (Thunder-ten-tronckh) del Señor barón, tenemos igualmente un pequeño mundo que se amplía durante la peregrinación de Cándido por un mundo cruel, incomprensible debido a la educación teórica asegurada por Pangloss que es un "anti-Mentor" caricaturado por aliar, de manera cómica y con yuxtaposición, el amor a la metafísica abstracta y el amor a las mujeres[22]. Así

---

18. *Ibid.*, p. 34.

19. Voltaire, Candide ou L'optimisme, suivi du texte apocryphe de 1760, par Jean Golzink, Texte et contextes, I.M.E., 1985, Magnard, Fénelon (1651-1715), Les aventures de Télémaque, Livre IV (1699), p. 59.

20. In Carnero, Guillermo, « Pedro Montengón (1745-1824): un poeta entre dos siglos », Hispanic review, N°2, 1991, p. 134.

21. Chen Sham, Jorge, « La lección práctica y la educación moral en el Eusebio de Pedro de Montengón », Dieciocho: Hispanic enlightenment, Vol. 30, N° 1, 2007, pp. 70-72.

22. Voltaire, Candide ou L'optimisme, suivi du texte apocryphe de 1760, par Jean Golzink, Texte et contextes, I.M.E., 1985, Magnard, Fénelon (1651-1715), Les aventures de Télémaque, op. cit., p. 59.

que Pangloss es responsable de la expulsión de Cándido del castillo.

A pesar de la diferencia de ideologías de ambas obras a nivel de la percepción del mundo ora optimista y pesimista en *Eusebio* (1786), ora totalmente pesimista en *Cándido* (1760), incluida Europa donde reinan intolerancia, conflictos y guerras sangrientas, podemos percatarnos de que los protagonistas tienen casi el mismo itinerario respecto a los espacios de los viajes (periplos): la ida y vuelta entre Europa y América, y sobre todo la salida de Europa sin regreso al final de dichas novelas.

2. La trayectoria de los dos protagonistas : influencia interior y exterior del espacio sobre los personajes

2.1 Espacios abiertos: espacios del viaje

Examinar los espacios abiertos después de los espacios cerrados nos entronca con la poética del espacio que permite al novelista situar acciones y personajes en un espacio real, a imagen de la realidad[23]. Así que afirma Goldenstein que la acción puede desarrollarse en un único lugar, proseguirse en diferentes sitios, o dispersarse por todos los horizontes: la espacialidad presenta diversos grados de apertura[24]. Por ejemplo, el espacio puede limitarse, cerrarse, o sofocar a los personajes, a imagen de la habitación herméticamente cerrada de los *Niños terribles* de Jean Cocteau donde acción y personajes no consiguen pasar los límites. Pero en Montengón y Voltaire, el espacio de los viajes nos relaciona con los espacios abiertos, caminos, trayectos y destinos, sin olvidar los medios de locomoción (barcos, coches).

2.2 El itinerario de los protagonistas y el desenlace

En *Eusebio* (1786), la novela comienza en Pensilvania, en especial en las costas de Maryland y de la Carolina antes de proseguirse en el mar donde flotan dos supervivientes[25] de un naufragio ocurrido en la víspera. Se trata de la zozobra de la embarcación de la familia del joven Eusebio que tiene seis años de edad. El viaje de España a América por parte de los padres de Eusebio le permite al narrador usar el *topos* del naufragio para hacer esfumarse toda la fortuna de la familia de este joven rescatado y adoptado por Henrique Myden. De Pensilvania Eusebio se traslada a Filadelfia, un lugar donde empieza la educación teórica en la virtud natural.

Desde el punto de vista narrativo, la calle de Filadelfia se opone al espacio de las casas completando y asegurando la educación familiar: la calle es un espacio social el que pone a prueba todo lo que aprende Eusebio en casa de Hardyl. La educación de este hombre nuevo radica en la filosofía moral de Epicteto y las virtudes de cuáquero que tienen como objetivo mejorar la vida gracias a la nueva concepción de la felicidad que permitirá a los hombres estar en perfecta armonía con los príncipes de la virtud que necesitan un trabajo interno y externo simbolizado por la casa de Hardyl, la calle y la plaza. En la calle, los viandantes

---

23. Goldenstein J. P., Pour lire le roman, Bruxelles, Paris, Deboek Duculot, 1989, p. 89.

24. Ibid. p. 90.

25. Eusebio, op. cit., pp. 87-88.

sólo ven las apariencias, mientras que el modelo educativo preconizado incide en la riqueza interior, la de la educación. La casa de Hardyl inculca los valores necesarios para la puesta a prueba social.

La oposición entre la casa de Hardyl y la calle escenifica el doblete educativo, caro al Siglo de las Luces para practicar la teoría. La definición de la calle propuesta por Henry Mittérand es la siguiente: es el espacio abierto y limitado el que demuestra las diferentes características de este espacio que se abre a nivel de sus dos salidas por las cuales las personas llegan o salen, en el interior de las cuales se detienen, circulan, se topan con otras personas, se interpelan, además de su carácter limitado y cerrado en sus lados por las casas, las paredes y las vallas[26]. El espacio de la casa delimita el de la calle. Por eso, la calle y la casa se definen y se determinan recíprocamente. Lo más importante es que tenemos en *Eusebio* (1786) una perfecta adecuación con lo que ocurre en la plaza de Spittle-Fields y la prisión de Newgate en la etapa londinense.

 Las idas y vueltas que efectúa la población de Londres al acompañar a Eusebio y Hardy en el momento de su detención, de su ingreso en prisión, y después de su liberación, hacen hincapié en un verdadero baño de multitudes que tiene doble sentido. La multitud sigue primero a los dos cuáqueros hasta la puerta de la prisión recriminándoles, antes de desagraviarles. Para la población de Londres, Eusebio y Hardyl son en adelante inocentes. El narrador aprovecha las calles y las casas contiguas para describirnos una muchedumbre alborozada que les lleva a hombros hacia la plaza de Spittle-Fields, insistiendo sobre la gente que se asoma en las puertas y las ventanas con vistas a las calles de Londres[27]. A partir de las ventanas, se le echa flores al séquito para declarar inocentes a Eusebio y a Hardyl: es una manifestación del entusiasmo y de la simpatía para con ellos. La llegada a la plaza marca el fin del desfile. Se trata de una marcha por un espacio abierto y limitado por dos mojones, o sea la prisión y la plaza.

Las calles de Londres encarnan en la narración la función de representación de juicio social que se basa en las apariencias, mientras que Eusebio y Hardyl no cambiaron entre la acusación y el reconocimiento de su inocencia. Asistimos a una ambivalencia a lo largo de este episodio, es decir el juicio basado en las apariencias. Pero en París las calles tendrán nuevas funciones.

Son las calles las que reflejan un París en el centro del mundo. Los que llegan a París se maravillan de la imagen de un París imponente y deslumbrante. Es una ciudad con las calles rebosantes de gente y animadas[28]. Se trata de un verdadero lugar de ocio y distracción con infinitos paseos. Son peligrosas las calles a causa de las tentaciones que pueden llevar a cualquier persona a la perdición. Reinan en ellas la ociosidad, el gusto por el lujo, y sobre todo el erotismo generado por la actitud de las señoras provocadoras que se pasean por las arterias de París[29].

Las calles de París no tienen el mismo papel narrativo que las de Londres. Anuncian la

---

26. Mitterand, Henri, Le discours du roman, Presses Universitaires de France, 1980, p. 195.

27. *Ibid.*, p. 402.

28. *Ibid.*, p. 542.

29. *Ibid.*, p. 243.

prueba central que espera a Eusebio. Indican la tentación del parecer a través del lujo y de los encantos del sexo. Sin embargo, comprobamos que como en Londres las calles son como el espacio social, o sea un lugar de puesta a prueba de la educación de Eusebio y de sus valores morales. A finales del episodio francés, las calles de Lyon terminan el ciclo que afirma la primacía de los valores del Siglo de las Luces, a saber la lucha contra la superstición gracias a la enseñanza de la virtud por parte del maestro Hardyl. Cunden rumores de que la casa donde decide pernoctar Hardyl es el refugio de los espíritus. Así que la calle de Lyon está abarrotada de personas curiosas de ver las consecuencias de la decisión de Hardyl que logra demostrar lo inútil y lo insensato de tales creencias supersticiosas. Una inmensa multitud se agrupa en la calle para ver la manera como Hardyl se atreve a desafiar los tabúes de esta ciudad referentes a la brujería y la superstición con la casa de los duendes[30].

Las universidades de Salamanca y Sorbona son los últimos lugares de sociabilidad. En *Eusebio* (1786), se evocan dos universidades a fin de subrayar la filosofía de Aristóteles cuya base es el silogismo. Después de la universidad de Sorbona, el narrador evoca la de Salamanca con cátedras sin maestros y sin discípulos, a pesar de su celebridad. Todas las ciencias y lenguas pueden enseñarse allí. Hardyl descubre eso gracias a una visita[31]. Le asombran a Eusebio la confusión y la cacofonía que reinan en ella. El maestro Hardyl expresa su compasión[32] por los estudiantes que se pasan el tiempo haciendo comentarios sobre una inútil filosofía anticuada.

Si Eusebio recorre el mundo para la praxis de la educación teórica fraguada en América con su maestro Hardyl, Cándido es expulsado del castillo a causa de una infracción sexual y social. El joven Cándido debe vagar por el mundo con el objeto de emancipar su razón[33]. Así se ensancha el mundo del relato a medida que viaja por el mundo. El desplazamiento de Cándido marca el ensanche del espacio del relato. Jean Molino[34] tiene razón al decir que las acciones deben imperativamente situarse en un cuadro que marca la orientación espacial del relato. Como principio dinámico del relato, el espacio se considera como una intriga[35].

Por consiguiente, el espacio no sólo aparece como objeto de la descripción o como sencilla lista de lugares, sino también como un principio dinámico del relato. Los lugares del relato deben analizarse en una perspectiva dinámica con miras a constituir las etapas de una evolución a través de las aventuras de los héroes. Según Jean Molino, cualquier desplazamiento debe orientarse hacia la búsqueda de un objetivo o la huida ante el peligro. De ahí que los héroes puedan estar frente a obstáculos o en momentos de descanso. Pero el cuadro debe corresponder a las aventuras de los héroes. En concreto, las aventuras le permitirán al narrador hetero-diegético hacernos viajar con el héroe durante un largo periplo por Europa (Alemania, Holanda, Portugal, España), América (Buenos-Aires, Paraguay, Surinam) y Constantinopla.

---

30. *Ibid.*, p. 689.

31. *Ibid.*, p. 734.

32. *Ibid.*, p. 734.

33. Candide et la question de l'autorité, in Essays… in honor of Ora O. Wade, Droz, Jean Starobinski, 1977, op. cit., p. 26.

34. Molino, Jean, Homo Fabulator, Espace et Description, Paris, Actes Sud, 2003, p. 300.

35. *Ibid.*, p. 307.

Por otra parte, llega Cándido a Holanda en la indigencia total, sin fondos. Se trata de un país cristiano donde no existe pobreza. Todos son ricos en este país y se prohíbe la mendicidad. Cualquier mendigo corre el riesgo de estar encarcelado[36]. Acogido por Jaime, un "buen anabaptista" nunca bautizado, Cándido tiene la suerte de trabajar en sus manufacturas de telas persas.

La importancia de esta etapa holandesa reside en el hecho de que pone en tela de juicio la "filosofía sistémica" que se pone a prueba de la "realidad limitada" a través del relato, habida cuenta de la "descalificación global" de todo lo que había aprendido Cándido[37]. Además es un aprendizaje teórico inaplicable, según Jean Starobinski. El "esquema fundamental" del relato es la finalidad demostrativa: la creencia contra la realidad. En este episodio holandés, Cándido se enfrenta a un espejismo que explica la "degradación inmediata" del "sueño ingenuo" por la realidad[38]. Pese a la educación teórica que su maestro Pangloss le inculcó, Cándido se da cuenta en Holanda que no tiene la llave del mundo. Esta incomprensión del mundo por parte del discípulo (Cándido) alude a la parodia de las novelas, según siempre Jean Starobinski.

En Portugal (Lisboa), el narrador hetero-diegético se vale del tópico del naufragio[39] para llamar nuestra atención sobre la violencia de la tempestad[40] y la manera como los pasajeros, incluidos Pangloss y Cándido, llegan a Lisboa: *[…] Se encaminan a Lisboa, después de escapar de la tempestad*[41]. El naufragio marca también la focalización externa de la ciudad de Lisboa donde el narrador nos relata las angustias de la muerte que viven Cándido y sus compañeros de viaje. La oscuridad del cielo es un indicio que anuncia la catástrofe natural que ocurre en el interior de las tierras portuguesas. Se salvan del naufragio gracias a una tabla[42], Cándido y Pangloss apenas entran en la ciudad de Lisboa cuando sucede el terremoto[43]. El desastre causa la muerte de treinta mil habitantes. De hecho los daños[44] son inmensos. La ciudad es presa de torbellinos de llamas y cenizas. El fuego lo destruye todo, inclusive las habitaciones y los seres humanos. Como las mismas causas provocan los mismos efectos, el filósofo Pangloss hace la relación entre este temblor de tierra y el de la ciudad de Lima en *Américas*. Con sólo decir que las ondas del seísmo precedente[45] en Perú influyen en la catástrofe portuguesa, es un rechazo rotundo de la filosofía de Pangloss cuyo razonamiento es simplista.

El segundo terremoto en Portugal sucede a pesar de la ceremonia de los sacrificios en la hoguera organizada por la universidad de Coímbra para impedir los temblores. Es un

---

36. Voltaire, Candide ou L'optimisme, suivi du texte apocryphe de 1760, par Jean Golzink, Texte et contextes, I.M.E., 1985, Magnard, p. 48.
37. *Ibid.*, p. 49.
38. *Ibid.*, p. 51.
39. Voltaire, Candide ou L'optimisme, op. cit., p. 68.
40. Ibid., Voltaire, Candide ou L'optimisme, p. 64.
41. *Ibid.*, p. 68.
42. *Ibid.*, p. 68.
43. *Ibid.*, pp. 69-70.
44. *Ibid.*, pp. 69-70.
45. *Ibid.*, p. 70.

medio narrativo que acelera el relato para facilitar el reencuentro[46] entre Cándido y su amada Cunegunda. Este reencuentro es inesperado. Sin embargo, Pangloss es considerado como muerto por ahorcamiento, así como el Vizcaíno y otros dos hombres quemados vivos a guisa de remedio contra los terremotos. Se trata de un espectáculo de las "supersticiones bárbaras"[47] que denuncia Voltaire a través de la ceremonia de hogueras donde son víctimas del suplicio dos hombres sospechados de no querer comer tocino. De hecho, Voltaire se ataca a la Biblia a causa de la ignorancia y del fanatismo de los cristianos.

A través del puerto de Cádiz, España marca la continuación del viaje de Cándido, Cunegunda, la vieja, dos criados y los dos "caballos andaluces" tras el asesino del judío y del Señor inquisidor[48]. Huyeron con destino a Cádiz pasando por Badajoz, Lucena, Chillas et Lebrija[49] con sus caballeros andaluces para escaparse de la Santa Hermandad[50]. La etapa de Badajoz marca la complicación a causa del robo de que son víctimas en una hotelería. Lograron finalmente seguir viajando al vender uno de sus tres "caballeros andaluces" a un prior de benedictinos. Destaca la miseria durante su llegada a Cádiz, en la medida en que Cunegunda fue despojada de todos sus bienes en una posada de Badajoz. La vieja sospecha de un religioso ser el autor del robo. El interés de este episodio reside en el hecho de que vuelven a sufrir nuestros viajeros las contingencias de la vida, preparándonos a un suspense respecto al viaje a América. Se trata de un golpe de efecto marcado por el alistamiento de Cándido en el ejército.

El puerto de Cádiz es el lugar donde se embarcan para el Nuevo Mundo[51] (América). Cándido se hace capitán de una compañía de infantería a bordo de una flota rumbo a Paraguay con el fin de razonar a los jesuitas[52], acusados de incitar a una de sus "hordas" a sublevarse contra los reyes de España y Portugal. La travesía les permitió reflexionar sobre la filosofía del "pobre Pangloss" que se enfrenta a la triste realidad que vivieron en Europa, contrariamente al "otro universo"[53] que simboliza el paraíso terrestre, según la esperanza de Cándido.

Sus diferentes experiencias a la salida del castillo desvelan la violencia generada a la vez por las guerras, la intolerancia y el fanatismo religioso que sumen Europa (el Viejo Mundo) en la decadencia, o más precisamente en la Edad de hierro, en contraste con América percibida como la Edad de oro. Incluso Cándido compara la imagen del mar de este "nuevo mundo" con la de los mares de Europa. La hermosísima imagen del mar del "nuevo mundo" tiene la reputación de ser más tranquila y apacible[54]. Estos son los indicios que le permiten a Cándido pensar que el "paraíso" perdido en Europa puede hallarse en el "nuevo mundo".

---

46. *Ibid.*, p.84.

47. Voltaire, Candide ou L'optimisme, R. Desné. Voltaire était-il antisémite ? La Pensée, fév. 1979, N°203. © Institut de Recherches marxistes, pp. 98-99.

48. Voltaire, Candide ou L'optimisme, p. 94.

49. *Ibid.*, p. 100.

50. *Ibid.*, p. 96.

51. *Ibid.*, p. 104.

52. *Ibid.*, p. 100.

53. *Ibid.*, p. 104.

54. *Ibid.*, p. 104.

Es la razón por la cual Jean Sgard[55] considera *Cándido* como una novela de la esperanza. Tratando de responder a la pregunta si la esperanza es una engañifa, afirma que es una pregunta que se plantea en *Cándido*, pese a los "movimientos ciegos de las pasiones"[56]. Según siempre Jean Sgard, el deseo de la muerte y el pecado contra "la Esperanza" nunca aparecen en Voltaire, dado que la esperanza aparece como la expresión de la voluntad de vivir cuando se lo pierde todo.

Durante el viaje en mar, el relato de las aventuras[57] de los pasajeros de la nave incita a Cándido a afirmar que la tierra y el mar se cubren por el "mal físico" y el "mal moral" que cuestionan la filosofía de su maestro Pangloss. Al fin y al cabo, las etapas siguientes marcan el viaje a América: Buenos-Aires[58], Paraguay, Perú y Surinam.

Buenos Aires es una etapa que vuelve a complicar la vida de Cándido y Cunegunda. En efecto, el movimiento del libro les comunica una existencia provisional que permite el cumplimiento de su misión cómica y antifilosófica[59]. Para explicar el poder funesto de atracción de Cunegunda, Jean Sareil nos da su descripción puramente física, poco conforme a la de una heroína de novela: *alta en colores, fresca, grasa y apetecible*[60]. En todo caso, el carácter de Cunegunda tiene una asombrosa dualidad de pureza y sensualidad, si nos referimos a los detalles ofrecidos por Voltaire[61].

Perseguido por un "alcalde" que viene de Cádiz, huye Cándido de Buenos Aires con destino a Paraguay para escaparse de los castigos reservados a los asesinos del "gran inquisidor"[62].

Cándido llega finalmente a Paraguay con su criado Cacambo mediante "dos caballos andaluces". Es Cacambo quien le permite conocer al gobernador de Los Padres (*el estado gobernado por Los Padres*)[63]. Cándido consigue salir al encuentro del comandante (*el Reverendo Padre*)[64], quien es el hermano de Cunegunda[65] ya considerado como matado por los búlgaros. El Reverendo Padre, comandante, se opone ferozmente al casamiento[66] de su hermana con Cándido. Ofendido por tal reacción inesperada, Cándido mata al hermano de Cunegunda, antes de huir disfrazándose de jesuita y galopando para cruzar las fronteras[67], por no ser detenido por los soldados del comandante.

---

55. Sgard, Jean : Voltaire, Candide ou L'optimisme, L'espérance chez Prévost et Voltaire in Essays… in honor of Ira O. Wade, 1977, Droz, pp. 101-102.

56. *Ibid*, p. 101.

57. Voltaire, Candide ou L'optimisme, p. 124.

58. *Ibid*., p. 124.

59. Sareil, Jean, « C and C : une histoire d'amour », Essai sur Candide, 1967, Droz, pp. 70-72, Voltaire, Candide ou L'optimisme, Ibid., p. 127.

60. *Ibid*., p. 127.

61. *Ibid*., pp. 127-129.

62. Voltaire, Candide ou L'optimisme, pp. 126-128.

63. *Ibid*., p. 132.

64. *Ibid*., nota 2, p. 132.

65. *Ibid*., p. 134.

66. *Ibid*., p. 134.

67. *Ibid*., p. 142.

Sin embargo, sólo se habla de Perú a través de Eldorado que es un espacio ficticio. Los primeros campesinos con que se topan Cándido y Cacambo hablan "peruano"[68], la lengua materna de Cacambo que sirve de guía a Cándido. Se menciona Perú de nuevo para evocar los vestigios de la "antigua patria de los Incas". En fin, Cándido sale de Perú caminando hacia Cayena[69] con el objeto de embarcarse antes de llegar a Surinam[70], una ciudad adonde llegan después de "cien días de marcha"[71].

Al acercarse a Surinam, Cándido se topa con un negro tendido en la tierra en un estado horrible[72]. Se trata de un esclavo que trabaja en las azucareras de manera inhumana, considerando su atuendo y su retrato físico. Manco y cojo, se viste de calzoncillos. El diálogo con este hombre desventurado, maltratado y amputado por su maestro hace llorar a Cándido, quien pone en tela de juicio la filosofía de Pangloss[73] al entrar en Surinam.

Por lo que se refiere a la estancia de Cándido en Surinam, pierde casi toda su fortuna robada por el Señor Vanderdendur, quien es propietario de una "gran nave"[74] a bordo de la cual debe viajar Cándido hasta Venecia. El famoso mercante holandés se marcha con los dos carneros que llevan tesoros inmensos, después de embolsarse "treinta mil piastras"[75]. Sumido en la melancolía y la desesperación, alquila Cándido una cabina de una nave francesa que viaja rumbo a Burdeos[76]. Pero sale finalmente de Surinam con un "pobre erudito"[77] llamado Martín[78] que trabajó durante diez años para los "libreros de Amsterdam"[79], reputados en aquel entonces muy activos pero poco escrupuloso.

La capital francesa tiene la peculiaridad de ser un caos atractivo[80] a donde va todo el mundo en pos de un placer ilusorio. Todos los visitantes son víctimas de los espejismos de París que es un lugar donde se anidan los timos y la superstición, según la experiencia del viejo Martín. Rumbo a Italia con la esperanza de encontrar a Cunegunda en Venecia[81], Cándido y Martín pasan por Francia pensando en el mal físico y moral, antes de llegar a Burdeos[82].

Burdeos es un lugar de tránsito donde Cándido vende unas "piedras" del *Dorado* para permitirse el lujo de viajar a bordo de un coche. Por lo demás, la academia de ciencias de Burdeos es objeto de una burla a través del carnero de Cándido propuesto para el "tema de

---

68. Voltaire, Candide ou L'optimisme, p. 164.

69. *Ibid.*, p. 186.

70. *Ibid.*, p. 190.

71. *Ibid.*, p. 190.

72. *Ibid.*, p. 190.

73. *Ibid.*, p. 192.

74. Voltaire, Candide ou L'optimisme, op. cit., p. 194.

75. *Ibid.*, p. 194, note 3 : monnaie d'argent espagnole.

76. *Ibid.*, p. 198.

77. *Ibid.*, p. 202.

78. *Ibid.*, p. 202.

79. *Ibid.*, p. 198 : Note 1.

80. *Ibid.*, p. 216.

81. *Ibid.*, p. 216.

82. *Ibid.*, p. 218.

este año", un concurso ganado por un "erudito del Norte" que se esforzó por demostrar aritméticamente las razones del color rojo de la lana del carnero condenado a morirse de la viruela ovina[83]. La ciencia es criticada por el narrador a través de este razonamiento superficial del erudito que roza la inepcia total.

Influenciado por los viajeros con que se topa en las ventas, Cándido decide pasar por París antes de ir a Venecia[84].

La focalización interna de París puede relacionarnos, a la vez, con las primeras impresiones hoscas y con las experiencias que van a vivir Cándido durante toda su estancia, sea en la posada[85], en el gabinete de la marquesa[86], en el hotel[87], o en la cárcel[88]. En todo caso, estas son las peripecias que apoyan la opinión del erudito Martín en cuanto a la focalización externa al aproximarse a las costas francesas[89].

La estancia de Cándido en Francia es una etapa clave en el periplo marcado por una serie de sucesos inesperados que acelera el ritmo del relato. Cándido se enferma en una posada a causa del cansancio[90] y de las sangrías[91], antes de curarse[92] y estar en compañía de la marquesa con quien tiene relaciones sexuales[93]. Además, es víctima de la traición del abad Perigourdin en connivencia con la policía[94] que le detiene, y después le libera conduciéndole a Dieppe. Allí se embarca a bordo de una nave holandesa, pagando tres diamantes con destino a Inglaterra (Ports-mouth)[95].

Pasando por las costas de Inglaterra, Francia y Portugal (Lisboa), Cándido se dirige hacia Venecia[96]. La etapa de Inglaterra les permite a los dos viajeros comparar este país con Francia suscitando una reflexión sobre la locura humana y la guerra entre estas dos "naciones" que se disputan "unos arpendes de nieve hacia Canadá"[97]. Así que el viejo Martín califica a los ingleses de irascibles, justificando la necesidad de matar a un almirante para animar a los demás[98].

En Italia, Venecia marca el punto final del gran periplo de Cándido y el momento de hacer

83. *Ibid.*, p. 222.

84. *Ibid.*, p. 222.

85. *Ibid.*, p. 222.

86. *Ibid.*, pp. 230-236.

87. *Ibid.*, p. 238.

88. *Ibid.*, pp. 238-240.

89. *Ibid.*, pp. 216-218.

90. *Ibid.*, p.222.

91. *Ibid.*, p. 224.

92. *Ibid.*, p. 224.

93. *Ibid.*, p. 230, pp. 234-236.

94. *Ibid.*, p. 238.

95. *Ibid.*, p. 240.

96. Leer el artículo de Citron, P., La Poésie de Paris dans la littérature française de Rousseau à Baudelaire, Éd. De Minuit, 1961, pp. 99-103 ; Voltaire, Candide ou L'optimisme, p. 246.

97. *Ibid.*, p. 244.

98. *Ibid.*, p. 246.

el balance sobre la situación mundial dominada por el infortunio[99] excepto "Eldorado" donde tenemos lo real y lo imaginario con el mito del "buen salvaje". América es acogedora pero rechaza a los malos europeos que no hacen más que cometer delitos.

Constantinopla es la última etapa del segundo viaje sin retorno. Cándido se casa con Cunegunda y trabaja en un jardín, después de que Martín mata al barón echándole al mar[100] por su orgullo y oposición al casamiento. Constantinopla es el destino final de Cándido y sus compañeros que están obligados por el hado a cultivar la tierra para sobrevivir, ya que el trabajo puede alejarles de tres plagas: el "aburrimiento", el "vicio" y la "necesidad"[101]. En concreto, la felicidad es algo inalcanzable para el protagonista, debido a la fatalidad que le persigue desde el castillo, una idea justificada y reforzada por la filosofía de su maestro Pangloss cuya base es el silogismo, o el razonamiento por deducción.

Conclusión

Eusebio y Cándido son dos novelas respectivamente didáctica y anti-novelesca. Pero ambas obras cuestionan la misma filosofía arcaica basada en el silogismo. En *Eusebio* (1786), Pedro Montengón nos propone una novela didáctica a partir de la vivencia de un protagonista (Eusebio) formado por el maestro Hardyl (un cestero y cuáquero) en la virtud natural que fundamenta su fe cristiana, rebatiendo la filosofía aristotélica que se enseña en las universidades de Salamanca y Sorbona. En el "Emilio español", son la granja y el taller del maestro Hardyl los que desempeñan un papel central en el sino del protagonista preparado a enfrentarse a las contingencias de la vida a lo largo de la novela, contrariamente a Cándido que no tiene la clave del mundo tras su educación por el filósofo Pangloss, aunque tienen ambos personajes casi el mismo itinerario. El determinismo, la fatalidad, la candidez y la resignación del protagonista Cándido y su maestro Pangloss proceden de este castillo lujoso y lujurioso. Lo cierto es que *Cándido* de Voltaire es una antítesis de *Eusebio*, considerando el espacio de la educación teórica que no deja de influir en la vida de ambos protagonistas hasta el desenlace final.

Bibliografía

Bibliografía metodológica

Bachelard, Gaston, *La poétique de l'espace*, Presses Universitaires de France, 1957.

Barthes, Roland : «L'effet de réel», en Littérature et réalité, Paris, Seuil, 1981.

Bougainville, *Voyage autour du monde*, Éditions Gallimard, 1982.

Goldenstein J. P., *Pour lire le roman*, Bruxelles, Paris, Deboek Duculot, 1989.

99. Voltaire, Candide ou L'optimisme, op. cit, p. 250.
100. *Ibid.*, p. 296.
101. *Ibid.*, p. 306.

Mitterand, Henri, *Le discours du roman*, Presses Universitaires de France, 1980.

Marti, Marc, « Menosprecio de corte y alabanza de aldea en la novela de finales del siglo XVIII », Revista de Literatura n°125, Madrid, CSIC; 2001.

Molino, Jean, *Homo Fabulator, Espace et Description*, Paris, Actes Sud, 2003.

Soubeyroux, Jacques, "Le discours du roman sur l'espace, approche méthodologique", *Lieux dits, Recherches sur l'espace dans les textes ibériques*, Publications de l'Université de Saint-Étienne, Saint Étienne, 1993.

Creación espacial y narración literaria, Editoras: Concepción Pérez, Mª de Gracia Caballos, Anna Raventós, Grupo de Investigación Temático Estructural, Sevilla, 2001.

Topographies romanesques, sous la direction d'Audrey Camus & Rachel Bouvet, Collection PUR, 2011, pp. 253.

Bibliografía sobre Pedro Montengón

Chen Sham, Jorge, « La lección práctica y la educación moral en el *Eusebio* de Pedro de Montengón », *Dieciocho: Hispanic enlightenment*, Vol. 30, N° 1, 2007.

Montengón, Pedro, *Eusebio*, Éditions Cátedra, Madrid, 1998.

Carnero, Guillermo, « Pedro Montengón (1745-1824): un poeta entre dos siglos », *Hispanic review*, N°2, 1991.

Bibliografía sobre Voltaire

Citron, P., La Poésie de Paris dans la littérature française de Rousseau à Baudelaire, Éd. De Minuit, 1961, pp. 99-103 ; Voltaire, Candide ou L'optimisme.

Duchet, Michèle, « Humanité et intérêt bien compris », Anthropologie et Histoire…, Maspéro, 1971, pp. 319-321, in Voltaire, Candide ou L'optimisme.

Sareil, Jean, « C and C : une histoire d'amour », Essai sur Candide, 1967, Droz, pp. 70-72, Voltaire, Candide ou L'optimisme.

Sgard, Jean : Voltaire, Candide ou L'optimisme, L'espérance chez Prévost et Voltaire in Essays… in honor of Ira O. Wade, 1977, Droz.

Voltaire, Candide ou L'optimisme, suivi du texte apocryphe de 1760, par Jean Golzink, Texte et contextes, I.M.E., 1985, Magnard, pp. 375.

Candide et la question de l'autorité, in Essays… in honor of Ora O. Wade, Droz, Jean

Starobinski, 1977.

Voltaire, Candide ou L'optimisme, R. Desné. Voltaire était-il antisémite ? La Pensée, fév. 1979, N°203, Institut de Recherches marxistes.

L'espace comme signification dans le métadiscours de Mohammed dib

Belmokhtar Hichem,

Centre Universitaire El Wancharissi Tissemsilt, Algérie

Résumé : *La spatialité joue un rôle important dans l'analyse du discours, car elle permet de définir l'identité du locuteur. Dans cet article, nous analysons la charge significative de l'espace et sa relation étroite avec le métadiscours de Mohammed Dib. Notre étude s'effectue sur les derniers textes de cet auteur : Tlemcen ou les lieux de l'écriture, L'arbre à dires, Simorgh et Laëzza. À travers ces écrits, Mohammed Dib parle son attachement à l'espace.*

Mots clés : *Spécialité, Tlemcen, sens, métadiscours.*

Introduction

Avec ses derniers écrits, *Tlemcenou les lieux de l'écriture*, *L'Arbre à dires*, *Simorgh* et *Laëzza*, Mohammed Dib opère un véritable retour sur lui-même à travers son métadiscours qui propose un ensemble réflexif de ses différentes expériences de vie dans leur interrelation avec son parcours d'écrivain, et marquant ainsi le tracé d'une quête du sens. Le métadiscours est à la fois un espace de singularité et de pluralité : *« L'énonciateur dialogue avec son propre discours »* (Détrie, Verine, Siblot, 2001, p. 84).

Dans l'emploi de la notion « spatialité » en littérature, la première image qui nous vient à l'esprit est celle de l'inscription du mot sur la page : c'est une opération qui marque la rencontre entre les signes linguistiques. Pour Paul Ricœur, la spatialité est une observation menée pour engendrer une réflexion : *« une œuvre s'enlève sur un fond opaque du vivre, de l'agir et du souffrir, pour être donné par un auteur à un lecteur qui la reçoit et ainsi change son agir.»* (Ricœur, 1983, p. 105-106)

La manifestation de la spatialité permet à l'analyse du discours d'aller au-delà de la dimension physique pour une réflexion plus approfondie : *« le sens tactile, s'il offre une grande richesse et s'il permet de nouer des rapports d'intimité aiguë avec les choses»* (Genette, 1993, p. 20). Il s'agit pour nous d'appréhender le monde dibien à travers le sens de vision, donc seul le regard de l'auteur est capteur d'image et de sens.

Dans le métadiscours dibien, les images circulent pour dessiner la pensée de son producteur. Nous sommes dans un univers à la fois concret et abstrait où l'écrivain établit un contact singulier avec le monde. Le métadiscours dibien nous propose la représentation du contact de l'Homme avec lui-même et puis avec tout son environnement : *« Cela m'a ouvert un vaste champ de réflexion. Qui, de lui ou de moi, est l'étranger de l'autre, ou le plus étranger, ou le moins étranger?»*

(Dib, 1998, p. 34). Nous constatons chez l'auteur le déroulement d'un itinéraire tout entier qui façonne sa vocation littéraire : une rencontre permanente entre vie vécue et vie écrite. La position dibienne marque son rapport existentiel par des normes et des codes. La voix dibienne est structurée par un large processus de symbolisation. Il est intéressant de noter que l'esprit humain fonctionne dans des situations où les images spatiales sont intimement liées à la pensée. Dans ce cas, la réflexion peut s'exprimer d'une manière explicite ou implicite : *« Plus sûr que le monde est une maison hantée, mais tout de même ! Plus surement, en revanche, un cliché est le masque sous lequel son non-sens nous dévisage. »* (Dib, 1998, p. 109). La spatialité s'inscrit dans le métadiscours dibien à travers une graduation qui part du plus large au plus limité.

1. L'espace

La spatialité concerne les traces de l'écrit dont leur fonctionnement est engrené dans le texte, c'est-à-dire, une sorte de toile où chaque élément renvoie à un autre. Sur le plan du signifié, les mots, les phrases et les paragraphes peuvent être regroupés sous forme de sèmes attachés à un personnage ou à une situation : *« Mes mots désespèrent de trouver une sortie. Me regarder par-dessus l'épaule ? Interroger l'ombre qui m'escorte ? Ce qui nous sépare. »* (Dib, 1996, p. 50). Les indices de l'écrit sont actualisés sur un autre plan qui est du signifiant constitué de l'ensemble des parallèles et des récurrences du texte : *« Sortie d'où ? Non de ma bouche. Moi n'est plus maitre de soi, plus maitre de sa parole. Blancheur déversée par le ciel, j'unis mes mains pour te recevoir. »* (Dib, 1996, p 50). Les indices scripturaux sont la couleur de la toile proposée par la dynamique spatiale : *« L'écriture dure, se transmet, agit en absence des sujets parlants. Elle utilise pour s'y marquer l'espace, en lançant un défi au temps »* (Kristeva, 1981, p. 237).

En littérature, les effets de style construisent l'espace métaphorique. Si le langage littéraire n'est pas toujours univoque, alors son ambivalence au sein du texte limite l'espace : *« spectacle qui s'est fait voir, qui constitue le style comme une spatialité sémantique du discours littéraire»* (Khedda, 2003, p. 20). L'espace donne au texte littéraire une voix/voie nouvelle qui participe à la symphonie générale, mais avec une tonalité différente et singulière : *« La parole dibienne (…) dans une quête aussi méfiante qu'éperdue d'une identité impossible à franger, développe une vertigineuse plongée dans la mémoire »* (Khadda, 2003, p. 48).

Pour surprendre, l'écriture utilise la multiplication des tons et des modes : *« La littérature comme un vaste domaine simultané que l'on doit savoir parcourir en tous sens.»* (Genette, 1993, p. 48). Dans la perception romanesque, l'espace sous-tend le désir de lire et nie le référentiel, mais l'espace textuel fait naître les images et les émotions qui demandent au récepteur un investissement sous la forme de déplacement : un transport aux deux sens du terme, de sensation et d'enthousiasme. La finalité de la présence du déplacement dans l'interprétation est de montrer le rapport de l'espace du texte au particulier et au monde en général. La notion d'espace se présente dans la réflexion littéraire par son aspect thématique comme un attrait de l'ailleurs et de l'exotique, mais le plus intéressant, c'est l'expérimentation qu'elle propose à la fois pour l'écriture, la pensée et la réception : *« La page blanche n'est pas que sur quoi on peut écrire. C'est en même temps ce sur quoi votre destin peut vous apparaitre, s'écrire de soi-même. »* (Dib, 1994, p. 108).

L'écriture moderne permet d'observer des convergences telles que la relation avec l'événement et le sens. Au cœur de ces textes, nous ne nous trouvons pas en face d'un agencement logico-temporel articulé aux événements phares dont souvent la lecture est liée à un espace neutre et non-événementiel : « *C'est le lieu qui fonde le récit (…) c'est le lieu qui donne à la fiction l'apparence de la vérité.* » (Mitterand, 1986, p. 194).

Nous constatons que l'espace est la base de l'écriture et lui permet le déploiement sur la page du questionnement herméneutique, c'est-à-dire l'articulation d'une question et de sa réponse ou plutôt de la question et de sa reformulation infinie, de son espacement vis-à-vis d'elle-même. Pour l'écrivain, le texte se fait et se défait au fur et à mesure de la lecture. L'espace est un outil privilégié pour dénoncer l'idéologie et l'évidence. Ainsi, Dib propose à son lecteur une forte distanciation entre les mots et les discours et ouvre un horizon de possibilités et de pensées nouvelles : « *Le lecteur n'est pas davantage une entité ayant pour simple fonction de lire. Il vient à la lecture, on n'y pense pas assez, pour découvrir un espace de liberté* » (Dib, 1994, p. 60).

Si les lieux sont les composantes premières de tout texte romanesque, ils sont également de l'œuvre à visée autobiographique. Il reste que le lien au réel est différent et dépend des particularités du genre textuel et discursif. L'espace diégétique est sélectionné par l'écrivain selon des critères variés. Si nous choisissons comme exemple l'espace autobiographique, nous remarquons qu'il renvoie nécessairement au vécu de l'auteur. Le pacte autobiographique impose que le texte fait référence à la réalité de la personne en objet de la description. Cependant, il faut mentionner que l'autobiographie n'est pas la copie conforme de ce référent ; mais elle représente l'ensemble des matériaux descriptifs, argumentatifs et narratifs. Dans cette perception, l'espace est façonné par la mémoire, le psychisme et l'imaginaire : « *Avant que la conscience n'ouvre les yeux sur le paysage, déjà sa relation avec lui est établie. Elle a déjà fait maintes découvertes et s'en est nourrie.* » (Dib, 1994, p. 43). Sur le plan des déterminations de l'espace autobiographique, nous pouvons citer des déterminations conscientes et inconscientes avec des motivations qui expliquent l'acte d'écriture. Les souvenirs de Dib autour des lieux qui ont marqué sa vie d'homme libre et d'écrivain, n'échappent pas à cette règle : « *Le signe ne peut être lu que comme une constellation circonscrite, un impact de l'instant dans l'espace mental.* » (Dib, 1994, p. 195).

La personnalité de Dib et sa diversité culturelle reflète nécessairement la conception de son métadiscours et ses ancrages spatiaux qui marquent son parcours intellectuel : « *Les derniers livres (…) re-visitent les espaces mythiques de l'imaginaire dibien (…) dans une posture d'alerte extrême ou l'écoute de l'imperceptible* » (Khadda, 2003, p. 19).

L'écriture de l'espace n'est pas une simple opération de description des lieux, mais retient dans sa démarche une dimension plus large. La symbolique de la spatialité chez Dib est un voyage à travers un trajet effectué par l'œil du lecteur, de signe en signe et de figure en figure et empêché du même coup de simplifier grossièrement tous les itinéraires possibles qui s'imposent, comme la progression selon une ligne droite d'un point de départ à un point d'arrivée ; il prend en compte les voies en parallèles et les voies perpendiculaires : « *Ceux qui ont eu la curiosité de me lire pourront en témoigner. De l'un à l'autre de mes livres, des passerelles sont jetées* » (Dib, 1998, p. 206-207).

L'espace permet de souligner la dimension universelle de l'écriture et de voir les relations entre les individus et l'univers : « *Produit, avatar de l'univers, le cerveau humain ne serait-il pas lui aussi expansion infinie ? »* (Dib, 2003, p. 199).

2. La Terre

Le métadiscours dibien nous donne la possibilité d'élargir la réflexion autour de la spatialité et de nous éloigner de l'unité apparente derrière une série affrontements entre un espace fermé et un espace ouvert. Le métadiscours dibien est façonné par un voyage initiatique et constitutif qui permet l'ouverture sur le monde : *« Il n'y a pas à regretter que d'aucuns seuils nous soient infranchissables. »* (Dib, 2003, p. 24).

L'obsession du centre concrétise l'idée de l'espace mythique, prend l'allure d'une « femme-mère» ou d'une « terre-ville » et représente l'enracinement du sujet. Tlemcen dans le métadiscours dibien dessine et hante en permanence le champ visuel du narrateur. La ville rassemble tous les contraires et symbolise un système fermé et lié avec le monde qui forme le cosmos en dépit des apparences multiples *: « Dans un autre champ d'herbe rase, elle s'écarquille, silencieuse sous des térébinthes. Tlemcen est un pays de sources »* (Dib, 1994, p. 109).

L'espace n'est pas une entité vacante, mais un objet à conquérir et à apprivoiser. La description permet de donner à l'espace des traits particuliers afin qu'il devienne un lieu d'appartenance et d'identification : *«Secret travail d'identification et d'assimilation où conscience et paysage se renvoient leur image »* (Dib, 1994, p. 43).

La suppression des frontières dans l'ère de la mondialisation a un but important dans la construction d'une seule communauté, mais l'Homme cherche toujours les repères de sa propre culture et de son territoire géographique. L'individu s'interroge sur ce qui forme le sentiment d'appartenance d'une personne à une terre. Dans un contexte où les espaces sont de plus en plus étendus, le retour aux premiers lieux de la vie a une grande charge significative : *« D'abord, entre mon horizon et moi, le partage n'est pas fait. Lui et moi ne savons pas encore qui est l'autre. Puis nous le savons. »* (Dib, 1994, p. 43).

La quête du sens chez Dib est centrée par le thème du rapport fusionnel, unissant le corps et l'aspect maternel de la terre. Contrairement à la terre du texte *Qui se souvient de la mer* qui n'était pas nommée, qui était plutôt à prendre dans son sens implicite, la terre, dans notre corpus, sera une périphrase pour nommer l'Algérie d'une façon originale, dont Tlemcen est la source du parcours dibien : *« je m'envisage à Tlemcen, invariablement dans ce jardin qui domine la ville. Jardin luxuriant, exubérant, fou, même inquiétant »* (Dib, 2003, p. 205).

Lorsque l'auteur parle de Tlemcen, il emploie, l'adjectif possessif « ma » pour désigner la terre. Ainsi : « je commençais une migration, m'embarquais pour un voyage qui, sans me faire quitter ma terre encore, allait me conduire en terre inconnue » (Dib, 1994, p. 68). Nous interprétons la répétition du possessif « mon-ma » comme une inscription de la relation à la terre dans un rapport d'appartenance, voire d'interdépendance.

La présence du rapport d'appartenance et de fusion avec la terre se poursuivent dans le métadiscours dibien et pour s'approfondir, l'écrivain dit : *« Tout cet espace m'appartient ! N'appartient qu'à moi ! Le monde, l'espace, moi seul ai pouvoir de faire qu'ils soient !»* (Dib, 1996, p. 121). À travers ce sentiment, nous assistons à une véritable confusion entre la terre et le corps qui provient du brouillage des frontières entre l'humain et le cosmos.

Dans le métadiscours dibien, l'espace prend des attributs humains et les instances narratives sont appliquées comme des attributs telluriques : « *Il y eut le jour où la pierre m'entendit. Une pierre d'abord. Puis toutes les pierres. Touchées par ma voix.* » (Dib, 1996, p. 48). La pierre fait référence au corps qui se situe au centre de la Terre.

Dans son travail, l'auteur opère une véritable fusion, voire une symbiose, puisque la terre et le « *je* » s'échangent entre leurs caractéristiques. La fusion entre le corps et la terre est le premier pas de l'écrivain vers sa quête de vérité : la terre est comparée, à plusieurs reprises, à un corps vivant et souffrant. Dib se définit à partir de ses espaces, Tlemcen lui constitue toutes les références. « *Si loin que nous nous éloignions l'un de l'autre, nous ne nous quittons pas, c'est ma seule certitude dans cette vie.* » (Dib, 1994, p. 44).

Dans l'étude de la spatialité, il faut préciser que le choix d'un décor pour implanter son récit peut se révéler décisif. La priorité d'un milieu sur un autre revient à sa connivence avec l'histoire que l'on souhaite raconter : « *des parties de la ville ont sauté, des éléments constitutifs attestés en ont disparu, mais aussi et avec cela autre chose de moins palpable s'est dissipé* » (Dib, 1994, p. 83). Cette réalité explique que le cadre du récit participe à son élaboration. Prendre la ville pour environnement d'un texte comme il en est question dans *Tlemcen ou les lieux de l'écriture* ou dans d'autres passages du métadiscours dibienne ne relève pas du hasard. En effet, la ville en général et Tlemcen en particulier symbolise le paysage urbain du métadiscours dibien. Cette cité historique correspond à un milieu occupé par les écrits et un décor sur lequel les différents textes prennent appui. Tlemcen est un espace particulier en tant qu'elle se définit à la fois comme une étendue spatiale et une localité habitée. Par d'autres termes, elle correspond à la zone qu'elle délimite, mais aussi à sa constitution interne, laquelle est composée tant par ses constructions que par sa population : « *forgerons-maréchaux-ferrants, bourreliers, rempailleurs de chaises gitans (…) il y avait de tout là-dedans et ça se démenait, s'activait, chantait à qui mieux mieux.* » (Dib, 1994, p. 93). Dib fait de sa ville natale le cadre de son métadiscours et suppose son caractère duel : l'espace qu'elle compose et ses composants. Donc, dessiner un décor urbain, c'est utiliser les caractéristiques originales de la ville avec toutes ses ressources humaines et spatiales.

3. La ville

La ville constitue un espace délimité, qui se distingue des autres lieux. Évoquer la ville dans un texte semble permettre avant tout de donner un espace à son récit. Dès lors, la ville, en tant que milieu, peut former le décor du récit. Il s'agit d'un décor construit au préalable et pensé dans sa totalité. Bien que la ville évoquée dans le métadiscours dibiensoit clairement référencée géographiquement à Tlemcen, elle peut aussi prendre pour décor un lieu fictif élaboré dans son intégralité : « *Ouverte grande, la ville dormait encore en partie dans la fraicheur aigrelette. Les eaux avaient des voix matinales (…) je les écoutais.* » (Dib, 1962, p. 167).

Ainsi, aborder sa terre natale permet à l'auteur de donner une structure visuelle comme objet de son métadiscours. L'écriture dibienne est, à ce niveau, tout à fait caractéristique en tant qu'elle décrit les moindres détails d'une rue ou d'une place : « *Bab Al Hadid (la porte de fer). Ce fut là, mon quartier. Il prêtait à nos jeux*» (Dib, 1994, p. 66). Dans ces conditions, le récepteur du métadiscours dibien met des images à partir du lisible et crée un environnement mental qui est un référentiel cognitif mis en place entre l'auteur et le lecteur.

Dib adopte l'idée précise de la faculté littéraire qui évoque différentes cités regroupées en une seule. L'espace de référence est le lieu commun qui se prend dans un sens figuré ou propre parce qu'il correspond à un principe partagé entre les espaces d'appartenance : « *Le brouillard avait couvé la ville (…) Il léchait les rues ; les voitures roulaient bruyamment sur le pavé, des chansons jaillissaient des échoppes.* » (Dib, 1957, p. 14).

Dans son métadiscours sur la ville, l'auteur propose des images du passé que tout le monde ne peut pas comprendre. Cependant, il faut avoir des connaissances historiques sur le patrimoine culturel pour saisir du sens. Nous pouvons imaginer les lieux évoqués dans le récit, si nous sommes des contemporains avec l'auteur. La description d'un lieu commun rapproche l'écrivain à la notion de topos qui se réfère à la fois à une géographie et à l'essence d'un propos. Nous nous intéressons à ce principe, car il nous indique la référence géographique et permet de décrire un espace particulier tout en le dotant de caractéristiques qui invitent le lecteur à représenter un autre lieu d'appartenance comme le pays natal. Dib place son métadiscours au cœur du décor qui est une forme de concrétisation par les mots de sa ville : « *Le cadre premier de mes écritures fut cette cour, ce que nous Algériens appelons le centre de la maison- le centre de fait, bien sûr* » (Dib, 1994, p. 47).

Dans la description de Tlemcen, il est question de décrire l'espace géographique en effectuant une topographie sur une surface purement littéraire. Nous interprétons ce fait par la particularité de l'écriture du perçu qui reste une problématique en littérature, car, contrairement à l'art pictural, transforme l'étendue spatiale du visible pour en faire une séquence linguistique : « *Mais toute proche, tout offerte, cette vie se fait fumée dès la seconde où vous êtes tentés d'en saisir quelque chose, d'en prendre une bolée au creux des mains.* » (Dib, 1992, p. 25).

Le métadiscours fonctionne comme la transfiguration du monde qu'il se propose de présenter d'après un système spatial. Situer son métadiscours dans une ville suppose d'en décrire les formes, les aspects et l'écrivain doit être celui qui voit le monde et le représente d'après ses propres matériaux que constituent les mots. La dynamique de la représentation spatiale se propose avec une mutation du visuel dans le dicible : « *Je suis ce regard s'il se lève, cet œil qu'un visage entoure* » (Dib, 1996, p. 44).

Notre écrivain formule ce qui est perçu, tel un dessin qui dévoile sa méthode pour retranscrire l'espace. Nous observons cette démarche dans *Tlemcen ou les lieux d'écriture*. Dans ce texte, la description des lieux se fait par énumération et par inventaire. Elle correspond à une tendance horizontale qui s'apparente à un balayage du perçu. Pour saisir ce qui est vu et étaler l'espace urbain sous la forme d'une nomenclature, Dib recense des éléments strictement visibles. La mise en visible correspond à la transformation de la perspective en matière littéraire : « *Je ne tiens tout au plus qu'à laisser entendre que nous sommes les habitants d'un lieu comme, à part au moins égale, d'une mémoire. Un lieu n'est que de mémoire, en fait.* » (Dib, 1994, p. 83). Dans le champ de l'écriture, toute description est un itinéraire qui nous fait descendre et remonter. La réalité de toute description est qu'elle renvoie aux sources et aux inspirations de l'écrivain : « *Un homme n'est qu'un homme. Mais il est un homme après tout !* » (Dib, 1992, p. 90).

Dans la situation de réception, le lecteur est amené à découvrir la ville qu'on lui présente au rythme de sa lecture. À travers le métadiscours, nous observons que décrire revient à tracer un chemin qui permet au lecteur de s'aventurer sur un sentier balisé et d'enrichir le décor du récit au fil des lignes. La lecture des commentaires dibiens sur les lieux permet elle-même de bâtir l'environnement du métadiscours. Par ce travail, l'écrivain ne restreint pas le sens des espaces qu'il décrit, mais ouvre sa perspective sur la signifiance universelle : « *Fais de moi la présence de tous ceux qui me sont déjà mémoire.* » (Dib, 1996, p. 76).

En introduisant l'espace du métadiscours dibien sur la ville, nous avons le sentiment d'être enivré par une atmosphère particulière. À l'inverse de l'espace rural, la ville correspond à un milieu spécifique et possède sa propre structure. Tlemcen est une étendue urbaine qui se caractérise par ses constructions.

Dans *Tlemcen ou les lieux*, chaque partie du texte est consacrée à un lieu particulier, nous pouvons citer à titre d'exemple : la maison du dhikr, le Médresse et les fameuses portes. Avec ce découpage, la ville devient un espace pluriel qui comporte des ensembles et des sous-ensembles. Si le réseau urbain distingue le centre de la périphérie, chacun de ces espaces est lui-même constitué par différentes zones. La cartographie urbaine est donc un entrelacs de différents espaces qui se côtoient et se distinguent à la fois. Il s'agit d'une étendue spatiale fragmentée qui doit son unité à la vision commune du récepteur et du producteur du discours sur la ville : « *les espèces de visions, d'échos dont remue et résonne toute ma mémoire, c'eut été de dévoiler le visage de cette ville dont à chaque coin de phrase il est question*» (Dib, 1994, p.125).

En agrémentant le tableau de touches individuelles, notre écrivain représente son parcours à travers sa traversée de Tlemcen. Dib conserve son « *je* » énonciateur dans l'évocation du perceptible et ajoute son propre jugement esthétique. La réflexion sur les représentations de la ville soulève un point fondamental concernant l'approche du site urbain. La position du marcheur est centrale dans la description de la ville : « *Je ne fais que passer, que poursuivre mon chemin en direction d'El Eubad. La route mène aux jardins de l'éternité* » (Dib, 1994, p. 103-104).

Le tri des lieux qu'effectue l'écrivain permet d'avoir un aperçu sur l'univers. Le regard dibien nous montre la réalité d'un monde en voie de disparition et seul le métadiscours permet de mieux saisir ce qui s'offre à la vue et d'en faire un cliché exhaustif et synthétique à la fois. Dans la description de Tlemcen, l'auteur ne parle pas de hiérarchie entre les éléments, mais ordonne les lieux en leur offrant une cohérence. Dans le métadiscours dibien, le regard de l'écrivain est sans réaction face au déroulement de la scène et règle l'image de paysage, selon ses propres perceptions afin de découvrir ses lieux d'enracinement : « *Le cadre premier de mes écritures fut cette cour, ce que nous Algériens appelons le centre de la maison, le centre de fait, bien sûr, au sens géométrique du mot* » (Dib, 1994, p. 47).

Nous remarquons que la configuration spatiale de Tlemcen offre à l'individu qui s'y trouve, plusieurs possibilités à l'envisager. La dimension individuelle est présente dans le positionnement du sujet qui peut se perdre dans l'espace et choisit des parcours qui lui sont propres : « *Je me sens les couloirs et les passages souterrains qui me parcourent l'intérieur du crâne.* » (Dib, 1962, p. 22).

Le métadiscours dibien, nous propose une ville constituée d'un cadre littéraire d'une grande richesse. Le récepteur du métadiscours dibien se trouve invité à entrer dans un décor tlemcenien original. L'écriture dibienne annonce un espace qui dévoile son fonctionnement à travers une structure et un plan : « *Mon propos du moment est précisément d'évoquer quelques-uns de ces endroits sacrifiés- sacrifiés d'une manière délibérée.* » (Dib, 1994, p. 83).

Conclusion

L'auteur trouve dans la diversité du cadre urbain un champ d'infinité de possibilités. Tlemcen est l'espace de toutes possibilités et fonctionne comme un creuset au sein duquel les histoires peuvent se tramer : c'est une ville qui constitue une source d'inspiration intarissable pour l'écrivain. Pour le métadiscours, la ville est un motif qui concentre une multitude d'actes à mettre en mots. Tlemcen est la première étape dans la quête du sens de l'enracinement où Dib revient sur ses premières sources d'inspiration. La poétique de l'enracinement ne peut pas se concrétiser à travers le métadiscours dibien sans la focalisation sur la valeur esthétique et significative de l'espace intime dans l'universalité de la voie/voix de l'auteur.

Bibliographie

Détrie Catherine, Siblot Paul et Vérine Bernard, *Termes et concepts pour l'analyse du discours,* Paris, Honoré Champion, 2001.

Dib Mohammed, *L'Incendie*, Paris, Seuil, 1954.

Dib Mohammed, *Le Métier à tisser*, Paris, Seuil, 1957.

Dib Mohammed, *Qui se souvient de la mer*, Paris, Seuil, 1962.

Dib Mohammed, *Le Désert sans détour*, Paris, Sindbad, 1992.

Dib Mohammed, *Tlemcen où les lieux de l'écriture*, Paris, Revue noire, 1994.

Dib Mohammed, *L'Aube Ismaël*, Paris, Tassili Musie, 1996.

Dib Mohammed, *L'arbre à dires*, Paris, Albin Michel, 1998.

Dib Mohammed, *Simorgh*, Paris, Albin Michel, 2003.

Dib Mohammed, *Laëzza*, Paris, Albin Michel, 2006.

Genette Gérard, *Figure I*, Paris, Seuil, 1996.

KhaddaNadjet, *Mohamed Dib cette intempestive voix recluse*, Aix-en-Provence, EDISUD, 2003.

Kristeva Julia, Le langage, cet inconnu. Une initiation à la linguistique, Paris, Seuil, 1983.

Mitterand Henri, *Discours du roman*, Paris, P.U.F., 1986.

Ricœur Paul, *Temps et récit*, Paris, Seuil, 1983.

A representação da miséria num espaço familiar em *O fio das missangas* de Mia Couto.

Alexandre Coly,

Université Assane Seck, Ziguinchor (Sénégal)

Resumo : *Ler as vozes que circulam nas histórias sem limites em O fio das missangas de Mia Couto necessita de um olhar bastante crítico, para compreender as vidas que traduzem as contengências da existência humana. Através do conto intitulado « As três irmãs » (Gilda, Flornela, Evelina), nota-se o espaço de uma família repleta de carências, de interrogações, de dominação, de alienção e de sonhos mutilados. Mia Couto mergulha-nos num mundo cheio de contradições abertas, de cobiça, de traições e de falta de carinho em relação ao outro. Dentro destas realidadas complexas contadas encontram-se as vidas da família do Rosaldo, viúvo que pretende controlar suas filhas num espaço alheio ao contato exterior. Sua maneira de quer dominá-las provocou uma série de desconfortos no meio da casa. Por isso, ele condenou o espaço familiar a viver um desequilíbrio constante, que foi notado desde o primeiro encontro com um intruso (um formoso jovem) que perturbou os olhares de suas filhas e, até o próprio Rosaldo. Diante disso, percebe-se um espaço cheio de angústia, de descoberta inesperada que se tornou conflitual de acordo com as necessidades vigentes. Em suma, o prazer de se sentir no caminho da conquista pelo amor suscitado pelo (intruso) será uma das ambiguidades desta interelação familiar contada.*

Palavras-chave : *espaço, família, miséria, morte, caos, parternidade*

Résumé : *Analyser les histoires infinies dans O fio das missangas de Mia Couto exige de manière soutenue un regard assez critique, pour comprendre les voix qui révèlent les contingences de l'existence humaine. À travers le conte intitulé, « As três irmãs », (Gilda, Flornela, Evelina), on constate l'espace d'une famille marquée par la carence, l'envie, le désir, l'amour perdu, la domination, les convoitises, l'aliénation et une série de rêves mitulés. C'est dans ce monde conté rempli d'ambiguïtés, de trahisons et de manque de tendresse que Mia Couto met en filigrane, avec des personnages à la fois victimes et aveugles de leurs propres ambitions. De ces histoires complexes se trouvent celles de la famille de Rosaldo, veuf qui prétend contrôler ses filles dans un espace réduit, c'est-à-dire sans contact extérieur, provoquant une misère dans les relations quotidiennes. Ce fait a relativement condamné l'espace familial à vivre un déséquilibre constant, jusqu'à ce qu'un intrus vienne perturber un jour les regards des filles et, même Rosaldo, le père.*

Mots-clés : *espace, famille, misère, morte, chaos, paternité*

Em *O fio das missangas* de Mia Couto, percebe-se que cada história contada torna-se um caminho de compreensão no que diz respeito à relação entre os homens, ou melhor, ela permite entrever outras contengências da vida humana que designam ou sugerem as carências, interrogações, fuga, angústia, medo, conflito, cobiça, exagero, caos e amor.

É nessa ótica que se busca entender no fundo o eco do conto intitulado « As três irmãs », onde se constata uma família que vive mal o falecimento de uma mulher, a esposa do Rosaldo. A morte da mulher tem provocado metamorfoses quase estranhas no cotidiano do Rosaldo, viúvo complexo, que decide exercer uma parternidade fora do comum para com suas filhas : Gilda, Flornela e Evelina. Diante disso, a falta de liberdade das moças fica cada vez mais visível porque o gozo da vida e de se apaixonar por alguém está limitado. Parecem estar dentro duma cadeia, presas pelo pai que controla sua vida e seu espírito.

1. Retrato de vidas caóticas

> Contar é sempre procurar a origem, dizer as disputas com a Lei, entrar na dialética do enternecimento e do odio ?[1]

Viver a ausência definitiva de uma pessoa amada pode até provocar sensações de desequilíbrio, desconforto e falta de confiança num ambiente familiar. Dum ponto de vista psicológico, o Rosaldo carrega em si uma vontade de controlar a liberdade de suas três filhas. Talvez, seria uma outra forma de ver sua mulher ou, seja, ele está perdendo a capacidade de as educar as qualidades da paternidade e não quer enfrentar a realidade como ela é,

> Eram três irmãs : Gilda, Flornela e Evelina. Filhas do viúvo Rosaldo que, desde que a mulher falecera, se isolara tanto e tão longe que as moças se esqueceram até o sotaque de outras pensamentos. O fruto se sabe pela mão de que o apanha. Pois, as irmãs nem deram conta do seu crescer : virgens, sem amores nem paxões. O destino do Rosaldo semeara nelas : serem filhas exclusivas e definitivas. Assim postas e não expostas, as meninas dele seriam sempre e para sempre. Suas três filhas, cada uma feita para um socorro : saudade, frio e fome.[2]

Consta-se aqui uma síntese do que seria a vida das filhas do Rosaldo. Cabe dizer que nasce através desse trecho em cima, uma abertura da possível miséria que vai invadir a fimília toda devido a loucura do pai. Por mais que ele sofresse da perda da mulher, não poderia se permitir tal comportamento, o de organizar a prisão domiciliar de suas filhas, que, afinal, não são culpadas, mas vítimas de um abuso de parternidade. Não se pode negar que elas correm o risco de serem eternas submissas, na medida em que vão seguir o plano caótico do Rosaldo. Esta possível submissão delas não seria por acaso, jà que são « suas três filhas, cada uma feita para um socorro : saudade, frio e fome ». E no decorrer do conto, notará-se que cada passo das meninas é fruto de uma dolorosa forma de viver que traduz uma ambição peculiar do pai. Pode-se supôr que ele quer substitui-las pela mulher morta para poder preencher esse vazio.

Esse pai « poderoso » parece não medir as consequencias de sua postura diante de suas filhas. Elas funcionram, « Assim postas e não expostas, as meninas dele seriam sempre e

1. BARTHES, Roland, O prazer do texto, Perspectiva, São Paulo, (Traduzida por J. Guinsburg), 2006, p. 57.
2. COUTO, Mia, O fio das missangas, Companhias das letras, São Paulo, 2009, p. 9.

para sempre [3]», uma maneira de torná-las máquina do pensamento dele. Desta forma, elas não podem propôr idéias delas dentro da família, mas condenadas a executar as loucuras do pai. O que está em jogo aqui é a negação da identidade das filhas por parte do pai, que a voz do narrador contador revela-nos. Isso pode ocasionar uma série de caos, pois a miséria em termos de comportamento vai se refletir em cada personagem. Convém analisar o cotidiano complexo dessa família para descobrir a representação dessa miséria,

> Gilda, a mais velha, sabia rimar. O pai deu contorno ao futuro : a moça seria poetisa. Mais ela versajava, menos a vida nela versava. Essa era o cálculo de Rosaldo ; quem assim sabe rimar, ordena o mundo como um jarneiro. E os jardineiros impedem a brava natureza de ser bravia, nos protegem dos impuros matos.[4]

O que se nota aqui é o início da verdadeira maneira de viver da Gilda, moça que, talvez, não saiba em que mundo ela está, na medida em que cumpre a missão de rimar conforme a vontade do pai. Ser « rimeira » se torna uma maldição, porque não vem no íntimo dela. Ela não imagina nem pensa mas copia a loucura do Rosaldo, que determina o futuro incerto dela. Ela é condenada, já que não consegue ser ela mesma no dia a dia. Não podendo existir como uma moça autónoma em termos de comportamento, a Gilda é ordenada pelo pai e ela não exerce sua própria imaginação nem pode se sentir naturalmente poetisa. O que significa que sua rima reflete a metáfora da miséria. Desta forma, a inteligência e a personalidade da menina são violadas, provocando um caos, como se constata através do seguinte parágrafo :

> De quando em quando, uma brisa desarrumava os arbustos. E. o coração da Gilda se despenteava. Mas logo ela se compunha e, de novo, caligrafava. Contu.do, a rima não gerava poema. Ao contrário, cumpria a função de afastar a poesia, essa morava onde havia coração.[5]

A representação dessa personagem indica de maneira pujante que ela não pode ser uma artista nem ter uma vida artística apropriada. Ser poeta não se fabrica mas se vive sem infulência exterior, como a do pai. Se ela não consegue rimar é porque o Rosaldo matou nela a condição de ser ela mesma e de estar em interação com o mundo exterior. Em outras palavras, o narrador contador mostra-nos que a Gilda, sendo vítima, não está tendo uma existência repleta de realizações próprias; mas vive uma morte ligada à ideologia parternal. Esta gera um ambiente familiar caótico.

Perdendo sua mãe, a moça fica invadida pelo pai e sofre de maneira insconciente uma verdadeira miséria mental, que pode ser considerada como uma morte, porque ela não consegue satisfazer o Rosaldo nem ser uma personagem em devir. No entanto, o conto revela-nos não só a morte inconsciente da Gilda, mas também a das duas outras irmãs, que têm um destino traçado pelo pai que não conseguiu suportar o falecimento de sua mulher.

De agora em diante vamos interessar-nos com a irmã da Gilda, a Flornela. Essa parece não ter uma outra saída e, luta cegamente para agradar o pai, como se pode notar no seguinte parágrafo,

> A do meio, Flornela, se gastava em culinárias ocupações. No escuro húmido da cozinha,

---

3. COUTO, Mia, op. cit., p. 9.

4. *Ibid*, p. 9-10.

5. COUTO, Mia, op. cit., p. 10.

ela copiava as velhas receitas, uma a uma. Redigia palavra por palavra, devagar, como que põe flores em caixão. Depois, se erguia lenta, limpava as mãos suadas e acertava panelas e fogo. Dobrada sobre o forno como a parteira se anicha ante o mistério do nascer.[6]

Sendo como a segunda condenada pelo pai, a Flornela vive atarefada na cozinha e com seus murmúros de cansaço e de falta de imaginação. Ela canta sua miséria dentro desse espaço que deveria ser um lugar de alegria ; mas se tornou uma tortura de exercícios culinários sem destino agradável. Sem iniciativa própria, ela não pode incarnar uma originalidade nem sequer ter um prazer no ato de cozinhar. Sua delicadeza não pode dar frutos, pois ela a pratica de acordo com as necessidades do pai. O que faz nascer limites e condicionamentos. Desta forma, a Flornela age como uma personagem não emancipada e se torna o brinquedo num espaço familiar dirigido pelo pai que perdeu sua racionalidade desde a morte de sua mulher. Este último faz dela a « receitista » cujo « os seis se agitavam, seus olhos taquicardíacos traindo acotimentos de sonhos ».[7]

O narrador contador indica-nos que a Flornela está dentro de uma prisão e não se dá conta de que a vida não se passa unicamente num espaço fechado, mas ela é feita de encontros e de contradições. Como a Gilda, a Flornela ainda não consegue desenvolver reflexos para denunciar os abusos do pai. Esse retrato de vidas caóticas vai paralisando a família do Rosaldo, que se caracteriza pela sua teimosia na maneira de educar as filhas. O que demonstra que a vida social delas é centrada em torno dele. Esse fato vai se repetir com a caçula da família, a Evelina : a bordadeira. Esta última está no auge da solidão de tanto bordar que nem percebe o passar do tempo,

Na varanda, ia bordando Evelina, a mais nova. Seus olhos eram assim de nascença ou tinham clareado de bordar ? Certa vez, ela se riu e foi tão tardio, que se corrigiu como se alma estrangeira à boca lhe tivesse aflorado. Lhe dóia se lhe dissessem ser bonita. Mas não diziam. Porque além do pai, só por ali havia as irmãs faziam ponto final. Ela, em seu ponto, não tinha fim.[8]

Num espaço de dominação paternal, a Evelina e as outras irmãs estão quase em rivalidade infeliz no mesmo telhado. Cada uma delas quer atengir o impossível sem ter no mínimo a competência daquilo que estão fazendo. Percebe-se que ela borda a vontade do seu pai e tudo fica dentro de uma clima de alienação intensa. Saber bordar é antes de mais nada saber compreender por definção o ato de bordar a realidade de uma sociedade. Ora, a Evelina nem sequer demonstra um talento que pode surpreender um olhar interno e externo.

Condicionada, ela garante por enquanto toda essa miséria imposta pelo pai, na medida em que não se revolta e talvez não há uma tomada de consciência por parte dela. Pode ser ligado à sua inocência ou tem medo da autoridade paternal excessiva. Através desse trecho, o narrador contador conta como a personalidade da Evelina é violada, porque ela é maltratada mentalmente pelo pai que digere mal a morte da mulher. É nesse quadro que um dos pontos focais da representação da miséria torna-se marcante em nossa análise.

Vale dizer que em *O fio das missangas*, Mia Couto tece um mundo complexo, onde há histórias

---

6. *Ibid*, p. 10.

7. COUTO, Mia, op. cit., p. 10.

8. *Ibid*, p. 11.

que revelam, a saber : confrontos, cobiças, cegueira, morte e amor.

2. Entre parternidade cega e apego

O que fica sublime nessa obra de Mia Couto é o provocar constante da inteligência nas relações entre os homens. Cabe interessar-nos em um dos papéis que Rosaldo desempenha, para multiplicar sem fim a miséria na sua própria casa. Essa personagem parece confundir o tempo da vida da sua mulher e a da morte dela. Isso faz com que o viúvo fique na postura de quer mandar e, ele fragiliza a vida de suas filhas. Se as « moças esqueceram até o sotaque dos outros pensamentos », é porque elas estão numa postura de monólogo. Este se manifesa cada vez mais, pois elas são excluídas de qualquer diálogo e não conhecem a utilidade da alteridade. Se o Rosaldo as quer enquanto « filhas exlusivas e definitivas[9] », o que traduz uma falta de carinho e de sonhos mutilados por parte do pai.

O narrador contador senbiliza-nos em relação à cegueira do Rosaldo. Com efeito, a maneira de lidar com as moças sufoca a possibilidade de contradição que poderia dar uma tranquilidade e uma luz a mais na família. Pode-se dizer que a vida das meninas só tem sentido quando elas obedecem a ele. O que contribuí a alienar suas filhas e até o próprio Rosaldo. Mais as domina, mais o viúvo se torna um obstáculo para elas. Fechadas em relação ao mundo exterior, as moças não estão preparadas a ter uma outra leitura diferente da vida,

> Dizem que bordava aves como se, no tecido, ela transferisse o seu calado voo. Recurvada, porém, Evelina, nunca olhava o céu. Mas o isso não era o pior. Grave era ela nunca ter sido olhada pelo céu.[10]

Aqui nasce a metáfora da prisão, é o caos. Tudo parcce parado. Evelina não sabe o que é contemplar nem ser contemplatada por alguém. Ela morre por dentro e o pai também. Essa situação faz com que a família do Rosaldo seja carente de tudo, principalmente do apego que ele deveria dar a suas filhas depois da morte de sua mulher. O narrador contador indica que o « céu » não faz parte da vida da Evelina. O que significa que ela não pode sentir o vento nem dialogar. Ela ficaria dificilmente apaixonada por alguém e corre o risco de não exprimir seus sentimentos e suas dúvidas na sociedade.

A sensação de serem isoladas pelo pai cria um clima caótico e, as meninas se tornam objetos. Dest.a forma, elas não desenvolvem uma emancipação própria, porque o destino delas está tra.çado de maneira infeliz. Então, uma paternidade como essa tem um gosto de negar a existência do outro, sobretudo a das meninas. O que aumenta cada vez mais uma angústia na família do Rosaldo. E, nota-se que a bordadeira, « Em ocasiões, outras, sobre o pano pingavam cristalindas tristezas. Chorava a morte da mãe ? Não. Evelina chorava a sua própria morte »[11]. A morte anunciada pelo narrador contador representa o caos que a família está vivendo. Tudo fica paralisado. A identidade e a personalidade das moças são negadas e, isso traduz a crueldade da visão do pai. Esta destrói a person.alidade e a qualidade de vida de todos os atores da casa : o pai, as filhas e o espaço como ator físico.

Cabe di.zer que o Rosaldo aproveita a passividade inconsciente de suas filhas para esconder

9. COUTO, Mia, op. cit., p.10.

10. COUTO, .Mia, op. cit., p.11.

11. *Ibid*, p.11..

sua fraqueza e seus limites. Ele coloca as na dependência e fica dependente delas por causa do .seu comportamente absurdo. Por isso, tem-se aqui uma morte que indica um caos familiar. Então, a voz do narrador contador monstra-nos que tudo se resolve em termos de s.ubmissão e de intimidação por parte do Rosaldo. Com efeito, compreende-se melhor a semântica da representação do caos familiar, porque, « Enquanto bordava versos, a mais velhas das três irmãs não notava como o mundo fosforecia em seu redor. Sem saber, a Gilda estava comentendo um suicídio. Se nunca chegou ao fim, foi por falta de adequada rima »[12]. A falta de lucidez da rimeira, a Gilda, é, sem dúvida, o retrato de uma personagem que não tem pés no chão. Ela se encontra num espaço poluído pelo pai. Ela vive cercada pelo pensamento dominante : o do pai. E seu. « suicídio » parece pior do que o falecimento da mãe dela. Isto é, ela está carente do amor materno e se torna escrava em tempo falso de poesia, já que é obrigada a ser poetisa de acordo com o plano do Rosaldo. Não é por acaso que ela não consegue rimar. Sua própria rima tornou-se uma rima cheia de feridadas. Não avança nem produz algo brilhante.

Dum ponto de vista literário, a morte da mãe per.mite-nos dizer que esse conto oferece vários horizontes de leituras e de interpretações num espaço familiar caótico. Assim sendo, esse texto de Mia Couto pode ser associado ao pensamento de Roland Barthes. Barthes afirma que : « [...] a literatura não diz que sabe alguma coisa, mas sabe *de* alguma coisa ; ou melhor ; que ela sabe algo das coisas - o que sabe muito sobre os homens »[13]. Daí se percebe melhor a riqueza desse texto, que dá ao leitor a possibilidade de torná-lo mais vivo, isto é, descodificar os significantes e as vidas marcadas por uma falta de liberdade e de condicionamento exercido sobre as meninas por parte do Rosaldo. Mas essa dominação do pai tem seus limites. E o conto vai revelar mais surpresas e contradições, visto que há violações e privações sem fim no espaço familiar. Digamos que as meninas exluídas do mundo exterior sentem e vivem uma série de misérias impostas pelo viúvo. O que torna difícil a ascensão social delas e, sobretudo elas desconhecem a adversidade humana.

3. A miséria imposta: uma segunda morte num espaço familiar

Não bastou a morte da sua mulher, o Rosaldo causa infelizmente uma segunda morte programada das suas filhas, a de as fechar em casa como prisioneiras dos seus prazeres e desejos incertos. Tendo de uma visão curta, ele transforma seu luto em miséria espacial e mental para toda a família. Se a Gilda não consegue rimar, a Flornela nem fazer receitas, a Evelina não sabe bordar, é porque o pai mal desempenha o papel de primeiro educador do seu lar. Impondo uma profissão para cada uma delas, ele não percebe que desenvolve a mediocridade das meninas. Sua postura cria uma paralisia na vida das moças. Elas são consumidoras num espaço eminentemente caótico, na medida em que não há troca real de idéias entre as filhas e o pai.

Então, a casa torna-se um síndroma da morte da mulher e um espaço de lembranças amargas em vez de ser um lugar de tranquilidade e de liberdade e de harmonia para as três irmãs. Percebe-se que cada canto desse lar representa a busca da satisfação de si por parte do viúvo Rosaldo, que cumpre uma missão de dominante em casa. Assim, na *Poética do espaço*,

---

12. COUTO, Mia, op. cit., p. 10.

13. BARTHES, Roland, Aula, Cultrix, São Paulo, 2007, (Traduzida por Leyla Perrone-Moisés), p. 18.

Gaston Bachelard afirma que : « é graças à casa que um grande numéro de lembranças estão guardadas e se a casa se complica um pouco, se tem porão e sótão, cantos e corredores, nossas lembranças têm refúgios cada vez mais bem caraterizados »[14]. Como a casa do Rosaldo se complica, as filhas dele vão querer descobrir o outro assim que surgir uma oportunidade. Vale dizer que o tempo da emancipação e da transformação vai invadir a casa e o espaço familiar. Passemos então a essa possível transformação que ocorre neles.

4. O gozo inesperado da emancipação e o gosto da transformação

Se o Rosaldo teima em controlar suas filhas, é porque a angústia de viver sem sua mulher se tornou cada vez mais forte na consciência. Com efeito, a intensidade de uma paternidade obscura não pode ser um futuro radiante para as meninas, que não sabem o que viver é uma alteridade. Num espaço quase misterioso, elas e o pai vão começar a sentir o que é o outro. Para tanto, as três irmãs, apesar de terem sido privadas de sair fora por muito tempo, elas tentem contrariar a suposta ditadura do Rosaldo,

> Mais eis : uma súbita vez, passou por ali um formoso jovem. E foi como se a terra tivesse batido à porta de suas vidas. Tremeu a agulha de Evelina, queimou-se o guisado de Flornela, desrimou o coração de Gilda. No tecido, no texto, na panela, as irmãs não mais encontraram espelho. Sucedeu foi um salto na casa, um assalto no peito. As jovens banharam-se, pentearam-se, arrumaram-se. Água, pente, perfume : vingança contra o tudo que não viveram.[15]

A sensação de encontrar o outro e de querer descobri-lo vem pertubar a casa do Rosaldo. De repente, as irmãs percebem que estão numa cadeia organizada pelo pai. E, esse « jovem » provoca o nascimento de uma chama na mente das moças. Elas se descobrem e buscam ganhar um outro espaço. Esse encontro com o moço dá um outro sabor ao texto de Mia Couto. Com efeito, as irmãs começam a manifestar outros prazeres. Tudo se transforma. Parece que elas se sentem renascidas e, desenvolvem com delicadeza astúcias de se aproximar do rapaz « formoso ».

Elas querem radicalmente viver uma outra sensação. O ego forte e complexo do Rosaldo fica ameaçado, já que um caminho abre-se para elas, o de abraçar ou de dar um beijo no rapaz desconhecido. Se o narrador contador fala-nos de « Água, pente, perfume : vingança contra o tudo que não viveram », é porque estão tendo consciência do absurdo e da impostura imposto pelo pai. A palavra « vingança » traduz o grau de metamorfose que se revela e a vontade de recuperar o tempo perdido. Também, é uma maneira de não viver mais aquela rotina : rimar, cozinhar e bordar por obrigação. Estamos diante de um feito novo, que permite promover atos de liberdade. Isso significa que esse conto de Mia Couto, « levanta novos problemas práticos, criando situações comunicativas, instaura uma nova relação entre *contemplação* e o *uso* da obra de arte [16]». Nesse sentido, surge um verdadeiro problema na vida pessoal do Rosaldo, pois, agora, a ambição de suas filhas é outra. Tudo o que elas querem é poder comunicar, viver e se sentir mulher. E o espaço da casa torna-se sem dúvida um fogo que arde para o amor e muda o clima caótico instaurado pelo viúvo,

---

14. BACHELARD, Gaston, A poética do espaço, Eldorado Tijuca, Rio de janeiro, 1978, (Traduzida por António da Costa Leal e Lídia do Valle Santos Leal), p. 24.

15. COUTO, Mia, op. cit., p. 12.

16. ECO, Umberto, Obra aberta, Perspectiva, São paulo, (Traduzida por Giovani Cutolo), 2005, p. 66.

> Gilda rimou « vida » com « nudez », Flornela condimentou afrodisiacamente, Evelina transparentou o vestido. Ardores querem-se aplacados, amores querem-se deitados. E preparava-se o desfecho do adiado destino.[17]

Se há uma miséria vivida pelas irmãs, esta deixa perplexo a harmonia espacial da família do viúvo. Agora, as irmãs querem ser desejadas e ter mais visibilidade dentro e fora de casa. Portanto, a presença do jovem abre uma possibilidade real de contrariar de maneira veemente o pai. Por causa da sua paternidade desiquilibrada, o viúvo Rosaldo não oferece alegria nem sossego para suas filhas. Com efeito, o caráter obscuro deste revela-se através do comportamento das meninas, que têm um outro foco, fazer sentir sua humanidade e evitar equívocos paternais. Não se trata para elas de fugir o pai, mas de se escaparem para se libertarem essencialmente da dependência e da alienação imposta por ele. Como se vê, as três irmãs atuam para se libertar, para contestar a ordem paternal.

E o fato de interagirem ao mesmo tempo indica que a docilidade deu lugar à resistência. Pode-se dizer que a chegada inesperada do jovem « formoso » permite que as moças exorcizem a miséria que tomou conta da casa. Diante dessa realidade, o Rosaldo ergue dificilmente a voz e fica perturbado frente ao intruso, « Você, não se meta com minhas filhas »[18]!

Pai possessivo que, no final do conto, manifesta um interesse pelo jovem. Por caso de força maior, ele sente a necessidade de ter uma outra vida. E as filhas ficam marcadas pela mudança radical do pai e, de repente, um vento da emancpião ganha o espaço familiar e a consciência de todos. Portanto, a liberdade tem um preço e a harmonia um remédio tanto para Rosaldo como para suas filhas.

Bibliographia

Bachelard, Gaston, *A poética do espaço*, Eldorado Tijuca, Rio de janeiro, 1978.

Barthes Roland, S/Z, *uma análise da novela Sarrasine de Honoré de Balzac*, Nova Fronteira, Rio de Janeiro, 1992.

Barthes, Roland, *O prazer do texto,* 4ª ed., São Paulo, Editora Perspectiva, 2004.

Candido, Antonio, *Literatura e sociedade*, São Paulo, Queiroz Editor, 2000.

Couto, Mia, *O fio das missangas*, Companhia das letras, São Paulo, 2009.

Eco, Umberto, *Obra Aberta*, Editora Perspectiva, São Paulo, 2005.

---

17. COUTO, Mia, op. cit., p. 12.
18. COUTO, Mia, op. cit., p. 13.

L'espace vrai

Fatma-Zohra Haridi

Université du 8 mai 45 Guelma, Algérie

Résumé : *Siegfried Giedion, (2004, p. 23) dans sa thèse « Espace, temps, architecture», exprime l'espace, par rattachement au sens ontologique et son évolution phénoménologique. Or, l'interprétation de l'espace, du point de vue phénoménologique, sort du cadre des limites qui vise à le structurer uniquement dans sa topologie, son mode d'occupation et sa localisation. La portée phénoménologique de l'espace renvoie au paradoxe de l'expérience vécue qui forme « le pratique et le poétique » (Florival, 1988, p.111-146). Mais si l'espace est un produit conçu, divisé ou différencié : comment le penser comme ensemble indissociable de systèmes d'objets et de systèmes d'actions ? Encore si on se réfère au raisonnement de Patočka (1988, p. 32) dans son ouvrage sur « le monde naturel » l'espace en termes de force et de puissance est-il une dimension objectivante du croisement de la verticale et l'horizontalité ? C'est pourquoi il s'agit de déterminer les logiques interprétatives phénoménologiques construisant « le pratique et le poétique » de l'espace en se rapportant au monde de la vie tel que le constate Paul Ricœur (1990, p. 368-369) dans son ouvrage « soi-même comme un autre ».*

Mots clés : *Espace, poétique, phénoménologique, vrai*

> *Nous nous exprimons nécessairement par des mots, et nous pensons le plus souvent dans l'espace.*
> Henri Bergson

Il semble en effet évident de savoir : qu'est-ce que l'espace et aussi comment est-il perçu même lorsqu'il ne s'indique que par de questions simples telles que « où ?» et « là ?» (Santos, 1997, p. 10-13) ?

Ainsi, comme l'a démontré Durkheim (1912, p. 15-16) l'espace n'est pas « ce milieu vague et indéterminé »[1], le sens de l'espace s'ouvre sur des significations immenses avec une intériorisation de parcours déterminatifs différents. Cette détermination englobe naturellement toute coordination introduite entre le sens polysémique la notion de «réel »[2] ?

---

1. Autrement pour expliquer la notion d'espace Durkheim pense à la représentation d'un milieu essentiellement homogène impliqué comme fait social.

2. Emile Durkheim, (Op. Cit., 2013)

Néanmoins, afin de bien maintenir cette distinction beaucoup de théoriciens ont tendance à identifier le mot « espace » concept abstrait, par « le mot lieu » en relation avec un ici » (Norberg-Schulz, 2007, p. 432). Le caractère d'un lieu se marque toujours par les choses concrètes qui constituent ses frontières. C'est ce qui conduit Heidegger à dire que « les espaces reçoivent leurs êtres des lieux et non de l'espace ».

1. Signification de l'espace

Si l'on regarde le contenu des implications étymologiques [anthropologiques et phénoménologiques] de l'espace, selon lequel se recèle intentionnalité, objectivité et vérité de quelle manière placer l'espace dans le monde naturel et l'aborder comme une ontologique interprétée selon différentes acceptations idéelles ?

1.1.   Objectivité idéelle de l'espace

Dans ses derniers écrits, Husserl se concentre surtout sur « la genèse de l'objectivité » (Slatman, 2003, p. 53) pour montrer comment l'espace prend naissance dans la conscience. Il admet ainsi que la mesure de l'objectivité transcendantale de l'espace se trouve dans le champ de la relativité idéelle en tant qu'effet d'ensemble indissociable de systèmes d'objets et systèmes d'actions.

Kant (1787 ; 1869, p. 59) dit aussi que « l'espace n'est que la forme de tous les phénomènes externes ». Car il ne représente pas une propriété des choses en soi. En effet, dans l'esthétique transcendantale l'espace n'est qu'une forme a priori de l'objectivité du réel.

Mais pour Hegel (2017) l'objectivité idéelle de l'espace est un contenu réel, possédant des propriétés formelles analysables selon lesquelles l'espace idéel est un « concept unique » à objectif sémiologique. À cet égard, la logique de l'objectivité idéelle de l'espace ne peut se comprendre si l'espace n'est pas autre chose qu'un produit pour seulement accueillir un certain nombre de fonctions.

Durkheim (2017, p.15-16) reprend l'idée de l'espace ne saurait elle-même être définie que « si, tout comme le temps, il n'était pas divisé et différencié »[3]. Sans renoncer au fait que l'espace est un produit social. Cette objectivation durkheimienne constitue dès lors, le *continuum* sémantique selon lequel « l'espace, n'a ni droite, ni gauche, ni haut ni bas, ni nord, ni sud »[4].

À cette thèse Bergson (1908, p. 69) oppose la réalité objective de l'espace par le fait que « le mot espace peut donc signifier un laps de temps, une durée ». On voit dans cette représentation que l'espace est à la fois un produit social et un produit phénoménal.

---

3. Durkheim se ramène à montrer que l'espace ne serait lui-même défini que si, tout comme le temps, il n'était divisé et différencié.

[4] Lorsque Bergson fait de l'espace un produit de l'intelligence fabricatrice, il prétend dépasser l'idéalité kantienne de l'espace, où il le fixe dans l'idée de « l'étendue ».

4. [5] C'est un « lieu » qui donne la forme de toutes les « choses » constituant le monde de la vie suivant le croisement de la verticale et l'horizontalité des éléments qui nourrissent l'être-au-monde.

Pour y revenir, Bergson dénote « quand nous disons qu'il y a un espace : c'est-à-dire «un milieu homogène et vide »[5], Or, un milieu de ce genre n'est jamais perçu, il n'est que conçu et ses parties réelles élémentaires sont sous-jacentes.

Après lui, Alain (1941, p.37) en étudiant l'objectivité idéelle de l'espace, va au-delà de la vision du monde réel inséparable de l'espace. Il affirme donc que l'espace « s'oriente par rapport à la constitution de notre corps ». C'est-à-dire « l'horizontalité »[5] a du sens parce que nous sommes « bipèdes » et la « verticalité » est orientée selon la droite ou la gauche, le haut et le bas.

Walter Gropius, expressément dans la préface de l'ouvrage « *Espace, temps, architecture*» de Siegfried Giedion (1968), emploie spontanément le mot « forme » pour désigner le mot « espace ». Cette inversion intentionnelle n'est, en réalité, qu'une la conjonction de l'espace-monde. Il y a de même, dans cette représentation du mot espace une position métonymique des glissements de mots comme « lieu », « endroit », « emplacement » qui renforce l'ordre idéel du mot espace.

À ce propos, lorsque Le Corbusier (1946, p.13-27) de manière implicite, reprend la question du « Tractatus logico-philosophicus» de Wittgenstein (1918 ; 1961, p. 107), il se sert de la notion d'espace « indicible ». Pour Le Corbusier l'espace est à la fois tangible (sensible) et perceptible. Corrélativement Malherbe (1991, p. 73) représente l'espace comme un abrégé de la phénoménologie de la perception.

Patočka (1988, p.32) dans son ouvrage « *le monde naturel* » parle de la terre en termes d'espace doté de réseaux relationnels dont les points de repère gouvernent nos déplacements et « porte la vie et l'alimente ».

Dans « *l'art et le temps* » Patočka (1990, p. 7-8) passe au-delà de cette injonction lorsqu'il se borne à répéter que l'espace n'est pas une simple structure construite dans « la conscience transcendantale »[6].

L'espace de Merleau-Ponty (1945, p. 333) est à la fois un espace existentiel et anthropologique, c'est-à-dire un espace lié à l'être-au-monde, porté sur la généalogie qui couvre la réalité factuelle du monde de la vie et la réalité sensible de l'être au monde. À proprement parler, la signification de l'espace merleau-pontienne se dédouble d'une détermination phénoménale et d'une ontologie intuitive selon laquelle « l'espace perceptif est polymorphe ».

Est-ce à dire néanmoins, qu'au-delà de l'ensemble de ces interprétations, il existe une réalité ultime de l'espace, par rapport au champ phénoménologique lui conférant le statut de concept rationnel et intellectuel. Il semble difficile en ce sens, de déterminer une assignation phénoménale, quelle qu'elle soit, si la place de l'espace dans « la sémiotique du réel» (Rénier, 1997, p. 390-404) n'est qu'une assignation étroitement déterministe. On note dès lors que cette assignation garde l'universalité de l'espace dans une perception prééminente strictement phénoménologique.

5.

6. Réflexions 4188, 1769-1770, p. 449-450.

1.2.   Déterminisme phénoménologique de l'espace

L'abord phénoménologique de l'espace d'un point de vue beaucoup plus large donne à voir d'après Heidegger (1982, p. 122) que *« l'universalité* de l'espace »* passe du monde fermé au monde infini. La nature aspectuelle de ce passage s'envisage suivant les propriétés instructives accomplies. Dans le déterminisme phénoménologique, l'espace possède un sens vrai et un langage pur.

C'est pourquoi, admettre le sens vrai de l'espace inséparable de l'universalité du réel avec la libre pragmatique perceptuelle, trouve sa signification déterministe dans toute mesure réelle identifiée selon deux corolaires situationnels. Le premier énonce que l'espace n'est perçu qu'à travers sa vérité et c'est à partir d'elle qu'il se détermine.

Le deuxième montre que l'espace est pensé selon une poétique essentiellement approprié à son essence. À parler précisément, l'espace dans cette vérité, est bien là un concept platonicien. C'est-à-dire un concept de l'univers du réel qui se développe en une véritable phénoménalité rationnelle.

1.3.   Rationalité de l'espace

L'état de l'espace un « concept rationnel »[7], comme le précise Kant (1845, p. 178-179) n'exclut pas l'idée que l'espace, concept « rationnel transcendantal » ne s'applique qu'à l'état absolu de nature immobile. Dès lors, la reconnaissance implicite et explicite de l'espace rationnel par sa réalité transcendantale est un état qui se situe au sein même de la poétique du réel.

Par conséquent, l'existence pure de la rationalité de l'espace dans le raisonnement kantien consiste à ramener la rationalité transcendantale à la « déduction transcendantale »[8] par l'identification de la rationalité du monde physique comme une détermination suggérée par la sensibilité pure.

 En ce sens, dans les «intuitions pures» l'espace pour Kant, est « la matière de l'intuition ». C'est-à-dire qu'il occupe la conscience avec une mesure absolue liée aux lois rationnelles transcendantales. Bien plus, l'« Idée rationnelle » de l'espace-monde montre que la subordination rationnelle de l'extériorité de l'espace dépend de l'entendement intuitif. Autrement dit, l'adhésion à l'analogie de la phénoménalité, l'espace se révèle ainsi par l'intuition « pure extérieure » (Luget, 1875, p. 227).

L'assimilation de l'espace à l'espace-monde, est une exigence progressivement intégrée par la rationalité pure des formes aspectuelles de l'espace. C'est dans cette assimilation que toute grandeur apparentée à l'espace-monde se transforme par l'effet de la poétique du réel dont l'essence est naturelle et non objectivable.

La définition husserlienne de l'espace-monde

D'après Husserl, l'anthologie de la phénoménalité du monde, (1913) se déclare dans une dépendance fixée entre la dimension logique et la dimension ontologique de l'espace-monde ou [terre]. Par-là même, l'espace pour Husserl, fait appel à l'imaginaire, au rêve et en même

---

7. L'espace dans la thèse kantienne reste de même un concept singulier et non universel

8. Le premier cours, qu'il consacre à Hölderlin qui disait : « sur terre *déjà* veut dire *sous le ciel* ».

temps à l'esprit. C'est ce qui prouve qu'il est contradictoire de vouloir ne chercher que les morphologies sensibles pour remplir le « monde ».

Autre part, Husserl (1976, p. 32) affirme paradoxalement, qu'il n'existe pas de physique morphologique pour l'espace, même s'il possède une spatialité et il ne peut donc exister de « géométrie morphologique spatiale qui pourrait jouer le rôle d'esthétique transcendantale ». L'espace est donc régulé par la dynamique expressive considérée comme principe naturel du monde.

En rapport au monde sensible, la détermination Husserlienne de l'espace-monde fixe l'attention sur le monde essentiellement. Ainsi, le sens morphologique de l'espace est un effet de réel de l'espace-monde. Car, il se substitue et se radicalise dans la vérité induite du « paradoxe d'une phénoménologie de l'espace» (Bachelard, 1958, p. 3).

Si la détermination de l'espace-monde repose sur toutes les caractéristiques de la réduction transcendantale, que notamment la perspective ontique, cette distinction tient au retour à l'idéalité sensible de l'espace.

2. Perspective ontique de l'espace

Le but apparaissant dans la perspective ontique est d'établir que l'espace possède un langage direct reconnu outre sa représentation perceptive ou cognitive. On peut dire à ce sujet que la différence ontologique, inhérente à la pensée heideggérienne, reste une substance qui possède deux compréhensions de l'ontique distinctes. L'une est celle de l'étant [être-au-monde] qui se déploie essentiellement dans la représentation sémiologique de l'espace. Et l'autre est celle des concepts enveloppent le sens « sur la terre » qui signifie déjà « sous le ciel » (Heidegger, 1939).

Langage de l'espace dans la pensée merleau-pontienne

Merleau-Ponty (1960, p. 208) a montré que l'espace possède un langage insolite qui tient lieu d'un compromis soumis à une convergence absolue dont les caractéristiques (attributs et valeurs) sont rattachées à la vérité de l'espace. On constate qu'il y a là une convergence basée sur les pulsions affectives de l'être-au-monde. Cet état sensible inscrit dans l'effet de sens phénoménologique est en dehors de toutes les aspirations intériorisées dans l'imaginaire.

C'est pour cette raison, que l'aspect communicationnel de l'espace par rapport à son l'essence transcendantale relève à la fois de l'ordre du sensible et de l'ordre de l'intelligible. Le langage de l'espace énonce donc la vérité qui éclaire les réalités du processus représentationnel. Et par là, il forme l'exprimé fondamental du monde de la vie.

En interprétant la phénoménologie du langage de Husserl, Merleau-Ponty (1960, p. 94), construit un deuxième niveau de compréhension du langage de l'espace, fondé autour de l'hétérogénéité des effets de réel. En même temps, il perçoit le langage pur de l'espace par le réalisme de la distinction sémiotique.

Dans cet esprit, le réalisme idéel qui caractérise le langage de l'espace se précise systématiquement dans l'altérité de l'expression proprement dite. En fait, telle qu'elle est pensée, l'altérité du langage de l'espace mène à une autre expression [la perception de réel] qui dévoile son sens dérivationnel à travers « l'archéologie du monde perçu».

Lorsque Merleau-Ponty (1989, p. 54) mentionne que le langage de l'espace n'est pas seulement un moyen d'expression, mais une manière d'être. C'est dire, par le sens «phénoménologique»illustrés de signes apparait le signifiant et le signifié de l'indétermination de tout espace. Merleau-Ponty montre ainsi, que le langage de l'espace est rempli de significations qui donnent le sens du « monde » comme « commencement » expressif de l'espace.

Donc la signification merleau-pontienne du langage de l'espace peut prendre le sens d'un mouvement lorsqu'il s'emboite dans le monde intelligible. Cette conscience sémantique permet dès lors, au langage de l'espace d'être l'«expression proprement dite ». En outre, si le langage de l'espace prend source de manière immédiate d'une détermination expressive sans toutefois pouvoir acquérir la distinction d'expression pure, il reste un concept indéfini.

Une telle valeur du langage de l'espace a mené bon nombre de théoriciens tels que [Derrida, Foucault, Baudrillard et Lyotard] à donner une interprétation dont le fond expressif de l'espace se trouve dans un déplacement de sens hors de la particularité de l'existentiel.

Ce préalable expressif à partir duquel peut se fabrique toute valeur « transcendantale » du langage de l'espace (Husserl, 1929) n'est pas constitué dans la conscience, et encore moins dans l'entendement au sens étroit. Il est uniquement institué par lui-même dans l'imaginaire.

À cet égard, le langage de l'espace se révèle simultanément subjectif et objectif. La signification subjective consiste à percevoir le langage de l'espace par rapport à l'objectivité idéelle de l'espace. Par contre, la signification objective inscrit la réinjection d'effets de réel par la voie de l'extériorisation de l'exprimé en tant que traits généraux (attributs et valeurs) de la réalité transcendantale de l'espace.

3. Sens du langage de l'espace

Le sens du langage comme existant extérieur du réel de l'espace est considéré autrement que sensible. Au-delà de cette finalité, le langage en soi, laisse entrevoir une dialectique situationnelle [constituée dans la conscience] entre le sens communicatif et la vérité du monde des signes (Merleau-Ponty, 1960).

En deçà, Ricœur (1998, p. 186) déclare que la vérité du langage de l'espace est remarquable puisqu'elle s'attribue du signifié pour se saisir dans le contenant de « l'essentiel de l'intentionnalité». Par ailleurs, si la vérité du langage lorsqu'elle contourne l'impasse expressive, sert à convertir le pouvoir transcendantal des valeurs intentionnelles, elle se renferme distinctement dans la compréhension du monde.

Le sens commun de cette vérité ne s'entrevoit donc que dans l'altérité en tant que fonction sémantique du langage de l'espace.

Altérité du langage de l'espace

Les effets de sens du langage rendent de manière variable la « prégnance de la perception » (Thom, 1988, p. 76) de l'espace un argument qui consiste de par la conscience intentionnelle à replacer l'exprimé spatial hors de «d'incertitude irréductible de l'altérité»» (Laouroux, 2005, p. 27).

Selon Heidegger (1988, p. 38), l'altérité du langage de l'espace est placée dans le contenu de l'« idéalité de l'espace »[9]. Partant de là, Bergson (1934, p. 88-89) tout en reconnaissant la part de la dialectique absolue de l'altérité du langage de l'espace, donne à l'exprimé spatial une compréhension « transcendantale » (Husserl, 1998, p. 42). Cette nouvelle assimilation prend à son tour des valeurs purement symboliques qui rendent le langage une simple expression définissable.

Ce qu'exprime Ricœur (1998, p. 186) en percevant l'acte premier de la conscience du langage de l'espace, c'est le fait de dépasser la confusion qui charge les valeurs intuitives du sens de l'espace en des expressions instructives.

Ainsi, dans la traduction des « Idées directrices pour la phénoménologie » Ricœur remet en cause la portée existentielle de l'altérité du monde. Car, l'effet expressif de l'espace formé de l'intentionnalité des images à « fonction communicative » d'un point de vue phénoménologique, pousse l'altérité du langage à saisir l'espace comme langage de l'altérité et l'écarte de la conception imaginaire.

L'espace comme langage de l'altérité

À vrai dire, « l'altérité du monde » (Lannoy, 2008, p. 60) sous certains rapports ; c'est-à-dire entre le langage et l'expression, permet la constitution du contenu communicatif de l'espace. Rien que pour cela, le langage de l'espace devient un fait existentiel. C'est ce que Heidegger a désigné comme état implicite de l'altérité, en disant que « ce n'est que là, où il y a langage, qu'il y a monde ».

En ce sens, lorsque la correspondance avec le sens-signe, annonce l'origine même de la « vision réductrice » de l'exprimé spatial équivoque, il est juste un état fonctionnel de l'altérité. C'est pourquoi, dans « *L'illusion perceptive* », Proust (1919, p. 172-173) dénote qu'il n'y a pas de langage autre que celui qui contient la linéarité du partage entre l'idéel et le configuré.

C'est à ce titre que le langage de l'espace prend tout le sens de l'altération induite par les conditions du monde naturel. À cet effet, le signe de l'altérité ne se dénote qu'au-delà de l'ensemble du système sémiologique conforme aux « règles sémantiques » comme le rappelle Peirce (1978, p. 112). De même, le débordement du cadre étroit du langage de l'espace renforce la modalité du contenu du réel attachée à la transcription imaginaire de l'espace.

4. Transcription imaginaire de l'espace réel

Au terme de l'épistémologie de l'espace Kant pose la transcription imaginaire de l'espace réel une substance essentiellement cognitive. Donc, on constate dès lors que la nature de l'exprimé spatial est passé de la tension épistémologique à l'ordre de la poétique du réel.

Dans ce cadre-là, la transposition de l'espace réel à un espace imaginaire, remet en cause l'état équivoque de l'exigence relativiste résidant dans la transcription imaginaire essence de la poétique du réel de l'espace.

Poétique du réel, essence de l'espace imaginaire

L'état de la poétique du réel s'exprime à la fois de l'espace « réel » et l'espace « imaginaire » (Chabrol Gagne, 2002, p. 83). C'est seulement à l'intérieur de l'expression « l'espace est indéfini et défini » que les traits [attributs et valeurs] sont des synonymes perceptibles.

Kant (1869, p. 202) dans « *de l'espace à l'appréhension de la poétique du réel* » entend que la correspondance entre espace pur et espace vrai (porteur de significations poétiques et réelles) il y a l'effet de l'évocation du lieu. Cet état constitue à lui seul la « connaissance rationnelle » de la vérité de l'espace.

L'espace vrai

Si l'espace vrai est homogène, isotrope, cartésien et caractérisé par l'extériorité ; c'est-à-dire, un espace doté de logiques épistémologiques rationnelles qui fondent son « point du réel », (Forestier, 2014, p. 143), il reste « un espace concret et sensible » (Boudon, 2003, p. 142).

Du reste, même si l'on sait que dans la genèse de l'objectivité idéelle, l'espace vrai est un produit de la constitutive phénoménologique, pour Barbaras (2003, p.127), il est à la fois lié à « tout espace de telle ou telle grandeur » (Heidegger, 1982, p. 231).

Ce point de vue est particulièrement significatif puisque en faisant de l'espace vrai un milieu subsistant par lui-même et sans détermination. Car, « il est vrai » (Courtine, 1990, p.13) lorsqu'il est objectif. Cet état de l'espace touche deux valeurs actancielles, l'espace actant immanent et l'espace actant transcendant[9].

Au préalable, cette véracité de l'espace réalisée dans l'intuition pure, renvoie au fondement de l'objectivité idéelle manifestée au regard de toute expérience vécue. L'espace vrai est donc retenu de manière très ordinaire dans une série de principes contextuels dont notamment l'essence de l'isomorphisme épistémologique.

Le sens de l'espace vrai résulte ici de la dimension concrète portée selon le sensible et le signifiant substantiel compose « le pratique et le poétique » (Ghislaine Florival, 1988, p. 46) même si l'espace vrai est un ordre de rapports et de coexistences.

Isomorphisme de l'espace vrai

La perspective polysémique de l'espace soulignée par Ricœur, (1990, p. 368-369) détermine dans quelle mesure le pratique et le poétique donnent sens à l'isomorphisme qui ouvre l'espace au monde en tant qu'être-au-monde tenant de la nature poétique de l'espace.

À cette échelle, il y a deux considérations possibles, l'une pure et l'autre sensible. Kant a enfin promu l'idée de l'espace vrai comme une dimension géographique qui condense l'idéal éthique dans toute son étendue. De même, Hegel (1979, p. 22) a placé l'espace vrai au centre de deux sens prioritaires celui de « la raison » et celui de l'idéalité discursive. Car l'espace vrai dans cet état est un espace sans déchirure, linaire et continu.

Cet isomorphisme généalogique de l'espace au sens de l'existentiel s'articule dans la phénoménologie du langage de l'espace comme fait présentant l'universel et le fondamental de la sémantique distinctive de l'espace. On peut admettre ainsi, que l'espace vrai est un

---

9. Selon l'identité modale, s'étend de l'idéalité transcendantale à la poétique du réel, l'espace vrai avec la réalité qui unit nature et vastitude.

espace civilisé, modelé par l'être-au-monde qui de tout temps a élaboré des systèmes sémiotiques définis en fonction de la perception de l'espace-monde. Relativement à cela, l'espace vrai est enclin aux processus de représentation visant à filtrer de la perception individuelle.

Dans l'esprit de Husserl, l'espace vrai est « un produit de conscience intentionnelle ». En réalité, il peut être qu'alternatif à la représentation de la perception. Parallèlement, Hegel déplace le sens de l'espace vrai, puisqu'il passe du sens d'un espace dynamique possédant caractère ambiant au sens d'une nature spatiale créée dans l'imaginaire.

À cet effet, si l'espace vrai relève néanmoins d'une personnalisation et d'une généralisation, il change suivant la pensée « réductrice »[10].

La personnalisation

En raison du caractère absolu de sa personnalisation, l'espace vrai est d'abord un espace conforme au modèle référentiel originel. Car, en grande partie, il se consacre à s'ouvrir à la caractérisation de l'intentionnalité pure pour répond à ses propres conventions conceptuelles. Mais, il y a cependant une personnalisation de l'espace vrai qui donne la marque du lieu où il figure.

Dans cet ordre, la reconnaissance des certitudes singulières rattachées à la vérité de l'espace est une logique dictée par l'aspect dialectal. L'ouverte de la personnalisation de l'espace à l'intention de l'être-au-monde comme existentiel relevant de l'expression extériorisée dans les aspirations des manières d'être conduisent à dissocier l'espace, malgré certaines appartenances du sens de l'espace - monde.

C'est pourquoi l'espace vrai ne peut être que le témoin des représentations collectives dont il est investi. Pour la personnalisation anthropologiquement et phénoménologiquement, l'espace vrai de manière signifiante, se projette dans l'idéalité transcendantale en tant qu'espace déterminant qui véhicule des actions et des fonctions.

La généralisation

La signification générale de l'espace vrai est une improvisation individuelle par rapport à l'échange sémiologique collectif. Partant de là, les exigences personnelles poussent très loin la signification de l'espace vrai dans d'autres formes d'accommodation grâce à certains postulats qui donnent à l'espace vrai une référence et des comparaisons.

La référence

Si l'espace vrai du point de vue étymologique st un espace concret et mental. Il est celui de l'univers du réel et celui de l'imaginaire. C'est sur cette distinction fondamentale que repose l'idée de l'espace vrai comme extension de la transcendance où se réfléchit l'agencement « sous le ciel » et celui « sur la terre » (Heidegger, 1927). Car toute constitution de l'espace vrai se découvre des références visuelles et des points de comparaison du quotidien (présent) dans « la lumière et la couleur » (Le Corbusier, 1942).

---

10. Chapitre : Situation du modulor dans le temps présent.

Les comparaisons

L'espace vrai perceptible dans les comparaisons douées de permanence n'ayant subie aucune déformation, s'appréhende dans toute signification fixée entre un concept et une expression (langage) lié à la complétude assemblée dans l'apparence façonnée par l'effet de sens projectale.

Conclusion

Néanmoins, cette thèse a approché l'espace à travers quelques courants phénoménologiques souvent méconnus qui nous ont fait paraitre l'espace dans les principes rationnels, sémiotiques, réels et ontologiques. C'est sous cet aspect, que l'espace occupe désormais la place centrale dans le système social, économique et environnemental. La valeur fondamentale de son idéalité dans la décroissance de l'altérité, aujourd'hui, concerne le sens épistémologique grâce au glissement de la nature de l'espace de la valeur d'usage à la « valeur d'échange » (Lefebvre, 1974, 102)[11] n'a véhiculé qu'une dialectique de la différence.

L'espace dans sa vérité est aujourd'hui un ensemble de lieux d'aliénation sans représentation de signes d'appartenance ou d'adhésion qui ne permettent de croire, ni à la réalité substantielle et objective de l'*espace*, ni à l'idée de l'*espace* suivant la poétique du réel.

Bibliographie

Alain, *Éléments de philosophie,* Paris, Gallimard, 1941.

Bachelard Gaston, *La poétique de l'espace*, Paris, Presses universitaires de France, 1958.

Renaud Barbaras, Vie et intentionnalité : recherches phénoménologiques, Paris, Vrin, 2003.

Henri Bergson, Essai sur les données immédiates de la conscience, Paris, Félix Alcan, 1908.

Henri Bergson, L'Essai Sur Les Donnes Immédiates De La Conscience, CreateSpace Independent Publishing Platform, 2016.

Henri Bergson, La pensée et le mouvant, Paris, Presses électroniques de France, 2013.

Philippe Boudon, Sur l'espace architectural : essai d'épistémologie de l'architecture, Paris, Parenthèse, 2003.

Nelly Chabrol Gagne, De l'espace réel à l'espace imaginaire dans l'œuvre de Valéry Larbaud, Thèse à la carte, Villeneuve-d'Ascq, Presses Universitaires du Septentrion, 2002.

11. Henri Lefebvre, La production de l'espace, Paris, Anthropos, 1974, p.102.

Jean-François Courtine, Heidegger et la phénoménologie, Paris, Vrin, 1990.

Emile Durkheim, Les formes élémentaires de la vie religieuse : Le système totémique en Australie, Paris, Presses Universitaires de France, 2013.

Ghislaine Florival, Figures de la finitude : études d'anthropologie philosophique, Bruxelles, Institut Supérieur de Philosophie, 1988.

Florian Forestier, La phénoménologie génétique de Marc Richir, Bruxelles, Springer, 2014.

Sigfried Giedion, Espace, temps, architecture, Traduit par Irmeline Lebeer, Françoise-Marie Rosset, Paris, Denoël, 2004.

Georg Wilhelm Friedrich Hegel, La phénoménologie de l'esprit, Traduit par Marc Géraud, Paris, L'Harmattan, 2017.

Georg Wilhelm Friedrich Hegel, Leçons sur la philosophie de l'histoire, Traduit par J. Gibelin, Paris, Vrin, 1979.

Martin Heidegger, Essais et Conférences, Les Fiches de lecture d'Universalis, Encyclopedia Universalis, 2015.

Martin Heidegger, Les hymnes de Hölderlin : La Germanie et Le Rhin, Paris, Gallimard, 1988.

Martin Heidegger. Interprétation phénoménologique de la Critique de la raison pure de Kant, Traduit par Emmanuel Martineau, Paris, Gallimard, 1982.

Edmund Husserl, Logique formelle et logique transcendantale : Essai d'une critique de la raison logique, Traduit par Suzanne Bachelard. Paris, Presses Universitaires de France, 2009.

Edmund Husserl, De la synthèse passive : logique transcendantale et constitutions originaires, Traduit par Bruce Bégout, Jean Kessler, Paris, Jérôme Millon, 1998.

Edmund Husserl, Idées directrices pour une phénoménologie pure et une philosophie : phénoménologique, Traduit par Jean-François Lavigne, Paris, Gallimard, 2018.

Edmund Husserl, Recherches logiques, Épiméthée ; essais philosophiques, Paris, Presses universitaires de France, 1959.

Edmund Husserl, L'origine de la géométrie, Traduit par Jacques Derrida, Paris, Presses universitaires de France, 1962.

Edmund Husserl, L'origine de la géométrie. Epiméthée : essai philosophiques, Traduit par Jacques Derrida, Paris, Presses universitaires de France, 1962.

Edmund Husserl, La crise des sciences européennes et la phénoménologie transcendantale, Traduit par Gérard Granel, Paris, Gallimard, 1976.

Immanuel Kant, Critique de la raison pure, Volume 1. Traduit par Joseph Tissot, Paris, Ladrange, 1845.

Immanuel Kant, Premiers principes métaphysiques de la science de la nature, Traduit par Jacques Gibelin, Paris, Vrin, 2013.

Immanuel Kant, Prolégomènes à toute métaphysique future qui aura le droit de se présenter comme science, Traduit par Joseph Tissot, Paris, Ladrange, 1865.

Jean-Luc Lannoy, Langage, perception, mouvement : Blanchot et Merleau-Ponty, Paris, Jérôme Millon, 2008.

Sébastien Laoureux, L'immanence à la limite : Recherches sur la phénoménologie de Michel Henry, Paris, Cerf, 2005.

Le Corbusier, L'espace indicible, Revue Architecture d'Aujourd'hui, n° 14, spécial « Art », 1946, p. 13-27.

Le Corbusier, Le modulor : essai sur une mesure harmonique à l'échelle humaine applicable universellement à l'architecture et à la mécanique, Paris, Denoël Gonthier, 1977.

Henri Lefebvre, La production de l'espace, Paris, Anthropos, 1974.

Henry Luguet, Étude sur la notion d'espace d'après Descartes, Leibniz et Kant, Paris, Auguste Durand et Guillaume Pedone-Lauriel, 1875.

Michel Malherbe, Trois essais sur le sensible, Paris, Vrin, 1991.

Michel Malherbe, Kant ou Hume : ou, la raison et le sensible, Paris Vrin, 1980.

Maurice Merleau Ponty, Phénoménologie de la perception, Paris, Gallimard, 1945.

Maurice Merleau-Ponty, Éloge de la philosophie, Paris, Gallimard, 1989.

Maurice Merleau-Ponty, Signes, Paris, Gallimard, 2016.

Christian Norberg-Schulz, La signification dans l'architecture occidentale, Bruxelles, Mardaga, 2007.

Jan Patočka, L'art et le temps, Traduit par Erika Abrams, Paris, Publication du département de philosophie Université Paris-X Nanterre, 1996.

Jan Patočka, Le monde naturel et le mouvement de l'existence humaine, Paris, Springer, 1988.

Charles Sanders Peirce, Écrits sur le signe, Traduit par Gérard Deledalle, Paris, Seuil, 1978.

Marcel Proust, Du côté de chez Swann : À la recherche du temps perdu, Paris, Pulsio, 2015.

Alain Rénier, De l'architecture passive de la conformation de l'espace, Dans Josep Muntañola i Thornberg, Architecture, sémiotique et sciences humaines. Barcelone, Université Polytechnique de Catalogne, 1997.

Paul Ricœur, A l'école de la phénoménologie, Paris, Vrin, 2004.

Paul Ricœur, Soi-même comme un autre, Paris, Seuil, 1990.

Milton Santos, La nature de l'espace, Paris, L'Harmattan, Paris, 1997.

Jenny Slatman, L'expression au-delà de la représentation : sur l'aisthêsis et l'esthétique chez Merleau-Ponty, Bruxelles, Peeters, 2003.

Herbert Spencer, Principes de psychologie, Traduit par Théodule Ribot, Alfred Espinas. Paris, Germer Baillière, 1875.

René Thom, Esquisse d'une sémio-physique, Paris, Inter Editions, 1988.

Ludwig Wittgenstein, Tractatus logico-philosophicus, Paris, Gallimard, 1961.

«Poétique et poétisation de l'espace dans la quête de l'ailleurs de Jules Supervielle »

Kouakou Kouassi Ange-Valéry

Université Alassane Ouattara, Côte D'Ivoire

Résumé *: Les espaces que présente Supervielle dans l'ensemble de ses œuvres sont le témoignage d'un désir profond de se départir de tout sentiment d'angoisse et de vide intérieur. Le poète de par sa volonté de juguler la morosité existentielle qui le ronge, se lance, au travers de l'écriture, dans un processus d'exploration spatiale qui le conduit successivement vers les grandes plaines de son enfance, vers la mer ou encore vers les grands espaces aériens. Ces espaces sous la plume du poète sont purgés de leur matérialité intrinsèque, pour s'insérer dans une rêverie qui tient lieu à la fois d'exutoire et de cure psychanalytique pour Supervielle.*

Mots clés *: Angoisse, Ailleurs, Espace, Quête.*

On ne peut étudier l'œuvre de Jules Supervielle, sans être irradié par la force que déploie continuellement ce poète pour se projeter vers de nouveaux horizons. À l'instar d'un Baudelaire ou encore d'un Mallarmé, Jules Supervielle a montré, et c'est peu de le dire, un intérêt particulier pour « l'ailleurs », pour les « Monts azurés » afin d'échapper, de se libérer de la pesanteur de son quotidien. On ne le relèvera jamais assez, mais la poésie de Supervielle se présente dans sa perception la plus basique, comme la résultante d'un mouvement à la fois physique et métaphysique, dans lequel le poète tente de traduire une angoisse et un mal-être quasi permanents. C'est une écriture de l'errance qui cristallise à elle seule le parcours sinueux d'un homme en souffrance. Mais on ne saurait percevoir, toute la quintessence de ses visées sans nous représenter l'importance que prend pour lui la notion d'espace même si cette dernière ne se dissocie pas du temps. L'espace est une donnée, en effet qui est capitale pour le poète, qui se retrouve pris entre le désir d'échapper à son environnement et celui d'asseoir son appartenance à un sol. Il ne serait donc pas inopportun, dans ce sens, de s'interroger, au regard des fréquentes convocations maritimes, terrestres et aériennes dans *Débarcadères*, et dans les autres recueils, sur la place et la portée réelle de l'inclinaison spatiale chez Supervielle.

En quoi consiste sa poétique de l'espace et quel en est le sens profond ? En nous arrimant à la psychocritique et à la critique thématique, nous essayerons d'apporter des réponses à ces différentes interrogations. En l'état, notre réflexion s'articulera autour de trois points. Nous analyserons dans un premier temps la notion d'espace en lien avec le bouillonnement intérieur chez Supervielle ; nous étudierons, par la suite, les rapports à l'espace extérieur dans ses poèmes, avant de clore par la symbolique que recouvre l'univers spatial chez ce poète.

1. Supervielle et l'espace intérieur

La poésie de Supervielle s'apparente à une conquête de l'espace et du temps, qui prend sa source dans le passé du poète. L'espace du souvenir, en effet, met en exergue l'histoire personnelle, mais aussi le drame familial qu'a vécu le poète, et qui pour beaucoup concourt à la tendance de son écriture. L'impact qu'a pu avoir le décès de ses parents a été pour Supervielle le point de départ de son besoin d'ailleurs. Et c'est ce que souligne Jean Pucelle lorsqu'il affirme qu' :

> Il n'y a guère de poésie du présent, car si le présent nous ébranle et nous captive, il n'y a d'épanchement que dans l'absence, il n'y a de retour sur soi ou de sortie de soi que vers l'avenir ou le passé[1].

Supervielle se présente dès lors comme condamné à se souvenir, à errer et à se plonger dans ces espaces qui jadis étaient pour lui source de bonheur. L'incertitude du présent faisant foi, le poète n'a que le souvenir comme recours immédiat pour échapper à la pesanteur ambiante. « Je voudrais vivre de mes souvenirs à petites bouffées »[2] nous dit-il. Lorsqu'il écrit ceci, le poète est à Paris et rêve de ces instants passés dans la campagne uruguayenne. Le souvenir reflète un manque, un vide, que le poète tente de combler en revisitant par la pensée ces espaces sublimés :

> Savez-vous ce que c'est que d'être tout entière
> Avec nuages, monts, collines et rivières
> Dans un enfant qui court ou marche à travers champs[3]

Ce moment de pur bonheur tel qu'il est relaté, est gravé dans la mémoire du poète, qui s'en nourrit peu à peu. La résurgence du souvenir s'accompagne par ailleurs d'une dose de nostalgie qu'on ne peut aisément percevoir à travers les fréquentes références à l'enfance, moment idéal de l'existence selon Supervielle. Les espaces pratiqués ou visités à cette époque sont comme enveloppés d'un voile féerique ; ce qui dénote ici de l'importance de l'enfance chez lui. En fait, cette époque est assimilée à l'« état antérieur à la faute, donc état édénique, symbolisé en diverses traditions par le retour à l'état embryonnaire » (Chevalier, Gheerbrant, 1982 : 404) ; état embryonnaire que Supervielle ne dissocie pas des espaces qu'il a aimé. À ce niveau, il convient de marquer deux grandes étapes dans l'appréciation de cette période infantile puisqu'elle n'a pas été auréolée que de moments de joie. Les premières années de sa vie ont en effet été marquées par le sceau du bonheur, mais la donne change dans sa onzième année lorsqu'il apprend que ses parents naturels sont morts et que ceux qu'il avait toujours cru comme les siens n'étaient en fait que son oncle et sa tante. De là, la naissance d'un sentiment d'abandon et de détresse, qui va s'étendre au point de ne plus le quitter :

> C'est un sanglot d'enfant, mais venu de si loin
> Que l'on ne saurait plus que l'appeler silence
> Et pourtant, je suis là qui toujours le repense

---

1. Jean Pucelle, Le temps, Paris, PUF, 1962, coll. "initiation philosophique, p.2.

2. Jules Supervielle, « Retour à paris », Débarcadères, version originale, Paris, Ed. de la revue de l'Amerique latine, 1922, p.76.

3. Jules Supervielle, « La terre chante », Oublieuse mémoire, Paris, Gallimard, 1949, p.187

Ne pouvant l'empêcher de hanter mon chemin
[…   ]
Je remonte le temps pour t'être plus semblable
Petit visage errant d'enfant inconsolable[4]

Cet état d'âme persistant est également lié au déchirement résultant de son départ de la Pampa vers Paris. Américain de naissance, il a en effet grandi en Uruguay avant son installation en France. Les grands espaces sud-américains avec leur steppe, leur climat et leur végétation ; lui étaient alors plus que précieux. Et il le dit très clairement « Je fais corps avec la Pampa qui ne connaît pas la mythologie, / Avec le désert orgueilleux d'être le désert depuis les temps les plus abstraits » (Supervielle, 1922 :30). Ayant donc été marqué par ces grandes prairies, Supervielle est en proie, une fois installé à Paris, à une profonde nostalgie, au point de vouloir établir des ponts entre les deux pays :

Tu voudrais jeter des ponts de soleil entre des pays que séparent les océans et les climats et qui s'ignoreront toujours

[…]

Que tes paupières rapides se résignent, ô désespéré de l'espace[5]

À travers l'image des ponts qu'il veut établir, on perçoit l'idée de « connecter » ces deux espaces qui lui sont vitaux. Mais sur un plan purement littéraire, cette séparation d'avec les grands espaces sud-américains, devient pour le poète une source d'inspiration. Le sentiment d'éloignement est ressenti comme nécessaire en ce qu'il contribue à la naissance du désir et partant, à la création poétique. « Ces longues plaines, affirme-t-il, ne me sont indispensables que si j'en suis à plus de 300km » (Supervielle, 1922 :27). Aussi paradoxale que cela puisse paraître, le poète après quelque année, affiche le même attachement, pour Paris. En effet, lors d'un séjour involontairement prolongé en Uruguay suite au déclenchement de la Seconde Guerre mondiale, Paris devient à son tour le lieu désiré :

Je ne peux plus voir clair dans ce lointain exil,
Redonnez-moi Paris que je m'y reconnaisse.
Ici tout m'est brouillard et malgré sa rudesse
Ce soleil ne sait pas descendre dans ma nuit […][6]

Le souvenir du pays lointain, qu'il soit, français ou uruguayen est ce qui donne tout son charme à l'écriture du poète. Les espaces dans ce contexte deviennent par un processus de projection, des points de repère temporels et surtout émotionnels. Le poète se projette vers cette intériorité aux allures de refuge, qui lui permet, à tout le moins, d'échapper au présent. Le processus nostalgique l'entraîne toujours ainsi dans un lieu où il lui manque chaque fois quelque chose, son aspiration l'emportant constamment vers le lointain, vers ce qui n'est pas ici. Le nostalgique qu'il est « est en même temps ici et là-bas, ni ici, ni là, présent et absent » (Jankelevitch, 1974 :281). Mais entre le passé personnel et impersonnel, les projections mentales vers ces espaces jadis synonymes de bonheur, ne lui donnent pas

---

4. Jules Supervielle, « L'enfant assassiné », Poèmes, 1939-1945, Paris Gallimard, 1945, P.42

5. Jules Supervielle, « Nous sommes là tous les deux », Débarcadères, op.cit. p. 37

6. Jules Supervielle, « Les couleurs de ce jour », Poèmes de la France malheureuse (1939-1941), Neuchâtel, Ed. De la Baconnière, 1945, p.23

entière satisfaction. Il qualifie lui-même de « Modeste » l'ubiquité acquise grâce à l'art, et entrevoit de s'arracher à la terre pour entrer en contact avec l'univers. Commence alors pour lui un long parcours itinérant, une longue errance dans l'espace et dans le temps qu'il s'efforce inlassablement de rendre dans ses poèmes.

2. Jules Supervielle et les espaces extérieurs
2.1. L'inspiration poétique entre terre et ciel

L'immersion effectuée dans les souvenirs du poète nous a révélé chez ce dernier, un attachement quasi inconditionnel à la terre, mais pas à n'importe laquelle. En effet, si la terre en tant qu'espace habité par l'homme, n'a que peu d'intérêt pour lui, il est, *à contrario*, captivé, et ce à la limite du raisonnable, par les étendues à perte de vue, les espaces vides de la plaine et du désert. Cette attirance pour ce type d'espace apparaît par exemple au travers de son enthousiasme face à la Pampa. De par son immensité et à partir du vertige qu'il suscite, cet espace permet au poète d'entrer en contact avec d'autres dimensions jusque là inconnues de lui.

Toutefois, il convient de souligner qu'en dehors de ce contexte quelque peu féerique, la terre dans son ensemble ne porte pas toute l'approbation du poète. On en est même loin vu qu'elle apparaît dans bien des cas comme un fardeau pour lui :

> Comme la terre est lourde à porter !
> […] chaque homme a son poids sur le dos.[7]

Sa conscience étant engagée vers un ailleurs encore inconnu, la terre ne peut paraître pour lui que comme un obstacle, au point que le poète en arrive à la maudire :

> Maudite, tu nous avilis à force de nous retenir,
> Tu nous roules dans la boue, sorcière, pour nous rendre pareil à elle
> […]
> Prends garde, tu ne seras bientôt qu'une vieillarde de l'espace.[8]

Avec cet engouement totalement affiché de se soustraire à l'attraction terrestre, Supervielle se tourne vers l'espace aérien. Le ciel dans le recueil *Gravitations* se révèle en effet d'une grande profondeur. Le vide qu'il est supposé incarner est ici comblé par « les nuages », « le soleil », « les étoiles », « l'air » ; autant d'éléments que l'on retrouve disséminés dans ses poèmes. On note également, dans cette expérience aérienne, que l'imagination joue un rôle de premier choix. Le poète est comme plongé dans un monde à la fois réel et irréel, qui se veut le produit d'une incursion du rêve dans la matière essentielle de la réalité. On peut le voir par exemple à travers ses pans de ville qu'il délocalise dans l'espace aérien :

> Boulevard Lannes que fais-tu au milieu du ciel
> Avec tes immeubles de pierres qui viennent flairer les années.[9]

Le sentiment qu'a le poète de planer dans le ciel, le met en dehors ou au-delà de tout espace d'oppression. Il laisse au sol ses craintes, ses peurs et tout ce qui pourrait constituer pour lui

---

7. Jules Supervielle, « Lourde », Poèmes1939-1945, op. cit, p.43

8. Jules Supervielle, « Terre », Gravitations, édition de 1925, in 'Relevé complet des variantes', reproduit par Yves-Alain Favre, Supervielle : La rêverie et le chant dans Gravitations, Nizet, 1981, p.133.

9. Jules Supervielle, « 67 Boulevard Lannes », Gravitations, Paris, Gallimard, 1966, p.101

un quelconque motif d'angoisse, pour jouir de cette quiétude que lui procurent les airs.

Ce mouvement ascensionnel revêt pour Supervielle une dimension psychologique bienfaisante puisqu'il se voit libéré de l'ensemble de ses maux tout le temps que durent ces incursions. Il est clair que l'expérience aérienne telle qu'elle se présente, est fortement arrimée à l'imaginaire du poète ; mais ce dernier semble vouloir matérialiser cette idée d'ascension en la concrétisant au travers d'objet de son quotidien. Ainsi la conquête du ciel entre-t-elle dans une autre dimension ; elle quitte le volet purement abstractif pour embrasser l'environnement du poète.

L'architecture apparaît dans ce contexte comme un tremplin pour Supervielle. En tant qu'art symbolique selon Hegel, né du besoin originel d'offrir aux sens la représentation de l'activité artistique de l'esprit[10], elle représente une sorte de défi humain pour la conquête du ciel. Les moulins, ouvrages triviaux du quotidien peuvent ainsi assurer dans la poésie de Supervielle une dynamique verticale :

> Ses hauts moulins de métal, ô marguerites de zinc,
> Âmes fleurs en quarantaine mal délivrées de leurs corps
> Et luttant pour s'exhaler entre la terre et le ciel[11]

À l'instar des moulins qui côtoient le ciel, Supervielle évoque également une autre forme architecturale, les colonnes. Ces dernières, bien plus proches de l'idée d'art évoquée dans *L'Esthétique* de Hegel, se voient dotées de sentiments humains par lesquels leur dynamisme vertical prend une ampleur intellectuelle. Toute une section de *Gravitations* est même intitulée « Les colonnes étonnées ». Dans leur positionnement ascensionnel, elles matérialisent la volonté humaine de se projeter vers le firmament. De plus de par leur fonction, elles soutiennent l'univers dressé au-dessus d'elles et par là, le rapprochent des hommes.

> Jusqu'aux astres indéfinis
> Qu'il fait humain, ô destinée !
> L'univers même s'établit
> Sur des colonnes étonnées.[12]

La persistance de cette volonté superviellienne de conquérir le ciel, le conduit par ailleurs à avoir un autre regard sur l'architecture des objets naturels qui l'entourent. Les cataractes qui furent des lieux privilégiés de son enfance, sont ainsi indexées dans le poème « Retour à Paris », pour le vertige et le sentiment d'être infiniment petit, qu'elles suscitent chez le poète :

> Des cataractes effroyables qui semblent tomber de l'au-delà,
> et une pampa près de quoi la véritable
> n'est qu'un bout de terrain vague des environs de Paris.[13]

Il en est de même pour les hauts sommets, les montagnes notamment, qui, dans la pensée du poète tentent elles aussi d'atteindre le ciel. En effet, de par leurs sommets qui fleurtent avec les nuages, elles sont l'expression le plus aboutie de l'assaut contre le ciel. Le poète

---

10. ''L'architecture, art symbolique'', Esthétique, textes choisis par Claude Khodoss, Puf, 1954, coll. ''Les Grands Textes''.

11. Jules Supervielle, « Le Gaucho », Débarcadères, version originale, op.cit, p.21

12. Jules Supervielle, « Une étoile tire de l'arc », Gravitations, op.cit, p.98

13. Jules Supervielle, « Retour à Paris », Débarcadères, op.cit, p.76

du haut de ses monts se voit planer au-dessus de la terre et de toutes les pressions qu'elle subsume.

En somme, que ce soit à partir d'œuvres humaines ou d'éléments de la nature, Supervielle essaie d'assouvir cet ardent désir qui l'aspire vers les voûtes célestes. Il dégage un allant, une détermination de haut vol vers cet ailleurs aérien.

L'initiative du poète n'est cependant pas qu'aérienne ou terrestre, elle s'inscrit aussi dans une perspective maritime qu'il conviendrait d'analyser sous différentes coutures.

2.2. À la conquête de l'espace maritime

D'une manière générale, l'espace dans la poésie de Supervielle, en plus d'être divers, est frappé par ce qu'on pourrait appeler un « Voile d'étrangeté », puisqu'il se situe de l'autre côté de l' « ici », en plein cœur de l'inconnu. La mer chez le poète, à l'image de la profondeur du ciel, porte également une part d'inconnu qui ne manque pas d'attirer le poète. Dans sa matérialité, la mer chez Supervielle est la figure archétypale du voyage. Elle est ce lieu de transit par excellence qui permet d'atteindre la terre désirée. Sa fonction dans notre contexte est donc de relier deux terres lointaines, deux terres qui lui sont chères, en l'occurrence la France et l'Uruguay. Tout au long de sa vie, le poète a dû régulièrement emprunter l'espace maritime pour des séjours respectifs dans ses deux pays. La mer est donc un espace qui le préoccupe naturellement d'un point de vue personnel. Sa poésie ne peut ainsi qu'en garder la trace itinérante. L'intérêt cependant pour cet espace n'est pas lié à sa vie d'adulte ; il remonte chez lui à sa prime enfance, où la mer lui apparaissait déjà comme une sorte de mystère captivant :

> Un écolier taché d'embruns
> Portant sous le bras un cartable
> Jetait un regard outre brun
> Sur les hautes vagues de fable[14]

Cette mer si captivante manifeste, par ailleurs, un caractère ambivalent chez le poète. Il se retrouve à la fois attiré par elle, mais il la repousse également au vu du danger potentiel qu'elle représente. Cette attitude prend sans doute son origine dans la peur qu'éprouve le poète envers la mer, peur de se perdre dans son immensité ou dans sa profondeur. Dans le recueil *Boire à la source*, il va même jusqu'à s'interroger : « Combien y en a-t-il qui, une fois au moins, n'ont eu peur d'avoir envie de se jeter à la mer ? » (Supervielle, 1951 :163). Il évoque à plusieurs reprises ce danger inexplicable qu'elle cristallise pour celui qui l'observe :

> Je l'ai contemplée parfois avec une telle intensité
> que je me sentais sur le point de me jeter dedans.[15]

La perspective d'être englouti par les flots est une hantise pour le poète. De plus qu'elle soit lieu de perdition ou pas, la mer laisse entrevoir une réelle menace ; menace que le poète entreprend cependant d'endiguer dans son subconscient, préférant l'errance sur les flots à l'angoisse d'une terre immobile, comme en témoigne cette métaphore :

---

14. Jules Supervielle, Le village sur les flots », Gravitations, op. cit. , p.178

15. Jules Supervielle, Les Nouvelles littéraires n°1256, 1951, p.11

> Ce navire errant rempli de marins,
> Mais c'est moi, glissant sur la mappemonde[16]

Le poète se met ainsi dans l'idée d'exorciser sa peur initiale en se confrontant à la mer, en acceptant pleinement le danger qu'elle implique c'est-à-dire la noyade :

> Le noyé cherche sa chanson
> Où s'était formé son jeune âge
> Écoute en vain les coquillages
> Et les fait choir au sombre fond.[17]

Pour un « noyé », le poète démontre une attitude bien paradoxale. Il comprend en fait qu'obéir à son désir d'ailleurs, au lieu de le perdre, lui révèle plutôt le caractère rassurant de la mer qui, cessant d'être une menace pour lui, se déploie comme un espace où la mort se voit neutraliser. C'est ce que montre le long passage du poème intitulé significativement « Le survivant » :

> Lorsque le noyé se réveille au fond des mers et que son cœur
> Se met à battre contre le feuillage du tremble
> Il voit approcher de lui un cavalier qui marche l'amble
> Et respire à l'aise et lui fait signe de ne pas avoir peur.
> Il lui frôle le visage d'une touffe de fleurs jaunes
> Et se coupe devant lui une main sans qu'il y ait une goutte de rouge.
> La main est tombée dans le sable où elle fond dans un soupir
> Une autre main toute pareille a pris sa place et les doigts bougent.[18]

Délivré dès lors de la peur qui lui pesait vis-à-vis de la mer, le poète peut concrétiser son désir d'ailleurs sans que cette dernière ne lui fasse pas obstacle. « Nous avançons dit-il, vers la mer qui ne peut plus aujourd'hui/ Mettre fin à notre fuite » (Supervielle, 1925 :183).

Le fait d'avancer ou d'être en mouvement lui procure une certaine satisfaction. En se dirigeant vers l'horizon, il espère découvrir quelques certitudes, surtout les raisons profondes qui le poussent dans cette direction.

L'espace maritime, en somme, donne un espoir au poète, quant à la possibilité qu'il offre d'accéder à un autre univers. La mer devient ainsi le symbole du voyage, de l'évasion, ce tremplin par lequel le poète tente de mettre fin à la nostalgie et à l'angoisse qui l'étreignent.

Le constat qu'on peut faire relativement à tous ces espaces, qu'ils soient terrestres, maritimes, ou aériens, c'est qu'ils prennent, chez Supervielle, une autre connotation, une autre dimension pourrait-on dire, plus encline à ses aspirations. Mais quelle est la symbolique que recouvrent chez ce poète leurs différentes convocations ?

3. La symbolique de l'espace
3.1. L'espace pour une quête de soi

Les thématiques les plus récurrentes chez Supervielle tournent autour de « l'ailleurs », de la nostalgie du poète et de l'angoisse existentielle qui l'étreint. Mais on note aussi cette volonté toujours acharnée chez lui de s'inscrire dans le mouvement, dans le voyage. Supervielle on

---

16. Jules Supervielle., « Ce peu de ... », Poèmes 1939-1945, op.cit., p.86.

17. Jules Supervielle., « Haute mer », Gravitations, op.cit., p. 176.

18. *Ibid.*

l'a vu est, en effet, obnubilé par la conquête des espaces rattachés à ses souvenirs, mais il l'est encore plus face à ces espaces inconnus tout droit sortis de cet univers à la fois réel et imaginaire qu'on retrouve dans ses poèmes.

Lorsqu'il évoque les grandes prairies sud-américaines, les espaces parisiens, la mer ou encore le ciel, il le fait en y ajoutant un ingrédient particulier, pour employer le vocabulaire culinaire, qui n'est rien d'autre que son être profond. L'espace rentre donc dans une dynamique plus grande, qui est celle d'une quête de soi, de son être véritable, quête par laquelle le poète espère mettre fin à ses tourments intérieurs. Il nous fait « descendre jusqu'en des régions plus obscures où se manifestait tout en se dissimulant, la profondeur d'un univers unique, le monde d'un être individuel » (Dewulf, 2000 :19).

Comme nous l'avons souligné plus haut, l'aventure spatiale, avec ses multiples ramifications, ses contournements, des détours, ne peut être dissociée, chez le poète, de la quête de son « moi ». C'est effectivement ce qui le conduit vers « l'ailleurs », étant privé de l'élément indispensable à sa « cohésion », à sa pleine inscription dans le réel, promenant çà et là des « Regards sans iris ni racines/ Rôdant dans l'espace [...] » (Supervielle, 1925 :179)

La volonté de « s'évader » est totalement assumée par le poète qui ajoute même ceci : « Je suis ailleurs jusqu'en mes profondeurs » (Supervielle, 1959 :595), une idée qui se retrouve corroborée par Sabine Dewulf lorsqu'elle soutient que Supervielle nous fait prendre contact avec les lieux intermédiaires, « intersidéraux » (Dewulf, 2000 :20).

En tenant compte du rôle accordé à ces lieux « intermédiaires » ou « intersidéraux », on pourrait établir une corrélation entre l'approche de Supervielle et la théorie bachelardienne de l'espace qu'on identifie comme « ancrée dans une démarche qui part de nos expériences intérieures pour aller vers un ailleurs et revenir à nous même, enrichis de nos découvertes »[19].

Les espaces, en effet, que visite le poète qu'ils soient physique ou imaginaire, lui permettent, d'amplifier et de consolider les fondements de son propre monde. Les expériences vécues sont ainsi rattachées à des endroits, qui acquièrent de par la puissance de l'écriture, une dimension sublimée qui participe du rêve et donc de l'apaisement, fut-il éphémère, du poète. Mais si l'idée d'un enrichissement de l'expérience personnelle par de nouvelles découvertes, est épousée par Supervielle dans la théorie de Bachelard, il n'en reste pas moins opposé à l'idée d'immobilisme prônée par ce dernier. Car chez Supervielle tout est sujet au mouvement.

Il est important aussi de noter que cette expérience spatiale prend également l'allure d'une thérapie. Le poète confronté à ses « démons intérieurs », semble souffrir d'un dédoublement de la personnalité, au point de se chercher comme s'il avait affaire à une autre personne :

C'est moi que je cherche en vain [20]

Je me cherche au fond de la foule [21]

Je me perds de vue

19. Catherine Réault-Crosnier, Analyse du livre la poétique de l'espace, Paris, PUF, 1958, p.54

20. Jules Supervielle, « Un cheval confidentiel... », Le corps tragique, Paris, NRF, p.617

21. Id., « Dans le silence du matin », p.602

Dans cette altitude [22]

Comme je me vois de loin !
Nuit en moi, nuit au dehors… [23]

Mes mains ne sont plus miennes
Mon front n'est plus à moi[24]

Le poète va même plus loin dans l'illustration de cette fracture intérieure, lorsqu'il se perçoit tantôt comme un animal ou comme un objet.

Sort-il de moi un chien avec sa langue altière
[…]
Est-ce encore un peu de moi qui se couche à mes pieds ?[25]

Ce parquet m'est connu, je marche sur moi même[26]

Ce dédoublement est symptomatique d'une souffrance intérieure. Le poète est dans le désarroi et seule l'idée de se projeter vers des espaces nouveaux ou liés à ses souvenirs, lui permet d'explorer d'autres modalités d'existence ; d'où chez lui le besoin de réinventer le monde et partant les espaces qui le composent.

3.2. L'écriture au cœur des métamorphoses.

Face aux vicissitudes de la vie, le poète ne s'inscrit pas dans la passivité, il est plutôt dans l'action, dans la création, dans l'idée de surmonter ses tourments en les faisant fondre dans un monde à lui. Le faisant, on pourrait dire qu'il s'évertue à faire tomber les barrières du monde réel. Cette perspective est hautement et symboliquement illustrée par le titre de « Sans murs » qu'il avait envisagé donner au recueil qu'est devenu *Gravitations*. Par là se serait exprimé son désir d'abattre les murailles et partant de laisser aux espaces infinis un profond goût d'intimité[27].

Les métamorphoses donc qu'il opère sont essentiellement d'ordre poétique et ont une incidence directe sur sa personne puisqu'il perçoit l'écriture comme une sorte de cure. La portée psychologique n'est pas ici à négliger ; puisque « les métamorphoses trouvent leurs fondements dans les métamorphoses psychiques ». (Fromihague, 1987 :121). En nous basant sur la théorie de Charles Mauron sur les métaphores obsédantes, qui « recherchent les associations d'idées involontaires sous les structures voulues du texte » (Mauron, 1963 :26), on relève effectivement une obsession du poète pour l'ailleurs. Et cela est perceptible à travers la variété des espaces évoqués.

Dans le fond, Supervielle à partir de sa conception de l'espace et du temps laisse émerger un univers aux frontières du réel. Ainsi Michel Collot peut-il écrire que tout l'univers

---

22. Jules Supervielle, « Plein ciel », Poèmes 1939-1945, op.cit. , p.438

23. Jules Supervielle, La Fable du monde, Paris, NRF, 1938, p.382

24. Jules Supervielle, « Le Forçat », Le Forçat innocent, Paris, NRF, 1930, p.235.

25. Jules Supervielle, « Sort-il de moi un chien avec sa langue altière », *Naissances*, Paris, Gallimard, 1951, p.529

26. Jules Supervielle, « Chaque âge a sa maison, je ne sais où je suis », Oublieuse mémoire, op.cit., p.536

27. Jules Supervielle, Lettre à Valéry Larbaud, datée du 14 Décembre 1925, in Arpa n°58, Octobre, 1995.

superviellien « Vacille entre présence et absence » (Collot, 1996 : XXI).

Dans ce jeu de «présence-absence», on peut relever d'ailleurs, les innombrables contradictions du poète sur « l'espace », signe du trouble intérieur qui est le sien. L'un après l'autre, il va aduler la terre, le ciel, et la mer, avant de les rejeter pour l'espace suivant. Le ciel par exemple est qualifié de « région de vertige » et même de cachot : « Trop d'espace nous étouffe autant que s'il n'y en avait pas assez » (Supervielle, 1925 :93). Il en fait de même avec la mer qu'il finit par rejeter à un moment de sa quête : « Écume, écume autour de moi, ne finiras-tu pas par devenir quelque chose de dur ? » (Supervielle, 1958 :14).

Ainsi, après avoir dénoncé l'immobilisme de la terre, il semble la redécouvrir :

> Il fait nuit, je me retrouve sur la terre cultivée
> Celle qui donne le maïs et les troupeaux
> Les forêts belles au cœur
> […   ]
> Je reconnais les visages des miens autour de la lampe
> Rassurés comme s'ils avaient
> Échappé à l'horreur du ciel.[28]

Le poète exprime ainsi le besoin de revenir de sa quête, comme si ses différentes projections spatiales ne lui avaient pas apporté la pleine quiétude qu'il espérait :

> Mère […]
> Aide-moi à revenir
> De mes horizons qu'aspirant des lèvres vertigineuses
> Aide-moi à être immobile.[29]

> Voyageur, voyageur, accepte le retour
> […   ]
> Fuis l'horizon bruyant qui toujours te réclame
> Pour écouter enfin ta vivante rumeur.[30]

Le constat qu'on pourrait faire, devant ce désir de fuir l'horizon auquel il aspirait jadis, c'est qu'il s'opère un renouvellement intérieur, sorte de renaissance de l'espoir, lorsqu'il passe d'un espace à un autre.

Dans *La Poétique de l'Espace*, Gaston Bachelard révèle également cet état de fait en soulignant que « Toute nouvelle cosmicité renouvelle notre être intérieur et tout nouveau cosmos est ouvert quand on se libère des liens d'une sensibilité antérieure » (Bachelard, 1961 :186).

Par le truchement de la rêverie, le poète parcourt donc les différents espaces, les transformant, les modelant à sa guise. On note ainsi qu' :

> Au sommet de la rêverie superviellienne, le monde se dispose en cercle autour de son esprit et de son corps. Partant du centre, l'esprit du poète, s'élargissant en cercles concentriques, domine l'espace, où tout est dorénavant présent et absent en même temps[31].

Le passé, le présent, le futur s'interpénètrent donc dans cette aventure poétique où

---

28. Jules Supervielle. , « La table », Gravitations, op.cit. , p.148

29. Jules Supervielle. , « Le portrait », Débarcadères, op.cit. , p.89

30. Jules Supervielle. , « Mais avec tant d'oubli… », Oublieuse mémoire, op.cit. , p.140

31. James Hiddleston, L'univers de Jules Supervielle, Paris, Corti, 1965, p.193

« affleurent sans cesse des lambeaux de rêves ou des fantasmes errants » (Favre, 1981 :89)

Dans cet univers, la poésie qui est « exploration de tous les possibles du langage » (Riffaterre, 1983 :96), donne l'accès à un monde nouveau purgé de la solitude, de l'angoisse et du désespoir. Le poète invente « une zone spatiale intermédiaire et une dimension temporelle flottante, afin de donner un sens à l'absurdité de l'existence humaine » (Pereira, 2015 :4).

À partir de ce constat, on se rend compte de la complexité de la théorie superviellienne de l'espace, qui suggère à la fois le mouvement et l'immobilité. Le poète lui-même en perd ses repères, « suis-je là-bas ou suis-je ici ? » (Supervielle, 1930 :79). L'expérience qu'il mène semble donc n'aboutir à aucune certitude, à aucune paix intérieure. De plus, elle prend la forme d'une pénitence :

> On devine l'ahan des galériens du ciel
> Tapis parmi les rames d'un navire sans âge
> Qui [...] navigue sans but dans la nuit éternelle
> Dans la nuit sans escales, sans rampes ni statues,
> Sans la douceur de l'avenir
> Qui nous frôle de ses plumes
> Et nous défend de mourir.[32]

L'option de réinventer un monde propre à lui, par le pouvoir poétique, apparaît donc comme un échec puisqu'elle ne le délivre pas de ses maux. Il ne reste plus au poète que le mince espoir placé en un « Dieu » en qui, d'ailleurs, il ne croit pas, mais qui pourrait, dans la mesure du possible, lui permettre d'éclairer sa nuit.

Conclusion

Au terme de notre étude, il convient de retenir que la notion d'espace occupe une place prépondérante dans l'écriture poétique et même dans la vie de Supervielle. Il appert, en effet, que son univers poétique prend sa source dans l'espace vécu qui est très souvent affectif en ce qu'il rappelle des êtres disparus et des souvenirs attachants. La sphère spatiale dans sa diversité permet au poète d'entretenir l'idée d'évasion et même de se propulser hors du monde, ce qui revêt chez lui une dimension hautement thérapeutique. Il affiche ainsi une vision pour le moins atypique dans laquelle l'espace est réinventé et adapté à ses attentes. L'expérience cependant, est frappée du sceau de l'insatisfaction puisque le poète ne trouve de stabilité, dans aucun des espaces explorés. L'espace chez Supervielle est donc à la fois conçu dans l'immobilisme et dans le mouvement à l'image de cette instabilité intérieure qui lui est inhérente.

Bibliographie

Bachelard, Gaston, *La poétique de l'Espace*, Paris, PUF, 1961.

Collot, Michel, « Supervielle entre deux mondes », (Préface), *Œuvres poétiques complètes,* Paris, Gallimard, coll. « Bibliothèque de la Pléiade », 1996.

---

32. Jules Supervielle, « Haut ciel », Gravitations, op.cit. , p.133

Dewulf, Sabine, *Jules Supervielle ou la connaissance poétique : Sous le « soleil de l'oubli »* Tome I, Paris, l'Harmattan, 2000.

Favre, Yves-Alain, *Supervielle, la rêverie et le chant dans Gravitations*, Paris, Nizet, 1981.

Fromihague, Catherine, « Gravitations (Jules Supervielle) : Hermétisme et poésie », *Revue de l'Institut Catholique* de Paris, n°22, 1987.

Hiddleston, James, *L'univers de Jules Supervielle*, Paris, Corti, 1965.

Jankelevitch, Vladmir, *L'irréversibilité et la Nostalgie*, Paris, Flammarion, 1974

Mauron, Charles, *Des Métaphores obsédantes au mythe personnel*, Paris, Corti, 1963.

Riffaterre, Michael, *Sémiotique de la poésie*, Paris, Éd. Du Seuil, coll. « Poétique », 1983.

Pereira, Maria Eugenia, « Un rêve en haute mer ou la Vérité trompeuse de Supervielle », Carnet, [En ligne], 2015.URL : http:// Journals.openedition.org/carnets/1404 ; DOI : 10.4000/carnets. 1404. consulté le 17 Juillet 2018 à 20 : 36.

Pucelle, Jean*, Le temps*, Paris, PUF, coll. « Initiation philosophique », 1962.

12-Réault-Crosnier, Catherine, Analyse du livre la poétique de l'espace, Paris, PUF, 1958.

Supervielle, Jules, Débarcadères, version originale, Paris, Éd. de la revue de l'Amérique latine, 1922.

Supervielle, Jules, *Gravitations*, Paris, NRF, 1925.

Supervielle, Jules, *Poèmes* 1939-1945, Paris Gallimard, 1945.

Supervielle Jules, *Boire à la source, confidences de la Mémoire et du paysage*, N.R.F, 1951.

Supervielle, Jules, *La Fable du monde*, Paris, NRF, 1938.

Supervielle, Jules, *Le corps tragique*, Paris, NRF, 1959.

Supervielle, Jules, *Lettre à Valéry Larbaud, datée du 14 Décembre 1925*, in Arpa n°58, Octobre, 1995.

Supervielle, Jules, *Le Forçat innocent*, Paris, NRF, 1930.

Supervielle, Jules, *Oublieuse mémoire*, Paris, Gallimard, 1949.

La Casamance : épouvante ou espoir dans *La Natte parlante* et *Le Vent des paroles* de Alexandre Coly ?

Marc Aguié,

Université Clermont-Auvergne (France)

Introduction

Dans son rapport à l'Afrique, Georges Balandier a été sensible à deux difficultés principales[1]. L'une d'entre elles est que ce continent se doit de relever ses propres défis. La Casamance, l'une des régions du sud du Sénégal, ne fait pas exception en raison des conflits qui la fragilisent. Ainsi Alexandre Coly est fortement marqué par l'ambiance anxiogène de cette région dont il est originaire. Dans ses deux recueils poétiques intitulés *La natte parlante* et *Le vent des paroles*, l'auteur dit son expérience de la Casamance. Cet espace lui inspire l'angoisse par son caractère sinistre, son histoire conflictuelle. Il s'agit (entre autres)[2] d'une tension entre les périphéries du territoire sénégalais, marginalisées par le système colonial et plus tard par le pouvoir du Sénégal dit indépendant. L'État cristallise le sentiment d'ostracisme en ne considérant pas suffisamment les particularités locales et les particularismes ethno-religieux, si bien que les minorités frustrées se révoltent. C'est ainsi que les régions périphériques du Sénégal contestent l'autorité des communes étatiques telles Rufisque et Saint-Louis. Mais la Casamance est loin de demeurer le signe du désastre dans l'imaginaire poétique. Le poète investit sa terre natale par ses désirs ; sous l'emprise de la passion, cette région renaît de ses cendres, devient vivante. Support du désir, la Casamance constitue le point de départ du fantasme. Elle représente une vie sensible et sublime, où chaque élément apparaît sous forme euphorique.

En s'appuyant sur la critique thématique et la sémiotique, cet article interroge la façon dont le poète singularise sa terre natale. De Gaston Bachelard à Jean-Pierre Richard en passant par Georges Poulet, Jean Rousset et Jean Starobinski, la critique thématique permet un mode de lecture, qui « implique une adhésion sensuelle et imaginante que l'on apporte à chaque élément textuel interrogé, afin d'en faire retenir, ou d'en réopérer en soi la teneur,

---

1. [1] Il s'agit de la précarité liée à la pauvreté de ce continent. Lire Georges, BALANDIER, « La diversité des mondes africains, véritable richesse », in Les défis de l'Afrique, Paris, Dalloz, 2006, p.27.

2. [2] Le conflit casamançais est aussi le produit des inégalités de développement que Mohamed Lamine Manga appelle l'« inégalité horizontale ». Il s'agit de la polarisation des leviers étatiques (politiques et économiques) par une majorité ethnique au détriment des minorités. Cf. Mohamed Lamine, MANGA, in La Casamance dans l'Histoire Contemporain du Sénégal, Paris, L'Harmattan, 2012.

la charge existentielle »[3]. Contrairement à la sémiotique qui considère le texte comme un signe[4], la critique thématique explore les motifs qui l'organisent. Dans tous les cas, ces méthodes d'analyses convergent vers la signification[5] du texte. Ainsi il s'agit, d'une part, d'étudier le rapport malaisé que le poète entretient avec sa terre natale. D'autre part, l'étude montrera comment la Casamance acquiert une signification nouvelle dans l'imaginaire poétique. Envisager les rapports d'Alexandre Coly à cet espace, permet de suggérer une grille de lecture du continent Africain.

1. La Casamance : Un espace fantastique

Alors que certains de ses pères, tel Léopold Sédar Senghor, a célébré Joal[6], sa terre natale, sous formes nostalgiques et idylliques, Alexandre Coly entretient un rapport malaisé avec la sienne. La Casamance lui inspire la désolation qu'il évoque par des motifs divers.

1.1. La hache et la mine

Le caractère fantastique de la Casamance se manifeste par des motifs tels la mine et la hache. Ils sont les symptômes de la guerre, cette atrocité à travers laquelle les hommes s'entretuent. En effet, la hache qui sert traditionnellement aux autochtones africains à couper du bois, faire des fagots, perd sa noblesse. Boubacar Boris Diop avait déjà suggéré le mauvais usage du matériel de travail par les Africains. Dans *Murambi, le livre des ossements*[7], la machette est le signe de la mort, car elle est utilisée à des fins criminelles durant le génocide rwandais. De même, Alexandre Coly traduit son indignation et sa hantise sournoise en s'inspirant de la hache. Comme la machette, la hache évoque le sadisme, voire la mort que souligne le fréquent usage des mots « blessure » et « déchirure » dans les recueils de Coly. Par conséquent, le sang devient la coloration de la Casamance. La verdure du paysage casamançais est subvertie par la rougeur du sang des victimes. Cette « perle verte », ce « nid vert » est « saignant d'un bout à l'autre »[8] et a la particularité d'envahir l'imaginaire poétique. Le sang sollicite surtout les perceptions tactiles et auditives. Sous l'emprise de la peur, le poète perçoit des « mains voilées de sang », du « sang tiède » et entend le « murmure du sang dans le sang », le « bruit du sang innocent », des « cris de sang ». Finalement, il y voit l'écoulement de son propre « sang feuillant l'ombre de ses peines »[9]. Tout se passe comme s'il (re)vivait un traumatisme. Cette obsession liée à la blessure – au sang – devient sensiblement le vecteur de la douleur qui serpente dans le corps du poète. À l'instar d'Aimée Césaire qui « pense par les images »[10],

---

3. Jean-Pierre Richard cité par COLLOT, Michel, in Communication, n°47, 1988, pp.84-85.

4. Jacques, FONTANILLE, Sémiotique du discours, Limoges, Pulim, Édition revue et argumentée, 2016, p.27.

5. *Ibid.*, pp.33 - 41.

6. SENGHOR, Léopold Sédar, « Joal », in Chants d'Ombre, Paris, Seuil, 1945.

7. Boris Boubacar DIOP, Murambi, le livre des ossements, Paris, Stock, 2000.

8. La natte parlante, p.12.

9. *Ibid.*, p.11-16.

10. Aimé Césaire cité par Christian LAPOUSSINÈRE, « Le caractère démiurgique de la poésie d'Aimée

Coly perçoit la hache comme « le creux » de ses « larmes violentes » et de ses « tourments sinueux »[11]. C'est dire que sa poésie est habitée par le bouleversement intérieur, « l'angoisse mortelle »[12]. Mais le corps n'est pas seulement victime de la hache.

Comme un parasite dans un corps, la mine est enfouie et tapis dans le sol casamançais par une « émeute de voix tuante »[13] et des mains mortifères. Véritable fragmentation de l'être, elle renvoie au sadisme ; la mine disloque de manière imprévisible le corps de sa victime. Sous l'effet de son explosion, les mains des victimes sont déchiquetées et leurs poignets amputés. Cette déflagration alimente l'imaginaire du poète. Il éprouve une menace d'anéantissement, imagine son corps qui « danse sur une mine » pour suggérer les « débris de ses blessures »[14].

Il en résulte :

Des cris qui égrènent
      La mort des pieds
      La mort des bras
La mort tout court[15]

La disposition typographique de ces lignes évoque l'instabilité de l'être par son balancement. Les vers butent à droite et à gauche, sur cet échec figuré par l'absence, la mort. Elle atteint l'écriture grâce à l'usage des points de suspension et des questions sans réponses[16]. C'est une manière d'impliquer le lecteur que de lui permettre de ressentir l'ambiance anxiogène de l'espace dans lequel évolue le poète. La mine et la hache sont alors les images de la barbarie, qui engendrent la mort. Par conséquent, la Casamance revêt un caractère macabre.

1.2.   Un espace macabre

L'imaginaire poétique d'Alexandre Coly rappelle celui d'Aimé Césaire, marqué fortement au sceau par des paysages macabres, couverts de « têtes de morts »[17]. En effet, sa terre natale évoque le deuil[18] qui est la conséquence d'une histoire conflictuelle. Les cadavres gisent abondamment sur la terre natale de l'auteur, au point qu'il se sent submergé par la mort comme en témoigne le poème intitulé « La mort »[19]. Même ses « pas qui se suivent rythment amèrement au rythme du deuil »[20]. Ainsi la sensibilité du poète à son histoire s'accroît. La personnification de la mine en est un exemple saisissant. Cette arme se

---

Césaire », in Aimée Césaire. Œuvre et Héritage, Paris, Jean-Michel Place, 2017, p.168.

11. Le vent des paroles, p.9.

12. La natte parlante, p.14.

13. Ibid., p.23.

14. Le vent des paroles, pp.13-14.

15. Ibid., p.23.

16. Cf. Les poèmes « La mine sous les pieds du frère » et « Le pire » notamment.

17. CESAIRE, Aimé, Cahier d'un retour au pays natal, Paris, Présence Africaine, 2008, p.32.

18. [14] LITTRE, Emile, Dictionnaire de la langue française, Paris, Gallimard, Tome 2, pp.1811-1813.

19. Le vent des paroles, p.14.

20. Ibid., p.24.

caractérise par son « chant connu de tous ». Que ce chant soit familier, signifie qu'il est ancré dans la mémoire collective. Ce chant a pour thème la déliquescence à laquelle est confronté chaque casamançais :

Le chant-honte
Le chant-silence
Le chant-corbillard
Le chant à dent-de-scie
Le chant en char-nue
Et encore et encore[21].

La répétition anaphorique du chant est l'indice même de l'obsession de la mort, signalée par « assez de cercueils »[22] qui couvrent ce paysage. Sous l'effet de l'amertume, le poète a soudain l'impression d'avoir des « tas de cadavres tapis dans [s]on ventre »[23]. De ce fait, sa poésie devient larmoyante par des personnifications pathétiques. Par exemple, le Bombolong[24] est humanisé pour dire le vide que le poète ressent. Cet instrument de musique se caractérise par « sa gorge » porteuse de « larmes tristes », de « vent pétri de tristesse ». Le Bombolong est aussi enceinte « des voix méridionales mutilées » de « ceux qui sont partis »[25]. De la sorte, l'auteur communique avec ce paysage funèbre, lié à son histoire et à la mémoire de son peuple.

De poème en poème, affleurent de vivantes images, des analogies, des métaphores et des résonances agencées de façon à établir des rapports signifiés. C'est ainsi que le poète humanise les animaux pour désigner les inconscients et les criminels par qui la Casamance devient un espace angoissant. Les armes de guerre sont associées aux animaux soit cruels, soit de mauvais augures. La hache mortifère est « l'appel des vautours »[26]. Cet oiseau est généralement présent dans un lieu en raison des cadavres. Il symbolise tout ce qui est contraire à la vie par sa particularité de se nourrir que des morts. Si la hache est liée au vautour, c'est pour suggérer l'opportunisme et la malveillance – ceux qui ruinent la dignité de la Casamance et à qui profitent les conflits. De plus, certains animaux tels le requin et le crocodile, participent à cette déstabilisation. Un lien se crée entre le requin et la mine – l'engin explosif – par le sentiment de fragmentation. La morsure du requin est férocement caractérisée par la déchirure. Par analogie, le poète a le sentiment que les mines « déchirent comme la morsure du requin »[27]. Sous l'effet de l'angoisse se crée la sensation d'un « homme en lambeaux »[28] dans l'imaginaire poétique. Quant au crocodile, il coïncide avec des sonorités liées aussi à la dévoration sinistre :

Je dis ma chair est nue
Nue par les piétinements
Nue par le bruit des mines

---

21. *Ibid.*, p.26.

22. *Ibid.*, p.15.

23. La natte parlante, p.25.

24. Il s'agit d'un instrument de percussion idiophone.

25. Le vent des paroles, p.20.

26. Le vent des paroles, p.9

27. *Ibid.*, .22.

28. Ibid., 25.

Nue dans la bouche des crocodiles[29].

Grâce au lien entre la mine et le crocodile par l'assonance en [i], est suggéré le sadisme. Tout se passe comme si le requin et le crocodile désignent une conscience d'absolue cruauté.

Il existe aussi des animaux qui incarnent les inconscients. Le chacal, le loup, l'hyène et le corbeau évoquent ceux qui sont insensibles au deuil Casamançais. Ces animaux personnifiés se caractérisent par la moquerie. Les « rires chacals », les « rires loups », les « rires hyènes » et les « rires corbeaux »[30] portent sur l'atmosphère funèbre de cet espace. Le poète met un accent particulier sur le corbeau, qui représente les commanditaires de ce deuil. Cet animal désigne le « planteur de mine »[31] ; l'écrivain attire ainsi l'attention du lecteur sur la façon dont est planifiée la mort de son peuple. Il faut tenir compte d'une liste qui concentre vaguement des noms comme cibles et suggère l'ostracisme, les inégalités et les injustices :

Il était une fois dans la Perle verte
Mon nom sur la liste
Ton nom sur la liste
Son nom sur la liste
Notre nom sur la liste
Votre nom sur la liste
Il était une fois dans la Perle verte
On votait le sanctuaire d'une mort organisée[32].

Le rapport de l'auteur à sa terre natale révèle une vision pathétique. La constance de la violence et du deuil qui y règne, heurte la sensibilité du poète. Par mimétisme, l'écriture devient dysphorique. Elle constitue la trace matérielle de la volonté d'Alexandre Coly de dire ce qu'il éprouve, où l'expression du chaos est rendue perceptible. L'auteur est tellement attaché à la Casamance qu'elle finit par devenir la métaphore de son âme, l'objet de ses fantasmes sous des formes diverses.

2. La Casamance : Un espace euphorique

L'écrivain est en quête d'une plénitude de vie déclenchée par le manque qu'il en éprouve. Bien que sa terre natale lui inspire l'angoisse, Alexandre Coly se sent davantage intimement lié à elle. Il éprouve le besoin de (re) créer cet espace en l'investissant de ses désirs pour le rendre plus fraternel et plus humain.

2.1. Le rire et la danse

La Casamance apparaît comme un espace idyllique dans l'imaginaire du poète. Elle est personnifiée de manière à provoquer des effets de jouissances. Cet espace révèle son ingéniosité à dominer l'angoisse qui fait la guerre à son âme. Pour ce faire, l'un des moyens de prédilection utilisés est le rire. Ce motif évoque la volonté du poète contre

---

29. Ibid., p.37.

30. La natte parlante, p.18.

31. Le vent des paroles, p.23

32. Ibid., p.37

l'obscurantisme : « Dans les vertiges de la nuit Je ris »[33]. C'est dire que la peur liée à l'horreur vécue est sensiblement maîtrisée, voire s'efface progressivement au profit de la sublimation de la Casamance. Le rire émis par l'instance discursive, énonciative, imprègne le paysage casamançais et s'impose par sa force d'évidence dans le texte. Il est métaphoriquement assimilé à l'océan, au baobab et au vent, qui sont emblématiques de l'immensité, de la puissance et de la restauration. Le vent acquiert surtout un pouvoir d'évocation particulier, car il ne s'agit pas de n'importe quel vent. L'auteur appelle de tous ses vœux le vent du sud, qui « soufflait les rires du plaisir »[34] et par lequel il espère la délivrance de son âme angoissée. Ce vent est le signe du départ à neuf, du renouvellement signifié par le poème intitulé « Vent du Sud »[35]. Le vent du sud évoque le changement et fait sentir au lecteur une métamorphose émergente par la prise de conscience. Par conséquent, grâce au rire, « odeur de la paix »[36], s'installe peu à peu un rapport osmotique et sensuel entre le poète et sa terre natale :

> Tes rires ont trahi l'atmosphère chaotique qui nous a conquis
> J'ai ri dans ton corps la vraie vie pendant que ta chaleur disait le besoin[37].

Le rire est renforcé par la danse, mise en valeur grâce aux instruments propres à la culture, au terroir de l'auteur. Il s'agit de l'*Ekonting*[38], du Xalam[39], du *Bugarabu*[40] et du *Bombolong*[41] à travers lesquels l'espace devient vivant. Le poète transfère son affectivité à ces tam-tams en les personnifiant. Les « tam-tams visages », les « tam-tams patience », les « tam-tams souriants », les « tam-tams sans violence », les « tam-tams humanité »[42], suggèrent une vie radieuse. Sous l'emprise de la fascination musicale, le récepteur ressent un plaisir intérieur, perçoit la « Casamance généreuse dans l'âme de l'âme »[43]. De ce fait, la danse est le signe de l'exaltation de l'euphorie corporelle, car elle renvoie à la fois à l'épuration de soi et à l'ouverture à l'Autre. La valeur cathartique de la danse est liée à sa capacité d'effacer « le vide orphelin »[44] qui hante le destin du destinataire. Le corps en train de danser dégage de l'énergie qui s'élève sous forme de sueurs. Ainsi le danseur refoule l'amertume pour absorber l'allégresse par des « danses-rires », des « danses-guérisons », des « danses-amours », des « danses-extases », des « danses-fétiches », « des danses-paix »[45]. Cette euphorie vécue contamine la forme de l'écriture. Le poète invite vivement la Casamance personnifiée à danser pour « accoucher

---

33. *Ibid.*, p.41.
34. *Ibid.*, p.72.
35. La natte parlante, p.25.
36. Le vent des paroles, p.28
37. *Ibid.*, p.68.
38. Il s'agit d'une guitare casamançaise constituée de trois cordes.
39. C'est une guitare traditionnelle à quatre cordes et à calebasse.
40. Il est d'un tambour caractérisé par son fût allongé et tendu d'une peau de vache. Il produit relativement un fond sonore.
41. Cf. p.5.
42. La natte parlante, p.46.
43. *Ibid.* p.47.
44. Le vent des paroles, p.47.
45. *Ibid.*, p.11.

des éclats de joie rare »[46]. C'est comme si la pratique de la danse était une façon de conquérir soi-même – sa terre natale, sa « Casamance sublime » au « sourire rayonnant »[47]. Mais quel peut être le contenu sensible d'un tel rapport ?

2.2. Le contact charnel

Le rapport osmotique entre l'écrivain et sa terre natale s'enracine sensiblement grâce à la passion. À en croire Jacques Fontanille, la passion ont un langage qui s'exprime au moyen des états affectifs (enchevêtrés dans les mots). C'est dire que « Tel état affectif de l'auteur expliquerait telle forme ou situation dans le texte »[48]. Ainsi sous l'emprise de la passion, Alexandre Coly assimile la Casamance au corps féminin en la sublimant. D'abord, cet espace est ressenti comme une femme céleste par son rayonnement astral. Ce rayonnement provient précisément de l'étoile à laquelle est associée la Casamance pour suggérer la beauté, l'harmonie et la vitalité :

> Tu es la bouche gourmande à toutes les étoiles
> Tu es toujours ivre d'étoiles surprenantes
> Et que serais-tu sans ce vent d'étoiles ?[49]

La Casamance a aussi des yeux sublimes qui reflètent une splendeur céleste en raison de leurs aspects angéliques. Le poète éprouve un sentiment de confort – une consistance intérieure – par cet émerveillement. À sa « solitude lumineuse » se substitue progressivement une âme orientée vers « une lumière en métamorphose »[50]. Par la force de l'observation fascinée, le poète se sent « coiffé d'amour »[51] et emporté par cette « Lumière intime »[52] : la Casamance, cette femme angélique. L'espace devient donc la métaphore de l'intimité du poète.

À côté de la femme angélique, la Casamance apparaît comme une épouse dans l'imaginaire poétique. Elle est contemplée et tellement désirée par le poète que le « je » lyrique se dissout par une vision unifiée. L'usage du pronom « Nous » vise à mettre en scène « deux corps lunaires en mariage »[53]. Dans cette fusion, émerge davantage la richesse de la Casamance-épouse cette fois. Elle se caractérise par sa « beauté sublime », ses « cils à l'allure d'élégance », ses « hanches » et ses « pas enchanteurs », sa « beauté sauvage », sa « beauté perle », sa « beauté d'esprit »[54]. Ainsi cette sublimation investit de façon amoureuse le lecteur dans l'écriture[55]. Le poète entretient des rapports érotiques avec cet espace qu'il fantasme. Sous l'emprise de l'extase, il s'imagine en train de voyager dans le corps de la Casamance-épouse

---

46. *Ibid.*

47. La natte parlante, p.50.

48. FONTANILLE, Jacques, Sémiotique et littérature, Essais de méthode, Paris, PUF, 1999, p.64.

49. Le vent des paroles, p.79.

50. La natte parlante, p.38.

51. Le vent des paroles, p.54.

52. *Ibid.*, p.81.

53. Le vent des paroles, pp.52-61.

54. La natte parlante, pp.39 et 41.

55. BARTHES, Roland, Le plaisir du texte, Paris, Seuil, collection « Tel Quel », 1973, p.25.

« pour une alchimie des corps », où il savoure « l'allure de ses seins sauvages »[56]. L'écriture revêt un caractère charnel qui s'accentue par des sensations tactiles et olfactives.

Le contact érotique se traduit par les « caresses de Roses » de la Casamance, sa douceur et sa nudité qui suggèrent un « hymne d'amour »[57]. En raison de sa splendeur, cette nudité suscite des gestes érotiques. Le poète se voit caresser la « chair de la bouche » de sa terre natale. Plus il se serre à elle, plus ses plaisirs érotiques s'accentuent : « Tu multiplies le devenir de mon corps pour me rendre infiniment ivre »[58] et « pour tisser ce que la nuit aime : une érection transitoire »[59]. De plus, la Casamance dégage une odeur aux sensations multiples. Sentir son odeur, c'est inhaler la vitalité traduite par sa verdure végétale. Le vert est le signe du rafraichissement, de la « nature généreuse »[60] de cet espace couvert de rôniers et de palmiers. Au contact de ces deux arbres, le poète se sent vivre, ressent la « Casamance dans l'âme de l'âme »[61]. Sous l'emprise du désir, la sève des palmiers dégage un « océan de parfum »[62], assimilé à une « odeur de réconciliation »[63]. Ce parfum est le signe du confort en raison de ses vertus thérapeutiques. Telle est le véritable bonheur du poète, le plaisir de vivre ensemble :

> Quand ta bouche s'est consolée dans la mienne
> Le vent soufflait les rires du plaisir
> Et dans cet instant-là, nous vivions l'instant de notre ivresse[64].

Mais au-delà d'être une épouse, la Casamance renvoie au préalable à l'image de la mère.

L'image de cet espace comme matrice évoque la naissance. La Casamance se caractérise par son ventre qui « a accueilli » le poète ; elle l'« a vêtu » et l'« a vu crié ». Il admet de manière élogieuse la vitalité en sa terre natale. Elle représente la source de toutes ses ressources, une plénitude de bonheur, que souligne sa « sève nourricière » et « intarissable »[65]. Par conséquent, cet espace constitue le lieu d'énonciation d'où s'exprime le poète :

> Je salue tes seins mon berceau
> Je ne finirai pas de les téter
> Car il m'habite comme le palmier et ses racines[66].

Énonciation d'une sensibilité et d'un ancrage culturels irréductibles par l'engagement, le recueil poétique affirme l'indéfectible volonté d'un écrivain de dépendre de sa terre natale, d'en faire la matière première de son écriture. Dans « Terre de ma terre », la Casamance apparaît comme la finitude du poète certes, mais surtout le vecteur de sa métamorphose.

---

56. La natte parlante, p.41.

57. Le vent des paroles, pp.51 et 56.

58. Ibid., p.70.

59. La natte parlante, p.43.

60. Ibid., p.49.

61. La natte parlante, p.47.

62. Le vent des paroles, p.47.

63. La natte parlante, p.48.

64. Le vent des paroles, p.72.

65. La natte parlante, p.40.

66. Le vent des paroles, p.73.

Afin d'ouvrir son présent au devenir, Alexandre Coly se soumet à cet espace comme un fils agenouillé pour recevoir la bénédiction de sa mère :

> Fais de mes mains des chasseurs de corbeaux
> Fais de mes cheveux une révolte valorisante
> Fais de mon ventre un centre de réconciliation miraculeuse[67].

Conclusion

Le rapport du poète à sa terre natale est à la fois dysphorique et euphorique. Par de sombres images, il traduit ses amertumes, son indignation liée étroitement à la Casamance meurtrie. Cependant, Alexande Coly parvient à dépasser cet état d'âme, se donner de la consistance en imaginant autrement son terroir. Sous l'effet de la passion, la Casamance devient un creuset d'amour, d'humanité. Elle apparaît de façon sublime sans être idéalisée. Multipliant les signes euphoriques, l'auteur humanise davantage cet espace en l'érotisant pour mettre en relief le plaisir de l'écriture et de la lecture. Par analogie, son rapport osmotique à la Casamance pose la question du vivre ensemble, qui passe par le désir de changement. Telle est, en somme, la force qui anime ce poète, met en branle sa voix et son corps pour une Casamance, voire une Afrique plus humaine.

Bibliographie

Corpus

Coly, Alexandre, *La natte parlante*, Lyon, Éditions Baudelaire, 2012.

—, *Le vent des paroles*, Paris, Edilivre, 2015.

Ouvrages consultés

Barthes, Roland, *Le plaisir du texte*, Paris, Seuil, 1973.

Césaire, Aimé, *Cahier d'un retour au pays natal*, Paris, Présence Africaine, 2008.

Fontanille, Jacques, *Sémiotique et littérature, Essais de la méthode*, Paris, PUF, 1999.

Lapoussinère, Christian, « Le caractère démiurgique de la poésie d'Aimée Césaire », in Aimée Césaire. Œuvre et Héritage, Paris, Jean-Michel Place, 2017.

Littre, Émile, Dictionnaire de la langue française, Paris, Gallimard, Tome 2.

Senghor, Léopold Sédar, « Joal », in Chants d'Ombre, Paris, Seuil, 1945.

---

67. La natte parlante, p.29.

Como Pompeia: representação dos edifícios religiosos católicos em Húmus de Raul BRANDÃO, Esteiros de Soeiro Pereira GOMES e Pequenos Burgueses de Carlos de OLIVEIRA

Paul Ngor Mak Ndour,

Université Cheikh Anta Diop, (Sénégal)

Resumo: *Em Portugal a influência da Igreja católica abrandou com a emergência duma consciência republicana láica. O clero católico perdeu o seu poder executivo com a laicização imposta pela lei de separação de 20 de Abril de 1911. O aumento dos sentimentos nacionalistas favoreceu a rejeição do conformismo politico-religioso pela corrente literária modernista bem como pelo neo-realismo marcado por insofismável anticlericalismo. Neste trabalho, procurar-se-á, mostrar os principais traços anticlericais da caracterização dos edifícios religiosos pela ficção portuguesa do início do século XX. Analisaremos, desta forma, o modo de descrição dos espaços religiosos e a intencionalidade ideológica que lhe é aferente.*

Palavras chave anticlericalismo, dessacralização, edifício religioso.

1. Introdução

A reflexão sobre a representação do espaço na literatura conduz-nos necessáriamente a privilegiar uma das seguintes abordagens: o espaço como cenário físico abrangente, símbolo de liberdade; o espaço como lugar topográfico localizado; o espaço como contexto incluíndo componentes materiais e não materiais e o espaço como quadro de interação humana, regido pela dialética do deslocamento tanto no aqui como no là[1]. Sendo todas estas vertentes reveladoras duma forma de questionar o real por via da descrição, nelas se podem vislumbrar os traços peculiares da ideologia duma corrente literária.

Em Portugal, a representação do espaço durante muito tempo se baseou no realismo queirosiano fundamentado na descrição objetiva das relações do homem com o seu meio geográfico e socioeconómico. Não se pode referir ao espaço romanesco senão com base na descrição. A função indicial e informativa da representação espacial remete para três níveis de caracterização: o retrato das personagens (prosopografia), a caracterização do espaço social, a pintura do espaço telúrico e geográfico (a topografia)"[2]

Estudaremos a caracterização do espaço social, na sua dimensão religiosa em romances do

---

1

2

241

início do século XX, isto é em contexto de vigência da literatura modernista[3] e neo-realista[4]. Analisaremos o conceito de espaço sob duas perspetivas. Por um lado, partiremos da noção de espaço romanesco visto como técnica de descrição de cenários e ambientes. Partiremos duma abordagem geopoética, isto é duma análise da forma como se descrevem os cenários geográficos consoante os géneros literários[5]. Em seguida, interpretaremos a simbologia dos edifícios religiosos numa perspetiva geocrítica. Ressaltar-se-á assim o discurso que pode derivar da representação dos locais sagrados. A geocrítica como «*análise das representações literárias do espaço conforme as podemos salientar através do estudo não do seu contexto, mas antes do texto ou da obra dum autor*»,[6] permite estudar a ideologia a que remetem os lugares representados. Ao abordar a forma como se implementa a descrição dos santuários nos três prosadores, preocupar-nos-á desvelar o discurso ideológico que, por detrás do pó do escrita embaciada, sugere várias hipóteses de leitura.

2. Uma poética da dessacralização

No início do século XX, *Húmus* o romance-monólogo de Raul BRANDÃO expõe as contradições da vida em sociedade a partir da evocação de visões comentadas em monólogos interiores alternadas. O narrador descreve a psicologia de personagens- arquétipos da senilidade, do ridículo, da hipocrisia e da inveja.Portanto a noção de espaço passou do mimetismo realista para a esfera do psicológico. Integrava aspetos oníricos em conformidade com a acepção moderna do conceito de espaço.

2.1. Designação por focagem

Em Portugal, obras modernistas como as de Fernando PESSOA, Mário de Sá CARNEIRO e Raul BRANDÃO formulam preocupações de caráter existencialista sendo pautadas pela ideia de dissolução do "eu" num labirinto psíquico[7] e de desmembração dramática patente na heteronimia.[8] No seguimento da escrita brandoniana escritores da literatura militante neo-realista, abordaram questões metafísicas relativas à existência humana bem como à religião. *Esteiros* de Soeiro Pereira GOMES (GOMES, 1941) descreve o quotidiano de jovens analfabetos explorados nas fábricas de tijolos das margens do Tejo. *Pequenos burgueses* de Carlos de OLIVEIRA (OLIVEIRA, 1948) é uma fresca social retratando a feira de aldraba da sociedade pequena burguesa da Gândara. Nestas obras a religião não aparece como elemento fundamental da diegese. É evocada sem nenhuma alusão direta aos seus presupostos espirituais. Para analisar os edifícios religiosos, aplicaremos a semiótica hamoniana ao processo de descrição dos lugares sagrados. Cada descrição pode ser considerada como a extensão duma denominação podendo ser equiparado ao tema duma

---

3

4

5

6

7

8

conversa ou ao título dum livro (tema-título)[9]. Na ficção realista, a preocupação principal era mostrar o cenário. Este processo descritivo tendia em focar o núcleo da informação antes que fossem desvendados os detalhes. Vejamos estas descrições de igrejas na prosa queirosiana. Em *O primo Basílio*, lemos o seguinte excerto:

> Luísa entrou na igreja (tema-título) desesperada.(...) Por cima reluziam vagamente os pingentes (componente) de cristal (característica) dos lustres (subtema). Havia uma luz (componente) velada, igual, um pouco fosca (características). (...), as balaustradas (subtemas) laterais de pedra (componente) davam uma tonalidade clara e alvadia (características), onde destacavam os dourados da capela. (QUEIROZ, 1878: 202.)

Aqui, o narrador extradiegético impõe a autoridade do edifício à Luísa. Portanto a noiva aguenta a topografia. Em *Os Maias*, a descrição da moradia do clero é feita assim:

> No cimo [dos outeiros] assentavam pesadamente os conventos, as igrejas(tema-título), as atarracadas (características)vivendas ecclesiásticas, (componente) lembrando o frade (componente) pingue e pachorrento (características), beatas (componentes) de mantilha, (característica) tardes (componente) de procissão (característica), irmandades (componente) d'opa (característica) (...), e foguetes (componente) no ar (carcterística) em louvor de Jesus (característica) .(QUEIROZ, 1888: 283).

Ambas as caracterizações são realizadas por focagem. O tema-título aparece já no início da descrição. A estrutura em pirâmide aparece numa forma caligramática em que o edifício religioso domina o espaço circundante. Esta configuração prende-se com certa sacralidade do culto uma vez que a localização do santuário, tal como o dogma, encontra-se em cima tanto da geografia referencial como do espaço do texto. Em *Húmus*, o edifício religioso aparece associado à descrição duma vila anónima. Igreja e Sé são descritas num estilo em que a escrita se prende com o universo fragmentado da referência. No incipit da obra, deparamos com esta descrição:

> Uma vila (tema-título) encardida (característica) – ruas desertas (subtema)– pátios de lajes (subtema) soerguidas pelo único esforço da erva (característica)– o castelo (subtema) – restos intactos de muralha (subtema) que não têm serventia
>
> (característica): uma escada encravada nos alvéolos das paredes não conduz a nenhures. Só uma figueira (componente) brava (característica) conseguiu meter-se nos interstícios das pedras e delas extrai suco e vida. A torre (subtema)– a porta da Sé (componente) com os santos (componente) nos seus nichos (característica) – a praça com árvores raquíticas e um coreto de zinco. Sobre isto(subtema) um tom denegrido e uniforme (características): a humidade (característica) entranhou-se na pedra (componente), o sol (característica) entranhou-se na humidade (componente). (...) Na realidade isto é como Pompeia um vasto sepulcro: aqui se enterraram todos os nossos sonhos... (BRANDÃO, 1991, 4-5).

Aqui, a visão panorâmica aplicada à descrição do tema-título revela uma topografia em contínua transição para o caós. A descrição faz-se com substantivos e características incertas. Dentro do húmus do tema-título, tudo está em movimento num canibalismo ambiental. A lógica de luta contra a degradação é figurada pelas componentes da escada sem destino, da figueira brava; pelas características da humidade, do tom uniforme e denegrido, da erva corrosiva. São patentes as oposições entre os componentes ou subtemas e as características (lajes ≠ erva, escada ≠ paredes, figueira ≠ pedras, cenário ≠ cor denegrida, humidade ≠

9

pedra, sol ≠ humidade, vila ≠ pó). Do ponto de vista geopoético, esta descrição faz lembrar o tom geral de dissolução a que surgem associados o modernismo e o pós-modernismo. No entanto, o ambiente abalado não estaria em contínua mutação se não houvesse uma tendência evolutiva vigente na dinamização da descrição.

2.2. Dinamização da descrição

O espaço romanesco tem sido considerado por figuras tutelares da narratologia como a "*servante du récit*"[10] não tendo senão uma função de construtor de verosimilhança. O surto da semiótica narrativa revelou que o espaço não só devia assumir função narrativa mas também uma feição estética pelo seu modo de representação. Do ponto de vista do seu significado, o espaço diz respeito ao conteúdo da mensagem literária ao passo que no seu modo de representação, o conceito antes assume um estatuto de intruso relativamente ao fluir da narrativa.

O contexto referencial do modernismo é marcado pela democratização política da primeira República que perspetivava, pelo menos a nível das artes, uma extensão semântica do conceito de espaço[11]. A dinamização da descrição intervem quando o cenário é descrito por uma personagem ou quando o narrador heterodiegético introduz elementos de movimento na passividade do relato. Isto acontece nas três obras do nosso corpus. Em *Húmus*, o oficial de justiça que assume a narração intradiegética[12] apresenta o edifício religioso encaixando-o num cenário em que a vila é caracterizada assim:

> Reparo melhor na vila (tema-título)...Alvenaria e castanho (componentes), construções (subtema) para séculos (característica). Ruas (subtema) lajeadas (característica), recantos (componente) onde nunca entrou o sol (característica). Paredes mestras. Silêncio e humidade até à medula, gestos lentos, hábitos regrados. Uma rua (subtema) desce até à igreja (subtema) de cantaria (componente) lavrada (característica). (...) Cresce aqui uma vegetação especial de sepulcro, e a sombra absorvida pelas muralhas da Sé (subtema) exala-se em bafo passado um século. Os alicérces (componente) são temerosos (característica). (BRANDÃO, 1991: 20).

Nesta designação por focagem, a igreja-Sé não é o sujeito principal da descrição, ela antes se dissolve num conjunto de subtemas, localizado em baixo do relevo. Aqui, o oficial de justiça funciona como personagem qualificada ao passo que a expressão "reparo melhor" sugere a notificação da interrupção do fluir da narração. O processo de representação geopoético[13] prende-se com uma motivação do ato de descrição. O oficial responsabiliza-se pela representação do décorro e, depois o verbo *descer*, os passos e a prosopopeia da absorção da sombra pela muralha dinamizam a descrição. Observamos o mesmo procedimento dinamizador em *Esteiros*. Aqui, o edifício religioso consta duma capela abandonada sem localização concreta. A descrição é feita assim:

> Quando não havia assaltos, os rapazes reuniam-se nas ruinas (componente) da capela,(tema-título) em que morava Sagui (característica). (...)

10

11

12

13

-É entrar, meus senhores, é entrar! Gracejava, tomando atitudes aprendidas no circo.

-Onde está o roubo d'onte,

-Roubo! Aqui mora gente séria, sor Gineto.

E ria, enquanto guiava os companheiros no labirinto (componente) de pedras (característica) e entulho (característica). (GOMES, 1971: 106-107).

O tema-título representa um edifício religioso em ruínas. Temos dois aspetos que fazem pensar numa motivação do ato descritivo. O primeiro consiste nos verbos de movimento "entrar", "guiava". O segundo prende-se com a notificação de interrupção do fluir narrativo sugerida pelo verbo "reuniam-se". Se bem que o exterior da capela não seja mostrado senão pela característica "em ruínas", o aspeto geral de degradação é confirmado pelas características internas (pedras, entulho). Nesta designação por focagem tudo acontece como se se tivesse evitado a caracterização panorâmica, tornando-a fragmentária. Com este procedimento, o edifício religioso violado na sua intimidade, passa a ter menos autoridade. Portanto, a capela já não fica numa postura de dominação relativamente à área circundante. Com *Pequenos burgueses* de Carlos de Oliveira, a lógica de descalabro físico dos sítios religiosos tem um caráter mais indireto. Todavia, são visíveis os sinais de degradação tanto na simbologia como no processo de representação do prédio religioso. Eis como é descrita a estátua de S Jorge, no interior dos armazéns:

… cada fim de mês há uma limpeza rápida mas geral nos Armazéns (…) o garoto pega na vassoura (…), imobiliza-se diante da imagem. São Jorge (tema-título) fascina-o e levanta-lhe alguns problemas. É lá possível que o cavaleiro (subtema) com cara de menina (característica) tenha força para manejar uma espada daquelas (característica). (…) Outras coisas escuras : serão canhotos todos os santos ?; e que bicho (subtema) é aquele, coberto de escamas (característica), os dentes (componente) que lembram as serras mecânicas da Carpintaria Central (característica), a língua (componente) partida em duas (característica), o rabo (componente) de serpente (característica); vive na terra? na água ? no ar ?; porque também tem asas (característica) (…) Isto sem falar do cavalo (subtema) , sim senhor, um lindo cavalo (caracterítica), mas devia era voltar-se ao contrário, levantar as patas de trás, meia dúzia de coíces bem pregados no focinho do monstro, além de que já ficava virado para o lado certo, pronto a fugir em caso de necessidade.…Sente os passos do Cardoso, ergue a vassoura à pressa e, como a sua última preocupação se refere a coíces, à possibilidade duma retirada a galope, começa por limpar as patas do cavalo. (OLIVEIRA, 1992:795).

A motivação do ato descritivo é feita com referência a uma norma (limpar regularmente o sítio). O pretexto da descrição é associado ao relacionamento deste ato com uma personagem qualifica (o garroto), à notificação da pausa narrativa (o garroto imobiliza-se diante da imagem). O uso de verbos de movimento e de percepção é patente no adjetivo "rápida", e na expressão "retirada a galope". A evocação maniqueísta desta mistura santo-diabo é relativizada pelos defeito (santo canhoto, cavalo passivo, virado para o mau lado).

A representação dos lugares santos nos romances referidos permite observar primeiro que, ao contrário da representação realista em que o tema-título consta dum lugar fixo, remetendo para a noção de "*place*-lugar", a pintura moderna e neo-realista dos santuários deixa antever uma fragmentação do sujeito descrito. Bons exemplos desta tendência são o caráter anónimo da vila em *Húmus*, a desagregação do tema-título (capela-esconderijo de

Esteiros e capela-armazéns de *Pequenos burgueses*) no que se equipara a uma pulverização em subtemas, componentes e características.

Reparamos, em seguida, que se na descrição realista dos edifícios religiosos notamos uma ausência de elementos dinamizadores, em *Húmus*, em *Esteiros* bem como em *Pequenos burgueses*, a pintura do sagrado realiza-se de forma menos estática pois o ato descritivo aparece diluído por sua motivação (personagem qualificada, verbos de ação, notificação da pausa narrativa etc.). Na procura da verosimilhança narrativa os autores realistas, modernistas e neo-realistas apostam na dinamização da descrição. Porém, o espaço abalado do romance aponta para uma crítica da organização social pelo registo simbólico da escrita. Desvelar esta função simbólica dos lugares religiosos é o propósito da parte que se abre.

3. Uma simbologia anticlerical

No sentido que lhe damos, o anticlericalismo radica na hostilidade experimentada não só para com o clero católico mas também em relação a toda a interferência entre o poder espiritual e o poder temporal. Como é que esta hostilidade se manifesta na representação dos lugares sagrados católicos pela ficção portuguesa do início do século XX? A análise do discurso da topografia far-se-á a partir da mensagem sugerida pela pintura do décorro. É isto o propósito do método geocrítico[14].

A igreja funciona como sinédoque da autoridade religiosa católica. Portanto, podemos compreender as conexões estabelecidas desde a época medieval entre os lugares religiosos e os fiéis[15].

3.1. A igreja das ovelhas perdidas

O reforço dos direitos dos cidadãos implicava um olhar mais crítico deitado no culto religioso e inclusive em todas as questões ligadas às crenças num absoluto. Se bem que as estatísticas mostrassem que Portugal continuava católica na demografia[16], assistimos ao dealbar duma forte consciência láica a partir da segunda metade do século XIX. O republicanismo encetado a 5 de outubro de 1910 bem como a lei de separação promulgada a 20 de Abril de 1911 pretendiam derrubar o regalismo e "humanizar" o poder da igreja. No Portugal da ditadura salazarista, a igreja aparece reabilitada. Maria José Ferro TAVAREZ lembra que a consolidação do Estado Novo instaurado pela Constituição de 1933, se bem que se fundamentasse num sistema de cariz anti-democrática e anti-parlamentar, acompanhou-se com «*compromissos formais entre as quais podemos citar o ideário nacionalista influenciado quer pelo catolicismo social, quer pelo fascismo italiano*» (TAVAREZ, 1990:304). As tensões do período da Primeira República tinham-se transferido para o lado da contestação politico-literária. A representação dos edifícios religiosos deixa antever um discurso ideológico que faz lembrar o ateísmo marxista. O narrador de *Húmus* descreve a catedral com uma tendência

---

14

15

16

maniqueísta em que a pedra do dogma vai esfarelando-se consoante a alma humana se vai corrumpendo:

> Entro na catedral. (...) As lajes estão gastas de um lado pelos passos dos vivos, do outro pelo contacto dos mortos. Tudo aqui gira em torno da mesma ideia. A pedra esboroa-se, mas eu contemplo-a viva, com um povo de estátuas em cima, com um povo de mortos em baixo. Nos alicérces uma geração, outra geração, todos apodrecendo juntos na mesma terra misturada e revolvida. A parte exterior é maravilhosa, a parte subterrânea é mais maravilhosa ainda. É a única raiz que se conserva intacta. (ibidem).

Este maniqueísmo está presente na descrição da estátua de S. Jorge em *Pequenos burgueses*. Porém, a lógica de descalabro dos valores religiosos é sugerida com o paralelismo feito entre a degradação do sítios dos armazéns-capela e a decadência da classe pequena burguesa. Leiamos esta passagem:

> Os armazéns estão instalados na velha capela solarenga , (…) Submerso num grosso reboco, o edifício aburguesou-se. Os cunhais lavrados, de pedra de Ançã, calcário mole e fácil de rendilhar mas que se desgasta muito mais que o granito do norte, onde um toque de cinzel persiste séculos e séculos, esfarelam-se os lavores ficaram irreconhecíveis. As armas sobre o portal da entrada perderam todo o relevo. Ano a ano, década a década, o desenho sumiu-se. Acompanhou gradualmente o descalabro da família. (OLIVEIRA, 1992:793).

Já na denominação "armazéns de S. Jorge", temos uma ambivalência que concilia pragmatismo e contemplação. Por além disso, há o paralelismo estabelecido entre a decadência física dos símbolos de potência aristocrática (escrita na pedra e armas) e o descalabro geral do edifício religioso.

Os lugares espirituais funcionam muitas vezes como metaforização da alma humana. O oficial de justiça, o narrador de *Húmus* estabelece uma vinculação caricatural entre a alma das velhas pessoas e o edifício gótico marcado tanto pelo tamanho impressionante como pela profusão de formas. :

> A alma destas velhas chegou assim a ser prodigiosa. Façam o favor de entrar...Algures flores murchas num cantinho com mofo (...) lá no fundo uma pegada de vida empoçada e que reflete o céu: ali se miram e remiram na sua mocidade.. Tudo isso cresceu pelo lado de dentro (...) de tal forma que, se fosse material, não cabia no mundo, com colunatas, pórticos, destroços e subterrâneos, como uma catedral gótica (...) aqui o mistério envolve-se em sombras condensadas, onde agoniza um Cristo exânime que mete medo. Adiante, num friso incompleto com uma cidade fantástica, campeia o diabo (...) entre negrume acumulado, treva viva num buraco de treva, que a si própria se enovela num desespero, até que não cabe na catedral, irrompe para o lado de fora e chega num jacto ao céu...Isto não é a catedral de Burgos – é a catedral do fel e vinagre. (BRANDÃO, 1991:43-44).

Este excerto salienta primeiro a cristalização do ideal (a alma) num odjeto sólido (imagem interna da catedral). Aqui, o edifício assume valor metafórico. Ele serve de ferramenta para a caracterização moral do grupo de velhas minadas pela hipocrisia. Se bem que funcione como elo metafórico, a catedral monstruosa salienta o aspeto hibrido ao mesmo tempo diabólico e divino da alma das velhas. Esta caracterização constitui uma hiperbolização caricatural da fé. A passagem do edifício religioso de lugar valorizado a sítio desvalorizado

247

revela uma lógica depreciativa que se sente em *Esteiros* e em *Pequenos burgueses*. O processo de degradação manifesta-se no uso de paradigmas que remetem para a decadência.

Em *Esteiros*, a capela é velha, abandonada. Esta imagem exterior sugere uma perda da fé a nível da população ou uma transferência da zona de interesse do lugar de culto para um sítio profano. No interior, a metáfora do "labirinto" associada à palavra "entulho" simboliza a incertidão e o descalabro que são conceitos opostos ao dogma católico. O pó da destrução também está presente em *Pequenos burgueses*. Aqui, a capela não só é transformada mas também sofre uma degradação progressiva. Portanto, os armazéns necessitam limpezas frequentes mas em vão pois os ratos destroem o interior. Simbolicamente, o motivo dos ratos que, da igreja passam a corroer os armazéns, simboliza a inveja e a cobiça que minaram o universo religioso.

3.2. Edifícios do anticristo

O anticlericalismo na caracterização dos edifícios religiosos manifesta-se através dum procedimento irónico assumido por personagens da história. Deriva também da reconversão do edifício santo em lugar utilitário. Na Bíblia católica, o anticristo intervem primeiro na visita de Jesús ao templo de Jerusalém. Eis a passagem contada no Evangelho de Marcos:

> Jesus entrou no templo e começou a pôr de lá para fora os que estavam a vender e a comprar. Atirou ao chão as bancas dos que trocavam dinheiro e as cadeiras dos que vendiam pombos.(...) Não deixava ninguém transportar coisas pelo templo. Depois começou a ensinar deste modo: « Está escrito na Sagrada Escritura: O meu templo será declarado casa de oração para todos os povos. Mas vocês transformaram-no em caverna de ladrões. (MARCOS 11, 15-18).

O edifício religioso, a casa de oração, é transformado em lugar de atividades utilitárias no qual os atores se sujeitam ao pecado. Esta tendência é explícita em *Esteiros* e *Pequenos burgueses*. No romance de Carlos de Oliveira, reescrito com significativas alterações entre a primeira (1948) e a 7ª edição (1981), a passagem do edifício religioso de capela para armazéns originou alteração dos tempos verbais como o nota Tereza COELHO LOPES:

> O texto de 48 conjuga o imperfeito do indicativo nos excertos descritivos (aspetos dos armazéns, imagem do Santo), com o mais-que-perfeito que assinala a anterioridade e as transformações exigidas pela passagem de um lugar de culto a lugar de transacção comercial (...) no texto definitivo, o imperfeito é substituído pelo presente que anima a descrição pelo efeito de proximidade; o mais-que-perfeito é substituído pelo perfeito que indicia a anterioridade. (COELHO, 1992:707).

Se bem que menos direita, a ironia do Sagui em *Esteiros* cabe o mesmo teor anticrístico. Evoquemos o seu propósito quando recebe os companheiros na capela abandonada:

> -É entrar, meus senhores, é entrar!
> Gracejava, tomando atitudes que aprendera no circo.
> -Onde está o roubo d'onte,
> -Roubo! Aqui mora gente séria, sor Gineto.
> E ria. (GOMES, 1971, 106-107).

Há um relacionamento dialéctico entre o espaço topográfico em que se encontram os rapazes e a simbologia da referência. Podemos ter a relação seguinte:

Nível literal	Sagui →	circo →	fingimento →	sátira
↑	↑	↑	↑	↑
Nível simbólico	padres da igreja	capela	duplicidade	hipocrisia

Em *Esteiros*, o discurso anticlerical é sugerido pela ironia evidenciada na dessacralização do edifício religioso. A referência deíctica 'aqui' adquire um valor universal. A capela, metonímia da fé, é esconderijo que, por medo, vai ser transferido. O abandono da capela pelos garrotos significa que o discurso da igreja, mais cedo ou mais tarde, já não vai funcionar pois a verdadeira motivação do dogma, aos olhos do marxismo, é alienar os fiéis. Em *Pequenos Burgueses* encontramos a ironia na caraterização de S. Jorge o justiceiro que defende a humanidade contra o diabo:

> É lá possível que o cavaleiro com cara de menina tenha força para manejar uma espada daquelas (…) Nada, em todo o caso, que se compare ao esforço do santo para mandar de alto a baixo semelhante machadada, demais a mais só com um braço, o esquerdo ainda por cima, que pode muito menos que o direito como se sabe.
>
> Outras coisas escuras : serão canhotos todos os santos ?
>
> (OLIVEIRA, 1992:794-795).

Ironia e sátira misturam-se no onirismo do garoto. A impotência do santo é sugerida duas vezes. Primeiro No seu rosto inofensivo de mulher, o qual contradiz a força do golpe dado ao monstro. Depois, no fato de ele ser canhoto pois a esquerda remete para a ideologia marxista. Portanto, o ateísmo marxista contribui em relativizar a eficácia do empenhamento clerical contra o anticristo. Por além disso, a capela, lugar de culto ou seja espaço de refúgio para os crentes, passa a ser o cenário da morte do Troncho, um vádio apedrejado por ter roubado umas galinhas. (OLIVEIRA, 1992 : 866)

O capítulo XIX de *Húmus* intitulado "vêm aí os desgraçados" faz lembrar um juízo final em contexto de maltusianismo. Não havendo bastante espaço numa terra tornada apocalíptica perante a revolta dos pobres, o Conselho de Estado advoga a mistificação dos pobres para lhes darem a religião e ficarem com o material. Vejamos esta passagem. Depois da insureição geral reprimida impiedosamente, a igreja fica do lado do poder. O presidente do conselho fala do povo nestes termos:

> Dominá-los-emos pela ignorância. – E logo com um sorriso (era a primeira vez que sorria) – E para isso contamos com a Igreja.
>
> – A Igreja está na verdade connosco, afirmou a figura colérica, o Santo.
>
> (…) riu com um riso interior, um glu-glu irónico, mal reprimido. Mas logo o Santo, de pé, respondeu :
>
> – Não se ria, senhor, não se ria, nem atribua as minhas palavras a intuitos mesquinhos. Se há inferno, se há outra vida, a todos nós está reservado um futuro de desespero. Mas eu sacrifico-me, a Igreja entende que deve sacrificar-se pela Igreja e pelos pobres. Se a vida humana se prolonga para todos até aos quinhentos anos, como será possível desviar os homens do gozo e levá-los para a dor? Que ao menos o reinado da matéria pertença ao número ínfimo, para que a Igreja se conserve de pé e adquira em grandeza.

> Maior será o número de desgraçados, de ignorantes e de cegos, mais inabalável será a Igreja, pequena para os conter, nos seus fundamentos. (BRANDÃO, 1991:268-269).

Neste exerto a ironia brota das palavras do santo. Ele considera a sua aliança com os ricos como um sacrifício pois prefere sofrer o castigo infernal ficando ao lado dos ricos na terra e "salvando" as ovelhas desta condenação guiando-as para a dor humana que, ao seu ver, vai ser premiada pelo paraíso. O santo admite que a autoridade da igreja deriva do número de almas que nela buscam refúgio. Quanto mais pequena for o tamanho da igreja relativamente ao número de desesperados, maior será o seu fascínio. A igreja é nutrida pelo pecado.

Os edifícios religiosos são associados ao pecado do adultério. Isto é sugerido em *Esteiros* e em *Pequenos burgueses*. No romance de Soeiro Pereira GOMES, uma quadrilha de garotos percorre a região furtando laranjas quando acaba o período de trabalho numa fábrica de tijolos. O Sagui descobriu uma capela abandonada em que se retirou. Foi este lugar que abrigou a quadrilha. Portanto, a capela passou a ser um esconderijo para objetos furtados. O novo tipo de fiéis que a frequentam aproxima-se mais do anticristo do que do dogma. Surpreendido por uma presença intrusa, o Sagui esperta :

> Quando acordou, o dia dormitava ainda, e o vulto, também. Aproximou-se dele. Era a doida. (...) Lembrou-se da mulher que veio na lancha, chorosa, a engalhar o menino morto- e apiedou-se. Ela (...) susteve-o nos braços, chamou-lhe meu menino. Sagui quis libertar-se daquelas mãos frias que o afagavam, mas por medo, deixou-se embalar como criança de colo (...) Pelo decote da blusa, via-lhe o seio muito branco (...)

-Estás tão crescido, meu menino...

> Sagui esboçou uma carícia que se perdeu no ar (...) os olhos, porém, continuavam hipnotizados pela nesga do seio. Contra vontade, a mão prendeu-se também no decote, trémula e suplicante...A doida beijou-o. E ele esqueceu-se de que era menino no colo de mãe... (GOMES, 1971:108-109).

Além de acolher objetos roubados, a capela abriga um adultério-incestuoso. O Sagui recebe a visita duma mulher que endoideceu depois da morte do filho nas cheias do Tejo. A doida tendo confundido o adolescente com o filho morto aproxima-se dele. Em vez de efusão materna houve um pecado mais hediondo cometido numa capela. Em *Pequenos Burgueses* as deslocações do Major são descritas com uma referência a edifícios religiosos. Estes, embora sejam indicadores espaciais, não deixam de traduzir certo anticlericalismo. Eis como o texto mostra os vaivéns do Major. O primeiro monólogo é da D. Lúcia a mulher do burguês:

> Da janela do quarto, D. Lúcia vê-o desaparecer para lá da capela. As ferraduras da baia desprenderam uma núvem de poeira; ao rés-do-chão o pó é denso, mas sobe, esfarrapa-se, enrola-se nos eucaliptos como um fio cada vez mais fino de lã suja ... (OLIVEIRA, 1992:750).

O pó retira da vista da D. Lúcia não só a imagem do marido mas também o vulto da capela. Realidade e transcendência são soterradas numa núvem de desespero. Em *Pequenos Burgueses* como em *Húmus*, o pó que embrulha os santuários parece dar-lhes um segundo sentido, elaborado a partir da estrutura de origem. Este exerto consta do onirismo do Major :

> D. Lúcia, D. Lúcia, estou a chegar a Corgos, empoeirado da viagem. A baia fez um galope estupendo (...) Depois dos renques de plátanos, junto da Matriz, corta-se à direita e é a casa da Rosário. Não me perguntes o que sinto, não to sei dizer. (Ibidem, 1992:751).

A gradação da importância dos lugares religiosos (a capela e a Matriz) simboliza o sentimento experimentado pelo Major para com ambas as mulheres. À dona Lúcia vai corresponder o pequeno edifício ao passo que à Rosário sua amante, será atribuída a potência da Matriz. Como ilustração desta hierarquização, temos a localização da casa de Rosário que fica à direita da igreja ao passo que a moradia de D. Lúcia é longe da capela (o major *desaparece para là da capela*). O edifício religioso, lugar de devoção e fieldade, metaforiza a relação entre o Major e ambas as companheiras. A capela pequena, atacada pelo pó, aponta para a D. Lúcia, mulher velha e abandonada. Porém, para o Major, *a* Rosário é um *rosário* vivo na Matriz da sua fé amorosa.

4. Conclusão

Ao chegar ao fim deste percurso exploratório, é-nos possível definir vários tipos de caracterização dos edifícios religiosos na ficção portuguesa do início do século XX. Primeiro, a dessacralização do edifício religioso realiza-se através duma representação geopoética em que o tema-título é fragmentado. Em segundo lugar, a decadência dos sítios religiosos não é meramente descrita por um narrador extradiegético mas por uma voz intradiegética dinamizadora do ato descritivo. Em terceiro lugar, do ponto de vista geocrítico, o uso do espaço litúrgico a fins indevidas revela a tendência marxista em identificar a «casa de Deus» a *cavernas de ladrões*. Na verdade, até o narrador parece participar na dessacralização dos santuários ao utilizá-los para metaforizar o anticristo (ironia do Sagui, do santo, do garroto e de forma mais indireta da D. Lúcia e do Major).

A partir destas constatações, seria interessante analisar as figuras do anticlericalismo que, em contexto de vigência da ditadura aliada com a Igreja, passaram a ser um dos instrumentos privilegiados para dizer o indicível. Como na cidade italiana petrificada no ano 7 d.c. pela erupção do Vesuvo, os edifícios religiosos sepultados são relíquias reveladoras dum processo de dessacralização modernista e marxista. Tratar-se-á de soprar no pó que, como em Pompéia, vai soterrando não só edifícios, ruas, cidades e crenças finisseculares mas também a fé numa religião meramente humanista.

Notas

1) O conceito de espaço pode ser abordado distinguindo o espaço como lugar concreto e físico e o espaço considerado na sua dimensão abstracta. O geógrafo americano Yi-Fu-Tuan chama a primeira acepção por "place" ou seja lugar fixo de feição topográfica ao passo que ele dá ao segundo conceito o nome de "space" isto é o cenário abrangente podendo ser psicológico e funcionando como quadro de expressão dos pensamentos e comportamentos humanos. Ver Yi-Fu-Tuan, *Espace et lieu : La perspective de l'expérience*, Gollion, les Editions Infolio, [1ère Éd. 1977], 2006, 219p. O conceito de contexto preconizado pela italiana Flavia Schiavo pretende uniformizar ambas as definições propondo que se integrem no termo de "contexto" todas as circunstâncias socioculturais, topográficas e psicológicas em que se situam as coisas ou acontecem os eventos. Cf. Flavia Schiavo, *Parigi, Barcellona, Firenze, forma e racconto*, Palermo, Sellerio, 2004, p. 77. O narratólogo alemão Hans JAUSS propõe uma definição do espaço que toma em conta a atividade humana tanto física como psicológica. O espaço, para ele, é o teatro da interação humana bem como da relação entre o homem e os lugares geográficos. De acordo com JAUSS, os conceitos de *Umwelt* (espaço fixo, localizado e descrito na sua imobilidade) e de *Mitwelt* (espaço de deslocação no aqui como no là) estão na

251

base da vida quotidiana.Cf. Hans Robert Jauss, *Pour une esthétique de la réception* [1975], Paris, Gallimard, coll. « Tel », 1990, p.320-321.

2) Sobre os aspetos salientes da descrição, ver Vitor Manuel de Aguiar e Silva, *Teoria da literatura*, 8ª ed., Livraria Almedina, Coimbra, 1997, p. 740-741.

3) Para a consciência modernista, não há uma realidade fixa mas antes um universo fragmentado em constante evolução. Daí a resolução em construir por meios artísticos uma unidade epistemológica capaz de dar algum sentido ao mundo. Daí que o disperso remetesse para uma escrita da dúvida em que a referência não era apenas transposta na sua fragmentação, mas também mostrada nas suas incertidões.

4) Lançada desde a publicação de *Gaibéus* de Alves Redol em 1937, o neo-realismo literário português de influência marxista surgiu em reação à opressão do regime salazarista e como antítese do esteticismo do segundo modernismo que atribui um papel contemplativo à literatura. Sobre esta questão, ver a obra de Alexandre Pinheiro TORRES: *O movimento neo-realista em Portugal na sua primeira fase*, Lisboa, Biblioteca Breve, volume 10, 1983, p.45 a 68.

5) Segundo Michel COLLOT, a geopoética pode ser definida como sendo a análise da dimensão diacrítica da representação do espaço bem como a forma peculiar de inscrever o geográfico no literário: « *on peut donner à la géopoétique une définition plus strictement littéraire, qui serait l'étude des rapports entre les représentations de l'espace et les formes littéraires* ». Michel Collot, « Pour une géographie littéraire », *Fabula-LhT*, n° 8, « Le Partage des disciplines », mai 2011, URL : http://www.fabula.org/lht/8/collot.html, p.6, data da consulta : 22 de julho de 2018.

6) « *analyse des représentations littéraires de l'espace telle qu'on peut la tirer d'une étude du texte ou de l'œuvre d'un auteur, et non plus de son contexte* » *Ibidem*.

7) Tal sentimento motivou a publicação da obra poética de Sá Carneiro *Dispersão*, 1914.

8) Para Fernando Pessoa, a heteronimia «*é do autor fora da sua pessoa; é duma individualidade completa, fabricada pelo autor, como seriam os dizeres de qualquer personagem, de qualquer drama seu.*» "Tábua Bibliográfica", *Presença*, N°17, Coimbra, Dezembro de 1928. Dissolução e heteronimia apontam para uma fragmentação do ser e do espaço que remete para o desencontro modernista.

9) Na semiótica hamoniana, o espaço romanesco consta da representação de cenas e lugares podendo ser feita com base na designação por focagem (*désignation par ancrage*) ou na designação por distribuição (*désignation par affectation*). A designação por focagem consiste em indicar o tema-título (sujeito descrito) já no início da descrição antes que se indiquem progressivamente os subtemas (elementos do tema-título que também são objetos de descrição), os componentes (elementos da estrutura que não são descritos) e as características (adjetivos e advérbios descrevendo o tema-título ou o subtema). A designação por distribuição consiste em começar a descrição pelos componentes e pelas características do tema-título antes que seja dado o tema-título no fim da descrição. Sobre a questão do descritivo, cf. Philippe HAMON, *Introduction à l'analyse du descriptif*, Paris, Hachette, 1981, 268p. Ver também a obra de crítica narratológica de Vincent JOUVE, *Poétique du roman*, Paris, Armand Colin, 2007, p.52-54.

10) Numa entrevista dada à revista Recto/verso, HAMON fala desta concepção tradicional redutiva do conceito de espaço romanesco : "*cette narratologie par ailleurs si efficace et productive sur le plan d'une théorie générale du récit au sein de laquelle je me situais (Lévi-Strauss, Barthes, Genette, Todorov, Greimas) qui se contentait souvent de définir la description comme la « servante du récit », comme un « actant collectif plus ou moins anthropomorphe », définition qui me laissait un peu sur ma faim.* » in « le descriptif, ce délaissé de l'impérialisme narratologique », entretien avec Philippe HAMON, par Guillaume BELLON, *revue Recto/*

verso, 7 septembre 2001, p.2 URL : http://www.revuerectoverso.com/img/pdf/hamon.pdf, data da consulta :14 de julho de 2018.

11) José Augusto FRANÇA acha que a cultura disponibilizava um espaço de refúgio funcionando como universo alternativo e derivando, sobretudo no que dizia respeito à arte, duma « *vontade de se exilar* [que se] *acordavam numa espécie de jogo cujas regras obedeciam a um espírito anti-social que se opunha às forças da medíocre sociedade portuguesa. E era um jogo negativo que a paixão e o desespero comandavam* » in *A Arte e a sociedade portuguesa no século XX*, 2ª edição, Lisboa, Livros Horizonte, 1980, p.14, 83p.

12) Ao contrário da voz extradiegética que, no momento em que fala, localiza-se fora da história contada, a voz intradiegética (o oficial de justiça) consta duma personagem que está presente no universo da ficção. Para Carlos Reis e Ana Cristina Lopes, é a entidade "*à qual cabe circunstancialmente o papel de narrador da história; abre-se então um nível hipodiegético em que se encontram as personagens*" in *Dicionário de narratologia*, Livraria Almedina, Coimbra, 8ª ed., 1996, p.295. Esta personagem, se contar a história doutras figuras, estas últimas situam-se num nível hipodiegético. É o caso em *Húmus* quando ela assume omnipotência narrativa desvelando o onirismo das diferentes personagens- dona. Biblioteca, dona Procópia, Teodora, o padre etc.

13) Para justificar a interrupção da narração, umas das estratégias consiste no romance realista em motivar a descrição fazendo com que seja assumida por uma personagem qualificada, notificar a interrupção da narração e dinamizá-la, isto é dar a ilusão de que a ação está a continuar recorrendo a verdos de percepção e de movimento. Sobre a motivação da descrição v. Vincent JOUVE, *ob.cit.*, p.55-56.

14) Na opinão de Michel COLLOT, a sua função é eminentemente hermenêutica: « *Il s'agit* [pour la géocritique] *d'étudier moins les référents ou les références dont s'inspire le texte que les images et les significations qu'il produit...*», *ob.cit.*, p.4.

15) A religião não tinha apenas uma função cosmogónica na época medieval. Também permitia satisfazer necessidades sociais diversas. Oliveira MARQUES observa que naquela altura, as relações entre o povo e a igreja eram mais desacralizadas :« *Na igreja, reuniam-se muitas vezes os vizinhos de um conselho para deliberarem sobre diversas questões. Na igreja se dançava, se ouviam trovadores e jograis. Durante a missa, não era raro que os paroquianos interpelassem o padre sobre furtos ou perdas que haviam tido. O homem da Idade média não respeitava a igreja como os cristão de hoje. Falava em voz alta, ria, discutia e trabalhava paredes adentro* » António Henriques de Oliveira MARQUES, *A Sociedade, Medieval Portuguesa, aspetos da vida quotidiana*, Capítulo VII, Lisboa, Livraria Sá da Costa Editora, 1987, p.272.

16) Vitor NETO indica que « *no censo de 1900, 99,8% da população do país ainda declarava ser católica. A estruturação da Igreja fazia-se através de 14 dioceses e 3.921 paróquias. .No momento em que a República foi proclamada havia 5.953 sacerdotes católicos, o que correspondia a um para cerca de mil habitantes*», Vitor NETO, «a questão religiosa na primeira republica», *A experiência da primeira república no Brasil e em Portugal*, Coimbra, *SD*, p.138. URL : http://hdl.handle.net/10316.2/35872, Data da consulta : 13 de julho de 2018.

Bibliografia

Romances e poesia

Brandão, Raul, *Húmus*, Porto, Porto Editora, 1991.

Gomes, Soeiro Pereira, *Esteiros*, Publicações Europa-América, *SL*, 1971.

Oliveira, Carlos de, « Pequenos Burgueses », in *Obras de Carlos de Oliveira,* Lisboa, Editorial Caminho, 1992.

Queiroz, Eça de, *o primo Basílio*, Porto, Livraria Chardrom, 1878.

---------------------, *Os Maias*, Porto, Livraria internacional Chardron, 1888.

Redoi, Alves, *Gaibéus*, [1ª ed 1937], Lisboa, Publicações Europa-América, 1971.

Carneiro, Mário de Sá, *Dispersão*, Paris, Maio de 1913.

Obras críticas

França, J. A., a Arte e a sociedade portuguesa no séc. XX, Lisboa, Livros H. 1980.

Hamon, Philippe, Introduction à l'analyse du descriptif, Paris, Hachette, 1981.

Jauss, Hans Robert, Pour une esthétique de la réception, Paris, Gallimard, 1990.

Jouve, Vincent, Poétique du roman, Paris, Armand Colin, 2007.

Lopes, Tereza Coelho, « os ratos roem o coração do cardoso» Vértice, N°446, 1992.

Marques, Oliveira, A Sociedade, Medieval Portuguesa, aspetos da vida quotidiana,

Lisboa, Livraria Sá da Costa Editora, 1987.

Pessoa, Fernando, «Tábua bibliográfica», Presença , nº 17. Coimbra : Dez. 1928.

Schiavo, F., Parigi, Barcellona, Firenze, forma e racconto, Palermo, Sellerio, 2004.

Silva, Vitor M. De Aguiar e, Teoria da literatura, Livraria Almedina, Coimbra, 1997.

Tavarez, Maria J. F., Sociedade e cultura portuguesas, Lisboa, Univ. Aberta, 1990.

Torres, Alexandre Pinheiro, O movimento neo-realista em Portugal na sua primeira

fase, Lisboa, Biblioteca Breve, volume 10, 1983.

Tuan, Yi-Fu, Espace et lieu : la perspective de l'expérience, Gollion, Éd. Infolio, 2006.

Webografia

Bellon, G., entretien avec Philippe HAMON, *revue Recto/verso*, 07 septembre

2001, URL : http://www.revuerectoverso.com/img/pdf/hamon, consulté le 14/07/2018.

Bíblia online, Versículo Marcos 11:15 a 18 https://www.bible.com/pt/bible/211/MRK consultado a 07/07/2018.

COLLOT, Michel, « Pour une géographie littéraire », *Fabula-LhT*, n° 8, « Le Partage des disciplines », mai 2011, URL : http://www.fabula.org/lht/8/collot.html, p.6, consultée le 22/07/2018.

NETO,Vitor, «a questão religiosa na primeira república», *A experiência da primeira república no Brasil e em Portugal,* Coimbra, *SD*, p.138. URL : http://hdl.handle.net/10316.2/35872, consulta : 13/07/18.

O espaço em Lugar de massacre. Uma realidade fragmentada, fugaz e multidimensional. Abordagem narratológica[1]

Eugène TAVARES

Universidade Assane Seck de Ziguinchor

Resumo: *Lugar de massacre é um romance sobre a experiência da guerra de libertação, do escritor açoriano José Martins Garcia, na Guiné-Bissau. O espaço da narração aqui é um espaço fragmentado e multidimensional, porque não são os deslocamentos das personagens que o estruturam, mas sua instabilidade. Há o macro-espaço, que podemos assimilar à configuração espacial do romance (F. Lambert, 1998), e os micro-espaços, nomeados e representados pelos lugares onde ocorrem as ações das personagens. São, nomeadamente, os teatros das operações militares. Eles representam as figuras espaciais do romance. Portanto, o espaço abrange uma infinidade de lugares imaginários que dão ao romance um valor ficcional. De fato, Lugar de massacre transporta-nos para os universos espaciais onde os sonhos e as realidades da guerra se misturam. Assim, o espaço da narração não tem «um significado inequívoco e preciso». Está sujeito a tensões que, às vezes, o tornam uma realidade fugaz.*

Nosso artigo tem como objetivo escrutar os movimentos e as tensões do espaço no romance e analisar os processos narrativos usados pela «autoridade escritora» da história para alcançar a finalidade procurada: mostrar as guerras de libertação.

Para atingir este objetivo, optamos recorrer aos modos de leitura do espaço pela narratologia, através de suas diferentes abordagens.

Palavras-chave : *Espaço, Lugar de massacre, narração, narratologia, literatura, José Martins Garcia*

Résumé : *Lugar de massacre est un roman qui raconte l'expérience de la guerre de libération, de l'écrivain açorien José Martins Garcia, en Guinée-Bissau. L'espace du récit ici est un espace éclaté, multidimensionnel, car ce ne sont pas les déplacements des personnages qui le structurent, mais sa mouvance. Il y a le macro-espace, que nous pouvons assimiler à la configuration spatiale du roman (F. Lambert, 1998), et les micro-espaces, nommés et représentés par les lieux où se déroulent les actions des personnages. Ce sont, notamment, les théâtres des opérations militaires. Ils représentent les figures spatiales du roman[2]. L'espace*

---

1. Este artigo é redigido conforme as normas do CAMES adotadas pelo CTS/LSH, aos 18 de julho de 2016 em Bamako, 38ª sessão dos CCI.

2. A figura espacial permite dar conta dos diferentes espaços inscritos na narrativa ao passo que a configuração espacial articula esses diferentes espaços em uma grande figura espacial de conjunto. Ela « tem como função dar conta da organização do espaço em toda a narrativa ». (F. Lambert, 1998, p. 5).

englobe donc une multitude de lieux imaginaires qui donne au roman une valeur fictionnelle. En effet, Lugar de massacre nous transporte dans des univers spatiaux où se mêlent rêves et réalités de la guerre. Ainsi, l'espace de narration n'a pas « un sens univoque et précis ». Il est soumis à des tensions qui en font parfois une réalité fuyante.

Notre article a pour but de scruter les mouvements et les tensions de l'espace dans le roman, et d'analyser les procédés narratifs utilisés par « l'instance scriptrice » du récit pour atteindre la finalité recherchée : donner à voir les guerres de libération.

Pour atteindre cet objectif, nous avons choisi de faire appel aux modes de lecture de l'espace par la narratologie, à travers ses différentes approches.

Mots-clés *: Espace, Lugar de massacre, narration, narratologie, littérature, José Martins Garcia*

1. Introdução

A «literatura açoriana» é uma das literaturas que foram profundamente marcadas pelas guerras de libertação das colónias portuguesas de África. Assim, João de Melo, (As *Histórias de Resistência,* 1975, *A Memória de ver matar e Morrer,* 1977, *Autópsia de um mar em ruinas,* 1984), José Martins Garcia, (*Lugar de Massacre,* 1975), Álamo Oliveira, (*Até Hoje: Memória de cão,* 1988), José Henrique Santos Barros, (*Imagem fulminante,* 1977) testemunharam, seja pela ficção seja pela poesia, o drama insuportável que se jogava nestas terras longínquas africanas do «Império colonial português».

Lugar de Massacre é um dos primeiros testemunhos de um escritor português sobre esta página da história de Portugal e de África. Sua escrita começou um ano antes da Revolução dos Cravos. Isto é atestado por J. M. Garcia mesmo (1975) que escreveu:

> Este romance foi redigido entre o mês de Dezembro de 1973 e o dia 8 de setembro de 1974. Qualquer coincidência com a realidade colonial dos anos 1966-1968, no que respeita a Guiné-Bissau, não é produto do acaso. (LM, p. 6).

E, sob a forma de dedicatória, escreve ainda: « A todas as vítimas da paranóia e da incompetência dos déspotas, caídas para nada no campo do dever e do absurdo. » (LM, p. 6).

Ao ler esta nota introdutiva, esperamos que a obra seja uma documentação sobre a guerra de libertação na Guiné-Bissau, o lugar evocado desde as primeiras linhas do romance. Com efeito, podemos ler logo no início:

> Ao chegar à Guinée-Bissau, armado com uma lança do comprimento da história, o jovem conde d'Avince lançou à planura um formidável olhar de lince, marejado e altivo como requeria a circunstância. (LM, p. 9)[3].

Mas o espaço da narração é mais vasto. É, além disso, multidimensional, dinámico, às vezes imaginário e simbólico. A narratologia dá ao espaço um caráter «ativo», «significante», «representativo». (F. Lambert, 1998, p.3). A definição que guardamos do espaço é aquela que o considera «como lugar de eventos inscritos pela narração na narrativa como forma

---

3. Designar-se-á doravante a obra pelo siglo LM em itálico.

narrativa global». (F. Lambert, 1998, 4). Muitos pesquisadores, especialistas em literatura: críticos literários, narratologistas, semiólogos, sociocríticos, estruturalistas, etc., debruçaram-se sobre a importância do espaço na literatura em geral e na narração em particular. Trata-se de Bakhtin, Genette, Greimas, Alfanhui, Bertrand, Mitterrand, Todorov, etc., sem contar a nova geração: Lambert, Ziethen, etc. Há, deste ponto de vista, várias escolas: as escolas francesa, americana, alemã, russa, para citar apenas estas. O reconhecimento da importância do espaço na narração tem sido evolutivo. O tempo beneficiou de um tratamento mais favorável. Hoje, a importância do espaço na narrativa está bem estabelecida. Trata-se antes de compreender seus modos de funcionamento, suas relações com outros «componentes do texto narrativo: história, narrativa e narração». F. Lambert (1998) observa : "A inscrição do espaço na narrativa, que constitui uma das estratégias narrativas fundamentais, da mesma forma que o tempo, também é tomada em conta pelo narrador". (F. Lambert, 1998, p.5).

J. M. Garcia foi enviado para a Guiné-Bissau em 1966, como militar. Ele aproveitará esta experiência para tentar descobrir uma sociedade, seus homens e suas mulheres, mas também um universo que até então era completamente estranho para ele: o universo da guerra. Ele descobrirá também a condição humana. Portanto, os espaços em que as personagens se movem são constantemente escrutados. As personagens são também constantemente objeto de retrato psicológico.

O leitor espera legitimamente cenas de guerra, de "massacre" e de representação/confronto de dois mundos que tudo opõe, ou seja, uma obra sobre história e etno-antropologia. Mas o autor nos surpreenderá de muitas maneiras, ao ponto de nos perguntarmos se o espaço evocado é de fato um espaço de conflito. Essa desconstrução fornece informações sobre a própria personalidade do autor, sobre sua complexidade, mas também sobre os diferentes modos de representação do espaço na narratologia, como veremos mais adiante.

Quando José Martins Garcia chega à Guiné-Bissau, tem 25 anos (nasceu em 1941) e a guerra já tinha começado desde 5 anos em Angola (1961), e na Guiné-Bissau, oficialmente, desde 3 anos (1963). Ela durará 11 anos neste país, isto é, até 1974, data da Revolução dos Cravos.

Entre 1966 e 1968, o que aconteceu na frente da Guiné-Bissau? Com certeza, um massacre, se nos referirmos ao título do romance. Mas o massacre que se espera, como aquele de Rambo, destrutivo, devastador, não é visível. O autor conta nos bem uma cena de guerra nos dois últimos capítulos da segunda parte do romance (capítulos IV e V), com a omnipresença do mesmo avião, o Dornier, e o helicóptero indo e vindo, mas, no final, o leitor está muito desapontado. No entanto, essa decepção só faz sentido em um modo de foco específico. Porque basta ter outra apreensão do espaço, outro processo de enfoque para que o anunciado massacre tome rumos.

Isso leva nos à pergunta seguinte : quais são as representações do espaço em *Lugar de massacre*? Em outras palavras, que lugar ocupa o espaço no romance, na representação do fato colonial ?

Antes de responder a esta pergunta, vamos apresentar a obra e sua estrutura.

2. O romance e sua estrutura

Para compreender esta obra sobre as guerras coloniais, é provavelmente necessário recordar o movimento literário ao qual J. M. Garcia pertencia, ou, pelo menos ao qual se poderia relacionar: o movimento glacial.

Glacial - a união das letras e das artes é o nome do suplemento cultural e literário da Ilha Terceira (Açores) o Semanal, *A União*, publicado de 1968 a 1974. Deu à luz um movimento literário chamado de "Glacial/Gávea". O jornal revelou muitos jovens autores, tanto poetas como romancistas. O objetivo desses intelectuais era criar uma nova consciência literária completamente virada para a terra dos Açores. Esta consciência literária afirmar-se-á sobretudo a partir de 25 de abril de 1974. João de Melo resume assim o projeto desse movimento: "Fixar os paradigmas da insularidade, do telurismo poético e do pensamento progressista de uma nova ordem política, social e cultural". Ele acrescenta:

> Em contato com a reforma autonomista e constitucional, e confrontada com a questão separatista que inflamou certas mentes para a secessão política com o continente, esta nova geração tendo feito a guerra e testemunhado a queda da ditadura e da descolonização experimentou novas opções e novas crises de identidade açoriana. (J. de Melo, 1978).

João de Melo chama essa geração, « A geração da guerra colonial ».

Falando desta geração, João de Melo escreve ainda:

> Esta geração é também a da guerra colonial; da juventude sacrificada, ferida em sua evolução para a liberdade. Trouxe com ela as solidões e estrangulamentos do Império, os traumas da morte e do silêncio. Que ninguém se surpreenda que seja hoje ou amanhã a geração desse compromisso com a palavra pela certeza de seu poder. Muitos desses poetas já lançaram verdadeiros manifestos e contra o sistema de massacre de que temos aqui o testemunho: a arma usada [...] contra o direito à pátria, a palavra, contra o povo e nunca para ele. Como realidade da nova poesia açoriana, a guerra colonial deve certamente ser transportada para a ficção, trazida por aqueles que não conseguem esquecer a ação no repouso e no regresso. Esta é uma das grandes expectativas não só da Açorianidade, mas de toda a literatura ... «(J. de Melo, 1978, p. 25)[4].

J. M. Garcia, com *Lugar de massacre*, faz parte dessa geração, com sua complexidade e especificidade, pois, mesmo que a experiência que ele conta seja entre 1966 e 1968. O romance foi escrito entre dezembro de 1973 e 8 de setembro de 1974 (é preciso), como ele próprio escreveu. E este período inclui a Revolução dos Cravos.

Lugar de massacre é uma obra complexa. Urbano Bettencourt escreve no *Núcleo Cultural da Horta*:

---

4. « Cette génération est aussi celle de la guerre coloniale; de la jeunesse sacrifiée, blessée dans son évolution vers la liberté. Elle a apporté avec elle les solitudes et les étranglements de l'Empire, les traumatismes de la mort et du silence. Que personne ne s'étonne qu'elle soit aujourd'hui ou demain la génération de cet engagement de la parole par la certitude de son pouvoir. Beaucoup de ces poètes ont déjà lancé de véritables manifestes, et contre le système de massacre dont nous avons ici le témoignage : l'arme utilisée [...] contre le droit à la patrie, à la parole, contre le peuple et jamais pour lui. En tant que réalité de la nouvelle poésie açorienne, la guerre coloniale doit certainement se transporter jusqu'à la fiction, apportée par ceux qui ne savent pas oublier l'action dans le repos et dans le retour. C'est une des grandes attentes non seulement de l'Açorianité mais de toute la littérature… » (J. de Melo, 1978, p. 25). Somos nós que traduzimos.

Pela sua quantidade, mas principalmente pela sua variedade e complexidade, só muito dificilmente a obra de José Martins Garcia se deixará apreender nas malhas de uma visão unificadora… (U. Bettencourt, 2004, 9 ; Núcleo Cultural da Horta, n° 13, p. 59).

David Mourão Ferreira também sublinhou esta compexidade, escrevendo: « Deveria ser hoje saudado como o escritor mais completo e mais complexo que no último decénio entre nós se revelou… » (U. Bettencourt, 2004, p. 9 ; Núcleo Cultural da Horta, n° 13, p. 59). A complexidade de José Martins Garcia parece fazer parte do trabalho de desconstrução do discurso sobre a guerra colonial.

Em *Lugar de massacre*, aristocratas e nobres relacionam-se com a plebe. O escritor utiliza a ironia, a sátira e figuras de estilo múltiplos e diversos para proceder à «representação do contexto histórico e social de Portugal em dois momentos diferenciados» (C. Gelb, 2015, p. 1), encarnados pela história das personagens. O romance é um interminável idas e voltas entre um passado distante e uma realidade presente; o tempo da nobreza e da aristocracia e a realidade da guerra. Esta distância cria um «oxímoro de personagens» que destaca o absurdo, a ironia e o burlesco de certas cenas.

Urbano Bettencourt escreve:

> A escrita de J. M. Garcia exacerba essa memória (a memória das feridas e das dores), revolve a no seu desespero e na sua angústia, nas suas misérias também, num registo múltiplo que passa pela ironia, pelo burlesco e mesmo pelo grotesco… (U. Bettencourt, 2004, 9 ; Núcleo Cultural da Horta, n° 13, p. 59 ; Jornal Signo, 1987/9/30).

Lugar de massacre é uma obra desestabilizadora, onde o autor joga com as convenções: a sexualidade, às vezes em sua forma mais desenfreada (Pierre d'Avince e Maria), a homossexualidade, o álcool, omnipresente, porque é o vício - ou talvez o paliativo - de Pierre d'Avince, um homem culto e revoltado contra a guerra. Sobre a homossexualidade, podemos ler no romance:

> Pierre foi ouvindo. Meses atrás, o comando daquele território fora alertado por uma onda de boatos, segundo os quais, a homossexualidade assumira inéditas proporções entre as forças estacionadas em Bissau. (LM, p. 178).

As vítimas são escolhidas para dar ao propósito toda a sua amplitude. Tudo isso é cercado por procedimentos ou estilos literários, como a citação, a paródia, a alusão, o sarcasmo, o ridículo, o burlesco, etc.

O duplo jogo de construção e desconstrução, a partir de uma alternância de linguagem violenta e sutil, serve o discurso satírico cuja finalidade é questionar as "verdades absolutas" e « para lá do maniqueísmo, do lamento trágico ou da exaltação épica, abrir espaço para uma coisa outra, o riso e o seu forte poder destabilizador e libertador também ». (U. Bettencourt, 2004).

Lugar de massacre é também um testemunho histórico. Trata-se em primeiro, para o autor, de relatar sua experiência da guerra. Assim, muitas vezes, a narrativa está confinada aos eventos dos quais guardou a lembrança. Em outras palavras, a vida na Camarata (o dormitório) das personagens que povoam o romance, e o triste espetáculo do regresso dos soldados do mato: o anúncio da morte de Ramiro, a chegada do corpo de Lima, «caído ao serviço da

Pátria», conta o autor. (*LM*, 172).

Lugar de massacre é também histórias entrelaçadas, mencionadas mas não contadas: a de Portugal : «Um dos piores defeitos da nossa colonização é o anacronismo.» (*LM*, p.45); a da Europa:

> Quando derem a estes gajos uma fábrica de armamento, é porque já foi inventada, para os deuses, uma forma superior de destruição, o armamento fluido, o raio da morte, Quando os civilizados deixam de ligar à moral de entre-pernas, a moral de entre-pernas é exportada para outras latitudes. Isto é o mundo que a Europa criou. A Europa e o seu falso pudor. (LM, p. 46).

O escritor ecoa o famoso slogan de maio de 68: «Faça amor, não guerra». Ele também dá uma olhada na colonização: *« Se o lugar do negro não era ali, onde era então o lugar do branco »* ? (*LM*, p. 116). De uma maneira subtil e quase despercebida, o autor responde à pergunta com uma pergunta, confundindo o leitor que esperava uma resposta.

A Guiné-Bissau é também objeto de um estudo. O autor fala-nos das diferentes nacionalidades que lá viviam, além das populações indígenas: Libaneses, Judeus, Cabo-verdianos, Sírios, etc. A propósito dos Judeus, o que o conde d'Avince declara quando descobre que um dos alfaiates da cidade é Judeu é surpreendente. Mas isso reflete apenas os preconceitos racistas da época (e ainda hoje) sobre os Judeus:

> – Essa praga! – […] Tinham minado a Europa, estavam minando a América. Haviam jurado destruir a raça loura, o motor da História, para dominarem o mundo em vez dos legítimos dominadores. Tão resistentes, tão diabólicos que, apesar dos grandes programas para extermínio desssa autêntica praga, pareciam renascer das cinzas. Encontravam-se na posse de tudo: nos laboratórios da ciência, nas cátedras das universidades, nos bancos e nos grandes trusts do coméercio e da indústria, infiltrados nos ministérios e nos exércitos, dominando o desporto, correnpendo as almas, visando estrangular o mundo. (LM, p. 24-25).

O espaço do romance é, portanto, também esta Europa nutrida de preconceitos racistas.

Lugar de massacre é finalmente uma obra etno-antropológica. O escritor J. M. Garcia pouco evoca a população autóctone que compõe a Guiné-Bissau no momento em que ele estava lá. Isto não é surpreendente, porque os dois mundos viviam compartimentados: *« Pouco depois abancavam no melhor restaurante da terra, o tal onde raramente se avistava um negro »*. (*LM*, p. 59).

No entanto, o narrador parece conhecer melhor os felupes, uma etnia da Guiné: « Nesta zona, os felupes celebravam a morte com grande entusiasmo, durante toda a noite, com batuques e choros ruidosos ». (LM, p. 162).

A descrição continua: « Os felupes são magníficos ! […] Por aqui já se vê que eles são fiéis. São as criaturas mais atrasadas do planeta e, macacos me mordam!, alguns são antropófagos ». (LM, p. 167).

« Os felupes são tão honestos que comem homem fisicamente ». (LM, p. 168).

Segue-se a narração de uma história de antropofagia incrível, mas provavelmente verdadeira, já que o escritor fala de testemunho. (*LM*, 168).

O olhar do narrador sobre os felupes não vai além de uma reprodução de clichês e preconceitos da época que poderiam ser comparados com o olhar sobre os Judeus.

O romance consiste em duas partes. A primeira parte contém 11 capítulos e a segunda parte 5. A primeira parte termina com a notícia do regresso de Pierre d'Avince ao Quartel Geral, em um estado de suposta loucura, tanto que, para o Conde d'Avince, « *Era melhor pregar-lhe um tiro nas constas* ». (*LM*, p. 102).

Os capítulos e parágrafos do romance permanecem fiéis às suas formas tradicionais, como observado por A. Ziethen (2013) e Smitten: a ausência de conetores.

3. À leitura do espaço no romance

Se o considerarmos de um ponto de vista narratológico, que o torna «gerador de uma forma narrativa produtora de sentido» (F. Lambert, 1998), o espaço, em *Lugar de Massacre*, é político, etno-antropológico, sociocultural, campo de batalha, local de vida (o dormitório ou camarata). Na maioria das vezes, é a miséria humana que nos descreve o narrador, nestes espaços às vezes distantes às vezes próximos, às vezes impenhoráveis, mas muitas vezes reais, «concretos», onde sevicia uma miséria psicológica e sexual. Uma das poucas personagens a enriquecer-se nesse «espaço de divagação e depravação ordenado» é o conde d'Avince. O que é mais normal desde que saiu de quase zero, apesar de sua nobreza.

O estudo deste espaço, onde uma proliferação de personagens se move, revela o lugar do espaço na narrativa e a relação entre espaço e literatura.

Por muito tempo, o espaço, na literatura, tem sido objeto de um tratamento mínimo em favor do tempo, melhor tomado em conta. Mas uma história só faz sentido através do espaço ou espaços em que ela ocorre. Essa realidade foi abordada por Mikhail Bakhtin e Yuri Lotman. Antje Ziethen observa:

> As novas abordagens na literatura refutam a ideia de que o espaço é simples decoração, fundo ou modo de descrição. Portanto, não se resume a uma função de cena inócua sobre a qual desdobra o destino das personagens, mas se impõe como parada diegética, substância geradora, agente estruturante e vetor significante. Ele é apreendido como a força motriz da trama, um veículo de mundos possíveis e um meio que permite aos escritores articular uma crítica social. (Ziethen, 2013, p.3)[5].

Isso agora é chamado de *spatial turn*[6], um termo que engloba as novas conexões entre espaço, geografia e geometria. Essas abordagens são chamadas de geocentradas. Trata-se principalmente da *geografia da literatura, geocrítica, narratologia espacial, geopoética*, do *pensamento de paisagem*, da *ecocrítica* (A. Ziethen, 2013). Segundo A. Ziethen (2013), «o *spatial turn* é baseado na premissa de que o espaço está envolvido em qualquer construção do conhecimento». (A.

5. « Les nouvelles approches en littérature réfutent l'idée reçue que l'espace soit simple décor, arrière-plan ou encore mode de description. Dès lors, il ne se résume pas à une fonction de scène anodine sur laquelle se déploie le destin des personnages mais s'impose comme enjeu diégétique, substance génératrice, agent structurant et vecteur signifiant. Il est appréhendé comme moteur de l'intrigue, véhicule de mondes possibles et médium permettant aux auteurs d'articuler une critique sociale. (Ziethen, 2013, p. 3). Somos nós que traduzimos.

6. Este conceito manifestou-se nas ciências humanas e sociais nos anos 1990 e é ainda objeto de interesse cada vez mairor.

Ziethen, 2013 citando Cosgrove, 1999, p.7). Essa abordagem retoma a ideia de Y. Lotman (1973) e M. Bakhtine (1978) que consideram que «as estruturas espaciais do mundo ficcional são fundamentais para a produção de sentido». (Ziethen, 2013, 3).

Duas noções surgem dessa concepção geocêntrica do espaço: O espaço topográfico e o espaço topológico.

Se o espaço topográfico refere-se à «representação de espaços» concretos «num texto literário», o espaço topológico «cristaliza as estruturas básicas, nomeadamente as constantes comuns a todos os textos de uma cultura». (Ziethen 2013, 4 citando Frank, 2009, 66). Ziethen observa :

> O exemplo mais relevante de tal figura topológica é o limite que divide todo o espaço do texto em dois subespaços que não se sobrepõem. (Y. Lotman, 1973, 321). A divisão espacial é acompanhada pelo surgimento de dois campos semânticos opostos aos quais são associadas personagens particulares. Para que uma trama seja formada, tem que atravessar a fronteira para superar suas delimitações semântico-espaciais. O protagonista que desafia a estrutura binária desencadeia, assim, uma sucessão de eventos e, consequentemente, o sujeito do texto. (A. Ziethen 2013, 8)[7].

Para H. Mitterrand, «o espaço faz a história emergir, determina as relações entre as personagens e influencia suas ações». (Citado por A. Ziethen, 2013, p. 10). Distinguiremos, entretanto, o «espaço-quadro» do «espaço-ator». Eles são complementares e até mesmo indissociáveis na narrativa.

A narratologia do espaço estuda, assim, as relações entre o autor, o leitor e os outros elementos do romance. A importância das relações espaciais numa narrativa está bem estabelecida. Por mais imaginário que seja, uma narrativa é sempre parte de um espaço geográfico ou real «cuja função, natureza, organização e modo de descrição são diversos». É, em primeiro, a instância autora e, em segundo, a instância narrativa que dão ao espaço seu significado na narração e na história.

F. Lambert (1998) observou: «A inclusão de espaço na narrativa, que constitui uma das estratégias narrativas fundamentais, bem como o tempo, também é suportado pelo narrador.» (Lambert, 1998, 5). F. Lambert acrescenta: «Toda ação contada é obrigatoriamente localizada num espaço e num tempo próprio». (F. Lambert, 1998, p.2), e que «o espaço contribui para a produção de sentido através de sua participação essencial na estrutura narrativa geral». (F. Lambert, 1998, p. 5).

Uma das abordagens narratológicas, nomeadamente a adotada por Fernando Lambert, consiste em considerar o espaço «como gerador de uma forma narrativa produtora de sentido». (Lambert, 1998, 2). Essa abordagem é diferente daquelas dos semiólogos, por exemplo.

---

7. « L'exemple le plus pertinent d'une telle figure topologique est la frontière qui divise tout l'espace du texte en deux sous-espaces qui ne se recoupent pas mutuellement. (Y. Lotman, 1973, p. 321). Somos nós que traduzimos. « La scission spatiale s'accompagne de l'émergence de deux champs sémantiques opposés auxquels sont associés des personnages particuliers. Pour que se noue une intrigue, il faut un pas outre la frontière pour dépasser ses délimitations sémantico-spatiales. Le protagoniste qui défie ainsi la structure binaire déclenche alors une chaîne d'événements et, par conséquent, le sujet du texte. (A. Ziethen, 2013, p. 8). Somos nós que traduzimos.

A leitura do espaço em *Lugar de masacre*, de um ponto de vista narratológico, revela uma *configuração complexa*, isto é, que é constituído de várias figuras espaciais com formas alternadas ou encadeadas. Há espaços macros (as *configurações espaciais*): o Império colonial português (composto de todas as possessões coloniais de Portugal), Europa, África, Portugal em si, Guiné-Bissau, e a Civilização. Há espaços micros, secundários, mas não menos importantes (as *figuras espaciais*). Trata-se de todos os lugares mencionados no território da Guiné-Bissau: Catió, Suzana, Bafatá, São Domingos, Bissau, Geba, Cacheu, Bambadinka, Gabu, Ingore, Jabadá (queimada por napalme), etc., o mato (seja a frente), o lugar terrível onde a luta está ocorrendo: « Não havia branco regressado do mato que viesse inteiro, mesmo quando por fora não trazia nem um arranhão ». (*LM*, p. 91). E, acima de tudo, há o camarata (o dormitório), o bar, a cantina, etc.

Mas o mato não está descrito. Nós só vemos os resultados do que acontece lá. Provavelmente porque o massacre de que o escritor quer dar conta não esteja acontecendo neste espaço, mas em todas as áreas onde as pessoas estão expostas à violência, falsidade, crueldade, pobreza, ao racismo, à deboche, ao absurdo, gerando «*gueules cassées*» (bocas quebradas) como Pierre d'Avince, que acabará louco.

Pelo apelido que ele atribuiu a essa personagem (Pierre), o escritor toma o partido para torná-lo uma curiosidade, e será assim durante todo o romance, que Pierre atravessa, acompanhado de perto por seu homónimo, «o conde d'Avince», que o odeia porque eles não são do mesmo mundo, da mesma camada, do mesmo ambiente. Na verdade, eles não têm nada em comum, exceto o apelido. Encontramos assim um nome francófono no meio de Pássaro, Conde de Enxeque, Oliveira, Silva, Matos, Conde de Avince, etc. Pierre compartilha este exotismo com um empregado chamado Mamadú. Uma das poucas vezes que um autóctone do lugar de massacre é nomeado. (*LM*, 63).

O conde d'Avince julga que Pierre não é digno de seu apelido. « [...] Pierrre Avince, essa injúria a um nobre apelido, por ser este Avince um ser boçal, sem qualquer parentesco com a família dos nobres Avinces ». (LM, p. 38).

Em *Lugar de massacre*, o autor encosta-se nos espaços para dar às personagens sua verdadeira dimensão e estruturar sua psicologia. Pierre d'Avince teria sido o anti-herói que ele é fora do lugar de massacre? O que poderia o conde d'Avince fazer se não houvesse esse lugar de massacre, ele que não tem sido favorecido pela natureza? *« A forma tardia como adquiriu a linguagem – aos três anos ainda não articulava coisa compreensível, segundo o depoimento da condessa mãe... »* (*LM*, p. 10). Aliás, ele vai acabar de gostar deste lugar: « *Ao adaptar-se à Guiné-Bissau, já esquecido da lança heróica, o conde d'Avince sorriu à doce vida e pôs-se de gatas sobre o mapa do passado...* » (*LM*, p. 78). Observar-se-á o contraste no significado, e a semelhança, o paralelismo, na construção, com o parágrafo que abre o romance e que já citamos: «*Ao chegar a Guiné Bissau ...*» A mudança que ocorreu no conde d'Avince é como a culminação de um percurso iniciático. O que é, mais normal, porque «Nessas latitudes existia o mau e o relativo». (*LM*, 19).

É preciso dizer que José Martins Garcia gosta das dualidades. Em outro romance, *O Medo*, publicado em 1981, a personagem principal, embora encantada com a paisagem que contempla, parece estar numa prisão.

O espaço é o estruturante e, muitas vezes, também desestrutura; é o referencial. Ele é um e múltiplo. Um, porque é nomeado: é Guiné-Bissau; múltiplo, porque indica os muitos outros lugares citados pelo escritor; mas também Portugal, que condena a sua juventude a participar na guerra e a morrer na idade em que só pediu para viver:

> Corpos caídos para nada, vidas ceifadas por ilusões imperialistas, destruição física e psíquica duma juventude que não tinha qualquer razão para fazer a guerra, o ultraje total a qualquer forma de ética, mas principaLMente a angústia de saber-se irrecuperável para qualquer futuro, depois de ter passado por esse **Lugar de massacre**[8]. (LM, 4ª página da capa).

Apesar do fato de que o espaço que sustenta a narrativa é um continente, as sensações que se experimentam são as de uma ilha, uma prisão. De fato, apesar das idas e voltas de helicópteros e soldados, temos a sensação de que homens e coisas andam em círculos. Sem dúvida, é a identidade insular açoriana de José Martins Garcia que transparece no romance. Claudia Gelb observa :

> A narrativa açoriana contemporânea está fortemente impregnada por uma fuga constante, geográfica e/ou interior do homem das ilhas, e de uma maneira desenfreada, as personagens caminham à procura de uma identidade e tentam penetrar e comunicar a condição humana que lhes foi dada ver e viver... (C. Gelb, 2013, p. 3).

Se nos referirmos às diferentes abordagens do espaço na narração, percebemos que *Lugar de massacre* concentra todas as variações indicadas por A. Ziethen, referindo-se a Marie-Laure Ryan. Ela escreve:

> Ryan distingue quatro formas e níveis diferentes de espaço narrativo: os spacial frames, setting, story space, story world e narrative universe. Os spacial frames correspondem aos erredores imediatos dos eventos como a sala de estar, o quarto ou o porto. Eles sucedem-se e revezam-se de acordo com o movimento das personagens. Mais estável do que os spacial frames, o setting refere-se, geralmente, ao ambiente social, histórico e geográfico em que a trama se desenrola (Ryan dá o exemplo de Dublin pequeno-burguês do século XX). O story space inclui todos os spacial frames, bem como os lugares mencionados na história, sem estarem vinculados a um evento (isso incluiria, por exemplo, os locais de que sonham os personagens). Ultrapassando o mundo do texto, stricto sensu, o story world é composto pelo story space que acabamos de apresentar, e pela imaginação complementar do leitor que se baseia nos conhecimentos culturais e nas experiências reais. [...] Quanto ao narrative universe, Ryan define-o como a soma dos espaços-tempo, ou seja, mundos paralelos, no texto, existentes ou não-existentes (hipotéticos, sonhados, fantasiados, etc.). Todos esses níveis de espaço narrativo são gradualmente revelados ao leitor ao longo da leitura (A. Ziethen, 2013, p. 12, citando M.-L. Ryan, 2009)[9].

---

8. Em negrito no texto.

9. « Ryan distingue quatre formes et niveaux différents d'espace narratif : spatial frames, setting, story space, story world et narrative universe. Les spatial frames correspondent aux environs immédiats des événements tels que le salon, la chambre ou le port. Ils se succèdent et se relaient suivant le mouvement des personnages. Plus stable que les spatial frames, le setting se réfère, plus généralement, à l'environnement social, historique et géographique au sein duquel se déroule l'intrigue (Ryan donne l'exemple du Dublin petit-bourgeois du XX siècle). Le story space comprend tous les spatial frames ainsi que les lieux mentionnés dans le récit sans qu'ils soient liés à un événement (ceci inclurait, par exemple, les lieux auxquels rêvent les personnages). Dépassant l'univers du texte, stricto sensu, le story world se compose du story space que nous venons de présenter et de l'imaginaire complémentaire du lecteur qui s'appuie sur des connaissances culturelles et des expériences réelles. [...] Quant au narrative universe, Ryan le dé-

Lugar de masacre apresenta uma estrutura espacial piramidal invertida. No topo da pirâmide, temos o Império colonial português. Depois, temos a Europa, a África, Portugal, a Guiné-Bissau e todas as suas localidades mencionadas no romance e, finalmente, os espaços que definiremos como espaço de ação: o Quartel, que está repleta de soldados; o mato, onde a luta ocorre; o bar, a cantina, etc.

É somente tomando em consideração esse espaço explodido, indescritível e multidimensional da narrativa que se pode entender o romance.

Podemos também observar, em *Lugar de massacre*, «a existência de fios narrativos simultâneos, o vaivém entre eventos e/ou personagens bem como sua apresentação descontínua ...», para falar como Smitten e Ziethen. (J. Smitten, 1981, p. 19; citado por A. Ziethen, 2013, p. 6). Essa configuração de eventos e personagens é também a do espaço narrativo em *Lugar de massacre*.

4. Conclusão

Em um estudo comparativo entre *Lugar de massacre* de J. M. Garcia e *Terra sonâmbula* de Mia Couto, Evelise de Oliveira Bolzan e Inara de Oliveira Rodrigues, notam:

> Lugar de Massacre evidencia as vivências dramáticas que a guerra colonial impôs aos participantes ; o choque de culturas, a miséria circundante, as privações, desmandos hierárquicos, o abandono a que estavam relegados os combatentes na fase final da campanha de colonização, a barbárie como resultado da perda de todos os parâmetros de ordem social, fica e psicológica e, por fim, o retorno dos soldados portugueses de uma guerra já sem sentido histórico e a difícil retomada das atividades cotidianas a exigir novos posicionamentos numa sociedade que buscava se reordenar. (E. de O. Bolzan, I. de O. Rodrigues, 2006, p. 4).

Esta reflexão resume o romance. No entanto, esses temas são revelados apenas através do espaço narrativo que abriga e habita o romance, por um lado, e, por outro lado, através de processos narrativos. É o conjunto que dá sentido à história e permite que o autor atinja o objetivo apontado. Em outras palavras, o espaço «dá acesso ao significado total da obra» (Weisgerber, 1978, 227; citado por A. Ziethen, 2013, 9). Assim, em *Lugar de Massacre*, que é um testemunho das guerras coloniais vistas por um homem de 25 anos confrontado com horror e devastação humana, é o espaço que suporta a narrativa, molda as personagens e decide de seu destino. Este espaço é um espaço de conflito, de guerra, que leva natural, lenta e irresistivelmente, os protagonistas em direção a um destino incerto.

As «transmutações», melhor, as transformações que ocorrem ao nível das personagens ao longo de sua permanência neste «lugar de massacre» são marcantes. Devemos recordar o ar altivo do conde d'Avince quando chegou à Guiné-Bissau e constatar a personagem em que se tornou no final do romance. Podemos dizer, finalmente, que em *Lugar de massacre*, o espaço ocupa o lugar que lhe é reconhecido na narração, no romance e na literatura pela narratologia recente, isto é, um componente integral da narrativa, o «criador de sentido», apesar de seu caráter fragmentado, fugaz e multidimensional.

---

finit comme la somme des espaces-temps, autrement dit des mondes parallèles, dans le texte qu'ils soient existants ou non-existants (hypothétiques, rêvés, fantasmés, etc.). Tous ces niveaux d'espace narratif se révèlent au lecteur progressivement au fil du temps de la lecture ». (A. Ziethen, 2013, p. 12, citant M.-L. Ryan, 2009). Somos nós que traduzimos.

Bibliografia

Bakhtine Mikhaïl, (1978), Esthétique et théorie du roman. Paris : Gallimard.

Baumgardt Ursula, (2009), L'espace en littérature orale africaine, Cahier de littérature orale, 65, p. 111-132.

Bettencourt, Urbano, (2004), José Martins Garcia. Buletim do Núcleo Cultural da Horta, número 13, p. 59-64.

Bolzan, Evelise de Oliveira, RODRIGUES Inara de Oliveira, (2006), Lugar de Massacre de José Martins Garcia, e Terra Sonâmbula, de Mia Couto: Olhares convergentes sobre o autoritarismo, Literatura e autoritarismo, Revista n°7, Janeiro-Junho.

Frank, Joseph, 1981, « Spatial Form: Thirty Years After ». J. Smitten et A. Daghistany (dirs.). Spatial Form in Narrative. Ithaca : Cornell University Press. 202-243.

Garcia, José Martins, (1975), Lugar de massacre, Lisboa, Edições Afrodite Fernando Ribeiro de Melo.

Enciclopédia Açoriana, (2011), « José Martins Garcia », Centro de Conhecimento dos Açores, Direção Regional da Cultura.

Gelb, Claudia, (2013), « Os múltiplos significados do medo na obra de José Martins Garcia », Mundo açoriano.

Genette Gérard, (1969), « La littérature et l'espace », Figures II. Paris : Seuil. 43-48.

Godfroy Alice, (2016), Qu'est-ce qu'un espace littéraire. Acta Fabula, vol. 7, n° 6, novembre-décembre 2006, URL/ http://www.fabula.org/acta/document1705.php, page consultée le 25 avril 2018.

Greimas A. J., (1976), « Pour une sémiotique topologique ». Sémiotique et sciences sociales. Paris : Éditions du Seuil. 129-157.

Lambert Fernando, (1998), Espace et narration : théorie et pratique. Études littéraires, 30(2), 111-121. Doi : 107202/501206ar

Lotman Youri, (1973), La Structure du texte artistique. Paris : Gallimard.

Lotman Youri, (1999), La Sémiosphère. Limoges : Presses Universitaires de Limoges.

Melo João de, (1998), Os anos da Guerra : 1961-1975. Os Portugueses em África, Crónica, Ficção e História, Dom Quixote.

― (1978), Antologia panorâmica do conto açoriano. Século XIX e XX, Lisboa, Editorial Vega.

Mitterand Henri. (1980), Le Discours du roman. Paris : Presses Universitaires de France.

Mitterand Henri (1990), « Chronotope romanesque : 'Germinal' ». Poétique, n 81, Paris, 89-103.

Ryan Marie-Laure, (2003), « Narrative Cartography : Toward a Visual Narrato-logy ». T. Kindt et H.-H. Mül- ler (dirs.). What is Narratology ? Questions and Answers Regarding the Status of a Theory. Berlin ; New York : Walter de Gruyter. 333-364.

Ryan Marie-Laure, (2009), « Space ». Handbook of Narratology. P. Hühn, J. Pier, W. Schmid et J. Schönert (dirs.). Berlin ; New York : Walter de Gruyter, 420-433.

Silveira Pedro da, (1977), Antologia da Poesia Açoriana. Do século XVIII a 1975, Lisboa, Livraria Sá da Costa Editora

Smitten J. (1981), « Introduction : Spatial Form and Narrative Theory ». J. Smitten et A. Daghistany (dirs.). Spatial Form in Narrative. Ithaca : Cornell University Press. 15-34.

Simões Maria Lurdes Netto, (2002), Literatura Portuguesa e Pós-Colonialismo, Santa Maria, Palloti.

Tavares Eugène, (1998), Littératures lusophones des archipels atlantiques. Açores, Madère, São Tomé e Príncipe, Paris, les Éditions l'Harmattan.

Teixeira Rui de Azevedo, (1998), A guerra colonial e o Romance Português, Lisboa, Editorial Notícias.

Ziethen Antje, (2013), La littérature et l'espace. Arborescences, (3). Doi : 107202/1017363ar.

Notice bio-bibliographique des contributeurs

Alhadji Mahamat est titulaire d'un Doctorat Ph.D en Sciences de l'Éducation obtenu à l'Université Franche-Comté de Besançon (France). Chargé de Cours, il est le Coordonnateur de l'Annexe de la Faculté des Sciences de l'Éducation de l'Université de Ngaoundéré à Garoua (Cameroun), et en même temps Chef de département des Enseignements Fondamentaux en Éducation. Ses axes de recherche portent principalement sur la pédagogie, la didactique générale, la didactique des disciplines, du FLE, les pratiques enseignantes, les langues maternelles ainsi que les TIC dans l'enseignement/apprentissage en milieu scolaire et universitaire. Il est auteur de plusieurs articles.

Ibrahima Mamour Ndiaye est Docteur en Sciences du langage et de la communication (syntaxe et stylistique). Diplômé de l'université Cheikh Anta Diop de Dakar, il est actuellement Enseignant-chercheur à l'Université Assane SECK de ZIGUINCHOR. Titulaire d'un Certificat d'Aptitude à l'Enseignement Secondaire (CAES), il a exercé le métier de Conseiller Pédagogique Itinérant- Formateur pendant plusieurs années. Au-delà de la morphosyntaxe du français, ses travaux de recherche tournent autour de la sociodidactique, notamment le lien entre les curricula, les langues de scolarisation, les méthodes et parcours d'enseignements, etc.

Abdourahmane Mbade Sène est Docteur en géographie de l'Institut de Géographie Alpine (Université Grenoble-Alpes) et professeur à l'Université Assane Seck de Ziguinchor (Sénégal) où il enseigne l'aménagement du territoire. Il est également chercheur associé au Groupe d'Études Interdisciplinaires en Géographie et Environnement régional de l'Université du Québec à Montréal au Canada.

Souleymane Diallo a été respectivement instituteur et inspecteur de l'éducation et de la formation. Il est titulaire de deux (2) thèses de doctorat de sociologie (3e cycle et Unique) spécialisées en éducation et en sport à l'université Cheikh Anta Diop de Dakar. Chef du département d'Activités Socio-Educatives (ASE) de l'INSEPS depuis 2 ans, il assure des cours de sociologie du sport, de la jeunesse, de pédagogie générale et de législation scolaire. À la FASTEF, il participe à la formation des élèves inspecteurs de l'éducation et des élèves professeurs. Auteur de plusieurs publications scientifiques, ses axes de recherche sont surtout liés à la sociologie du sport et les sciences de l'éducation.

Aïssa Messaoudi est titulaire d'un doctorat en Sciences de l'Éducation obtenu à l'université nationale de Séoul (Corée du Sud) et spécialisé en didactique du Français Langue Étrangère (FLE). Ses axes de recherches portent principalement sur la phraséodidactique. Il s'intéresse également aux Technologies de l'Information et de la Communication pour l'Enseignement (TICE) et au jeu sérieux (serious game). Il est l'auteur de l'application mobile éducative « Locumatix » destinée à l'enseignement-apprentissage des unités phraséologiques françaises.

Caroline Juillard est Professeure émérite, Département de Sciences du langage, Laboratoire EDA, Université Paris Descartes. Elle s'intéresse particulièrement à la variation du français oral, la sociolinguistique urbaine, le plurilinguisme, langues et éducation, langue des jeunes, les politiques linguistiques. Ses principaux terrains de recherche sont : Paris et l'Ile de France, Ziguinchor et la basse Casamance (Sénégal), Région du Cap Vert (Sénégal). Elle a publié deux ouvrages sur ie plurilinguisme au Sénégal, dont un en collaboration avec Martine Dreyfus (*Le plurilinguisme au Sénégal, Langues et identités en devenir*, Paris, Editions Karthala, 2005), ainsi que de nombreux articles. Elle a dirigé en Afrique francophone un projet de recherche de l'AUF (2002 et sq) et elle a collaboré à divers projets, sur le terrain sénégalais.

Deede Sall est Docteur en Sociologie de l'université Paris 1 Panthéon-Sorbonne. En 2017, elle a soutenu une thèse intitulée « La gestion et la prévention du stress professionnel et des RPS dans les TPE et les grandes organisations ». Depuis lors, elle poursuit ses recherches postdoctorales au sein du laboratoire IDHES Paris 1, axée sur les risques psychosociaux et les Très Petites Entreprises, tout en enseignant les sciences économiques et sociales en qualité de Professeur de lycée.

Eugène Tavares est enseignant-chercheur à l'Université Assane Seck – Ziguinchor. Il travaille actuellement sur diverses thématiques avec des recherches qui portent essentiellement sur la didactique des disciplines appliquée à l'enseignement et à l'apprentissage du portugais langue étrangère.

Ngari Diouf est sociolinguiste, Maître de Conférences assimilé au département de Linguistique et Sciences du Langage de la Faculté des Lettres et Sciences Humaines de l'Université Cheikh Anta Diop de Dakar (Sénégal). Chercheur au laboratoire SoLDiLAf (Sociolinguistique, Linguistique et Didactique des Langues en Afrique), il s'intéresse particulièrement aux pratiques langagières des jeunes Sénégalais, mais aussi aux choix linguistiques des jeunes migrants africains à Paris lors de leurs communications quotidiennes. Ses travaux actuels portent sur les pratiques langagières des jeunes élèves, étudiants, politiques et fonctionnaires du Sénégal en français, la vitalité sociolinguistique du français dans le discours en langue première des locuteurs sénégalais, etc.

Youssouf Ouédraogo est Maître de Conférences CAMES. Il est de l'Université Ouaga I-Pr Joseph Ki-Zerbo ; **Dr Abdoulaye Séré** est Assistant à l'Université Norbert Zongo. Ils sont tous les deux grammairiens du Burkina Faso. Leurs centres d'intérêts scientifiques sont la grammaire française et la stylistique. Les zones d'exploration annexes pouvant être la sociolinguistique et la rhétorique.

Alexandre Coly est enseignant-chercheur en Études lusophones (Langue, littératures et civilisations du monde lusophone) à l'Université Assane Seck de Ziguinchor (Sénégal). Il est membre du CREILAC (Centre de recherche interdisciplinaire sur les langues, les littératures, les arts et les cultures) et chercheur associé au CELIS (Centre de Recherches sur les Littératures et la Sociopoétique –Université- Clermont-Auvergne) (France). Il a aussi publié deux ouvrages de poésie : **La** natte parlante (2012, aux éditions Baudelaire) et Le vent des paroles, paru en 2015, aux éditions Edilivre.

Assane Ndiaye est titulaire d'un Doctorat ès lettres, d'un CAES (Certificat d'Aptitude à l'Enseignement Secondaire), d'un DALF C2. Ses travaux portent sur les rapports entre la littérature africaine et le contexte historico-social, l'oralité, la question féminine, l'éducation, les liens entre la littérature et le rap… Membre deux laboratoires de recherches, il assure les TD de littérature africaine à Université Assane SECK. Auteur de quatre ouvrages et de plusieurs articles, Assane NDIAYE prépare la publication d'un essai sur la littérature sénégalaise.

Docteur de l'Université Cheikh Anta Diop de Dakar et auteur d'une thèse intitulée « Personnel du roman : anthropologie et poétique du personnage dans *Adrienne Mesurat* de Julien Green, *Sous le soleil de Satan* de Georges Bernanos et *Thérèse Desqueyroux* de François Mauriac », **Bernard FAYE** est spécialiste de littérature française du XXe siècle. Postdoctorant, son domaine de recherche est la littérature spirituelle.

Dr. Kouakou Kouassi Ange-Valéry Maître Assistant au Département de Lettres Modernes, Université Alassane Ouattara (Côte D'Ivoire.

Diplômé de l'Université Blaise Pascal de Clermont Ferrand, mes recherches portent essentiellement sur les questions de spiritualité, de religion et de quête de soi dans la poésie française du XXe siècle.

Dr. Paul Ngor Mack NDOUR, Maître de Conférences assimilé, Département de Langues romanes-FASTEF-UCAD. IGEF de portugais, Chercheur en didactique du portugais langue étrangère et en littérature portugaise contemporaine. Ouvrages publiés : *Les figures de la décadence dans le roman de Carlos de Oliveira, tome 1*, Éditions Universitaires Européennes, 1 /2018 ; *Lesfigures de la décadence dans le roman de Carlos de Oliveira, Tome 2*, Editions Universitaires Européennes, 12 /2018.

Fatma-Zohra Haridi : Maître de conférences, HDR à l'Université de Guelma en Algérie, obtenant un savoir en architecture [option Villes orientales] à l'École d'Architecture de Versailles et en urbanisme à l'Université Paris Ouest Nanterre La Défense doublée d'une formation similaire respectivement à l'Université de Constantine, de Guelma et Oum El

Bouaghi. Poursuivant des recherches indépendantes et ponctuelles depuis l'année 2000 sur la mise en œuvre de la forme de ville de certaines villes en Algérie, telles que les oasis de la région de la Saoura, les villes de Guelma, d'Annaba et d'Alger. Les travaux de recherche entrepris sont des bilans prospectifs sur le mode de perception de la ville durable et son évaluation sociale, culturelle et environnementale. Ayant publié plusieurs articles dans divers domaines : la perception d'habitants : un décryptage « *du monde de la vie* par rapport aux ressentis de l'*être-au-monde*», l'activité de la conception architecturale, effets de l'évaluation environnementale, la composition et la conception architecturale, le développement durable et la ville existante. Ayant aussi participé régulièrement à des colloques internationaux concernant la composition architecturale et son effet sur la transformation de ville actuelle et sur son patrimoine bâti.

Marc Aguie est Docteur en littérature française. Chercheur au CELIS [Université Clermont Auvergne – France], ses centres d'intérêts scientifiques sont relatifs à l'imaginaire, la littérature et la perception, la narratologie, etc. **Ses publications** récentes sont : *Michel Tournier et le monde animal* [in Artis natura – Université de Waterloo Canada] et *Émotions, sensation* dans *La Mer* de Jules Michelet [in Artis natura].

Hichem Belmokhtar est docteur en analyse du discours littéraire, enseignant-chercheur au Centre Universitaire Tissemsilt et membre de l'équipe d'analyse du discours littéraire et d'interculturalité du laboratoire de recherche Dynamique des langues et discours en Méditerranée [Dylandimed] à l'Université Abou Bakr Belkaid-Tlemcen. Ses travaux s'inscrivent dans le champ de la trame textuelle de Mohammed Dib et les préoccupations intellectuelles du roman contemporain algérien.

Dame Diop est Docteur en Études Hispaniques, enseignant-chercheur à l'université Assane Seck de Ziguinchor/Département de LEA [Langues Étrangères Appliquées] /Faculté de Lettres, Arts et Sciences Humaines. Ses Centres d'intérêts scientifiques sont l'analyse des textes littéraires, des récits, espace et personnages romanesques, de l'histoire de l'Espagne, etc.

53646056R00150

Made in the USA
Columbia, SC
20 March 2019